国家社科基金项目（BIA130064）
国家"十三五"重点图书出版规划项目

大学内部治理论

ON INTERNAL GOVERNANCE OF UNIVERSITY

胡建华　王建华　陈何芳　等著

南京师范大学出版社

图书在版编目(CIP)数据

大学内部治理论 / 胡建华等著. —南京：南京师范大学出版社，2019.8(2021.11 重印)
ISBN 978-7-5651-3848-5

Ⅰ.①大… Ⅱ.①胡… Ⅲ.①高等学校—学校管理—研究—中国 Ⅳ.①G647

中国版本图书馆 CIP 数据核字(2018)第 225822 号

书　　名	大学内部治理论	
作　　者	胡建华　王建华　陈何芳　等	
责任编辑	张　春	
出版发行	南京师范大学出版社	
地　　址	江苏省南京市玄武区后宰门西村 9 号(邮编:210016)	
电　　话	(025)83598919(总编办)　83598412(营销部)　83373872(邮购部)	
网　　址	http://press.njnu.edu.cn	
电子信箱	nspzbb@njnu.edu.cn	
照　　排	南京凯建图文制作有限公司	
印　　刷	盐城市华光印刷厂	
开　　本	787 毫米×960 毫米　1/16	
印　　张	21.5	
字　　数	352 千	
版　　次	2019 年 8 月第 1 版　2021 年 11 月第 2 次印刷	
书　　号	ISBN 978-7-5651-3848-5	
定　　价	60.00 元	
出 版 人	张志刚	

南京师大版图书若有印装问题请与销售商调换
版权所有　侵权必究

目　录

引　言 / 1

第一章　大学内部治理导论 / 7
　第一节　治理的概念 / 7
　第二节　大学治理的兴起 / 10
　第三节　大学治理的制度形式 / 16
　　一、大学治理制度形式的提出 / 17
　　二、大学治理制度形式的分类 / 19
　第四节　大学内部治理的分析框架 / 36
　　一、大学内部治理的结构 / 36
　　二、大学内部治理的组织 / 40
　　三、大学内部治理的权力 / 45
　　四、大学内外部治理的关系 / 50

第二章　大学内部治理结构论 / 53
　第一节　大学内部治理结构的内涵、要素与研究维度 / 53
　　一、大学内部治理结构的内涵 / 54
　　二、大学内部治理结构的要素 / 57
　　三、大学内部治理结构的研究维度 / 65

第二节　大学内部治理结构的类型 / 68
　　一、基于治理主体维度的划分 / 69
　　二、基于治理内容维度的划分 / 73
　　三、基于治理方式维度的划分 / 78
第三节　大学内部治理结构的功能 / 83
　　一、大学内部治理结构的功能：概念、内涵与研究方法 / 84
　　二、大学内部治理结构具有的基本功能：
　　　　基于"AGIL"理论的分析 / 85
　　三、从功能看结构："好"的大学内部治理结构具有哪些特征 / 91
第四节　大学内部治理结构的变革 / 96
　　一、大学内部治理结构变革的模式 / 96
　　二、大学内部治理结构变革的动因 / 100
　　三、大学内部治理结构变革的重点内容 / 106
　　四、大学内部治理结构变革的启示 / 110

第三章　大学内部治理权力论 / 113

第一节　大学内部治理权力的合法性来源 / 114
　　一、组织权力运行与治理的产生 / 115
　　二、大学内部治理的权力环境 / 119
　　三、大学内部治理的权力来源 / 124
第二节　大学内部治理权力的运行 / 130
　　一、大学内部治理的权力运行状态 / 130
　　二、大学内部治理的权力逻辑和表达方式 / 135
　　三、大学内部治理的权力冲突与调和 / 139
第三节　大学内部治理权力的约束机制 / 144
　　一、大学内部治理权力制约的条件 / 145
　　二、大学内部治理权力运行的制度困境 / 149

三、大学内部治理权力异化的监督及制约 / 152

第四章　大学内外部治理关系论 / 157

第一节　大学内外部治理的法治基础 / 157

一、大学内外部治理的法治依据与规则 / 158

二、大学内外部治理的法治边界与路径 / 163

三、大学内外部法治的辩证关系 / 170

第二节　大学内外部治理的模式类型 / 172

一、大学内外部治理模式的要素与特征 / 173

二、大学内外部治理模式比较 / 178

三、大学内外部治理模式的几对关系 / 184

第三节　大学内外部治理的权力结构 / 187

一、大学内外部治理的权力要素与特点 / 187

二、大学内外部治理的权力结构类型 / 192

三、大学内外部治理权力的几对关系 / 196

第五章　美国大学内部治理论 / 200

第一节　美国大学内部治理结构中的"外行"董事会 / 201

一、美国大学董事会的特性 / 201

二、美国大学董事会的职能 / 204

三、美国大学董事会权力的基础、机制及保障 / 206

四、美国大学董事会的内部监督与外部缓冲及桥梁作用 / 209

第二节　美国大学内部治理结构中的"内行"评议会 / 211

一、美国大学评议会的显性和隐性功能 / 211

二、美国大学评议会的组织结构、组织关系和组织文化 / 213

三、美国大学评议会权力的制衡、分享与保障 / 214

四、美国大学评议会的权力关系及发展逻辑 / 216

第三节　美国大学内部治理结构中的校长 / 220
　　一、美国大学校长与董事会的关系 / 220
　　二、美国大学校长的多重角色与职责 / 222
　　三、美国大学校长权力受到的制约与支持 / 224
　　四、美国大学校长得益于校内及校外的机制支持 / 226

第六章　英国大学内部治理论 / 229

第一节　英国大学内部治理结构 / 230
　　一、英国大学的法律地位与内部治理政策体系 / 230
　　二、英国大学对公共利益和利益相关者的承诺 / 235
　　三、英国大学内部治理结构的类型 / 239

第二节　英国大学内部治理组织 / 242
　　一、英国大学自治传统的组织基础 / 242
　　二、英国大学内部治理组织体系 / 246
　　三、英国大学内部治理辅助组织 / 253

第三节　英国大学内部治理权力 / 255
　　一、英国大学内部治理权力变革的特征 / 256
　　二、英国大学内部治理权力的层级 / 258
　　三、英国大学内部治理权力的类型 / 262

第四节　英国大学内部治理与高等教育治理之间的关系 / 268
　　一、英国高等教育治理与大学内部治理的密切联系 / 268
　　二、英国高等教育治理与大学内部治理的区别 / 272

第七章　日本大学内部治理论 / 275

第一节　日本大学内部治理基础 / 276
　　一、日本大学内部治理的基本理念 / 276
　　二、日本大学内部治理的法制基础 / 280

三、日本大学内部治理的基本结构 / 284
　第二节　日本国立大学内部治理改革 / 290
　　　一、日本国立大学内部治理改革的起因与目的 / 290
　　　二、日本国立大学内部治理改革的具体内容 / 293
　　　三、日本国立大学内部治理改革的影响 / 296
　第三节　日本大学内外部治理关系 / 299
　　　一、日本大学内外部治理关系的变化发展 / 300
　　　二、日本大学治理中的大学自治 / 306
　　　三、日本大学治理中的政府作用 / 310

结　语 / 314

主要参考文献 / 328

后　记 / 337

引 言

大学治理是近年来引起人们广泛关注的一个重要课题,不仅学术界对其有众多的研究与讨论,政府的文件、大学的章程也都提出要构建现代高等教育治理体系,提高大学治理能力。例如,《中共中央关于全面深化改革若干重大问题的决定》指出:"深入推进管办评分离,扩大省级政府教育统筹权和学校办学自主权,完善学校内部治理结构。"大学治理毫无疑问是高等教育治理体系中的主要部分。依据治理主体、内容、方式等的不同,大学治理可分为内部治理与外部治理。

有关研究表明,治理的概念在 20 世纪 90 年代兴起于公共管理领域。全球治理委员会 1995 年对"治理"做出了如下界定:治理是或公或私的个人和机构经营管理相同事务的诸多方式的总和。它是使相互冲突或不同的利益得以调和并且采取联合行动的持续的过程,包括有权迫使人们服从的正式机构和规章制度,以及种种非正式安排。治理有四个特征:治理不是一套规则条例,也不是一种活动,而是一个过程;治理的建立不以支配为基础,而以调和为基础;治理同时涉及公、私部门;治理并不意味着一种正式制度,但确实有赖于持续的相互作用。[①] 根据这样一种解释,无论是政府、企业还是其他社会机构,在其运转过程中都有一个治理问题,都存在一种治理结构,大学当然也不例外。

尽管治理的概念及有关治理的解释似乎在 20 世纪 90 年代才开始流行于学术界,但是治理的实践尤其是大学治理的实践或许在早期的大学已经存在。而且大学的治理从一开始就处于各种复杂的关系之中,受到来自大学内外的多种因素的影响。"自高等教育机构创建以来,它们与权力当局之间那些宗教的、政治的或者经济利益的关系问题总是表现得非常复杂,这些问题有些是临时性

---

① 俞可平.治理与善治[M].北京:社会科学文献出版社,2000:270-271.

的,有些则是结构性的。它们引发了关于大学师生是否在教育、科学和管理方面拥有独立性的这一重要和持久的争论。"①

大学作为社会的教育机构、文化机构、研究机构,在其产生与发展的过程中也许比其他社会机构更多地受到来自社会权威机构的影响与制约。在中世纪特定的社会环境下,对中世纪大学的发展产生重要影响的首先当属教会。"在教皇英诺森三世和霍诺留斯三世任职期间,由于意识到像大学这样的新兴组织正在欧洲最为重要的学术中心蓬勃发展,他们发布了越来越详细的有关高等教育管理的法规,目的是对那些最有权威的学校的改革与发展产生影响——这种改革不仅可以规范与这种刚刚出现的教师与学生这一群体的关系,也将涉及到学馆这种组织的每一个具体的细节。"②12世纪七八十年代,在巴黎大学形成之初,由教师与学生结成的"团体"向教会提出了三项基本权利要求,即录用新教师的权利,制定规范大学内部活动规则的权利,推选大学与外部权力机构交涉、出庭诉讼等代表的权利。而这些权利原本是掌握在地方大法官和主教手中的。1231年,教皇颁发了"特许状",同意大学"团体"拥有这些权利,巴黎大学遂成为教皇特许的自治机构。③

经历17、18世纪大学的"黑暗时期"之后,19世纪欧洲及美国大学进入了改革的时代。19世纪初德国柏林大学的建立、19世纪下半叶英国与美国大学的改革,使得大学一扫前一两百年的颓萎状态,实现了大学的近代化。大学近代化的显著特征之一是世俗化。世俗化在大学内部的主要表现是:神学院不再拥有中世纪大学时的优越地位,自然科学在大学课程中显得越来越重要,培养牧师不再是大学教育的主要目标等。在大学外部,随着近代国家的崛起,国家机构——政府取代教会成为影响与制约大学发展的权威机构。"在大多数国家,创建公共教育部的首要任务是将高等教育事务列为它们的行政管理职责。""在学习的规章制度方面,教育的依赖性是十分显著的,它表现为政府要求建立国家标准,不仅是针对医学和法学的职前训练,而且还针对未来的文理学科教师而设定。而且,高等教育机构的现代化需要进行新学科的教学,并废除陈旧学

---

① [瑞士]瓦尔特·吕埃格.欧洲大学史:第三卷[M].张斌贤,杨克瑞,译.保定:河北大学出版社,2014:87.
② [瑞士]瓦尔特·吕埃格.欧洲大学史:第一卷[M].张斌贤,等译.保定:河北大学出版社,2008:95.
③ [法]Jacques Verger. 中世の大学[M]. 大高順雄,译. 东京:みすず書房,1979:31-32.

科。在各种教学部门中,从 19 世纪到 20 世纪的政府干预逐步蔓延,甚至是势不可当。"①

由此可知,以教会、政府等为代表的社会(权威)机构对大学的影响是全面而深刻的,不仅影响大学的产生与发展,同时也影响大学的治理。完整的大学治理因此由内部治理与外部治理两个部分构成。内部治理的主体是大学内的相关机构与人员(如董事会、校长、学术组织等),外部治理的主体则是与大学发展相关的社会(权威)机构。

在我国,随着完善现代大学制度改革的不断深入,大学治理问题逐渐成为大学制度建设与改革的重要内容,也日益引起高等教育理论界的关注。近两年来,有关大学治理的研究呈现出研究领域不断拓展、研究内容不断深入的局面。概括来讲,有关大学治理的研究主要体现在以下几个方面。

第一,大学治理的基本理论问题研究,如大学治理的性质、目的、模式等,即如何理解大学治理。别敦荣在论著《现代大学制度:原理与实践》中专门讨论了我国大学治理的性质问题,认为:"我国大学既不是学术共同体组织,也不是利益相关者团体,所以,大学治理既不是共同治理,也不是分享治理。从我国相关政策精神和实践看,我国大学治理是一种授权治理。"②"授权治理"即是我国大学治理的性质,由此我国大学治理具有从属性、补充性、学术性的基本特征。王洪才主张可以从目标、手段、结构与结果四个方面去理解大学治理。"从传统意义上讲,治理是一种结果,大学治理即意味着大学内外部达到了一种和谐的状态;而当下最流行的观点认为大学治理是一种结构,如构建一种吸引社会参与大学治理的结构;今天人们最关心的则是作为手段的大学治理,是对大学运行过程中不和谐状态的整治;人们往往容易忽略的则是作为目标或价值的大学治理,即大学应以一个什么样的组织来建设。"③

第二,大学内部治理研究。大学内部治理的体系、结构、权力关系等是人们关注较多的领域。钱颖一在《现代大学内部治理体系建设》一文中从大学内部治理体系的角度提出大学内部治理主要面对两大类问题,即学术问题与行政问

---

① [瑞士]瓦尔特·吕埃格.欧洲大学史:第三卷[M].张斌贤,杨克瑞,译.保定:河北大学出版社,2014:92-94.
② 别敦荣.现代大学制度:原理与实践[M].青岛:中国海洋大学出版社,2018:107-108.
③ 王洪才.大学治理:理想·现实·未来[J].高等教育研究,2016(9):2.

题,指出"在'学术问题'上实行'教师治学'和在'行政问题'上实行职业化管理,是现代大学内部治理的精髓"①。在大学内部治理结构中,权力及其相互关系具有重要的意义。周作宇等人认为大学中不仅有学术权力与行政权力,还有政治权力,"三者共同组成了大学治理中的共轭耦合系统"。依照对三种权力之间关系的分析,可以归纳出学术治理模型、行政治理模型、政治治理模型这三类不同的大学治理模型。"在我国大学治理的权力三角之中,缺失了任何一方,大学治理都存在危险。强调一方而忽视其他方面,都会导致大学治理的失序。若要取得三种权力的协调与平衡,突破我国大学治理的困境,首先要走出西方中心主义,描绘和分析中国大学模式,探索中国大学治理模式。这既需要观念的变革,也需要行动的变革。"②如何完善大学内部治理结构不仅是理论研究课题,更是实践中亟须认真对待的课题。管培俊指出:"完善大学内部治理结构的关键,是建立一系列基于大学使命的权力配置和利益平衡机制。"譬如,公共性与自主性的平衡,行政权力与学术权力的结合,政治导向与学术自由的统一,集权与分权的平衡,竞争性与稳定性的平衡等。③

第三,大学外部治理及内外部治理关系研究。人们注意到,在现代大学治理中,大学外部治理与内部治理同样重要,甚至在有些情况下前者对后者具有比较大的影响与制约作用。张东等人认为:"尽管完善大学内部治理结构是高等教育治理体系中的重要议题,但在'放管服'原则下完善大学外部治理结构,是促进高等教育管理体制改革的生发点。"如何完善大学外部治理结构?"最为关键的是形成多元整合的治理结构,调整及规范治理结构中不同主体的利益、角色与职责,以一种协商合作、互利共赢的方式共同治理大学,从政府对高等教育强力管控的一家独大,走向政府、大学和社会的合理分权,为不同利益诉求在大学公共权力结构中的有效表达,提供合法性、民主性、程序性的制度框架。"④大学治理既然有内部治理与外部治理之分,正确认识与合理协调两者之间的关系就成为大学治理实践中的一个重要课题。胡建华认为,大学内部治理与外部治理关系的实质是"大学治理权的分配和大学治理范围的划分";从两者关系结

---

① 钱颖一. 现代大学内部治理体系建设[J]. 河北师范大学学报(教育科学版),2017(1):6.
② 周作宇,刘益东. 权力三角:现代大学治理的理论模型[J]. 北京师范大学学报(社会科学版),2018(1):15.
③ 管培俊. 大学内部治理结构:理念与方法[J]. 探索与争鸣,2018(6):28-31.
④ 张东,苏步杰. 大学外部治理的逻辑转换与运行机制[J]. 教育研究,2017(7):101-103.

构的角度来看,存在着间接影响的结构与直接控制的结构;就我国大学内部治理与外部治理关系的调整而言,关键仍是"改变政府对高等学校统得过多的管理体制","扩大高等学校的办学自主权",进一步改变大学内部治理与外部治理的直接控制结构。①

在现代大学治理结构中,虽然外部治理尤其是政府的作用影响着大学的办学行为,但大学内部治理的能力与水平对大学的发展是至关重要的。因此,有必要在研究现代大学治理时,深入地探讨大学内部治理问题。这也是本书的研究意图所在。本书围绕大学内部治理,主要探讨了以下几个问题。

(1) 大学内部治理的理论问题。不同的治理理论对大学内部治理实践有着重要的影响。譬如,根据大学理念的相关理论,大学内部治理强调大学自治、学术自由和教授治校;根据利益相关者理论,大学内部治理主张利益相关者共同治理;根据委托代理理论,大学内部治理重视对大学的激励约束,重视形成有效的制衡机制等。

(2) 大学内部治理的结构问题。形成结构是大学内部治理的关键所在。大学内部治理结构主要是指大学内部利益相关者之间各种权力的分配、制约以及利益实现的制度规定、体制安排、组织设置和机制设计等,集中体现大学治理的结构、运行及其规制的主要特征和基本要求。

(3) 大学内部治理的权力问题。学术权力与行政权力的关系是近年来人们在讨论大学管理时涉及较多的一个话题。经过多年来的讨论,人们形成了基本共识:在大学内部的权力构成中,行政权力与学术权力是共同存在的。因此,协调学术权力与行政权力的关系成为大学内部治理的重要内容。

(4) 大学内部治理与外部治理的关系问题。虽然本书以大学内部治理为主要研究对象,但是对于大学外部治理问题也不能全然不顾。因为大学外部治理既是大学内部治理的背景,又对大学内部治理起着重要的影响作用。不同的大学外部治理模式在很大程度上决定着不同的大学内部治理结构。只有厘清大学外部治理与内部治理的关系,才能对大学内部治理的诸多问题有更加深刻、准确的认识。

(5) 美国、英国、日本等国家的大学内部治理。尽管大学内部治理模式因制度、组织、传统、文化等因素的影响在不同的国家表现出一定的或较大的差异,

---

① 胡建华.大学内部治理与外部治理关系分析[J].江苏高教,2016(4):1-5.

但是大学作为一种国际化的机构,其他国家的做法、经验总有一些值得参考、借鉴之处。因此,本书虽立足于研究我国的大学内部治理问题,但必要的比较研究尤其是对大学制度发达国家大学内部治理的分析探讨也是不可缺少的。

总之,本书试图将大学内部治理的理论研究置于多学科的视野下,分析大学理念、法人理论、利益相关者理论、委托代理理论等在大学内部治理实践中的应用,通过对美国、英国、日本等国大学内部治理的比较分析概括出不同制度下大学内部治理的模式与特征,从而深入探讨我国大学内部治理的结构、特点及存在的问题,提出构建适应我国国情的大学内部治理模式的方法与路径。

第一章 大学内部治理导论

伴随治理话语的流行,近年来大学治理成为高等教育研究的热点。如果说在20世纪80年代"市场"曾经成为一种"神话",各种组织都趋向于"市场化",那么今天"治理"则正在成为一个新的"神话",治理结构与治理能力的现代化成为各类社会组织的普遍诉求。当初无论任何组织或个人,也无论遇到了什么棘手的问题,都可以求助于"市场",而今天则希望通过"治理"来解决所有面临的难题。大学也不例外。在经历了20世纪80年代市场化的洗礼后,治理成为大学新的"宠儿"。

第一节 治理的概念

"治理"一词在古汉语中就已出现。比如,《荀子·君道》曰:"明分职,序事业,材技官能,莫不治理,则公道达而私门塞矣,公义明而私事息矣。"《汉书·赵尹韩张两王传》亦云:"一切治理,威名流闻。"然而,就像古汉语中虽然也有"大学之道"的说法,但现在的"大学"主要指源于西方的"university"一样,当前学术界所讨论的"治理",其词源也主要是指"governance",而非古汉语中的"治理"。换言之,作为一个学术概念,"治理"主要是作为"governance"的对应词,而非沿袭古汉语中"治理"一词固有的含义。在西方文献中,"治理"(governance)作为一个概念,同样古老而又年轻。说其古老,是因为这个词根据词源学家的说法,可以追溯到古希腊语中的"掌舵"(kubernan);说其年轻,则是因为这个词的现代含义主要源于20世纪90年代以来其在英语中的新用法。[①] "治理所指,是统

[①] [美]马克·普莱特纳. 反思"治理"[J]. 宋阳旨,译. 国外理论动态,2014(5):23-24.

治方式的一种新发展,其中的公私部门之间以及公私部门各自的内部的界线均趋于模糊。治理的本质在于,它所偏重的统治机制并不依靠政府的权威或制裁。"[1]第二次世界大战以后,在西方政治领域,最初治理的出现是为了应对现代国家的危机,致力于提高政府的执政能力。而当前治理作为一个概念或一种理论,在很多的知识领域,比如经济学、公共管理学、社会学以及政治学中都经常涉及,相关研究尤其以企业经济学和政治决策分析领域最为集中。这一方面反映了当代治理问题的普遍性(很多问题仅凭传统的"管理"手段无法应对),另一方面也反映了治理作为一种话语方式在当下正在被"滥用"并"用滥"(话语的传播要远快于现实的发展)。不过,尽管可能存在治理话语与治理实践相脱离的问题,但作为一个概念或理论,治理理念的出现对于现代社会已经并仍将产生深远的影响。在某种意义上,我们时代是一个需要治理并产生了治理的时代,接下来要做的工作就是如何实现"好的治理"或"善治"。

20世纪90年代,"治理"(governance)作为新兴的概念最先产生于北欧地区,后经过发展成为当今一个非常"时髦"的词语。在20世纪90年代以前的漫长历史进程中,"统治"比"治理"更为常用,这与当今二者的使用频率恰恰相反。因此,与其说"治理"是个新的词语,不如说其被赋予新的含义而焕发生机。世界银行于1992年发布的一份有影响力的研究报告《治理和发展》,对于"治理"理念的再现具有里程碑式的意义。马克·普莱特纳认为,一个术语一旦成为流行词,就很难赋予它一个精确的含义。[2] "治理"便是这类词。从最开始的世界银行到随后的经济合作与发展组织(OECD)、联合国开发计划署(UNDP)、联合国教科文组织(UNESCO),再到后来的"全球治理委员会"(Commission on Global Governance),这些重要的国际组织都先后将"治理"概念运用于对某些复杂的全球事务的考察之中,并将其作为解决问题的手段而予以高度重视。此后,来自经济学、公共管理学、社会学以及政治学等诸多领域的学者也从各种不同角度对"什么是治理"发表了看法,试图给"治理"一个确切的定义。现在一般认为,治理是公共部门与私人部门、公共部门之间以及私人部门之间进行互动、协调彼此关系的一系列过程,而不是指公共部门以控制为目的而制定一整套规

---

[1] [英]格里·斯托克.作为理论的治理:五个论点[J].华夏风,译.国际社会科学杂志(中文版),1999(1):19.
[2] [美]马克·普莱特纳.反思"治理"[J].宋阳旨,译.国外理论动态,2014(5):23.

则、形成一种正式制度的活动。① 在我国,由于语境的不同,也有学者将"governance"一词翻译为"治道",认为"治道"是人类社会治理公共事务的一种模式。② "治理"与"治道"并无本质上的差别,二者都是人们共同参与公共事务管理的新机制,都能够体现公民社会要求改变长久以来公共管理机构所具有的无限而集中的权威、减少公共管理行为的随意性的强烈愿望。现代治道的制度平台是由有限政府、法治政府、分权政府以及民主政府等基本构件构成的,这些要素不是孤立存在、分别影响政府有效性的,任何一个要素的变革都离不开其他部分的相应变革。③

如今,关于"治理"的确切含义学界仍无定论,未来也很难对其有完全一致的看法,但是人们对"治理"的反复思考和多元探讨仍具有重要意义。格里·斯托克认为,治理观点对理论的贡献并不在于因果关系分析这个层次;它也并不为我们提供一种新的规范理论。它的价值在于,它是一种组织框架,可以据以求得对变化中的统治过程的了解。④ 让-彼埃尔·戈丹(又译让-皮埃尔·戈丹)也表示了类似的观点。如他所言,人们对治理的解说摇摆不定,表明治理理论的目标尚未定位,"所以,这个概念剩下的东西主要也就是公共行动——它已经变成多极的,其运作有多种相关系数,参与它的所有行为者必须协调——有效率这一目标"⑤。实践中,为明晰"治理"概念,通常会选择将"管理""统治""行政"与"治理"进行比较。在经济领域,"公司治理侧重于决策和控制,关注投资者关系;管理侧重于运营执行,关注客户关系"⑥。换言之,管理是人们在特定的环境下对其可调动的组织资源通过计划、组织、指挥、协调和控制等行为活动进行优化配置,以有效实现组织目标的活动。治理则是制定组织目标、决策目标实现方法的协商过程。治理先于管理,是管理的前提和基础;管理是治理走向现实的路径,是治理的实施形式。治理和管理是驱动组织健康发展

---

① 俞可平.权利政治与公益政治:当代西方政治哲学评析[M].北京:社会科学文献出版社,2001:113.
② 毛寿龙.现代治道与治道变革[J].南京社会科学,2001(9):44.
③ 毛寿龙.现代治道与治道变革[J].南京社会科学,2001(9):45.
④ [英]格里·斯托克.作为理论的治理:五个论点[J].华夏风,译.国际社会科学杂志(中文版),1999(1):20.
⑤ [法]让-彼埃尔·戈丹.现代的治理,昨天和今天:借重法国政府政策得以明确的几点认识[J].陈思,译.国际社会科学杂志(中文版),1999(2):55.
⑥ 李维安.治理与管理:如何实现和谐运转?[J].南开管理评论,2009(3):1.

的"双轮",二者相互协同。罗西瑙在其代表作《没有政府的治理:世界政治中的秩序与变革》中,对"治理"与"统治"也进行了区分。他认为:"与统治不同,治理指的是一种由共同的目标支持的活动,这些管理活动的主体未必是政府,也无须依靠国家的强制力量来实现。"基于此,他将治理定义为"一系列活动领域里的管理机制,它们虽未得到正式授权,却能有效发挥作用"[①]。格里·斯托克也认为,治理意味着"统治的含义有了变化,意味着一种新的统治过程,意味着统治的条件已经不同于前,或是以新的方法来统治社会"[②]。与统治相比,治理较少具有自上而下的威权色彩,其主要在治理主体的自组织过程中、协同合作状态下发挥功能。还有学者将"行政"与"治理"进行比较,认为"行政"一词基本上指执行政策,而非制定政策,"在中世纪,由于大学目标比较单一,履行大学职责的人们对于大学的目标有着清晰的理解,社会不需要设置专门的机构实施正式的、日常的控制。因此,由中世纪大学的教师所做出的决策是最简明意义上的行政,而非治理"[③]。由此可见,"治理"是十分复杂的概念,很难用一句话来概括。为便于理解和操作,当前学界通常会用一些关键词来简要概括治理的本质属性,常用的语词包括"多中心""多元参与""民主""协商""互动"以及"非制度化""非规则化""非控制性"等。

第二节 大学治理的兴起

大学治理的理念孕育于大学自治的历史传统。大学诞生之初是自由的。初生的大学没有来自"控制"的威胁,也就不会有对"权力"进行控制的渴望。这种自由来自讲授法学或神学的学者对传播真理的热爱和执着,这种自由体现在来自阿尔卑斯山脉或南或北的学生对知识的兴趣和追求。自由的教与学活动促成了大学自然的生成,在这一过程中几乎没有遇到外界的阻挠与破坏。因此,以博洛尼亚大学、巴黎大学、牛津大学为代表的中世纪大学将教与学的自由

---

① [美]詹姆斯·N.罗西瑙.没有政府的治理:世界政治中的秩序与变革[M].张胜军,刘小林,等译.南昌:江西人民出版社,2001:55.
② [英]格里·斯托克.作为理论的治理:五个论点[J].华夏风,译.国际社会科学杂志(中文版),1999(1):19.
③ 欧阳光华.董事、校长与教授:美国大学治理结构研究[M].北京:高等教育出版社,2011:6.

状态视为极其宝贵的生存条件。后来随着教师与学生数量不断增多,教学场所、生活场所日益规模化,起初作为城市"寄居客"的学者行会逐渐转变为城市的"主人翁",进而向所在城市要土地、向市政当局要权力。大学团体与当地市民社会的矛盾与冲突在所难免,最终造成大学与市民的激烈对抗和斗争,大学开始独自面对外界的压力和制裁。大学与市民社会的对立引起国家和教会的关注。"自由最初被视为上帝的一种恩赐,是获得救赎还是被惩罚,既取决于人类如何行使其自由意志,也取决于来自教会的对这种恩赐的权威诠释。"[①]

进入中世纪以后,自由作为一种特权更多被赐予社会团体,特别是赐予那些能在宗教立场上与王室或者教会保持一致的,能为王权的巩固或教皇精神的传播发挥重要作用的大学组织。大学往往从王权或者教皇那里以获得特许状的形式获得自治权,包括独立处理事务的权力以及免除纳税义务、不受地方当局管制、不受当地市民侵扰等许多特权。例如1174年,巴黎大学的一些保护性特权来自当时教皇的专门授予。到1200年,这些保护性的具体章程得到国王菲力普二世的承认并被批准,巴黎大学获得了特许状,从而以惯例法的形式确认了巴黎教师法团享有与城市其他行会同等的自治权。中世纪大学的自治传统由此形成,并流传至今。大学治理所涉及的国家与大学的协调关系,伴随着中世纪大学自治权力的获得而形成,自治促成了大学与国家的平等地位,促成了学术权力与政治权力保持基本平衡。大学自治是国家与大学就大学事务的决策权进行持续不断博弈的过程和结果,在相互博弈的过程中,长期处于弱势地位的大学获得了"特权",提高了主体地位,从而能够与强大的国家相抗衡。此外,悠久的自治传统造就了大学独立自主的高贵品质,这催生了大学治理的民主理念。比如,在美国大学中,虽然如今的自由和自治程度已远不如早期,但正是由于美国大学根深蒂固的自治理念,"有很强的独立性,它们除科研以外绝大多数教学活动的经费来源多样化,而且宪法保护言论自由,诸多因素结合起来使美国大学享有的自由比世界上任何主要国家的大学都要多"[②]。大学的治理与大学自治的传统在本质上一脉相承,二者密不可分。大学自治是大学治理的历史源头,大学治理是大学自治在现代的实现形式。

除了自治的历史传统外,大学治理的实践还缘于大学由传统向现代的转

---

① 荀渊.治理的缘起与大学治理的历史逻辑[J].全球教育展望,2014(5):100.
② [美]德里克·博克.美国高等教育[M].乔佳义,编译.北京:北京师范学院出版社,1991:5.

型。大学治理的兴起既是整个社会"被治理化"的一部分,也是现代大学转型的内在要求。对于大学而言,转型既是挑战也是机遇。一方面,转型意味着旧事物走向衰落,大学传统的"链条"出现薄弱环节,若无新的机制和文化予以填充,大学将不仅失去传统还会错失未来;另一方面,转型意味着新事物出现的可能,大学若能够抓住历史机遇、挣脱传统的束缚而积极迎接新理念、新机制的到来,那么大学将在新的时代发挥新的活力。近千年的大学发展史是由无数次大学转型累积而成的,大学得以发展至今,正是经历了数次转型的结果。首先,大学转型体现为大学职能的演变与拓展。大学职能的演变与大学组织的复杂程度成正相关。大学每增加一种职能便会引起相应的组织变革。如科研职能的增加促成大学中若干科研机构的成立以及科研管理方式的形成;服务社会职能的出现使大学由封闭走向开放,大学组织日益多元化,由传统的管理向现代的治理变革。其次,大学的转型离不开高等教育大众化的推动。从世界范围来看,20世纪60年代以后,规模扩张是各国高等教育发展的主旋律,不同国家采用不同方式来扩大高等教育规模,以满足经济发展和人民文化水平提高的需求。[①]如今,在世界上大多数国家和地区,高等教育大众化已不再是一个变化的趋势和过程,而是一种既成的结果和事实——大众高等教育普遍存在,成为一种高等教育发展的常态。大众高等教育时代的来临对大学组织与管理的方式提出了挑战。"组织变革是大众化的应有之意,大众高等教育发展本身就包含了组织变革,即由传统的高度统一的、模式单一的组织演变为高度分化的复杂的多样化的组织。"[②]高等教育大众化导致大学规模扩大化、大学职能多样化、大学组织复杂化,最终致使传统的高度统一的大学管理模式失灵,不能满足时代和社会发展的要求,进而成为大学现代化的阻碍。为了扭转大学管理失灵的局面、提高大学组织效率,有必要解构大学的传统组织,重构一种多元的组织结构。此外,由于大学职能日益丰富、大学活动范围大大扩展、大学规模不断扩大,大学利益相关者(国家、政府、企业、社会公众、校友、大学师生)变得多元且数量庞大。众多利益相关者纷纷将目光投向大学,关注大学入学考试、招生、教学、毕业、学生就业等问题。作为人类社会最重要的组织机构之一,现代大学别无选择,只能直面挑战、主动转型。过去如此,现在如此,未来更是如此。大学必须

---

① 潘懋元,罗丹.多国高等教育大众化模式比较研究[J].高等教育研究,2007(3):7.
② 别敦荣.大众化与高等教育组织变革[J].清华大学教育研究,2006(1):29.

第一章　大学内部治理导论

丢下历史包袱，主动回应这个已经变化了的时代，即要主动变革过时的大学管理方式，积极采用符合大众化高等教育要求的、适应大学转型与发展需要的新型管理模式——大学治理。这是管理主义到治理主义的变革，是一次从管理行为到治理行为的变革，是一次从管理制度到治理制度的变革。从政府治理、公司治理到大学治理，"治理"看似是一个可以置于人类社会若干组织名词之后的修饰词，以表明组织中的人对于该组织具有一种主观能动作用——人类能够创造组织、进入组织，又能跳出组织、作用于组织，从而彰显人类的高级智慧以及标榜其在社会系统中的主导地位。但换一种思考，治理之所以被运用于不同类型组织之中，也反映了人们对于"治理"的偏爱和美好期待，人们希望通过治理变革身处其中的组织，以进一步完善组织制度、优化组织结构、拓展组织功能、提高组织效率、增强组织功效，借助"治理"满足人类社会不断发展的需求、实现或者接近人们心中关于未来组织形式的愿景。大学治理的出现，正是受大学人对美好大学愿景的向往所驱动。那么，什么是"大学治理"呢？它与大学管理存在哪些差异呢？

　　现代大学产生于西方，大学治理同样在西方发源。美国是最先将"治理"与大学结合并付诸实践的国家。1960年，科尔森出版了《大学与学院的治理：结构和过程的现代化》(*Governance of Colleges and Universities: Modernizing Structure and Processes*)一书，首次提出了学院和大学的治理。在该书中，科尔森指出，一般意义上的"管理"(government)对于工商企业、政府机构和军事组织的运作分析更加适切，而"治理"(governance)更为契合专门对于高等学校的思考。[①] 1966年，马克·比奇(Mark B. Beach)从教授、校长以及董事会三个角度，专门对美国的大学治理进行了研究。[②] 1973年，卡内基教学促进基金会发布了"Governance of Higher Education: Six Priority Problem"，进一步提出了高等教育的治理问题。1976年，在詹姆斯·马奇和约翰·奥尔森合著的《组织中的二重性与选择》(*Ambiguity and Choice in Organizations*)一书中，他们第一次在分析大学的决策时用到了"大学治理"(university governance)这个词。[③] 相比之下，世界银行1989年才首次提出"治理危机"(Crisis in Governance)，全

---

　　① John J. Corson. Governance of Colleges and Universities: Modernizing Structure and Processes [M]. New York: McGraw-Hill Book Company, 1996: 20.
　　② 欧阳光华. 董事、校长与教授：美国大学治理结构研究[M]. 北京：高等教育出版社，2011：6.
　　③ [法]让-皮埃尔·戈丹. 何谓治理[M]. 钟震宇，译. 北京：社会科学文献出版社，2010：15.

13

球治理委员会直到 1995 年才在一份名为《我们的全球伙伴关系》的报告里对"治理"进行了权威界定。然而,20 世纪 90 年代以来,以全球治理委员会的相关界定为基础,治理作为一种新的话语实践迅速渗透到政治、经济与社会的各个领域。治理理论以新公共管理和新自由主义经济学为载体,对国家治理和大学治理产生了深远影响。虽然高等教育领域对于治理问题的探讨走在了其他领域的前面,但后来高等教育领域治理话语的流行以及大学治理的盛行更多的还是受商业文献和公共管理中治理理论的启发,而不是源自高等教育领域本身对于大学治理或高等教育治理的研究。换言之,高等教育研究领域虽然贡献了"大学治理"(university governance)这个概念,但是真正促使"治理大学"(governing university)成为现实的还是治理理论(the theory of governance)以及由此引发的政策实践。虽然大学的组织特性和管理实践孕育了治理的概念和理念,但治理概念和理念提出以后却最先在企业管理和公共管理中被理论化。

  国内关于大学治理的研究始于 20 世纪末,当时对该问题进行研究的学者数量少,研究成果比较分散、零星。王世权认为,大学治理作为一项制度安排,是各利益相关者基于自身的谈判力与效用目标博弈均衡的结果,其本质是各利益相关者基于行政权力与学术权力的博弈均衡的概要表征。[1] 而王洪才认为,大学治理有四种内涵:第一种含义是指一种结果,意味着大学内部达到了一种比较和谐的状态,人们各安其位,各尽其责;第二种含义是指一种手段,指对大学发展中出现的种种乱象的整治;第三种含义是指一种结构,指建立一种人人参与、共同治理的结构;第四种含义是指一种目标,指建立一种共同的文化,即人们具有对共同价值的追求,这种价值无疑是求真理想。[2]

  无论如何定义,大学治理的前提都是大学必须拥有独立的法人地位。没有独立的法人地位,就谈不上真正的治理。其原因在于,如果作为法人不具有独立性,大学就无法在与政府、企业的谈判中拥有平等的地位,而没有平等的地位就无法合作、协商与谈判,也就谈不上真正的治理。但这样说丝毫不意味着大学一旦拥有了独立法人地位,就能实现良好的治理。大学要实现良好的治理,除了必须拥有独立法人地位,还必须建立健全法人组织机构。"法人的组织机构是根据法律、法令或法人组织章程的规定,能够体现法人组织机能的要求,并

---

[1]　王世权. 日本国立大学治理制度的源流考察及创新发展[J]. 日本学刊,2013(2):138.
[2]　王洪才. 大学治理的四种内涵[J]. 苏州大学学报(教育科学版),2015(4):17-19.

按照统一的目的,实现法人民事权利能力和行为能力的组织系统。"[①]法人组织机构是对内管理法人的事务,对外代表法人从事民事活动的机构的总称。由于它是法人组织机构的组织形式,也是法人财产权利的具体行使机关,因而必须围绕实现法人的权利能力和行为能力来设置。一般而言,法人组织机构的设置须符合下列条件:第一,必须具有完整地反映法人组织机能要求的组织形式;第二,法人组织各个机构之间相互作用,各自承受特定的任务和具有明确分工;第三,法人组织机构作为一个整体,必须具有同一目的,各局部机构的目的不同,也只是为了实现整体的同一目的而进行的合理分解;第四,法人组织机构的设置,必须符合法律规范性。[②] 以法人组织机构的设置为基础,法人治理结构是更进一步的制度安排,也是治理的必要条件。对于大学的法人治理结构问题,下文将有专门的论述。

如前所述,治理与管理不同,那么大学治理与大学管理又有什么不同呢？丁笑梅和关涛将治理的任务比作为大学这辆列车铺好轨道,而管理的任务则是使这辆列车快速前进、到达目的地。"二者的联接点在于治理为管理提供运作平台和运作目标,管理是要达成目标,并为治理提供具体运作层面的机制。"[③]李福华认为,"大学治理是在大学利益主体多元化以及所有权与管理权分离的情况下,协调大学各利益相关者的相互关系,降低代理成本,提高办学效益的一系列制度安排",而"大学管理就是大学管理者在特定的环境下对其可调动的组织资源通过计划、组织、指挥、协调和控制等行为活动进行优化配置,以达成有效实现学校目标的动态创造性活动"。[④] 事实上,大学管理与大学治理的区别就是"管理"与"治理"的区别。根据管理的定义,大学管理是指相应管理主体在一定的大学管理制度的约束下,通过分工与协调以实现大学发展目标的过程。根据治理理论的相关论述,大学治理可以大致界定为,在治理的制度框架下,政府、市场、大学以及社会其他组织彼此之间通过沟通、协调、谈判、博弈、妥协与互动,最终实现大学发展目标的动态过程。对比大学管理与大学治理的定义可以发现,二者既有区别也有联系。其共同之处表现在,无论是管理还是治理,都是

---

① 劳凯声. 变革社会中的教育权与受教育权[M]. 北京:教育科学出版社,2003:274.
② 江平. 法人制度论[M]. 北京:中国政法大学出版社,1994:287-288.
③ 丁笑梅,关涛. 校长与董事会:美国大学治理结构中的核心关系研究[J]. 教育科学,2012(6):77.
④ 李福华. 大学治理与大学管理:概念辨析与边界确定[J]. 北京师范大学学报(社会科学版),2008(4):21.

一个"过程",最终的目标都是"实现大学的目标"。但毫无疑问,在实现共同目标的过程中,管理与治理在观念导向、制度安排以及具体实施手段等方面又不一样。具体而言,大学管理建基于传统的高等教育管理理念之上,强调管理主体对于管理客体的强制性规范。在大学管理的过程中,管理主体往往是单一的,即政府或大学;管理关系也往往是线性的、双边的;管理手段常常带有一定的强制性,甚至是行政命令式的。在大学管理的过程中,大学本身是被动的,是被管理的对象。在对于制度环境的要求方面,大学管理的要求也不高,只需要有明确的"游戏规则"。与之相比,大学治理建基于高等教育治理的新理念,强调多个利益相关者对于治理对象的指导性规范。在大学治理的过程中,治理主体不是唯一的,而是同时存在多个治理主体,政府、大学、市场以及社会其他组织都可以成为大学治理的主体;治理关系也不是线性的,而是多边的;治理手段不是强制性的,而是商议性的。与管理过程中对于权威、权力的强调不同,治理过程中更强调治理主体之间的沟通、协调、谈判、博弈、妥协与互动。在大学治理的过程中,大学本身不是被动的,而是主动的;大学不是被管理的对象,而是被讨论的"中心",被服务的对象。在制度环境方面,大学治理的要求也较高。没有政府治理、公司治理以及非营利组织治理在整个社会的普遍实现,大学治理就难以实现。没有政府治理、公司治理以及非营利组织治理作为基础,即便我们喊出了"大学治理"的口号,那也不过是空中楼阁。当然,大学管理与大学治理并不是截然分开的。管理是治理的基础。从管理向治理的过渡有一个漫长的过程。没有一个成熟的、行之有效的大学管理制度与运行机制作为基础,绝不可能直接实现大学的有效治理。

在高等教育实践中,大学治理与大学管理处于不同的层次,前者是后者的前提和基础,后者是前者从理想走向现实的途径、工具或手段,二者统一于大学的发展和运行之中,实践中必须将二者协同起来。

第三节 大学治理的制度形式

与"制度形式"相比,学界对"治理模式"的关注较多,对其所做的研究也较为充分。"模式"乃"形式"的一种极端情况。任何一种大学治理的"模式"都是一种"制度形式",但并非每一种"大学治理的制度形式"都能称为"模式"。"模式"容易使人们对事物的认识走向固化、思维趋于封闭,而"形式"具有一种认识的"流动性"和思维的开放性,故本书选择用"制度形式"来取代"模式"。但由于现有研究中"治理模式"已经成为习惯用法,故而在部分语境中根据需要,"模式"与"制度形式"也会在同等意义上使用。

一、大学治理制度形式的提出

大学治理的制度形式是指大学在多元利益相关者之间配置大学决策权力的过程中所采取的制度安排和结构模式,其中包含着不同大学治理主体的组织构成和权责划分。在现有研究中,不同学者从不同角度对现有大学治理进行了分类。罗伯特·伯恩鲍姆在《大学运行模式:大学组织与领导的控制系统》一书中,把大学治理模式划分为学会组织模式、官僚组织模式、政党组织模式和无政府组织模式。[①] 熊庆年等人将大学治理模式归纳为"科层模式""专业模式""民主模式""共享模式"和"经营型治理模式"。[②] 甘永涛根据大学权力的密集程度划分各国现行大学制度,在此基础上提出大学治理的三种模式:一种是以内部人监督为主的关系型治理结构模式;一种是以国家监督为主的行政型治理模式;一种是以中介机构(通常代表政府意旨)监督为主的复合型治理结构模式。[③] 钱颖一认为,当今世界的大学治理存在多种制度模式,其在《大学治理:美国、欧洲、中国》一文中,从经济学的视角,将大学治理分为美国模式、欧洲模式和中国模式进行比较分析。[④] 别敦荣认为欧美国家存在两种不同的大学治理形式,即欧洲大学以共同治理为主,美国大学以分享治理为主。共同治理指的是,"大学是一个学术共同体,在共同体中,大家都是平等的,大学事务的决定权由大家一起共同拥有,所以,大学事务也由大家共同协商处理。大学的各种治理机构之间不存在隶属关系,各自独立地发挥作用";而分享治理意味着,"现代大学越来越成为一个复杂的利益团体,校内外各种利益相关方在大学办学中拥有自身的利益,因此,基于利益维护与分享的需要,形成了不同利益群体分享治理

---

① [美]罗伯特·伯恩鲍姆.大学运行模式:大学组织与领导的控制系统[M].别敦荣,等译.青岛:中国海洋大学出版社,2003.
② 熊庆年,代林利.大学治理结构的历史演进与文化变异[J].高教探索,2006(1):43.
③ 甘永涛.大学治理结构的三种国际模式[J].高等工程教育研究,2007(2):72.
④ 钱颖一.大学治理:美国、欧洲、中国[J].清华大学教育研究,2015(9):1-12.

权力的结构体系"。① 将两种大学治理形式进行比较可以发现,共同治理与共享治理的主体存在差别:前者是在大学之内的学术共同体的参与下进行治理,这种大学治理更多带有传统大学的自治色彩;而后者是在大学校内和校外的众多相关利益者的互动中进行治理,校外人员与校内人员共同分享大学治理权。

大学治理本质上围绕大学权力而进行,大学中最基本的权力则是学术权力。学术权力在大学不同机构之间的配置和归属决定了不同机构对于学术事务影响力的大小,学术权力在大学内部的运行方式决定了大学治理的制度形式。换言之,大学治理的制度形式是以学术权力的模式为基础和依据的,学术权力的模式决定大学治理的制度形式。高深知识是大学这一学术组织中人们赖以开展工作的基本材料,围绕高深知识而进行的多种活动构成大学最为基本的学术任务和主要功能。高深知识的拥有与否决定了学术权力的拥有与否。高深知识的高深性意味着不是所有人都能够理解和掌握它,而是只有部分人才具备拥有高深知识的能力和资格。在某种意义上,高深知识具有一定程度的排他性,这种排他性使未被排除的人具有某种学术性权力。中世纪大学以"学者行会"的形式而存在,正是由于少数的学者拥有发现真理的能力、掌握着当时较为先进的知识,他们有绝对的权力来决定知识是否需要传播、在哪里传播、传授给谁、怎样传授以及如何应用等问题,这就尽可能地排除了来自其他组织和群体的干扰,如剑桥大学的建立就是部分牛津师生使用了"知识在哪里传播"这一权利的结果。"知识是处于行动核心的无形材料"②,高深知识是一个"行动者",是它决定了一所大学学术研究活动的任务和从事学术研究的群体。比如,19世纪德国洪堡大学的创办与中世纪大学具有不同的历史背景和形式,因而二者对高深知识的反应是不同的。洪堡大学的特色在于将"教学"与"研究"相结合,将高深知识的研究和探索活动纳入大学活动范围之内,进而在大学的一般教学组织中成立若干研究性机构。随着大学科研职能的不断完善,学术研究和知识生产活动与大学以及大学人的生活密不可分,又由于知识具有分裂的逻辑,大学遂成为知识专业化的场所。知识专业化发展了各类知识,并且决定了哪些类型的知识可以存在并具有权威性,还决定了哪些类型的人有权拥有知识并行使来

---

① 别敦荣.论我国大学治理[J].山东高等教育,2016(2):2.
② [美]伯顿·R.克拉克.高等教育系统:学术组织的跨国研究[M].王承绪,等译.杭州:杭州大学出版社,1994:26.

自知识的权力,这种知识权力可以被视为学术权力的基本形式。承担"教学"与"研究"任务的机构处于大学组织的最基层,专业化削弱并消解了原初由具有不同知识背景的学者组成的学术管理机构的合法性,专业化的学术管理机构裂变为若干大大小小的以某一专业为中心的分散而又有联系的具有内部自主性的科系或学系。这些基层学术组织将学术共同体的完整学术权力进行划分,促使彼此之间"形成一种坡度平坦、联系松散的工作单位结构;这种结构促使控制权分散"①。由此可见,高深知识、学术权力、大学组织结构三者之间具有逻辑意义上的密切关系——高深知识的分化带来学术权力的分化,进而促成大学组织结构的分散。这里之所以说这种关系具有逻辑意义,是因为其合理性是剥离了来自大学外部政治、经济、文化和历史等多种不确定因素影响的结果。

二、大学治理制度形式的分类

范德格拉夫等人在《学术权力:七国高等教育管理体制比较》一书中对学术权力进行国际比较研究,并在此基础上归纳了学术权力的四种模式,即欧洲模式、英国模式、美国模式和日本模式。由于上述研究是在20世纪七八十年代进行的,西方国家高等教育大发展并形成了独具特色的高等教育体制,而当时的中国正处于高等教育发展的低谷时期,故此没有受到应有关注。今天我国高等教育迎来大发展,中国大学的治理问题不容忽视。本书基于学术权力模式与大学治理模式的相关性,以范德格拉夫等人的前期研究为基础,并结合中国的实际情况,提出大学治理的五种制度形式,即大学治理的欧洲模式、英国模式、美国模式、日本模式以及中国模式。

(一)大学治理的欧洲模式

整体上,"欧洲大陆国家学术组织的基本结构,是教授与国家官僚机构相结合"②。有学者从权力的角度将欧洲大陆国家大学的学术权力模式概括为"沙漏型权力分布",即在大学体制的基层布置了强有力的教授行会权力,又在大学顶端(这种顶端并不表示仍处于大学组织内部,而是指高于大学的外部领域)安排

---

① [美]伯顿·R.克拉克.高等教育系统:学术组织的跨国研究[M].王承绪,等译.杭州:杭州大学出版社,1994:25.

② [加]约翰·范德格拉夫,等.学术权力:七国高等教育管理体制比较[M].2版.王承绪,等译.杭州:浙江教育出版社,2001:199.

了有力的政府行政部门等官僚机构,这就使得大学内部院校级管理层权力薄弱。这种学术权力模式增强了校外行政力量与校内教授力量对大学治理的影响力,二者力量的联合结构决定了大学治理的制度形式,即政府行政组织与大学教授们的目标极为重要,各系统间只在院校一级有着非正式的协作。

1. 大学治理的顶层制度

大学治理的顶层制度指的是宏观方面或者高等教育体制方面,主要涉及大学与政府的关系、大学与社会的关系。当今,在占有治理权力的比重方面,欧洲大陆国家的大学与政府等部门相比处于弱势地位,这种权力地位的不平衡是由历史发展造成的。在中世纪早期欧洲产生了一批"自生型"大学,无论是学生治校还是教师治校,大学几乎不受来自外部教皇权力或市政权力的影响。"也就是说,在中世纪,大学内部的管理、运行是由学术组织及其选举出来的校长负责的,即使有诸如处理财务事务等的专职管理人员存在,他们也只是作为学术组织的'附属'。"[1]14世纪以后,"创生型"大学即由国家或教会通过授予特许状的方式所创立的大学迅速增加。由于大学产生方式由"自生"转变为"创生",作为大学的创办者——国王或教皇都力图控制大学,以使其坚持各自的意志、维护各自的利益,大学的工具色彩明显,因而大学自主性降低、自主权衰弱。目前欧洲大陆各国出于各种目的对大学事务进行直接管理,这种直接管理在公立大学中尤其明显,大学在校长遴选任用、经费预算、教师聘用、薪酬、学生挑选等方面的自治权相当有限。以法国为例,中央集权的高等教育体制源于1806年拿破仑建立的帝国大学,其不仅仅是一个学术机构,还是一个统管全国高等教育事业的行政机构。随着帝国大学的建立,各个大学区也正式成立,拥有相当权力的学区教育总长跨过地方行政权力而直接对中央负责。中央集权的高等教育体制影响深远,直到1968年颁布的《高等教育方向指导法》(也称《富尔法案》)才突破了这一体制,该法案确立了法国大学治理中"自治""参与""多科性"原则,为之后国家给大学的松绑奠定了法理基础。

2. 大学治理的中层制度

大学治理的中层制度指的是在大学校级层次中,决策权力在大学与学院等组织之间的配置方式和制度安排。在"沙漏型"学术权力分布下,欧洲大陆国家的大学在校级中层结构所配置的学术权力、大学治理权力十分薄弱,以大学校

---

[1] 胡建华.大学中两种组织的矛盾与调适[J].教育研究,2012(5):55.

长为首的行政管理组织发育不健全,作为自主组织的大学难以形成。这种大学治理结构是在强有力的政府集权以及强有力的学术集权的张力之下形成的。在这种模式下,德国大学作为一个组织在校级层面很少有独立决策的权力和空间,因其同时受制于强大的高层国家权威和基层学术寡头力量。德国大学虽然具有作为大学主体来集体决策的校级管理机构,但其成员都是来自讲席之中的终身教授,这些教授可以合法地拒绝组织内部自上而下的管理。① 法国大学更加疏远有组织性的内部治理。在法国,学术集权体制是建立在以学科划分的学院的行会式基础之上的。"在过去的组织机构中,大学不过是学院的组合。真正的权力属于学院院长。在院长之下,各学科系所或其他组织形式毫无真正的权力,没有任何预算可供管理。在院长之上,作为国家官员的学区总长(recteur)主持大学委员会,只是发挥着大学代表的标志性作用。"②

3. 大学治理的基层制度

大学治理的基层制度指的是在大学基层组织,如学院内部的系科组织、研究所等之间决策权力的分配结构和运行机制。在"沙漏型"学术权力分布下,欧洲大学的基层组织比校级组织掌握更多的学术权力、决策资源,以讲座教授为首的学术组织十分健全,"底部沉重"的组织形式在欧洲大学成为现实。在德国,院校一级的决定由校评议会做出,系级的决定由系务会议做出。以投票方式参与这些决策机构的人是由教授、助教、行政管理人员和学生选举产生的。③ 这种学院治理方式与其悠久的"学术自由""教授治校"的传统密不可分。德国大学的学术自由包含双重内容,一是教师"教的自由",二是学生"学的自由"。由于教师和学生都集中于大学最基层的学术组织中,基层组织的自由度可想而知。"教授治校"的载体是院校评议会,评议会由占有绝对比例的教授组成,不同的大学对评议会的定位不同,有的将其定位为大学最高"学术权力"的行使机构,而有些大学评议会则以咨询、立法机构的地位参与大学治理。此外,"教授治校"延伸为"教授治院(部)",德国大学学部层面的权力集中于正教授手里,"形成了以正教授为中心的等级结构,并出现了权力资源(公共薪俸和其他特权

---

① 孙伦轩,陈·巴特尔,赵雅静. 大学治理:欧洲观点[J]. 江苏高教,2014(3):18.
② 王晓辉. 法国大学治理模式探析[J]. 比较教育研究,2014(7):7.
③ [荷兰]弗兰斯·F. 范富格特. 国际高等教育政策比较研究[M]. 王承绪,等译. 杭州:浙江教育出版社,2001:183.

以及学部长的选举权、人事权、学位审查权,甚至对学生的惩罚权等)的垄断趋势"[1]。而在法国,教授同行中选举产生的学院院长有较大的实际权力:主持制定预算、实施预算的内部分配、组织教学、决定人员录用等。当然,院长的权力不是绝对的,院长仍然要向教授负责,相当于学院院长与教授分享重大事务决策权。

(二) 大学治理的英国模式

这里的"英国模式"可以看作对牛津、剑桥模式的代称。虽然英国大学种类多样,但是牛津、剑桥首创的组织制度形式以及高等教育理念为之后的大学所标榜,因此,可以通过研究牛津、剑桥的大学治理模式来认识英国大学治理的制度形式。以牛津、剑桥为代表,英国大学学术权力模式可以用"正金字塔式权力分布"予以概括,这样的权力结构十分适合大学"底部沉重"的学术组织属性。此外,委员会制度也是英国大学最基本的治理机制,完善的委员会制度在大学外部治理和内部治理中都发挥着重要作用。如大学管理委员会和大学评议会在大学内部运行与发展中发挥着不可或缺的决策与监督作用,英国高等教育基金委员会在政府与大学之间扮演重要的"协调者"角色。因此,"委员会制度下的大学治理"也可以被视为英国独具特色的大学治理制度形式。

1. 大学治理的顶层制度

在"正金字塔式权力分布"的学术模式中,英国大学治理在高层的政府与大学关系中具有独特形式:大学享有高度的自主权,政府对大学进行间接干预。有研究指出,英国高等教育管理体制具有三个显著特征:第一,政府对高等院校实施间接管理而非通过行政指令进行直接管理;第二,政府往往通过立法、政策和经济等宏观调控手段对高校进行治理;第三,中介机构、代表性机构广泛参与到政府对高校的治理之中。[2] 具体来看,英国政府对大学间接管理的实施载体是若干专门委员会,这些委员会分别负责诸如大学财政、人才培养、质量保证、社会服务等反映政府对大学的重视和关切的某一专门事务。虽然这些机构由政府创立,但具有"中立性",即在政府与大学之间尽可能保持中立,作为服务机构对政府与大学都高度负责。比如,1919 年大学拨款委员会的创建就是政府与大学之间就大学财政与拨款问题所采取的具体治理措施。"大学拨款委员会是

---

[1] 张小杰.从学部制度看早期德国大学模式[J].清华大学教育研究,2006(3):76.
[2] 郑俊涛,王琪.走进世界名校:英国[M].上海:上海交通大学出版社,2013:96.

英国政府与高等教育之间的中介机构,人们将其称作'缓冲器(buffer)'。其主要工作就是争取和分配高等教育资金。"①大学拨款委员会虽由政府组建,但是仍然保持了英国大学"自治"的历史传统,政府的权力较小。从成员构成来看,早期的大学拨款委员会由10位均不在可能申请拨款的高校或机构任职的学术专家、1位来自学术界的兼职主席、1位来自财政部的公职人员组成,这些专家在大学内部学术威望较高、掌握着较强的学术权力;从影响来看,大学拨款委员会既协调了国家与大学双方的需求,又保护了高校免受政府行政力量的直接干预。② 1992年,随着英国高等教育双轨制的终结,大学拨款委员会被高等教育基金委员会所取代。作为大学治理的顶层制度的重要组成部分,在英国与之类似的中介机构还包括1982年成立的全国咨询委员会、1997年建立的高等教育质量保障署等。

2. 大学治理的中层制度

英国大学治理的中层制度可以概括为"学院制基础上松散的联邦",大学内部各单位首先都有各自的目标和运行方式,但为了大学整体目标的实现,它们又有共同的目标以及某种正式的联系。如在牛津大学中,中层治理主体主要有以下几部分:一是大学评议会(Convocation),由所有获得学位(荣誉学位之外)的毕业生、所有教职员大会的成员以及已经退休但在退休前是教职员大会的成员组成,其职责在于选举大学校长(Chancellor)。③ 二是教职员大会(Congregation),由校长、副校长、学监、院系人员、各学院负责人、各学院(除私人学院外)管理机构的成员、所有得到教职员大会认可的个人或团体等10类人员构成。④ 其职能主要包括审议和表决议案,中止、修改和表决有关决议,举办听证会,批准颁发荣誉学位或证书,任命副校长和批准大学年度总结报告等,必要时副校长还可以邀请学生列席大会并发言。除颁发荣誉学位时由校长主持外,其他场合均由副校长主持全校教职员大会。⑤ 三是大学理事会(Council),主体是本校

---

① 黄福涛.外国高等教育史[M].上海:上海教育出版社,2003:215.
② 许心.变革与转型:"后罗宾斯时代"的英国大学拨款委员会[J].大学教育科学,2014(6):95.
③ Statute Ⅲ:Convocation[EB/OL].[2018-11-23].http://www.admin.ox.ac.uk/statutes/780-121.shtml.
④ Statute Ⅳ:Congregation[EB/OL].[2018-11-23].http://www.admin.ox.ac.uk/statutes/781-121.shtml.
⑤ 周常明.牛津大学的"小大学"治理机制探析[J].教育评论,2014(11):147.

学术人员,其有权处理大学日常事务、负责战略规划、管理学校财产并有必要履行相应的责任。此外,理事会对教职员大会负责,应当遵守并积极执行教职员大会依照法律法规达成的所有决议。① 在英国,大学校长是一个十分特殊的职务,象征性的领导成为其主要的职责,而大学最高行政管理权力则属于副校长。但由于副校长是由基层选举出来的而不是政府任命的,因此这种行政权力又较为有限。在牛津和剑桥,大学中层治理的权力集中于由各个学院院长组成的大学运营委员会,他们共同决定大学重大行政事务和学术事务;大学校级治理权力则来源于基层学院。20世纪30年代后,"以牛津和剑桥为代表的传统大学已经基本改变了过去的管理方式,大学管理权逐步由各学院掌管过渡到大学一级管理委员会和全校教师组成的评议会"②。校级大学评议会权限逐渐加强,大学治理出现校院共同治理的趋势。尽管如此,由于深受"教授治校""学部自治"等历史传统和理念影响,英国大学学术权力和治理权力的重心仍在学校基层的部系单元之中,整个大学治理的制度形式仍由基层权力配置和运行模式所决定。

3. 大学治理的基层制度

英国大学治理的基层制度主要处于科系、学系、学院或者学部系统中,众多教师、学生的教学、学习、科研等日常活动主要在学院(部)之内进行。学院制和导师制既是英国大学办学传统中最具特色的地方,也是英国大学辉煌的根本。考察英国大学治理的基层制度不能忽视学院制度。牛津大学是英语国家中最古老的大学,学院制也诞生于此,但这并不意味着学院制随着牛津大学的形成而形成。事实上,直到1571年,伊丽莎白一世颁布了《伊丽莎白章程》,才正式确立牛津大学的法人地位。这是牛津大学法人地位获得的最高合法确认。《伊丽莎白章程》之后的一系列法令使得牛津大学从一个较为松散的组织开始向众多学院组成的联盟过渡,这为之后学院制的形成奠定了组织基础。③ 1636年,牛津大学第一部完整的校规《劳德规约》颁布,使大学学院院长掌控了大学的主导权,随之成立的"七日理事会"使得学院的权力更加稳固。该条约的颁布"标志着牛津大学学院制的确立和学院寡头制统治的开始"④。与牛津大学相同,剑

---

① Statute VI: Council[EB/OL]. [2018-11-23]. http://www.admin.ox.ac.uk/statutes/783-121.shtml.
② 黄福涛. 外国高等教育史[M]. 上海:上海教育出版社,2003:152.
③ 周常明. 牛津大学史[M]. 上海:上海交通大学出版社,2012:15-16.
④ 周常明. 牛津大学史[M]. 上海:上海交通大学出版社,2012:17.

桥大学也是一个由学部(Colleges)、学院(Schools)、学系(Faculties)以及科系(Departments)等部门构成的联邦结构。剑桥大学的31个学部是学生们居住、饮食、社交以及学习的基本场所,学部根据各自的规章享有招生(本科生和硕士生)、制定规则等自治权,学部还有权选派代表参与大学理事会和财政委员会;学院是由若干学系和科系组成的,有自己的理事会,其成员是来自各个系科的代表;学系是大学教学与科研的最基层组织;按照专业和学科所进行的更加具体的工作在学系的附属部门进行,这种部门被称为科系。除此之外,牛津大学还设置了若干科学研究中心,其受到由来自不同学科和专业的代表所组成的管理委员会的直接领导。① 总之,英国大学治理权力"金字塔的基座"是由若干学院组成的,每个学院拥有自己的院规和管理机构,并且具有高度的自治权,学术权力掌握在基层教授手中,从这个意义上讲,学院是大学的重心和权力之所在,学院就是一个个"小大学",大学的权力反而"变小"了。

(三) 大学治理的美国模式

美国高等教育的历史是短暂的,但是其特色最为鲜明。具有创造性、灵活性、时代性的美国高等教育在当今世界高等教育领域独树一帜、独占鳌头。美国高等教育的历史源于殖民地时期,在高等教育管理方面,由于殖民地大学是被创建的,因此不可能像欧洲大学那样具有教师自治或者学生自治的属性,要建立能够代表外行群体各种利益的机构进行管理。在大学治理方面,美国虽然深受欧洲传统文化和办学理念的影响,但创造了一种不同于欧洲的大学治理制度形式,即"董事会领导下的大学治理",也可以称为"理事会领导下的大学治理"。在美国,大学外部的私人财团和垄断公司在操纵董事会活动方面起着举足轻重的作用,各界人士组成的董事会掌握大学管理实权,由董事会选举的校长负责学校的日常行政工作,他在聘请教学人员和处理财务方面有很大的权力。② 美国大学治理的这种制度与大学的学术权力模式密切相关。在美国,以校长为代表的行政管理组织发挥"强行政"职能,基层教授会的学术权力较弱。这种学术权力配置方式也被形象地概括为"橄榄型权力分布"。

---

① Research at Cambridge[EB/OL]. [2018-01-23]. http://www.cam.ac.uk/research/research-at-cambridge.

② 人民教育出版社《外国教育丛书》编辑组. 教育行政与学校管理[M]. 北京:人民教育出版社,1982:24.

1. 大学治理的顶层制度

在美国,根据1789年宪法修正案第十条保留条款的规定,联邦政府没有对教育进行直接管理的权力,而教育权力属于各个州和地方政府。虽然联邦政府没有权力干预地方州政府的高等教育管理事务,但由于高等教育具有极强的开放性以及重要的社会地位,州的高等教育不可能排除来自国家的影响。联邦政府要对地方高等教育施加影响可以通过创建联邦层次的高等教育中介机构,对高等教育机构进行调查评估并出台高等教育报告,提出有关高等教育发展的政策、建议和方案等方式,从宏观上引导各级各类高等教育机构的发展。如林肯于1862年签署的《莫雷尔法案》以及伍德罗·威尔逊分别于1914年、1917年签署的《史密斯-利弗法》和《史密斯-休斯法》都对美国大学发展产生了重要影响。再如富兰克林·罗斯福于1944年签署的《军人权力法案》、德怀特·艾森豪威尔于1958年签署的《国防教育法》以及克林顿政府于1994年颁布的《美国2000年教育目标法》等,都在不同时期从政策支持、财政资助、战略规划等方面对大学发展产生影响。但从总体上讲,这些法案、政策对大学的直接影响十分有限,因其需要通过州政府来实行并发挥效力。

为发展地方高等教育事业,各个州都积极建立公立大学,但州政府并没有保留高度的大学治理权,而是将其委托给作为公法人建立起来的董事会,这样"董事会获得了基本上不受州公共部门控制的管理高等学校财产、资金、契约,决定校内管理方式以及处理内部人事关系的权力",州政府自己抑制自己的权力,而把管理权力留给了高等学校。[①] 公立大学与州的权力关系是微弱的,私立大学更是如此。私立大学仅仅接受来自州政府的拨款和一般性指导而"拒绝"来自地方政府的行政管理,私立大学与地方政府的这种有限权力关系源于1819年联邦最高法院对"达特茅斯学院案"判决的生效。近年来,人们发现不管是联邦政府还是地方政府都表现出加强自身大学治理权的倾向,不约而同地以各种方式逐渐加强对大学的管控。越来越多的州加强对大学预算、战略规划和项目等方面的审查,在大学经费使用、公共服务方面有更多的问责。尽管如此,与其他国家相比,在治理制度的顶层设计上,美国的大学仍然享有广泛的自治权。

---

① 谷贤林.美国研究型大学管理:国家、市场和学术权力的平衡与制约[M].北京:教育科学出版社,2008:140.

2. 大学治理的中层制度

美国大学治理的中层制度,即"董事会领导下的大学治理"。在美国,董事会是由大学以外的人员组成的;董事会选任的校长在董事会决定的办学方针基础上负责学校的日常工作;教师与董事会是一种雇佣关系。[①] 董事会职责主要由以下几方面构成:一是遴选并支持校长;二是规划并完成院校的任务和目标;三是监督学科点;四是发展院校的有形资产;五是关注院校的无形资产,尤其是对学术自由,对卓越、公平以及伦理标准的恪守。此外,董事会要从事符合自身职务的工作,即主要从事院校治理,而不是关注大学校长任务范围之内的管理工作。[②] 除了大学内部的愿景建构之外,大学董事会在大学外部治理领域同样发挥不可或缺的功能,其代表学校与当地政府机构、各类社会团体等"讨价还价",力图保护他们的学校免受政治的压力或其他外界的干预,积极捍卫大学自治的传统。董事会的这一职责在公立大学中尤其具有特殊意义。

大学董事会与大学校长之间往往处于相互制衡、相互博弈的状态,二者之间权力的张力使大学得以平稳运行。这种张力表现在董事与校长的分权治理过程之中。大学董事会不能拥有全权来运营大学或学院,而应同大学校长等成员共同分享大学权力,其原因来自多方面。例如,外行董事会对大学组织缺乏专门的知识,必须依赖校长和其他管理者的知识和指导,这一点体现在重大决策过程中。此外,董事会人员的身份具有兼职性,其主要职业在大学之外的各个领域,往往使其参与大学管理的时间变得匮乏。还有一种情况使董事会的权力受到限制,那就是大学有着杰出而成功的校长、民主与激进色彩浓厚的师生群体等。[③] 基于此,大学董事会应该保留最基本的大学治理权(即监督权),而将大学管理权(即采取行动的权力)授予大学校长等行政管理者。校长与董事会的张力是必然存在的,但其程度经常变化,在人们的印象中,二者之间往往是一种亲密的合作伙伴关系。"校长日益被当做董事会的代言人,而不是教师中的

---

① 胡建华,王建华,王全林,等. 大学制度改革论[M]. 南京:南京师范大学出版社,2006:17.
② [美]罗纳德·G. 埃伦伯格. 美国的大学治理[M]. 沈文钦,张婷姝,杨晓芳,译. 北京:北京大学出版社,2010:9.
③ [美]罗纳德·G. 埃伦伯格. 美国的大学治理[M]. 沈文钦,张婷姝,杨晓芳,译. 北京:北京大学出版社,2010:31.

一员。"①在美国,校内师生对校长与董事会这种密切合作是不安的、质疑的,认为这会使学术专业权力面临被行政权力以及外行利益侵蚀的威胁。然而,在教师自治共同体形成之前,这种以行政权力以及董事权力为核心的院校治理模式已经彻底建立起来。

3. 大学治理的基层制度

在美国高等教育史上,最早让教师参与大学治理的是耶鲁大学。耶鲁大学将基层的教师纳入内部治理结构中。然而,由于美国大学董事会和校长联合而成的行政管理体系庞大,权力集中,教师群体的治理权力相对薄弱,学术权力也是有限的。美国大学中的教授会虽然在很大程度上"获得了选聘教授和选择课程的权力,但是从来没有获得分配资金和管理院校的权力,甚至在招生上也没有最终决定权。他们没有获得中世纪行会甚至美国其他专业组织享有的自治权"②。在这种大学治理基层制度下,大学董事会和校长在基层院系组织中具有人事权,学院院长是由校长任命产生的,院长的权力也来自董事会和校长的授予,负责学院在人员聘任、资金配给、教学与研究等方面的一系列重要事务。如各系的系主任经过教师选举,院长任命产生;教师岗位的聘任都是由系公开、独立招聘,由院长批准,院长可行使否决权;学院的经费预算和重大财务支出都是院长审批,并定期向教授委员会汇报,听取教授会的意见和建议。③ 面对强势的大学行政管理权力,大学基层学术人员积极"抵抗"来自行政力量的干扰。例如,成立于1915年的美国大学教授协会(AAUP)是大学基层教师同大学相互博弈、积极维护自身大学治理权力的体现。美国大学教授协会以"增进学术自由和共同治理,明确高等教育的基本职业价值和标准,确保高等教育为公共利益服务"为宗旨,它是"共同治理制度的发起者、重要引导者和领导者,有关共同治理制度的政策、评价标准,很多都是由它们提供或是在它们的倡导之下产生的"。④ 有研究表明,美国大学基层学系组织较学校和学院来说更少受到来自行

---

① [美]亚瑟·M.科恩,卡丽·B.基斯克.美国高等教育的历程[M].梁燕玲,译.北京:教育科学出版社,2012:54.
② [美]亚瑟·M.科恩,卡丽·B.基斯克.美国高等教育的历程[M].梁燕玲,译.北京:教育科学出版社,2012:55.
③ 冯景波,史万兵.美国州立大学内部治理结构的哲学分析[J].国家教育行政学院学报,2016(1):93.
④ 甘永涛.美国大学教授协会:推动大学共同治理制度的重要力量[J].大学教育科学,2008(5):92.

政权力的影响,因为院长对系主任的这种任命是在和学系成员充分协商之后做出的,上级行政组织并无实质性的任命权。[①] 总体来看,美国大学校级和院级行政管理系统在大学治理基层制度中十分活跃,并且这一情况还正逐渐强化,进而压缩了基层教师的自治空间,限制了基层人员的自组织能力和积极性。

(四)大学治理的日本模式

根据阿什比关于"大学模式"移植问题的探讨及其提出的"遗传与环境"的理论,日本大学同美国大学一样,既是"混血种",又是"新种"。说日本大学是一个"混血种",原因在于从明治初年大力发展高等教育事业开始,大学创办者纷纷从其他国家移植办学模式。如东京大学的法、理、文三个学部是英美模式,医学部是德国模式;工部大学校借鉴的是欧洲高等工业学校模式;同样是农学校,札幌农学校以美国赠地学院为模板,驹场农学校最早学习英国,后来变为模仿德国。[②] 说日本大学又是一个"新种",是因为各国政治、经济、文化、历史等因素无不影响大学的建立和发展,日本的大学必然深深烙上日本的痕迹。由于混合式办学的长期存在,日本大学形成了以一批帝国大学为代表的国立大学模式和以众多私立院校为基础的私立大学模式。虽然日本大学模式混杂,但其以帝国大学为代表的一批国立大学在高等教育系统中居于"金字塔"的顶端,因为这些大学在教师与学生质量、硬件设施、教育研究水平以及社会或国际声望等方面远远超过大部分私立院校,这就促成了日本大学具有明显的"等级性"。在分析和研究日本大学治理问题上,我们选择以具有典型代表性的国立大学为样本,了解和认识日本大学治理的制度形式。经济合作与发展组织(OECD)在2003年的报告中指出,日本国立大学既有中央集权管理的一面,同时在学部层面也存在较强的学术独立和自治,从学术权力模式来看,以学习欧洲为主的国立大学基本上属于"沙漏型权力分布"模式。

1. 大学治理的顶层制度

以帝国大学为代表的国立大学是日本近代化改革在高等教育事业上的产物,从其建立起就带有浓厚的国家主义色彩,不仅被当作政府下属机构,而且缺乏自主权,受到来自文部省及其他政府部门的干预和管控。国立大学长期占据整个高等教育系统最顶端的位置,这与其受"政府控制"与"政府保护"是分不开

[①] 郑晓齐,王绽蕊.试析美国研究型大学基层学术组织模式[J].高等教育研究,2007(12):106.
[②] [日]天野郁夫.高等教育的日本模式[M].陈武元,译.北京:教育科学出版社,2006:167.

的。政府对国立大学的控制是强有力的,如文部省负责批准国立大学内部有关机构的设置与废除、人事的调整、招生人数、教师授课经费以及基建工程等方面的大小事务。此外,大学财政经费的拨出及其额度、项目经费使用范围及其途径都受文部省监管。除了来自政府的管控外,国立大学还受到政府多方面的"保护"。为国家、政府、社会、市场服务是国立大学的主要职责,作为回报,政府将大部分资源投入到为数不多的国立大学中。国立大学运营经费的50%以上来自政府拨款。以文部省为代表的政府部门高度集中和垄断国立大学治理权力,导致作为一个组织的大学缺乏自主性、自觉性和自治性,同时也缺乏办学活力和市场竞争力。

20世纪90年代初期,日本政府的咨询机构大学审议会先后提出9份调查报告,建议文部省修改各类高等院校在设置、教学、课程、学位等方面的法规,以进一步推进大学改革。其中新修订的《大学设置基准》将原来繁杂而具体的设置基准条文删除,制定了较为简易且宏观性的规定,政府在一定程度上为大学"松了绑",将若干权力归还大学。如在大学课程设置方面,《大学设置基准》将课程设置权交由大学,使大学能够独立自主地根据自身办学特色和发展方向设置课程以及制定相关的一系列制度。2004年之后,所有国立大学经过法人化改革都成为独立法人,大学与政府、社会等高层次权力主体之间的关系发生明显改变。此次的国立大学法人化改革采取以下措施以调整大学与政府的权责关系:一是改革国立大学属性,由之前作为文部省的下属机构转变为独立法人;二是改革政府管理方式,由原来的"控制加保护"的直接管理转变为以"中期目标"为依托的合同式间接管理。[①] 国立大学法人化之后,政府对大学的控制减弱,具有"独立法人"性质的大学组织的整体权力有所扩大。

2. 大学治理的中层制度

在大学法人化改革之前,国立大学内部中层的校级治理权力十分薄弱,产生这种状态的因素不仅仅是来自于政府对大学的强力管控,还源于以讲座制度和教授会为核心的大学部系对学术事务的高度自治。第二次世界大战后,有两部重要的法律成为指导战后国立大学管理体制改革的重要依据,一部是1947年制定的《学校教育法》,另一部是1949年的《教育公务员特殊法》。在高校的

[①] 田爱丽.现代大学法人制度研究:日本国立大学法人化改革的实践和启示[M].上海:上海教育出版社,2009:3.

管理与控制方面,以上两部法律各有侧重。《学校教育法》第五十九条规定:每一所大学都应召开不仅包括正教授还包括副教授和其他学术人员在内的全体教师会议,负责讨论学校重大事务。《教育公务员特殊法》颁布后,作为校内最高行政机构的大学行政委员会或大学评议会得以建立,其由"校长、每个系的系主任、一名普通教育主任、来自每个学部和普通教育学院的两名教授、附属机构的主任和其他居重要职位的人员"构成,负责"大学校长的聘用与选拔;校长和教师聘用与提拔的标准与规格;除学院院长之外的机构领导的任命""院校规章和其他重要规章的制定与废除;预算;学部和重要设施的建立与废止"等事务。①20世纪90年代初,日本政府发起了以大学内部体制改革与教育改革为中心的第三次改革,具体采取的措施包括"通过发挥校长的作用、设立副校长等适当增加校一级的领导权限;通过精选审议事项、简化审议手续等提高大学评议会的效率与功能;通过明确区分学部长与教授会的权限、充分发挥事务机构的作用等实现学部管理运营的顺畅化"②等。国立大学的法人化显著强化了校长的行政权力,改变了以往大学管理中"学部自治"倾向过强、教授会权限过于集中的传统,校长是理事会、经营协议会以及教育与研究评议会的最高负责人,并且有权任用理事及各个协议会的成员和学校的教职员工。总体上,虽然战后的一系列改革从不同方面不断增强校级治理权力以发挥大学组织实体性,但是基于学术权力的以教授会为中心的决策模式依然存在。

3. 大学治理的基层制度

日本国立大学在基层的学部组织中以"大学自治、教授治学"这一引自德国大学的理念为指导,教授会的人事、学术管理等权限比较大。学部或学院、研究生院、研究所等各部的教授会拥有决定所在部局的预算分配、新任教师遴选、学部教师升迁、学位颁发等权力。除"教授治学"之外,"教授治校"也十分明显,各部教授会选出的人员组成大学评议会,校长的遴选也是在教授会全体委员投票的基础上由评议会做出决定,校长要对教授会负责并在其决议范围内行使有限治校权。③

---

① [荷兰]弗兰斯·F. 范富格特. 国际高等教育政策比较研究[M]. 王承绪,等译. 杭州:浙江教育出版社,2001:220-221.
② 胡建华. 世纪之交的日本战后第三次大学改革[J]. 清华大学教育研究,2001(2):139-140.
③ 贾德永,王晓燕. 日本国立大学法人化改革后的大学治理结构[J]. 高等教育研究,2011(5):98.

日本大学现行的治理制度形式是从历史上发展而来的,学部教授权力大有悠久的历史传统。1877年,成立之初的东京大学没有统一管理大学事务的校长及行政机构,各学部分散并独立管理自己的事务。在东京大学,学术权力先于行政权力产生,学部权力大于学校权力,教授治校与教授治学的历史由此开始。长期以来,日本国立大学始终坚持并践行"大学自治""教授治校"等基本理念。第二次世界大战后,占领军总司令部试图以美国大学制度为模板对日本高等教育进行改革,建立"董事会领导下的校长负责制"成为当时最主要的改革措施。但由于在大学内部管理上,"德国传统的教授治校深深扎根于日本大学,教授会与评议会是大学内两个层次的决策管理机构,让校外人员决定学校事务是与日本近代以来形成的大学理念格格不入的"[1],美国司令部的这种举措遭到来自多方的质疑、批评和抵制。最终,国立大学基层治理制度还是以"教授组织为中心"。1948年11月19日,教育革新委员会提出了制定大学法的设想,在报告中明确阐述了教授会、评议会等机构的权责。[2] 国立大学法人化之后的大学内部治理结构发生较大变化,以校长为核心的校级权力大大增强,但"学部自治"的基层制度形式还是通过大学章程及其下位的各种规章制度保留下来。

(五) 大学治理的中国模式

我国大学也是"遗传与环境"的产物,当前的大学制度是学习他国模式的结果。新中国成立后,我国高等教育管理体制仿照苏联模式而建立,前后几次高等教育改革也是向苏联学习的结果。如1952年仿照苏联大学内部管理机制进行了全国范围大规模的"院系调整",将学院一级机构撤销,建立起"校—系"二级管理模式。现今大学内部"校—院—系"三级管理结构来自对美国大学模式的学习和借鉴。当前我国大学治理的制度形式是"党委领导下的校长负责制"。1998年8月29日,第九届全国人民代表大会常务委员会第四次会议通过的《中华人民共和国高等教育法》明确规定:"国家举办的高等学校实行中国共产党高等学校基层委员会领导下的校长负责制。"党委领导是指党委集体领导,即党委总揽学校改革、发展、稳定的大局,统一领导学校的工作,集体讨论决定学校的一切重大事项;党委既是高校全局工作的领导核心,同时是高校的政治领导核心,也是高校管理体制的领导核心。校长负责是指校长对外是学校的法人代

---

[1] 胡建华. 关于大学"模式移植"的若干思考[J]. 现代大学教育,2002(2):14.
[2] 王世权. 日本国立大学治理制度的源流考察及创新发展[J]. 日本学刊,2013(2):143.

表,对内作为学校最高行政领导,在党委领导下全面主持行政工作,依法行使职权。[1] 在这一制度形式下,我国大学学术权力呈现出"倒金字塔型"特征,学术权力集中于大学顶端,基层组织中学术权力比较薄弱。

1. 大学治理的顶层制度

我国大学治理的顶层制度建立在政府与大学关系的基础之上。在本质上,我国大学属于"授权治理",大学的治理权力来源于大学之外党政系统的授权,其合法性建立在对党政组织正式的法律、规章、制度的认可基础之上。[2] 政府是大学的举办者和主要管理者,大学的管理权、财政权、评估权等都集中于政府手中。在相当长的一段时间内,大学的办学主要依据政府部门的政策指令,学科专业设置、人才培养目标和培养规格由政府主管部门规定,专业教学计划、教学大纲、教材也由政府部门组织制订和编写。[3] 大学的财政也在政府管理体系之内,部属院校主要由国家给予拨款,地方院校则主要依赖各省市地方财政的支持。政府对学校不仅享有管理权,还拥有重要的评估权。高等教育法第四十五条指出,高等学校的办学水平、教育质量,接受教育行政部门的监督和由其组织的评估。目前针对高校建设各个方面的考核指标种类繁多,"有针对本科教学质量的本科教学水平评估体系,有针对学科设置的一级学科、二级学科评价体系,有针对研究型大学建设的硕士点、博士点评价考核体系等等"[4]。在政府主导、高度集中的高等教育管理体制下,我国大学治理面临高度"行政化"的困境,如何调整政府与大学的关系是高等教育管理体制改革的重点和难点。

2. 大学治理的中层制度

"党委领导下的校长负责制"主要在大学内部治理的中层发挥作用,以党委书记为首的党委系统与以校长为首的行政系统之间的权责关系、校级行政系统与校级学术系统之间的权责关系构成大学中层治理的制度形式。依据高等教育法的规定,中国共产党高等学校基层委员会按照中国共产党章程和有关规定,统一领导学校工作,支持校长独立负责地行使职权,其领导职责主要是:执

---

[1] 张德祥.1949年以来中国大学治理的历史变迁:基于政策变革的思考[J].中国高教研究,2016(2):32.

[2] 别敦荣.论我国大学治理[J].山东高等教育,2016(2):3.

[3] 别敦荣.论市场化体制下大学校长的作用[J].高校教育管理,2008(3):18.

[4] 许劲松,朱蓉蓉.把握权力边界是建立现代大学制度的关键[J].中国高教研究,2010(8):38.

行中国共产党的路线、方针、政策,坚持社会主义办学方向,领导学校的思想政治工作和德育工作,讨论决定学校内部组织机构的设置和内部组织机构负责人的人选,讨论决定学校的改革、发展和基本管理制度等重大事项,保证以培养人才为中心的各项任务的完成。大学校长、副校长按照国家有关规定由政府任免,校长全面负责学校的教学、科学研究和其他行政管理工作。高等教育法第四十一条规定大学校长行使下列职权:拟订发展规划,制定具体规章制度和年度工作计划并组织实施;组织教学活动、科学研究和思想品德教育;拟订内部组织机构的设置方案,推荐副校长人选,任免内部组织机构的负责人;聘任与解聘教师以及内部其他工作人员,对学生进行学籍管理并实施奖励或者处分;拟订和执行年度经费预算方案,保护和管理校产,维护学校的合法权益;章程规定的其他职权。

除党政系统外,我国大学内部设立学术委员会,负责审议学科、专业的设置,教学、科学研究计划方案,评定教学、科学研究成果等有关学术事项。实践中,学术委员会拥有的学术权力远不及党政组织,因为前者只具有评议权,而后者具有最终决定权和执行权,大学中层学术权力高度集中于党政组织系统。

我国大学内部的民主权主要以教职工代表大会的形式体现并发挥作用,教职工代表大会以依法保障教职工参与民主管理和监督、维护教职工合法权益为旨归。但事实上,由于我国大学校级党政组织政治权力和行政权力强势,教职工代表大会所具有的监督权、参与权等民主治校的权力难以充分实现。与校级学术委员会和教职工代表大会相同,大学内部二级学院在大学内部治理中的地位较为低微,教学、科研、人事、财政等方面一切重大事务的决策权都被学校垄断,学院实体性、自主性、主动性难以发挥。

简言之,我国大学内部治理权高度集中,"倒金字塔式"的权力分布决定了我国大学内部治理的中层制度形式是以学校党政系统为核心而构建和运行的。

3. 大学治理的基层制度

我国大学基层组织是指学校内部主要承担教学、研究和社会服务等职能的教学科研主体,其在学校授权、指导和监督之下相对独立地自主运行,主要包括学校直属的学院(系)、研究院(所、中心)等。这里主要分析和探讨大学二级实体学院内部的治理制度形式。

在当前的学院制度下,我国大学学院内部主要是实行以党政联席会议为最高决策机构的党政共同负责制和以党政联席会议为重大问题决策机构的院长负责制。学院设院长一名,其在学校授权范围内行使职权。如《北京大学章程》第三十七条规定了学院院长的八大职权:组织制定本单位发展规划、年度工作计划,并组织实施;组织制定本单位行政规章制度细则,发布本单位学术规章制度细则,并组织实施;组织本单位教学活动、科学研究、社会服务、思想品德教育和国际交流与合作;组织制定本单位内部组织机构的设置方案;负责本单位教职工管理和学生管理工作;组织制定本单位年度经费预算方案,并组织实施,筹措办学经费,保护和管理由本单位使用的校产,维护学校的合法权益;尊重和维护本单位学术委员会、教职工代表大会(教职工大会)的地位,支持其履行职责,保障其决议的执行;学校授予的其他职权。[①] 从以上职权可以看出,学院院长全面负责院内事务,涵盖行政、教学、科研、社会服务、资产管理等活动。系主任是由学院院长推荐并报请学校任命的,在学院院长领导下负责学系内部大小事宜,这种职责以学术性为主要特征,因此,系主任往往被视为"院长与教师之间的联络者"。学院以学校为模板,相应设置有院学术委员会、院学位评定委员会、院教职工代表大会和院工会等组织,参与学院学术事务、行政事务的治理。

我国大学治理的基层制度形式深受高度集中的权力体制的影响,以学院院长、书记为首的学院顶层仍成为治理权力汇集之地。面对学院制下学院内部权力配置失衡、权力运行不合理、学院治理难以开展等若干问题,近年来,国内关于学院制改革的呼声渐涨。为促进学院实体化、提高学院自主性和治理能力,必须改革大学内部治理的基层制度形式,扩大基层学术自主权,实现学校管理重心与权力的下移。大学校级治理主体应把基层"学科和课程的调整与设置权、科研项目管理权、教师聘任权、资源分配权、人事权等学术、行政权力下放给学院一级,使学院具有包括自主用人权、自主管理权和自主配置院内资源权等权力,成为集教学、科研、人事、财务等职能于一身的实体性机构"[②]。

[①] 北京大学章程[EB/OL].[2018-01-23]. http://pkunews.pku.edu.cn/2015zt/2015-04/28/content_288465.htm.

[②] 刘天佐,周清明.高等学校构建校院两级管理模式若干问题[J].教育研究,2005(11):41.

第四节　大学内部治理的分析框架

根据治理的一般规则,大学治理可分为内部治理和外部治理。外部治理的核心是协调好大学与政府及其他社会组织的关系,为大学的发展创造良好的制度环境;内部治理的核心是协调好行政权力与学术权力的关系,以完善的治理结构确保权力的有序运行,有效保障大学教学、科研、社会服务等职能的落实。由于大学治理本身具有整体性,要实现有效的治理必须处理好内外部治理的关系。

一、大学内部治理的结构

当"治理"被运用于以政府为代表的官僚组织以及以公司为代表的营利性组织的分析时,"治理结构"便成为不容忽视的重要指标。对治理结构进行分析,有利于我们掌握影响组织成长的关键主体,有利于我们理顺复杂组织中各种权力的关系及其运行路径,还有利于我们制定科学合理的组织制度以配置组织权力、规范人员行为。因此,实施大学治理首先要建构大学组织的治理结构。由于大学治理的理论多来源于公司治理的理论和实践,因此,把握公司治理结构能为我们认识大学治理结构提供帮助。吴敬琏认为:"所谓公司治理结构,是指由所有者、董事会和高级执行人员即高级经理人员三者组成的一种组织结构。在这种结构中,上述三者之间形成一定的制衡(check and balance)关系。通过这一结构,所有者将自己的资产交由董事会托管;董事会是公司的最高决策机构,拥有对高级经理人员的聘用、奖惩以及解雇权;高级经理人员受雇于董事会,组成在董事会领导下的执行机构,在董事会的授权范围内经营企业。"[1]从这一定义可以看出,公司治理结构主要包含两重含义:一方面,公司治理结构确定了公司所有者、董事会和高级经理人员在公司运行和发展过程中所处的位置以及不同的职责权限;另一方面,能够以一种常规形式确定下来的公司治理结构必然具有稳定性,这种稳定性来源于公司所有者、董事会和高级经理人员权力关系的相互制衡状态,这种制衡不意味着权力的平衡,更不意味着权力的平均。什么是大学的治理结构呢? 不同学者有不同看法。张维迎在其著作《大学

---

[1] 吴敬琏. 现代公司与企业改革[M]. 天津:天津人民出版社,1994:185.

的逻辑》一书中提出了对大学治理结构的看法。他认为,"大学的目标也需要通过一整套的制度安排来实现,这些制度安排就是治理结构"[①]。龚怡祖将大学治理结构看作是一个"超组织结构运行机制",其功能在于帮助大学适应现代社会复杂环境,引导并推进大学治理发展水平。[②] 还有研究指出,大学治理结构在形式上体现为一种对大学进行管理和控制的体系,其实质是大学决策权力的制度安排问题,既表现为大学内部权力的分配、协调与行使的制度,也表现为大学与外部环境,如政府和社会等其他利益相关群体相互作用的规则。[③]

阿尔文·古尔德纳和米歇尔·克罗齐耶认为,结构与功能、结构与实际行动有必要联合起来。这样"可以使人将结构视为解决诸问题的一种权宜性方法,被解决的问题是组织成员在他们日常行动中碰到的问题,这一联结可以使人将结构看作是一种布局安排,它使个体之间的合作得以制度化和永久化"[④]。大学治理结构、大学治理功能与大学治理的实际行动三者之间也具有内在相关性,大学治理的实际行动需要在大学治理结构中进行,大学治理功能的发挥离不开良好的大学治理结构和有效的治理实践。大学治理结构在大学治理中占有十分重要的地位,那么,大学治理结构的作用是如何体现的呢?大学内部治理结构是一种关于大学内部治理权力、治理主体等要素的布局安排,其功能在于对大学若干利益相关者之间的合作加以制度化和永久化。制度化的对象是大学内部治理活动及其程序,但制度化并不意味着这种制度化了的活动或程序是一成不变的、固化了的,其原因在于大学内部的治理对象具有复杂性和多变性,大学治理活动和程序必须保持一种弹性和可变性。同时,大学内部治理结构的永久化亦是指相对意义上的永久性,即大学内部治理结构能够在大学内外治理环境和对象的多变状态下在某一时间段内保持稳定与不变。从新制度经济学角度看,大学内部治理结构所具有的制度性和永久性对于降低大学利益相关者之间的交易成本、减少大学内部治理的制度成本具有积极意义。此外,大学治理主体在行使治理权力、处理大学内部事务的过程中能够有章可循,这也提高了大学治理的效率和效益。

---

① 张维迎.大学的逻辑[M].北京:北京大学出版社,2004:4.
② 龚怡祖.大学治理结构:建立大学变化中的力量平衡——从理论思考到政策行动[J].高等教育研究,2010(12):52.
③ 刘向东,陈英霞.大学治理结构剖析[J].中国软科学,2007(7):98.
④ [法]费埃德伯格.权力与规则:组织行动的动力[M].张月,等译.上海:上海人民出版社,2005:53.

大学治理通常被划分为外部治理与内部治理,大学治理结构相应也可被分为外部治理结构与内部治理结构,两者在功能、目标、主体构成以及理论基础等方面具有差异性。本书主要关注并讨论大学内部治理及其治理结构的问题。大学内部不同治理主体之间的治理权力关系构成大学内部治理结构。当今世界范围内存在多种大学治理制度形式,不同的制度形式依据不同的大学治理结构而存在和运行并发挥作用,因而大学治理结构具有多元性,大学内部治理结构亦是如此。有研究者将主要发达国家大学内部治理结构分为三种类型:一是以美国为代表的行政主导型,董事会与校长组成较为强大的行政管理系统,教授的学术权力则相对较弱;二是以英国为代表的平权型,大学内部治理权力在若干委员会之间进行分配,大学一般都设置了董事会、校务委员会或理事会和评议会或学术委员会等;三是以德国为代表的学术至上型,这一模式设有象征性意义的董事会以及历史悠久的讲座制度,教授掌握了较强的学术管理权力。[①]虽然当今世界存在多元的大学内部治理结构或模式,但是由于大学组织所具有的公共属性以及治理理论的普适性,不同的大学内部治理结构出现了逐渐趋同的现象。

无论是欧洲大陆、英国、美国、日本的大学治理形式还是我国的大学治理制度安排,在治理结构、治理组织和治理权力等方面的变迁过程中均出现趋同现象。对制度趋同的关注最早始于 20 世纪 90 年代美国商法界学者对"公司治理趋同"的假说,他们发现并预言:"未来各法域的公司法、公司治理以及与其相关的股权结构乃至经济模式将通过不同公司治理模式之间的跨法域竞争、借由境外融资的规则适应、国家'寻求跨国计划愿望'的国际关系因素等途径,整体上发生形式上或实质上的融合、趋同乃至一体化的趋势。"[②]这种公司治理模式的趋同动力源于彼此之间的激烈竞争,优越者将其制度影响施加给相对弱势的一方或者低劣者为提高自身而主动模仿优越者的制度形式。在大学治理领域,除了竞争是一大动力外,制度趋同更多是不同大学互相影响的结果,且往往经历了漫长的历史变迁。"任何一个国家高等教育确切的历史,都是由许多因素相

---

① 时伟.大学内部治理结构改革的逻辑、动力与路径[J].中国高教研究,2014(11):11.
② 朱慈蕴,林凯.公司制度趋同理论检视下的中国公司治理评析[J].法学研究,2013(5):25.

结合而构成的。例如,某一个国家就常因某种外国的影响造成一种历史的偶然。"①美国殖民地大学刚刚成立时,深受英国中世纪传统大学的影响,尤其在大学组织机构设置、大学课程安排、大学制度制定等方面高度模仿英国大学。到19世纪,由于"教学与研究相结合"理念的提出和践行,德国大学成为世界高等教育的中心,吸引了来自美国、日本以及中国等众多留学生前往求学,因此,那个时代诸多新建立的大学或者进行改革的大学都将德国"研究型"大学作为模板。美国最早的研究型大学——约翰·霍普金斯大学于1876年创办,其标志着研究生教育在美国高等学校中的正式确立。在中国,蔡元培于20世纪初期对北京大学进行大刀阔斧的改革,其所倡导的"大学者,研究高深学问者也""大学为纯粹研究学问之机关"等理念无不来自对德国大学理念的深刻体察。② 大学制度形式相互影响、相互模仿的趋势仍在继续,不同国家大学的相互借鉴和影响以及不断加强的大学国际化趋势,使各国大学更具相似性、共同性和国际性,并形成共同的理念、制度和价值追求。③

当前在不同的国家和不同类型的大学中,内部治理结构"多中心化"成为一种普遍形式。大学是多元利益相关者共同治理的对象。不同的利益相关者在大学有着不同的利益诉求,并且通过不同的途径、方式对大学产生影响。它们之间相互影响、相互牵制,形成了大学的利益结构。④ 在利益相关者共享治理理念下,美国大学治理受多主体的影响,包括联邦和州政府(及议会、司法部)、与大学事务相关的委员会(如美国大学教授协会 AAUP,南部院校认证协会 SAACS)、大学校董会、大学校长、大学教授和学生团体等组织或个人。⑤ 其中,大学董事会是校外人士与校内人员相互沟通、交流、博弈的中心场所,在大学内部成为最高权力机构,对校内行政管理工作和学术活动都有绝对领导权。不仅是美国,当前董事会或者理事会等代表多元利益相关者的机构在大学中普遍设立并扮演核心角色。我国虽然没有西方大学董事会那样的机构,但是在建设现

---

① [美]菲利普·G.阿特巴赫.比较高等教育[M].符娟明,陈树清,译.北京:文化教育出版社,1985:29.
② 陈洪捷.蔡元培的办学思想与德国的大学观[J].高等教育研究,1994(3):26.
③ 张应强,蒋华林.关于中国特色现代大学制度的理论认识[J].教育研究,2013(11):37.
④ 潘海生,张宇.利益相关者与现代大学治理结构的构建[J].教育评论,2007(1):15.
⑤ 周作宇.大学卓越领导:认识分歧、治理模式与组织信任[J].北京师范大学学报(社会科学版),2016(1):9.

代大学制度的进程中,我国政府在相关文件中提出了"党委领导、校长负责、教授治学、社会参与"的治理结构,在形式上确立了多元主体共同治理模式。应该说,解构大学内部集中化的单中心治理结构,建构多中心共享治理的大学内部结构是一个大趋势。当然,要实现大学内部治理的多中心结构,就必须经过大学内部治理的多中心化。在政府治理领域,与"寡头政府"或"单极政治"相对应的是"多中心"政治权力分布。这种"多中心治理的精神与实践,表达了在现代性政治重建中,不同治理主体之间按照公共性规范建构的一种公共服务/责任再生产的制度机制,公共治理中的'多中心性'实质是公共事务的民主合作管理,是民主治理的一项策略"[1]。政府的多中心治理模式对大学多中心治理结构的建构有一定的借鉴意义,要实现大学内部治理结构的多中心化,也"应该根据利益相关者组织属性并区分战略利益相关者和一般利益相关者,将决策控制权按照实际需要,合理地分布于不同的治理主体手里,并使不同主体之间产生权力依赖和制约关系"[2]。

二、大学内部治理的组织

组织治理结构依托于组织的基本结构,组织结构是建设治理结构的基础;组织治理活动的开展也要遵循组织的基本形态,把握组织形态是治理活动得以顺利进行的前提。大学治理的主体不是零散的个人,而是由诸多利益相关者结合而成的若干组织。不同的大学组织拥有不同的大学治理权力,并在不同的大学事务治理中发挥不同的作用,大学组织结构设计得合理与否直接影响着大学事务的治理效果,大学组织发展目标决定了大学治理的发展方向。"科学合理设计大学组织结构,直接关系到学术权力与行政权力的协调,关系到大学能否按照教育规律和人才成长规律高效运行,是中国特色现代大学制度建设的关键环节之一。"[3]放眼世界,当前不同国家的大学治理制度形式中存在较多相似的组织机构,这种相似性主要表现在相关组织机构的性质、构成、职能以及运行方式上。

---

[1] 孔繁斌.多中心治理诠释:基于承认政治的视角[J].南京大学学报(哲学·人文科学·社会科学版),2007(6):32.
[2] 龚怡祖.大学治理结构:现代大学制度的基石[J].教育研究,2009(6):24.
[3] 钟秉林.大学的走向[M].北京:商务印书馆,2015:201.

1. 董事会

董事会是当今世界不同类型大学治理模式中普遍存在的大学内部治理组织。大学董事会最早出现于美国。美国最早的大学始于一所"新镇学校"。1636年,一位剑桥大学毕业的清教牧师约翰·哈佛捐出了他的一半财产以及所有的260本藏书给这所初生的教育机构,他被后人视为哈佛学院的奠基者。1650年宪章正式确认哈佛学院的地位和合法性。该宪章规定了"由督学团认可下的校长、财务主管及其他的5个人组成的独立领导集体来管理学校。尽管这个督学团开始是由州和教会的代表联合组成,但后来变成了一个由校友团选出、校外人士组成的团体"[①]。在哈佛学院,除了督学团之外还设有由教师组成的管理委员会,但由于哈佛的教师尚未形成较强的团体力量,管理委员会基本不享有参与决策的权力,往往是董事会决定着学院的重大决策并拥有否决权。此后,一批殖民地大学纷纷效仿哈佛模式建立起来,不仅在办学目标、课程设置、人员安排、资源配置等方面以哈佛为范本,还在大学决策方式等方面建立起了以"外行治校"为基本结构的大学管理模式。校外人士治校的传统由此形成并发扬开来。

当今大学董事会被视为大学外部众多利益相关者行使大学治理权的载体。在科技发达的时代,大学已成为整个社会的知识源泉、科技创新引擎以及各类人才的养成所,其运行和发展的良好与否直接或间接地影响经济社会的发展状况,因此大学的发展不能完全由大学人说了算,外行人士有大学治理参与权。"外行治校"有其正当性、合法性以及必要性。那么,大学董事会由哪些人员构成呢?根据《耶鲁大学章程》,大学董事会由19人组成:10名成员是由现任董事选出的继承人,6名成员是由校友直接选出的校友董事,3名成员是大学校长、康州州长与副州长。除大学校长、康州州长与副州长之外的其他成员,有些是当地的企业家,有些则担任或曾经担任非营利部门的领导职位。在英国伦敦大学,与美国董事会具有类似性质的机构是由74人组成的大学理事会,其中25名"指定成员"作为校外代表参与大学治理,4人由英国女王指定,21人由大学理事会指定,且21人之中至少有13人是本校毕业生。一般来说,大学董事会在大学治理中处于核心地位,通过做出宏观性的决策来处理学校一切重大事

---

① [美]弗兰克·H. T. 罗德斯. 创造未来:美国大学的作用[M]. 王晓阳,蓝劲松,等译. 北京:清华大学出版社,2007:4.

务,而不是直接干预大学校长的行政权力或插手具体性事务。比如在美国,大学董事会拥有重大事务的最高决策权,如大学财产管理权、教职员任免权、办学方针与学校规章等的决定权等;在日本法人化改革之后的国立大学中,新设置的由校外人士占半数以上的经营协议会负责处理与大学经营有关的事务,他们还有资格进入校长选考委员会遴选、考评校长候选人。

2. 行政部门

大学行政管理组织是大学管理专业化的产物,专业的管理人员、规范化的管理行为是大学运行高效化的要求,大学行政管理专业化的驱动力源于大学活动范围扩大化、职能多样化对高效率、高质量处理繁杂大学事务的需要。无论是在英国的"学院型大学"还是在日本的"学院自治"模式中,以大学校长为首的行政管理组织在当今各个大学系统中都是不可或缺的重要组成部分。大学中的行政管理组织可分为校级机构和院级机构,两层机构上下贯通,是典型的行政官僚组织架构。在学校层面,主要的行政管理组织包括校长、副校长以及各个负责专门事务的行政职能单位;在学院层面,院系行政管理组织主要包括学院(部)长、系(所)主任以及若干职能机构。在我国,大学一般在校长、副校长之下设立教务处、学生处、财务处、学科建设处、发展规划处、国际合作与交流处、后勤管理处、资产管理处等职能部门,这些部门在校长或分管副校长领导下分工负责各自职能范围内的日常行政事务。我国大学中,学院机构设置与大学高度同构,大学所具有的职能单位在学院一级结构中也能够找到上下相互承接的职能单位。而在美国,大学校长、教务长、学院院长、系主任构成了学校行政管理的一条主线,其他一些诸如教学科研、财务管理、人力资源、学生事务、后勤保障等行政部门则属于服务性机构。[1]

一般来说,大学校长是整个行政管理系统的核心,统管大学行政工作与学术工作,因此校长的选拔与任命、校长权责的规定对于一所大学来说是非常重要的事项。在耶鲁大学,校长是首席执行官,要负责大学所有事务的原则性指导工作。作为一校之长,校长是耶鲁董事会、各个教授会和12个学院的每个委员会的当然成员。此外,他还有包括教务长、副校长兼大学秘书、副校长兼法律总顾问、发展副校长、纽黑文与康州事务副校长、财务与行政副校长以及12个

---

[1] 谢辉. 美国公立大学行政管理组织架构分析[J]. 中国高教研究,2010(7):54.

学院院长在内的重要行政职位人选的提名权。[①] 与美国大学不同,我国大学校长是政府直接从本校有行政经验的教师中选拔任命或从外校、从党政部门调配选派的。在某种程度上,我国大学校长的治理权远不及国外有些国家的大学校长,其原因主要在于校长是按照政府选拔任命制度产生的,从制度设计上就促使校长听命于上级、在政府授权之下行使有限治校权。为充分发挥并落实大学行政管理系统为大学现代化、高效化、高质化服务的职能,有必要变革大学校长遴选机制,进一步完善行政组织运行机制,规范大学行政行为。

3. 委员会

"委员会"有两种基本含义:一是具有行政、立法或司法权力的政府机构,二是指人们或组织完成某项职责或执行某项信托责任而建立的一级组织机构。以上两种含义的委员会有其共同的特点,即是在这种组织中不是"一个人说了算",而是"共同协商决定"。简言之,委员会成员之间处于相对平等的地位、具有相对平等的权力,他们通过民主参与的方式做出决策。"委员会"与"治理"十分契合,治理理念和机制能够在委员会及其制度中得以实现并顺利运行。从"民主治校"的角度出发,大学治理可以通过委员会组织和委员会制度来实施,"大学治理委员会"可以被定义为是在大学内部广大教职工、学生为分享大学治理权力、参与大学治理活动、监督大学治理行为而从自我群体中采用民主选举的方式推选代表组成的大学治理机构。基于委员会的大学治理就是在大学治理过程中依靠学校现有的委员会组织或者建立专门的治理委员会,调动广大师生的积极性,赋予他们一定的大学治理参与权、议事权和决策权。因此,委员会组织是实现大学"民主治校"的基本途径和基本方式。美国大学在治理过程中充分发挥校内各类委员会的作用,既提高了治理效率,又保障了若干利益相关者的治校权。如在政策问题方面,校教授会设立了常设的政策咨询委员会处理有关政策问题,学习课程委员会负责讨论本科阶段有关课程学习的政策问题;在财务管理方面,财务委员会的权限包括监督大学基金的投资,管理和监督校外的不动产,大学的股票证券等的买卖、转让及有关这方面权利的执行和代理人的指定,接受或放弃捐赠等的决定,以及担任土地及其他不动产的买卖契约等责任。[②]

---

① 刘凡丰.耶鲁大学治理结构的剖析[J].高教探索,2005(1):28.
② 张宝泉.美国大学的管理机构及管理机能[J].外国教育研究,1998(2):15.

除了上述委员会之外,各国大学普遍还设立有大学评议会、学术委员会、学位评定委员会、教职工代表大会以及学生代表大会等,其中学术委员会由于其具有大学学术事务的治理权而占有重要地位。"学术委员会"是我国对学术管理机构的一种称呼,在国外这类学术组织普遍被称为"学术评议会"。学术委员会或者学术评议会一般在大学中居于最高学术权力机构的地位,如在英国,学术评议会是大学的最高学术权力机构;在美国,学术评议会作为学术权威的代表,确定并管理大学总的学术政策;在日本,《学校教育法》规定大学要设立评议会,为学校最高权力机构;而在德国,学术评议会除了拥有大学全部学术事务审议决策权之外,还拥有重大行政事务审议决策权等。① 应然上,不管是何种类型的委员会,都应是大学各群体民主参与学校治理的机构,而实然上,有些委员会被学校领导者长期占据并变成其附庸机构,治理的民主性和有效性遭受侵蚀。

4. 基层学术组织

不同类型的大学治理制度形式,都将基层学术组织的治理作为大学内部治理的核心。要管理好大学,应高度关注院系、研究所等基层学术组织的运行和治理,"首先要研究基层,研究生产。在基层了解任务和有关的技术,了解是什么东西使系统成为有生产能力(用工厂工作的术语来说)的系统,然后我们才能问到,哪些管理机构有助于使系统具有生产能力,哪些管理机构对系统起着阻碍作用"②。因此,具有学术组织属性的大学在制度安排、结构设计与实际工作中,都要以学术权力为中心,关注大学底部基层组织的治理问题。在英国的牛津、剑桥模式中,学部先于大学产生,因为早期学部是师生共同学习、生活的场所,大学是在学部发展的基础上形成的,学部自主权高于大学治理权,因而牛津、剑桥是最典型的"底部沉重"的学术组织。在欧洲大陆,意大利、法国、德国在国家主义的高等教育体制下,政府尊重并保护"学术自治"与"学术自由"。今天,大学规模不断扩张、师生人数与日俱增、大学职能愈加多样,要使庞大而复杂的大学有序地运转,学校必须拥有行政权力以提高大学运行效率,虽然如今的大学已不再是中世纪的"行会式"大学,但是学术权力的中心地位仍然牢固。

---

① 沈波,许为民.学术评议会:大学学术权力的制度保障与借鉴——以德国大学为例的分析[J].中国高教研究,2012(7):60.

② [英]迈克尔·夏托克.高等教育的结构和管理[M].王义端,译.上海:华东师范大学出版社,1987:14-15.

美国是一个注重实效的国家,这在大学中也有体现,董事会与校长的联合使大学具有强大的行政管理权,这为实现大学的高效运行提供保障。即便如此,院系教授会长期与大学开展博弈,以维护"教授治学"的传统及其在学校重大事务中的参与权。受国外大学治理的启发,当前我国也在尝试进行大学治理的改革,限制政府对大学的干预,下放大学自治权力。需要指出的是,"伴随着政府对大学的多方位分权与放权,大学行政系统的权力空前扩大,然而它并没有仿效政府的姿态向学校基层和社会分权,而是以种种理由采取了独揽大权的做法,驱使大学的组织场域越来越趋于行政化,导致了一系列极度扭曲大学本质特性的恶果"[①],其原因在于,我国的大学过于看重行政权力的价值,习惯于使用行政权力处理大学任何事务,这使得大学治理要处理的主要矛盾由横向的"组群间的权力冲突"演变为纵向的"学校与基层学术组织的权力冲突",基层学术组织自治问题日益凸显。[②]

三、大学内部治理的权力

组织是大学内部治理的主体,权力是大学内部治理的核心要素,组织围绕权力而运行,大学内部治理依靠权力而实现。首先,权力是大学内部治理的工具。大学内部的不同组织通过权力并运用权力处理与其他组织、其他群体在大学治理中的关系、处理各自组织内部的大小事务。其次,权力还影响大学内部治理的结构。权力具有结构性,纵向结构决定大学治理主体的纵向结构安排,横向配置决定大学治理主体的横向结构设计。权力普遍存在于社会不同组织中,但是大学组织权力具有特殊性,这种特殊性是由大学组织的特性决定的。大学是当今社会的"宠儿",是社会的中心。"高等教育越卷入社会事务中,就越有必要用政治观点来看待它。就像战争意义太重大,不能完全交给将军们决定一样,高等教育也相当重要,不能完全留给教授们决定。"[③]大学组织的权力具有多元性和复杂性,这也决定了人们对大学组织权力进行的研究必然具有多样性。

---

① 龚怡祖.大学治理结构:建立大学变化中的力量平衡——从理论思考到政策行动[J].高等教育研究,2010(12):50.

② 周光礼.实现三大转变,推进中国大学治理现代化[J].教育研究,2015(11):42.

③ [美]约翰·S.布鲁贝克.高等教育哲学[M].郑继伟,王承绪,等译.杭州:浙江教育出版社,1987:29.

伯顿·R.克拉克曾按组织层次将高等教育系统权力分为六个层次：系或讲座、学部、大学、联合大学、州政府和中央政府。这六个层次的权力可以归为三种形式：以系或讲座、学部为主体的学科权力，以大学和联合大学为主体的院校权力，州政府和中央政府则组成系统的权力。国内学者郑文根据权力主体的不同将高等教育系统权力分为个人权力、集体权力、中央权力三个层次；他还依据权力的横向结构将高等教育系统权力分为校内的教师权力、行政人员权力、学生权力等，以及校外的政府权力、市场权力、中介组织权力和立法权力。[①] 刘向东和陈英霞在借鉴国外研究成果的基础上，将大学权力分为六项主要的权力类型：预算与财务权、教师聘任与晋升权、招生权、学科与课程设置权、研究决策权以及房屋与设备资产权。[②] 此外，大多数学者将大学的权力归结为学术权力和行政权力两大类型，并对这两种权力的性质、价值取向、运行方式和主客体关系进行界定。本研究根据权力所指向的客体以及权力的来源，将有关大学内部治理的权力分为行政权力、学术权力、民主权力与集团权力。

1. 行政权力

大学内部治理离不开权力的推动，行政权力是大学内部治理的基本保障。大学中行政管理组织不可或缺，行政组织赖以发挥作用的权力同样不可或缺。"高等学校作为一种社会组织，存在履行管理职责的行政机构和行政人员，并拥有行政权力。"[③]行政权力的主体是行政管理组织，学校内部从校长、副校长及各个职能单位负责人到学院院长、系主任或学位点负责人、院级研究所负责人等职位都凭借行政权力开展工作。在不同治理制度形式下的大学内部，行政管理者所拥有的权力量度及其运行向度是不同的。例如，在英国，牛津、剑桥模式下的大学是松散的学院联邦，各个学院具有高度自治权，因而学院院长的权力远远大于校长、副校长的权力，校内行政权力的运行向度是"自下而上"的；与英国相似，日本的行政权力是基于"学部自治"制度的，大学校长对学部只起到宏观指导、统一领导的作用，学部内的大小事务都是由学部部长和下属机构共同处理；与英国和日本不同的是，美国大学行政权力是在校董事会授权的前提下运行的，校长由校董会选拔任命，学院院长由校长推选，各个系主任是由学院院长

---

① 郑文.英国大学权力协调与制衡[M].北京：北京大学出版社，2011：11-12.
② 刘向东，陈英霞.大学治理结构剖析[J].中国软科学，2007(7)：99.
③ 张德祥.高等学校的学术权力与行政权力[M].南京：南京师范大学出版社，2002：22.

组织任命的,因此,校董会拥有最高行政权力,其运行向度是"自上而下"的。

虽然大学行政管理权力对大学来说必不可少,但这并不意味着行政管理权力越多越好,因为权力是有边界的。如果把组织权力比作一个气球,那么权力内容就是吹入气球的空气,权力边界就是气球在保持最大容量状态下气球与外部空气之间的接触面,权力容量就是气球里面的空气。事实上,一种权力的边界是在与其他形式权力的长期博弈中形成的,两种权力的边界不仅是"相切"的,而且有时候还是"相交"的,也有时候是"相离"的。在复杂的大学治理中,不同性质权力之间的边界往往处于"相交"状态,"相切"与"相离"的情况比较少见。大学行政权力的边界主要是在与学术权力之间的张力下形成的,行政权力的边界就是指不介入、不干预、不冒犯学术权力而具有最大权力容量时形成的边界。由于现代大学行政事务十分庞杂,要想清楚界定行政权力的边界十分困难。因此,我们只能首先界定与行政权力相关的其他权力的边界,再来相对确定行政权力的边界。

2. 学术权力

学术权力是指"具有学术能力的专家在学校教学、科研、师资、学位授予等方面进行学术管理的权力"[1]。从学理和实践上看,简单地说,学术权力就是学术人员所拥有和控制的权力。[2] 大学是学术性组织,来自知识的权力是大学其他权力的基础与核心;行政权力的目的在于为教学、研究创造条件、获取资源,清除不利于大学良好运营的因素;民主权力体现了大学基层学术组织中的师生对于"学术自由"理念的追求和维护。在理论上,学术权力是大学治理的核心;在实践中,世界各国大学也将学术权力置于重要地位。德国大学具有悠久的"学术至上"传统,基层正教授是讲座负责人,拥有讲座内一切学术事务的决定权,包括讲座开设、课程设置、教师评聘、招生与评估、专项资金的使用等。日本国立大学仿照德国模式也建立了讲座制度,教授治学原则在日本大学治理中得到充分体现。以"董事会—校长"为行政中心的美国大学,学术权力也未被排挤,这得益于"学术自由""学术自治"的理念以及美国大学教师联合会对大学行政管理阶层的制衡。

学术权力的运行向度是横向的,因为"平等""自由""公开""公正"等是学术

---

[1] 邹晓红.高校内部学术权力与行政权力关系[J].社会科学家,2013(11):32.
[2] 张德祥.高等学校的学术权力与行政权力[M].南京:南京师范大学出版社,2002:21.

界的基本理念和活动原则,无论学术水平和职称的高低,每个教授在学术活动中、学术组织中都应具有平等的地位和自由发表观点的权利。虽然学术权力在大学内部具有层级性,校学术委员会在院部学术委员会之上,但是各级学术委员会都是由基层学术组织中的教授组成的,都代表广大师生参与大学治理,因而各级学术委员会具有一致的目标、利益和行为,其不同之处只是体现在所负责的学术事务层次上。当然,学术权力的运行也是具有边界和限度的。由于权力边界是无形的,我们只能通过认识和确定学术权力的具体类型和内容,来把握学术权力的边界。伯顿·R.克拉克将学术权力分为十种比较经典的类型:① 个人统治(教授统治);② 集团统治(教授统治);③ 行会权力;④ 专业权力;⑤ 魅力权威;⑥ 董事权力(院校权力);⑦ 官僚权力(院校统治);⑧ 官僚权力(政府统治);⑨ 政治权力;⑩ 高教系统的学术寡头权力。① 以上十种权力的范畴是广泛的,并不是任何制度类型的大学中都包含这十种学术权力,不过上述分类有利于我们了解学术权力是以哪种制度形式体现在大学中的。除对学术权力的形式进行界定外,还有研究对学术权力的内容进行分析。如有学者指出的,学术权力主要包含以下几个方面:"首先,是人事方面的权力,包括大学校长、学校内学院院长的选举权,以及教师的聘用权,即校长、院长由教授选举产生,教师的聘任、资格的审定等由教授组织决定。其次,是大学章程、规则的制定权,大学章程以及所有有关大学运行的规章制度由教授组织制定。第三,是有关大学发展与改革重大事项的决策权,即有关大学发展与改革的重大决策必须由教授组织通过和决定。第四,是开展教育与研究活动的决定权。"② 从以上四点内容可以看出,学术权力在本质上应是一种有关大学学术性事务的最高决策权、决定权,即决定"要不要做"和"如何做"的问题。

3. 民主权力

大学是由众多利益相关者构成的,除大学管理者之外,大学教师和学生是重要的利益相关者。广大师生为有效参与大学治理,必须成立相应的集体性组织来发挥群体力量。在我国,教职工代表大会、学生代表大会便是汇集师生群体利益的组织,大学内部教师与学生分享大学治理权而拥有的权力可以称为

---

① [加]约翰·范德格拉夫,等.学术权力:七国高等教育管理体制比较[M].2版.王承绪,等译.杭州:浙江教育出版社,2001:186-198.
② 胡建华.关于彰显学术权力的若干问题[J].高等教育研究,2007(10):29.

"民主权力",包括知情权、参与权、表达权、监督权,以及与其切身利益密切相关事项的决定权。

大学内部治理中的民主权力从大学产生之时起便存在了。大学的产生方式决定了大学内部治理中处于主导地位的权力的性质。早期的中世纪大学多属于自生型大学,即由精通某一学问的学者与热衷于学问的学生聚集在一起以探索、传播和运用真理而自然而然形成的大学组织形式。在自生型大学中,教师与学生最先掌握大学主导权,因而形成了"以教师治校"为主导的巴黎大学模式以及"以学生治校"为特色的博洛尼亚大学模式。不过,无论是教师主导还是学生自治,中世纪大学都是在"民主权力"的治理下得以运行和发展的。

当前重视并维护师生民主权力是大学内部治理民主化的要求,但是各国大学对该权力的认识程度和实践情况还很不理想。在有些国家,大学治理制度设计没有将学生群体的民主权力作为重要权力形式加以考虑。在美国,人们围绕"学生是否有资格进入校董会"这一问题进行争论,有些观点以学生是大学的"临时人员"为理由反对学生参与校董会,还有些观点认为学生没有相应的知识、经验和能力参与大学治理而主张校董会不应吸收学生为其成员。在实践中,有些校董会没有学生代表,有些校董会虽有学生代表但是没有赋予其决策权。有些国家并不是所有教师的民主权力都受到重视,只是将教师中的教授或者正教授作为大学治理的主体。在德国和日本大学中,正教授的权力远远大于一般教职人员,广大教职人员的民主权力被正教授的学术权力所替代。在我国大学中,由法律、法规授予的教职工代表大会、学生代表大会的民主权力也没有得到应有的保障,教代会、学代会有时是在学校行政权力的指挥棒下被动运转,难以独立自主地开展工作,因此教职工、学生的利益表达、民主监督,渠道不够畅通。①

4. 集团权力

大学内部治理多元化包含大学内部治理主体的多元化以及大学内部治理权力的多元化。如伯顿·R. 克拉克曾说的那样,国家权威、市场和学校力量"呈三角形的协调模式",在此三角中任何两种权力之间都存在此消彼长的关系。②能够影响大学内部治理的外部利益相关者主要有政府、企业、中介机构以及大

---

① 刘献君. 论大学内部权力的制约机制[J]. 高等教育研究,2012(3):7.
② [美]伯顿·R. 克拉克. 高等教育系统:学术组织的跨国研究[M]. 王承绪,等译. 杭州:杭州大学出版社,1994:154-162.

学校友等,他们要影响大学内部决策和管理必须借助相关的治理权力,因此大学中有来自国家或政府的政治权力和党派权力、来自公司企业的市场权力以及中介机构和校友的权力,这些多元权力可以统称为集团权力,即大学外部利益相关者参与大学内部治理所具有的影响力。来自政府的权力与市场的权力深度影响大学的权力运行与边界,多元的外部利益相关者与多元的治理权力形式在大学中往往以党委会、董事会、基金会、理事会、校友会等组织机构为载体,就与各自利益密切相关的各种事务提出主张、表达观点,以期影响大学内部治理的决策活动。比如,美国大学的董事会就是典型的社会权力的集合体,其人员不仅有大学校长等管理者、教授等基层学术人员,还包括来自州和地方政府的行政人员、当地公司企业的高管、大学校友代表、各类社会机构代表,还有一些来自各行各业的普通个人等。这些由集团权力组成的机构,或者是大学最高决策机构,或者是大学最高领导机构,或者是大学监督机构或者是大学咨询机构。由此可见,集团权力在大学权力多元化发展中不可或缺,组织化的利益相关者在大学治理中扮演着重要角色。

四、大学内外部治理的关系

大学外部治理和大学内部治理内涵不同、本质相异。在不同国家,大学内部治理与外部治理的重要性存在显著差异。在欧洲大学治理模式中,大学自主权远不及政府对大学的治理权,大学内部治理处于大学外部治理的治理下。比如,法国大学在"远离自治的外部依赖"下,自治成了其遥不可及的理想追求。[①] 而在英国大学治理模式中,大学享有高度的自主权,政府仅对大学进行宏观的、间接的干预,因此大学内部治理处于主导地位,而大学外部治理居于次要地位。在"共享治理"理念的驱动下,只有美国大学将"外行治校"与"教授治学"巧妙结合,大学内外部治理相得益彰。

除不同国家的大学在内外部治理的重要性上存在差异外,大学外部治理与大学内部治理关系的演进还具有历史性。大学诞生后,经历了由以大学内部治理为主的模式到以大学外部治理为主的模式再到大学内外部治理相协调的模式的转变过程。从中世纪的"学生型大学""教师型大学"开始,直到18世纪之前的漫长时期内,大学内部治理力量相对比较强大,大学自治的传统一直延续。

---

① 左崇良. 大学治理的欧洲当代模式与国际比较[J]. 北京教育(高教),2015(10):79.

第一章　大学内部治理导论

"大学作为一个机构尚难以引起社会的广泛关注（因为那时的大学与社会的大多数人是没有关系的），大学内的'教育质量'如何就只能是大学内部所关心的问题了。"[①]世界范围内民族国家兴起后，各国政府不断与教会权力斗争和博弈以扩大自身在大学组织中的影响力，随之而来的便是一大批公立大学、国立大学纷纷出现，大学治理权力转向国家和政府手中。20世纪以来，大学规模膨胀、耗资巨大、质量下降等变化使得单靠政府或大学的力量难以应对大学治理问题，因此有必要建立大学外部治理与内部治理相协调的治理体系。

大学外部治理的关键在于"放好权"，大学内部治理的核心在于"用好权"，前者强调大学获得治理权力的数量和内容，而后者强调大学使用治理权力的质量和效益。大学治理的本质在于权力配置的多中心化和分散化、权力运行的程序化和规则化，大学治理权力的"分"与"放"是实现权力多中心化的基本途径。大学外部治理是要国家和政府向大学放权、分权，大学内部治理是要大学向学院（部）放权、分权，而在单一权力中心的高等教育体制下，大学作为一个整体，明显缺乏必要的治理权力，独立自主性较差，无法向二级学院（部）进一步放权、分权，为此就必须理顺大学与国家、政府、市场、社会等外部治理主体的关系，使大学获得更多治理权力、完善治理结构、提高治理能力。"与其他治理主体相比，政府拥有相对垄断性质的组织智慧与信息资源，具有动员其他治理主体的号召力和统筹各治理主体之间冲突与矛盾的协调力，当不同治理模式之间发生冲突或对治理有争议时，政府可以发挥自身的优势，充当'上诉法庭'的角色，理顺各方关系，协调各方利益，并且可以通过制定规则或者重组权力关系来支持较弱一方，从而使各方利益达到均衡状态。"[②]基于独特的地位和角色，政府在大学内外部治理过程中发挥着不可替代的作用。在某种意义上，大学的外部治理也可以看作是对大学内部治理的治理，也就是国家政府对大学治理的治理。实践中，要实现对大学的外部治理，必须注重发挥政府的作用。我们不能因为政府曾在治理大学时有过失误或错误，就否认政府作为大学的"元治理者"的合法性和必要性。当不同治理机制因相互冲突、彼此破坏而导致治理失灵时，只有政府才能把它们重新有效组合起来。在"元治理"的视野中，大学内部的治理必

---

① 胡建华.高等教育质量内部管理与外部监控的关系分析[J].高等教育研究，2008(5):34.
② 冯道军."元治理"理论视角下国企改革的政府角色重塑[J].苏州大学学报（哲学社会科学版），2014(3):119.

须置于政府对大学的外部治理之下。没有政府对于大学的有效的外部治理,大学自身的内部治理不可能成功。现代大学治理的关键不是阻止政府的扩张或国家的介入,而是通过制定合适的规则和制度,使大学与政府之间保持一种必要的张力。[1] 当然,强调大学外部治理的重要性,强调政府是大学唯一的"元治理者",并不是要恢复国家或政府对大学的统治或控制,而是为了实现对大学真正的治理。

---

[1] 王建华.重思大学的治理[J].高等教育研究,2015(10):13.

第二章　大学内部治理结构论

在大学中,"治理"(governance)是一个实践早于概念的词语。按照有关学者的说法,大学内部治理就是指"大学利益相关者参与大学重大事务决策的结构和过程,是各种决策权力在各个主体(利益相关者)之间的配置与行使,它包括权利分配结构和权力行使过程两个互相匹配的方面"[①]。综合来看,大学内部治理主要包括大学内部的治理结构、内部各种组织之间的协调、内部各种权力的分配与制约以及大学内部与外部的关系等多个方面。但无论从哪个方面来看,治理结构都是开展治理活动的基础,决定着治理体系功能的发挥。因此,研究大学内部治理结构是加深我们对于大学内部治理认识的起点。由于大学的复杂性,在漫长的历史演进中也形成了千差万别的治理结构,因此我们仍然需要从一般意义上来认识大学治理结构。

第一节　大学内部治理结构的内涵、要素与研究维度

在现有的研究中,关于某个具体国家的大学治理结构或大学内部治理结构的研究很多,但是从原理上对何谓大学内部治理结构的研究却很少,这导致对于大学内部治理结构的理解存在一定的偏差。因此,本节将从大学内部治理结构的内涵、要素和研究维度来开展研究。

---

① 张慧洁.利益、责任、信仰:世界一流大学治理结构的梳理与检讨[J].高教探索,2011(3):5.

一、大学内部治理结构的内涵

(一) 结构

在日常生活中,结构(structure)是一个含义比较明确的词语,主要指组成整体的各个部分的搭配和安排。当然,在建筑学中,结构(fabric)主要是指建筑物中承重部分的构造,如砖木结构、钢筋混凝土结构等。显然,大学内部治理结构中的"结构"指的是前者。世界上的万物无不是由一个个具体的要素组成的,不同的要素通过不同的组合方式组织起来就构成了结构。

在自然科学领域,探究物质由什么元素构成、以哪种方式构成始终是自然科学研究的前沿问题。当然,不同的学科是在不同的层面上来研究物质的结构的。譬如,化学就是在原子和分子水平上研究物质的结构,而传统生物学则是在细胞的层面上来研究物质的结构。近代以来,人类对于自然界结构的研究首推1543年出版的哥白尼的《天体运行论》和维萨里的《人体的构造》,前者研究的是太阳系的结构,而后者研究的是人体的结构。结构的研究可以使人们对于物质世界的研究摆脱混沌模糊的状态,从而提升研究的精确度。在这个意义上甚至可以说,正是因为有了对于结构的研究,才使得自然科学得到迅速发展,并迅速在现代知识大厦中占据支配地位。

与自然科学不同,人文社会科学对于结构的研究起步相对较晚。20世纪20年代,瑞士语言学家索绪尔率先开展了对于语言结构的研究,在人文社会科学领域首开结构研究的先河。随后,在索绪尔思想的影响下,诞生了结构主义语言学派。之后,结构分析的方法被广泛地运用到人类学、历史学、文学、心理学、社会学等诸多学科的研究中,并于20世纪60年代在欧美学界产生了一股强劲的结构主义风潮,如社会学领域的塔尔科特·帕森斯(Talcott Parsons)、罗伯特·K. 默顿(Robert King Merton)的结构功能主义以及人类学领域列维-施特劳斯(Claude Levi-Strauss)的结构主义人类学等。在结构主义风潮的影响下,美国心理学家J. S. 布鲁纳率先将结构主义理论引入教育学领域,产生了重大影响。在今天,对于结构的分析已经在教育学和高等教育学领域占据了突出的地位。

人们之所以要研究结构是为了更好地认识事物,但是并非所有的事物都容易研究其内部结构。物质世界的结构可以借助于人们发明的技术工具进行观察和测量,但是对于人类社会的认识却往往非常困难。很多时候,针对人类社会很多事物的分析,我们往往也只能是无限接近事物的真相而已。

(二) 治理结构

从概念来源上来看,治理本身是一个行为早于概念的词汇,最早来源于企业的实践,目的是保护股东和债权人的利益,解决企业的利益博弈困境。近代民族国家兴起以后,大量的社会组织团体开始参与到公共事务的治理行为中,他们构成了国家治理体系的主体。20世纪80年代以来,治理逐渐在企业、国家的政治、公共事务等各个领域得到了迅速发展,治理理论在20世纪90年代的兴起更使治理逐渐成为一个日常用语。一个组织是否拥有现代化的治理理念已经成为衡量组织效能的重要依据。但总的来看,关于治理概念的理解,人们还处于一个不断修正理念的过程。

无论是在治理的研究还是实践中,治理结构都是其中的核心问题。在关于治理结构的研究中,最早是从对于企业的研究开始的,有关公司治理结构的理论是这方面的典型代表。张维迎认为,公司治理结构可以从广义和狭义两个方面理解。狭义的公司治理结构是指公司董事会的功能、结构、股东的权利等方面的制度安排,而广义的公司治理结构则是有关公司控制权和剩余索取权分配的一整套法律、文化和制度性安排。这些安排决定公司的目标、谁在什么状态下实施控制、如何控制、风险和收益如何在不同的企业成员之间分配等一些基本问题。广义的公司治理结构与企业所有权几乎是同一个意思。[1] 由以上的分析可以看到,公司治理结构的核心就是处理好董事会、经理人员等治理主体之间的关系。

除了公司治理结构以外,还有的学者在对非营利组织进行研究的基础上,提出治理结构就是"为了达到组织治理的目的而设计的组织架构,主要由权力机构、执行机构、监督机构等部分组成,形成各自独立、权责明确、协调运转、相互制衡的高效的体制和机制,强调的是法人利益制衡机制的构建"[2]。通过以上的分析可以看出,在广义意义上,治理结构几乎与治理同义,而在狭义意义上,治理结构可以理解为达到"治理"效果的一套重要的制度安排。这套制度安排之间是有联系的,组合成为一个系统。系统由要素构成,要素是构成系统的基

---

[1] 张维迎.所有制、治理结构及委托—代理关系[J].经济研究,1996(9):3-15.
[2] 金锦萍.非营利法人治理结构研究[M].北京:北京大学出版社,2005:35.

本单位,并在一定意义上决定着系统的本质。在一个稳定的系统中,要素在系统中相互独立又按比例联系成一定的结构。① 由此可见,治理结构与系统相互联系,治理结构也可以理解为治理主体按照一定的关系、通过一定的技术手段所组成的系统。

（三）大学内部治理结构

作为人类社会的一种特殊的非营利组织,大学"是一个典型的利益相关者组织,每个人都承担一些责任,但没有任何一部分人对自己的行为负全部责任"②。为了能够有效地实施治理,必须将这些利益相关者以一定的方式联结起来,形成治理结构(或曰治理体系),从而发挥合力。大学的治理体系由"成文的和不成文的政策、程序和控制高校内部及高校之间的资源分配的决策单位组成"③。这些主体以利益节点的形式构建起治理网络,在相同的节点处展开博弈与协商,形成大学治理体系。这些治理体系通过各种法律、制度以及惯例进行相互连接。有的学者认为"大学治理结构"就是"人类社会为了保证大学这种知识组织中相关的广义交易关系及其缔结和约的完整性而设置的一整套制度安排及其相应的组织架构和权力规则,这一系列的制度设计都是为了能够在每个时期每个社会的特定制度环境之下以尽可能低的交易成本来获得尽可能优质的知识产品,并且在整个过程中尽量制约有限理性经济人的机会主义倾向、缓解各种相关的和约风险、增进社会福利、维持相应秩序"④。在大学治理中,主要包括大学的外部治理和内部治理两个方面：外部治理主要处理大学与其他组织的关系,主要是政府与大学的关系问题；而大学内部治理则主要处理大学内部各种利益相关者的关系问题。

相比于大学外部治理结构,大学内部治理结构显得更为复杂。其主要原因在于：一是由于大学内部的组织架构、权力等差别极大,对其内部结构的分析比对外部的分析更难；二是由于大学内部治理结构在一定程度上是受外部影响的。对于不同的治理结构,不同的学者有着不同的看法。有的学者认为现代大学内部治理结构实际上就是多元利益相关者博弈的结果,反映的是"大学内部

---

① 郑芳. 基于要素分析的职业体育治理结构研究[M]. 杭州：浙江大学出版社,2010：9-10.
② 张维迎. 大学的逻辑[M]. 3版. 北京：北京大学出版社,2012：18.
③ [美]罗纳德·G.埃伦伯格. 美国的大学治理[M]. 沈文钦,等译. 北京：北京大学出版社,2010：127.
④ 程北南. 美国大学治理结构的经济学分析[M]. 北京：中国财政经济出版社,2009：21.

的权力关系模式,是协调大学内部不同利益主体权力关系的正式制度安排"[①]。也有的学者认为,大学内部治理结构主要是指"大学内部利益相关者参与学校重大事务决策的结构和过程,并且通过对高校内部权力分配与制衡作一种制度安排,达到内部利益相关者之间责权利的相互制衡,集中体现大学管理的结构、运行及其规制的主要特征和基本要求,保证大学持续、健康、有序地发展,最终完成大学的责任和使命"[②]。还有的学者认为,大学内部治理结构主要包括三个方面的内容:① 大学内部主要的利益群体;② 这些利益群体所拥有的权力;③ 这些权力之间的关系以及大学平衡这些权力关系的运行机制。[③] 但无论怎样,我们可以看出大学内部治理结构其实就是大学内部相关治理主体(如大学内部的组织、权力)基于一定的关系、通过一定的机制所组合成的相对稳定的系统。

从大学内部治理结构的外延来看,它既包括大学内部治理的纵向结构(如校院两级的权力分配等)和横向结构(如学术系统和管理系统的关系等),也包括宏观结构(如治理总体构架中的董事会、校长和教授会的权力分配等)和微观结构(如教授会中的学科差异等),还包括共时态结构(如某一时期大学内部的组织构成、权力分配等)和历时态结构(如大学内部组织架构的变化等)……不同的划分方式,往往会使我们对于大学内部治理结构的理解又深入一层。从静态的角度来看,大学内部治理结构与大学组织内部的构成有关,指的是大学组织内部各种阶层或者群体的分布及其相互之间的关系,包括大学内部各个组织、权力之间的相互关系;而从动态的角度来看,大学内部治理结构指的是大学内部各种决策权力在各个阶层的分配状态,而这种分配状态则是时时在变的。

二、大学内部治理结构的要素

结构由要素构成,要素是构成系统的基本单位,在一定意义上决定着系统的本质,大学治理结构就是各种治理要素按一定规则的排列组合。欧阳光华在《董事、校长与教授:美国大学治理结构研究》一书中,重点研究了美国大学治理

[①] 朴雪涛.现代性与大学——社会转型期中国大学制度的变迁[M].北京:人民出版社,2012:149.
[②] 朱盛艳,熊艳.现代大学制度视野下的大学内部治理结构改进[M]//郭平.现代大学治理及其功能研究.成都:西南交通大学出版社,2015:116.
[③] 杨鸣.20世纪90年代以来中日大学内部治理结构变迁的比较研究:以中日两所大学为例[D].武汉:华中科技大学,2013:6.

中的三大巨头——董事会、校长和学术评议会。① 其实,这也是研究治理结构要素的方法。对大学内部治理结构进行要素分析,有助于我们更好地把握大学内部治理结构。因此,从这一逻辑起点出发,我们可以将大学内部治理结构分为主体、关系和治理方式三个要素。

(一) 主体

大学内部治理结构的模式受到多种因素的制约,也与大学内部治理主体密切相关,其中大学利益相关者所构成的利益主体和治理过程中所形成的权力主体是大学内部治理结构的两类主要主体。

1. 利益主体

治理强调的是各个利益相关者之间的博弈与互动,在这其中,虽然也有个人参与治理的情况,但就治理结构而言,则主要是以群体的身份参与治理。在现代大学中,有多种利益主体。例如,从教育的角度来看,教师和学生两个群体就有不同的利益;而从工作分工的角度来看,学术人员、管理人员、后勤保障人员、校外人员之间的利益取向也存在很大差别。我们也可以看到,在大学内部治理中,虽然存在着多元主体、彼此之间也不能替代,但仍然存在核心主体和非核心主体的区别。所谓核心主体,就是指在大学内部治理结构中,有些主体必须在结构中占据主导地位,否则就会影响大学整体目标的实现。同时,在大学内部治理结构中,由于参与治理群体的地位不同,有些群体在大学内部治理中并未占据主导地位,对大学的决策并非总是产生决定性、经常性的影响,而构成非核心主体。哈佛大学前文理学院院长亨利·罗索夫斯基采用利益相关者的分析框架,按照群体与大学关系的重要性程度,将大学的利益相关者群体划分为"最重要群体""重要群体""部分拥有者群体"和"次要群体"四个层次。其中,"最重要群体"是第一个层次,包括教师、行政主管和学生;"重要群体"是第二个层次,包括董事、校友和捐赠者;"部分拥有者群体"是第三个层次,包括提供科研经费的政府、向学生和大学贷款的银行家、许多学术活动的评审委员会和委员等,这里的"部分"指的是在特定条件下,这些群体才成为大学的利益相关者;"次要群体"是第四个层次,包括大学所在城市的市民、社区、大众媒体等。② 当然,以上分类具有相对性,在一定时期内也是动态变化的。对于大学内部治理

---

① 欧阳光华.董事、校长与教授:美国大学治理结构研究[M].北京:高等教育出版社,2011.
② 胡赤弟.教育产权与现代大学制度构建[M].广州:广东高等教育出版社,2008:160-161.

而言,最主要的影响者是第一层次和第二层次。但是,由于大学组织的特殊性,大学中各个治理主体一般都处于博弈后的平衡状态,很少有哪个大学中的群体居于主导地位。

从历时态的角度来看,大学内部治理结构的利益主体也经历了从"内部人主导"向"内部人和外部人共同主导"的历史演变过程。早期的大学,由于规模比较小,与社会的联系并不十分密切,所以在大学内部治理结构中,师生群体占据主导地位。而随着大学规模的扩大和职能的丰富,大学与社会的联系日益紧密,大学的内部治理不再仅仅是内部人的事,而成为社会上多个利益相关者的事情。因此,大学的各个利益相关者会通过一定的机制对大学发生影响,这表现在大学内部治理结构上,就是一些新的治理主体不断出现。可以预见,随着知识社会的来临,大学的内部治理将越来越多地受到外部治理主体的影响,而不仅仅只是校内利益群体的事情。

2. 权力主体

在任何一个组织中,我们都时时受到权力的支配,同时也拥有或多或少的权力。在有的组织中,我们可以立即找到权力的中心点;而在另外一些组织中,权力则弥散在组织的方方面面。对于大学而言,我们可以看到大学中存在着多个权力中心,存在着多个权力主体,各个权力主体之间存在着冲突与合作。而在这众多的权力主体当中,最重要的两种权力是学术权力与行政权力,分别由学术人员群体和管理人员群体所持有。但是,与其他组织相比,大学内部治理中的这两个权力主体之间的冲突并非单纯的利益之争,还存在着一定的文化冲突。其中,学术权力的主体是学术人员,其文化是一种平等的多元文化,而行政权力的主体则是行政人员,其文化则是一种典型的科层文化,这两种文化之间存在着冲突。此外,由于现代大学中学科分化得越来越细,导致不同学科之间的学科文化也存在着不小的差异,这使得学术人员内部也存在着文化冲突。正如有的学者所总结的那样,大学内部治理中的文化冲突包括应然文化与实然文化的冲突、外来文化与本土文化的冲突、行政文化与学术文化的冲突、精英文化与大众文化的冲突、人文文化与科学文化的冲突。[①] 正是因为不同权力主体背后存在着文化冲突,才使得大学内部必须建立一种机制来协调这种冲突,这种机制就是大学内部治理结构。

---

① 吴立保.大学组织的冲突与整合:文化的视角[J].中国高教研究,2011(10):16-17.

在众多的权力主体中,大学校长是一个特殊的存在。他是行政权力的"首领",但是往往又拥有一定的学术权力,在大学内部治理结构中处于一个非常特殊的位置。概而言之,校长处于行政权力和学术权力的交汇点上,其身上担负着众多的责任和义务。而在我国,校长在治理结构中的位置更为重要,他不但处于行政权力和学术权力的交汇点上,还与政党、政府、校友、社区甚至媒体发生种种联系。因此,在我国大学内部治理结构中,大学校长往往需要平衡党委事务、行政事务和学术事务之间的关系。他既需要充分行使行政领导权,保证大学的效率;也需要贯彻执行党的决议,保证大学的办学方向;同时,还需要尊重学术规律,保证学术的良性发展。尤其是在大学内部治理结构还不完善的情况下,校长的作用显得尤为重要。因此,在我国大学史上,蒋梦麟先生提出的"校长治校"是完善大学内部治理结构的关键,在今天仍然具有重要的历史和现实意义。

总之,大学内部治理中存在着多个利益主体,这些利益主体自身的价值取向与大学整体价值取向之间存在着很多差异;同时,在这些利益主体中存在着核心主体与非核心主体的区分,呈现出一种弥散的状态。此外,大学内部各个群体拥有不同的权力,各个权力主体之间的冲突不唯是利益冲突,还存在着一定的文化冲突。因此,大学内部治理结构就是这些利益主体和权力主体经过博弈后得以共存的一种平衡状态,对于大学能够行使自身的使命和功能起着至关重要的作用。

(二) 关系

大学内部治理强调多主体共治,治理结构的主要功能就是处理大学内部的各种关系,因此考察大学内部治理中各个主体之间的关系有利于我们认识大学内部治理结构。大学组织是一种非常复杂的组织,大学组织内部治理需要处理人与人之间的关系、机构间的关系和学科专业间的关系。就大学内部治理结构而言,其内部各个治理主体之间呈现出多元共生、异质冲突和模糊渐变的关系。

1. 多元共生

大学内部治理结构是由多个治理主体构成的,各个主体之间的关系是一种多元共生的关系,其核心就是多元主体性。多元主体性是治理结构的基本特征和条件,也符合治理理论的要求。在治理理论看来,不同的治理主体之间在地位上是平等的,治理结构本身就是为了打破权力中心单一化的统治模式,由多元主体组成一个多中心的治理网络体系,各个治理主体之间是一种"多元共生"的关系。对于大学而言,其内部各个主体之间是长期独立并存的,大学内部各个群体之间是一种耦合关系。大学内部治理是一种平衡,这种平衡体现在静态平衡和动态平衡两个方面,即表现为形式上的平衡和运作中的平衡。

大学组织内部各个主体之间多元共生的关系不是一天形成的,而是大学组织在漫长的历史演进过程中逐渐形成的。从大学演进的历史来看,大学内部治理主体经历了由单一主体到多元主体的演变。中世纪大学和近代早期的大学由于规模较小,所以参与大学内部治理的主体较为单一,往往大都是大学内部的师生。而在现代大学中,则存在着众多的利益群体,包括董事会、校长、教授、学生、非学术性职员、校友、基金会、政府部门等,这些利益群体都希望在大学内部治理中占有一席之地、发出自己的"声音"。但是,大学各个治理主体之间的主体性不能互相替代,他们之间的关系只能建立在为了实现大学目标的共同合作上,但合作也仍然是以彼此独立作为前提的。

2. 异质冲突

大学内部治理结构中的各个主体之间虽然是多元共生的,但同时也是异质冲突的。由于大学具有多个利益相关者,从而决定了大学与其他组织很不相同的组织特性,也决定了大学组织本身就是大学内外各个利益主体之间的矛盾和冲突维持在一种相对均衡状态后的结果。因此,在大学内部治理结构中,其治理主体在目标、利益、价值取向等方面均存在较大差异,具有较强的异质性。这种异质性不单单表现在群体利益的异质上,更表现在文化的异质上。

大学内部各个治理主体之间不但存在着利益差异,更存在着理念差异。在大学内部治理主体中,最大的两个差异主体就是行政人群体和学术人群体,他们之间的差异既有利益差异,更有文化差异。他们的差异表现在制度设计上就是学术组织和管理组织,这两种"亚组织"不单在组织结构上存在差异,还在文化上存在差异。其中,学术组织的主要特征可以概括为:多重的目标、多样的行为方式及多元的文化。而大学管理组织则以"科层制"为原型,其主要特征表现为:同一的目标、有权威的等级结构和追求效率的文化。[①] 另外,采用何种治理结构,不但是利益妥协的产物,更是理念差异的表现。譬如,有学者就认为信托与法人、代理与科层、学术性与民主化是美国大学董事、校长和教授三个治理主

---

① 胡建华.大学中两种组织的矛盾与调适[J].教育研究,2012(5):54.

体参与大学内部治理的合法性所在。① 这要求我们在考察大学的内部治理结构时,不仅需要看到大学内部治理结构表面上作为一种制度安排的差异,还要看到其背后的理念差异与冲突。每个国家、每所大学内部治理结构的形成,背后都离不开文化的差异和多样化的影响。

3. 模糊渐变

在大学内部治理结构中,我们还可以发现大学内部的治理主体不是一成不变的,而是处于一种模糊渐变的状态。这种模糊渐变的状态体现在大学内部各个治理主体之间不是截然分开、泾渭分明的,而是经常处于一种渐变的状态,在不同的情形下,他们也会处于一种分化组合和演化的状态。同时,这种模糊也体现在治理主体与治理客体的模糊性上。在大学内部治理结构中,治理主体和治理客体往往并无明确的区分,治理结构存在本身就是为了处理治理主体之间的关系,这种关系也是治理的客体。

导致大学内部治理主体之间存在模糊渐变性也与大学内部各个治理主体之间是一种文化的连接关系密切相关。大学内部治理主体差异的背后往往有着深刻的价值取向差异和理念差异,这种差异表现在学术自由与公共利益、民主参与和多元精英、决策质量与执行效率等多个方面。但这种差异乃至冲突的关系,却是大学的生命力所在,也是大学内部治理结构的各个主体之间存在模糊渐变关系的原因之所在。

综上所述,在大学内部治理结构中,其治理主体具有多元共生、异质冲突和模糊渐变三个特点,使得大学内部治理结构是一种主体博弈平衡后的状态。大学内部治理结构不是一个事先设计的固定的产物,而是在动态和运行中形成的弹性结构。

(三) 治理方式

大学是一种理念组织,同时也是一种制度样式,每一种大学理念都对应着一种或多种大学制度样式。与理念大学形成鲜明对比的是,实践中存在的任何一个制度大学都是不完美的,存在着种种缺陷。因此,大学内部治理目标的达成,不但要有好的大学内部治理理念,更需要有有效的治理方式,只有有效的治理机制,才能弥合冲突,形成合力。在大学内部治理中,主要的治理方式包括大

---

① 欧阳光华.董事、校长与教授:美国大学治理结构研究[M].北京:高等教育出版社,2011:18-19.

学章程、大学文化和委员会。

1. 大学章程

在现代社会,制度是一种有效的治理手段。对于大学而言,其内部运行和治理离不开各种制度,大学内部治理主要依靠各种制度进行组合,并连接成"制度之网"。而就大学内部治理结构而言,大学章程的作用非常重要,是完善大学内部治理结构的重要一环。大学章程是大学办学的纲领性文件,是大学治理的总纲。从大学治理结构的角度来看,大学章程是大学的自律性文件,是对一所大学的办学理念、机构设置、领导机构、治理主体、内部保障体系等重大和基本问题做出全面规范的文件。大学治理主体的权力也应在大学章程中得到规定,"从原则上讲,治理的权力是由授权机构颁布的大学宪章或章程规定的"[①]。正是在章程的指导下,才有了大学内部的各种制度。在一定意义上,我们可以说大学章程及相应的制度构成了大学内部治理的"显性结构"。纵观国外一流大学,都有自己完备的"大学章程"。下面我们以《剑桥大学章程》和《北京大学章程》为例,说明大学章程在大学内部治理中的重要作用。

剑桥大学成立于 1209 年,是英国最古老的两所大学之一。目前,其章程包括 A、B 两个部分。章程 A 的标题是"大学校长及管理机构",包括八章,分别是:① 名誉校长及评议会,包括 7 条内容;② 大学的权力,包括 7 条内容;③ 摄政院,包括 8 条内容;④ 校务理事会,包括 10 条内容;⑤ 校务理事会委员会,包括 8 条内容;⑥ 委员会和管委会,包括 3 条内容;⑦ 监察委员会,包括 6 条内容;⑧ 业务行为规范,包括 9 条内容。章程 B 的标题是"入学、住宿、学位、纪律",包括六章,分别是:① 入学,包括 7 条内容;② 学期、住宿,包括 4 条内容;③ 学位,包括 11 条内容;④ 名誉学位,包括 1 条内容;⑤ 布道、纪念,包括 3 条内容;⑥ 纪律与大学法庭,包括 28 条内容。[②] 总的来看,剑桥大学的章程对大学运行中的重大事项都做了明确的规定,是大学运行的"总纲"。

北京大学创立于 1898 年维新变法之际,初名京师大学堂,是中国近现代第一所国立综合性大学。现行的章程于 2014 年 7 月 15 日经教育部第 22 次部务会议审议通过,2014 年 9 月 3 日正式核准生效。其章程除了序言以外,包括九

---

① [美]弗雷德里克·E.博德斯顿.管理今日大学:为了活力、变革与卓越之战略[M].王春春,赵炬明,译.桂林:广西师范大学出版社,2006:3.

② 剑桥大学章程[EB/OL].[2018-07-05]. http://hljuzc.hlju.edu.cn/info/1045/1071.htm.

章,共56条内容,具体包括:① 总则,共7条;② 职能,共8条;③ 人员,共9条;④ 组织机构,共9条;⑤ 教学科研单位,共6条;⑥ 资产、财务,共4条;⑦ 校友及社会,共5条;⑧ 标识和校庆日,共5条;⑨ 附则,共3条。[①] 北京大学的章程虽然在篇幅上少于剑桥大学,但是其内容同样涵盖了北京大学运行的主要方面。

从以上两所世界知名大学章程的条目中可以看出,大学章程对于大学内部治理与管理中的权力分配、职能限定等都做了明确的说明,如大学有哪些治理主体、大学有哪些最高权力机构、董事会或理事会享有哪些权力、行政执行机构及校长享有哪些权力、最终的司法诉讼又必须通过怎样的途径等。大学章程是确立和完善大学内部治理结构的基本依据。

2. 大学文化

作为一个教育与学术组织,大学制度深受文化的影响。从大学的源头来看,中世纪大学诞生于学者们的自愿结社,那时的师生基于共同的文化信仰结成了知识社团,随着传统大学转变为现代大学,大学逐渐演变为一种组织制度。但是,从文化的角度来看,大学内部各个治理主体之间的共同体关系属性仍然没有改变。大学是一个理念组织,大学理念存在于每个大学人的身上,大学人是靠着共同的文化联结在一起的,只有充分利用大学组织文化作为治理手段,才能真正达到治理的目标。大学文化存在于大学人的身上,大学人所共同信仰的文化构成了大学文化和大学理念。而在大学人中,最能代表大学文化的是大学教师,"大学的前途,就其协调传统与革新的职能而言,应多取决于成千上万个别教师的价值观,而很少取决于大学的理事或校长"[②]。大学文化往往是联结大学内部治理结构中各个点的那条"隐形之线",是大学内部治理得以形成的重要方法手段。

3. 委员会

大学内部治理主体众多,彼此之间几乎在所有问题上都存在意见差异,因此需要有一种机制将他们放在一起进行协商对话,其中最重要的协商对话方式

[①] 北京大学章程[EB/OL].[2018-07-05].http://pkunews.pku.edu.cn/2015zt/2015-04/28/content_288465.htm.

[②] [英]阿什比.科技发达时代的大学教育[M].滕大春,滕大生,译.北京:人民教育出版社,1983:150-151.

就是成立各种委员会。委员会包括常设委员会和临时委员会两种。所谓常设委员会就是作为治理机构或主体方式存在的各种经常性委员会,这既包括作为学术权力主体的教授委员会、评议会、学术委员会等,也包括作为行政权力主体的董事会、校务委员会等,还包括代表全体教职工利益的教职工代表大会等。常设委员会在大学内部是作为一种决策机构存在的,主要行使决策职能。而临时委员会又叫非常设委员会,是为了临时需要而设立的委员会,它主要是指在高校内部设置的性质上与常设机构相对的一类虚设机构,通常是为执行或者综合协调某一方面工作或某项特定任务,或为应对临时突发性事件而设立的委员会、领导小组或者指挥部。譬如,我国高校内部根据工作需要所设立的保密工作委员会、信息公开委员会、教职工代表大会、教学委员会、艺术教育委员会等。[1] 这些非常设委员会,往往只承担某一项工作任务的治理职责。理论上,常设委员会应该是大学内部治理的主体,但是客观而言,在我国大学内部,常设委员会和临时委员会之间的界限并不明显,尤其是一些行使学术权力的委员会因为并不经常性地开展活动,而沦为非常设委员会。

总之,一个好的大学内部治理结构离不开好的治理方式。对于现代大学而言,通过大学章程、大学文化和各种委员会等方式手段开展治理活动,是保证大学内部治理有效性的重要方面,也是使大学内部治理结构具有弹性和开放性的重要保证。

三、大学内部治理结构的研究维度

大学内部治理结构是一个比较含糊的概念,因此仅仅对大学内部治理结构做平面描述与简单分类是不够的,还必须运用一定的方法进行分析。有学者提出可以用整体—局部、存在—演化、分化—整合和结构—功能这四个范畴来分析高等教育的结构。[2] 对于大学内部治理结构的研究也需要采用一定的范畴进行分析。这里,我们尝试采用普遍—特殊、结构—功能和稳定—变革这三个维度来分析大学内部治理结构。

(一) 普遍—特殊维度

任何事物都具有普遍性,也具有特殊性,对于大学内部治理结构而言更是

---

[1] 薛传会.高等学校非常设机构运行弊端与改革[J].高校教育管理,2015(1):76.
[2] 胡建华,等.高等教育学新论(新世纪版)[M].南京:江苏教育出版社,2006:317-324.

如此。因为大学内部治理结构是由一个个要素构成的,不同要素在不同的环境中由于排列组合方式不同,就形成了不同的内部治理结构。这些治理结构彼此之间既有普遍性,也有特殊性。

大学内部治理结构普遍—特殊特征的形成是与事物的分化—整合机制密切相关的。所谓"分化"(differentiation)是指由若干子结构分别承担原来由某一社会结构所独立承担的功能的演变过程。例如,人类社会原来都是自给自足的经济形态,随着社会经济的发展,社会结构发生了很多的变化,社会开始出现了分工,一系列的社会子系统开始产生。但是,当社会子系统分化到一定阶段后又必须进行"整合"(integration)。所谓"整合"就是指各个子结构通过相互影响或某种调控,达到结构整体的某种程度的和谐,以维持整体结构的稳定和发展的过程。① 当然,这里的分化和整合是就系统内部要素而言的。

事实上,"分化"与"整合"是人类社会的一种永恒的现象,更是现代社会的"常态","现代社会是一个分工社会,分工是内生性的协调与合作的重要驱动力。人类为合作而分工,分工又使协调变得更为重要"②。对于大学内部治理结构而言,由于大学规模的扩大和职能的增多,大学内部不断分化出一个个子系统,这些子系统又重新进行组合,形成新的系统。这使得大学的类型越来越多,大学内部治理结构具有多样性也就不难理解了。

(二) 结构—功能维度

要分析大学内部治理结构的功能,有必要首先明晰何谓"结构"、何谓"功能"。关于何谓"结构",前文已述,这里需要说明的是,由于事物的复杂程度不同,再加上技术手段的限制,有的结构容易观察和测量,有的结构则很难把握。所谓的"功能",通俗地讲,就是"作用"。《现代汉语词典》将"功能"解释为"事物或方法所发挥的有利的作用;效能"③。阎光才认为,"功能"是人们期望的一种"应然状态",带有责任内涵或者价值成分,它不是事物的本质,也未必是对事物本质的反映,而是人施加于事物的种种外赋规定。④ 社会人类学家拉德克利夫-

---

① 胡建华,等.高等教育学新论(新世纪版)[M].南京:江苏教育出版社,2006:320-321.
② 张维迎.博弈与社会[M].北京:北京大学出版社,2013:10.
③ 中国社会科学院语言研究所词典编辑室.现代汉语词典[M].7版.北京:商务印书馆,2016:454.
④ 阎光才.教育的功能、功用到功效:20世纪西方公共教育政策价值取向的演进逻辑[J].比较教育研究,2002(3):7.

布朗(A. R. Radcliffe-Brown)认为,所有功能的目的是维护体系的生存,他说:"对任何一种活动来说,它的功能就是指在整个社会生活中它应承担的角色,因而也是它对维持结构的连续性上所起的作用。"①总之,功能既具有一定的客观性,又带有强烈的期望色彩。

"结构"与"功能"的概念受到人们的重视与系统理论的兴起有着密切的关系。20 世纪 20 年代,奥地利学者贝塔朗菲(Bertalanffy)在批判当时流行的机械论生物学的基础上,建立了有机体系统的概念,提出了系统理论的思想。此后,系统科学理论受到了人们的关注,并逐渐从物质系统和生命系统领域溢出,扩展到了社会系统的研究中。在系统理论的视野下,"结构"着重研究系统内部各个构成要素之间相对稳定的相互联系方式,重在阐明系统的存在方式;而"功能"则用来表示具有某种结构的系统同其外部环境相互作用的能力,或者这些结构中的要素成分对于整体结构运行的作用。结构与功能分别从内部联系和外部关系两个方面反映了系统的特性。② 由此,我们不难看出,结构与功能是相互联系的一对范畴。功能,总是具有一定结构的系统的功能;而结构,也总是具有某种功能的系统的结构。结构的状况如何,影响着功能实现的可能;而功能的相应调整也会反作用于结构,引起结构的变化。人们要赋予某一系统以新的功能,就必须通过改变系统的结构来完成。这种改变既可以通过在系统中增加或减少新的要素来改变结构,也可以通过改变系统中要素的排列组合方式来改变结构。譬如,新世纪以来,很多大学专门成立产学研合作办公室来实现大学的科技开发与推广功能,其办法就是在大学内部结构中增加了新的要素。而很多大学为了应对留学生规模的扩大,将原来隶属于其他部门的国际交流办公室独立设置为国际交流处或者国际教育学院,则是通过改变要素的排列方式来改变结构。以上这两个事例都说明了由于功能的变化,结构必须相应发生改变。

(三) 稳定—变革维度

对于人类而言,始终面临着两个命题——"世界存在着"和"世界变化着"。我们在着手分析事物时,常常需要把大学内部治理结构及其特征看成是相对固定的、既有的某种客体,以便于获得对其静态的认识,把握其特征,深化对于该

---

① [法]莫里斯·迪韦尔热. 政治社会学:政治学要素[M]. 杨祖功,王大东,译. 北京:华夏出版社,1987:186.

② 胡建华,等. 高等教育学新论(新世纪版)[M]. 南京:江苏教育出版社,2006:322.

事物的认识，从而才能预测其可能发生或者应当发生的变化。但是，从事物本身的发展逻辑来看，世界上没有不变的东西，稳定是暂时的、相对的，而变化则是永恒的、绝对的。只不过由于很多事物的变化幅度较小，需要很长时间才能看到其变化后果而已。

在对大学内部治理结构进行研究的过程中，我们同样面临着"稳定"与"变革"这两个基本命题。美国学者克拉克·克尔在回顾历史时发现，西方世界在1520年左右建立的机构中大约还有85所仍然存在着，其中有70所是大学，在近千年的岁月里，"从内部看，大学所强调的若干功能和指导精神已然发生了巨大的变化，但是从外部和比较地看，大学是各种机构中变化最少的"[1]。因此，在大学内部治理结构的研究中，我们除了需要研究大学内部治理结构的"稳定"问题，更要研究大学内部治理结构的"变革"问题。

以下三节，我们将通过这三个维度来分析大学的内部治理结构。从普遍—特殊维度出发，我们尝试对大学内部治理结构进行类型分析，以求找出大学内部治理结构的共性。而从结构—功能维度出发，我们将从结构功能主义的视角来分析大学内部治理结构的应然功能，并从功能的视角反思大学内部治理结构的特征。而从稳定—变革维度出发，则可以使我们把握大学内部治理结构变革的模式、动因和内容，并为我国大学当前的内部治理结构改革提供借鉴。

第二节　大学内部治理结构的类型

剑桥大学前副校长阿什比曾经说过，"任何类型的大学都是遗传与环境的产物"[2]。在大学近千年的历史演进中，由于受到所在国家、地区历史文化传统的影响，不同时空的大学诞生了不同的内部治理结构。那么，我们能否将这些纷繁复杂的大学内部治理结构依据一定的标准划分为不同的类型呢？因为在学术研究中，如果人们想要认识和把握复杂事物，就离不开"类型"分析这种方法。通过"类型"分析，我们可以用一种更加理性和清晰的方式去把握事物。只

---

[1] [美]克拉克·克尔. 大学之用:第五版[M]. 高铦,等译. 北京:北京大学出版社,2008:86.
[2] [英]阿什比. 科技发达时代的大学教育[M]. 滕大春,滕大生,译. 北京:人民教育出版社,1983:7.

有通过对于纷繁复杂的事物进行分类,我们才可以从众多具体而复杂的现实中,抽象出我们所要了解和掌握的事物本质。① 事实上,虽然大学内部治理结构在不同的历史环境中产生了多种变异,但对于大学内部治理结构是指"大学内部利益相关者之间各种权力的分配、制约和利益实现的制度规定、体制安排和机制设计,集中体现大学管理的结构、运行及其规制的主要特征和基本要求"②这一特征的争议却相对较少。而从大学内部治理的本意来看,其与谁来治理(治理的主体是哪些)、治理什么(治理的内容、重点是处理大学内部各种关系,尤其是权力分配关系)、如何治理(运用何种方式和机制进行治理)三个问题密切相关。基于以上思路,我们可以从治理主体、治理内容和治理方式三个维度来对大学内部治理结构进行类型分析。

一、基于治理主体维度的划分

大学内部存在着多个利益相关者,而治理强调的是各个利益相关者之间的博弈与互动。在大学内部,能够参与治理的群体的地位是不同的,有的群体是大学主要的利益相关者,在大学内部治理中占据主导地位,对大学的决策产生决定性、经常性的影响;而有的群体则只在一定的情形下,对大学内部治理产生阶段性和局部性的影响。在这些群体中,教师、管理人员和学生是大学最重要的群体,而教师和学生实际上都属于学术群体。另外,虽然在中世纪和部分国家曾经出现过学生群体主导大学内部治理的情况,但近代以来,参与大学内部治理的两个最主要群体却是教师群体和管理人员群体。因此,从治理主体的维度来看,可以将大学内部治理结构划分为学术人员群体主导模式、管理人员群体主导模式和共享模式三种类型。

(一)学术人员群体主导模式

所谓学术人员群体主导模式,就是指学术人员群体(多数情况下为教授群体)在大学内部治理结构中占据主导地位。在这种模式中,大学内部最高决策机构和主要权力机构由学术人员群体组成,大学内部的主要治理权力掌握在学术人员手中。这种决策机构在不同的国家有不同的称呼,如评议会、教授会等;校长由评议会或教授会选出,教授群体在大学内部治理中占据绝对的主导地

---

① 庄西真.类型学视角下的职业院校教师能力结构模型[J].中国高教研究,2015(11):101.
② 顾海良.完善内部治理结构　建设现代大学制度[J].中国高等教育,2010(15/16):18.

位。在大学史上，一些原生性大学的内部治理结构是这种模式的典型代表。

现代大学滥觞于中世纪大学，而中世纪大学来源于师生的自愿结社，是一个学术法人团体。与中世纪其他法人团体一样，大学享有一定的特权，而这种特权"由法人团体的成员所享有。教师和学生具有相同的个人地位"[1]。大学的治理权力掌握在师生的手中。根据大学组织类型的不同，校长或者在学生中选举产生(如博洛尼亚大学)，或者在教师中选举产生(如巴黎大学)，或者由学生和教师一起选举产生(如奥尔良大学)。[2] 但无论是哪种类型的大学，学术人员都在大学内部治理结构中占据主导地位。

随着近代民族国家的兴起，中世纪大学的一些特权逐渐被国家所收回，大学的外部自治权日益受到政府的制约。但是就大学内部治理而言，在一些传统大学中，高级学术人员仍然在大学内部治理结构中占据主导地位，由高级学术人员组成的教授会或评议会等委员会往往是大学内部治理的最高权力机构。譬如，在 20 世纪 70 年代改革之前，意大利大学的内部治理中，教授群体占据着绝对的主导地位，在大学评议会中几乎没有初级教学人员和学生代表。大学校长往往都是从讲座教授中选举产生的，校长往往只是一个荣誉职务，任期三年，"教授是意大利的贵族，意大利是教授们的天下"[3]。传统的德国大学也是这一模式的代表。德国大学的最高权力机构是大评议会，教授在其中占据绝对优势，有权选举校长和批准学校章程。而德国大学内部的另一个重要决策机构——评议会也基本上由教授组成，并在教授中确定校长的候选人、负责审核批准学校预算申请和相关重大的学术问题。[4] 总之，在传统欧洲大学的内部治理结构中，教授群体占据着主导地位。

二战后尤其是 20 世纪 70 年代以来，随着高等教育机构的增多、民主文化的高涨以及管理主义对大学的渗透，世界各国大学内部治理结构均不同程度地发生了变化。传统大学中由教授单独掌控大学的局面开始出现变化，初级职称

---

[1] [瑞士]瓦尔特·吕埃格.欧洲大学史：第一卷[M].张斌贤，等译.保定：河北大学出版社，2008：120.

[2] [瑞士]瓦尔特·吕埃格.欧洲大学史：第一卷[M].张斌贤，等译.保定：河北大学出版社，2008：132.

[3] [加]约翰·范德格拉夫，等.学术权力：七国高等教育管理体制比较[M].2 版.王承绪，等译.杭州：浙江教育出版社，2001：44.

[4] 时伟.大学内部治理结构改革的逻辑、动力与路径[J].中国高教研究，2014(11)：11.

教师、行政人员和学生开始有限度地参与大学内部治理。但是总的来看,教授群体在一些传统大学的内部治理中仍然拥有主导权。

(二) 管理人员群体主导模式

所谓管理人员群体主导模式,就是指管理人员群体(包括校内管理人员和校外管理人员等)在大学内部治理结构中占据主导地位。在这种模式中,大学内部最高决策机构和主要权力机构由管理人员群体组成,大学内部的主要治理权力掌握在管理人员手中。这种决策机构在不同的国家有不同的称呼,如董事会、校务会、党委会、党政联席会等,校长、董事长等往往在大学内部治理中占据主导地位。这种结构模式在许多后发现代化国家中表现得尤为明显,我国大学内部治理结构就是这种模式的典型代表。

1949年以后,随着党对"大学的领导作用的确立,及全国范围内无所不包的学术机构网的建立,一种新式的'翰林院'产生了,大学自治和学术自由让位于社会主义官僚的学术权威和学术垄断"[1]。在这种观念指导和制度安排下,在我国大学中,行政人员群体在大学内部治理结构中占据了主导地位,党委会成为大学内部的最高领导机构。同时,由于学术力量的羸弱,本应作为执行机构的职能部门往往也承担了部分决策的职责,成为大学内部的一个治理主体,而学术委员会、教授委员会则不能很好地发挥决策的作用。并且,由于"学而优则仕、仕而优则学"的传统文化根深蒂固,致使我国大学内部学术权力与行政权力之间的边界十分模糊。这导致在我国大学内部治理中,无论是政治权力、行政权力还是学术权力都受到行政文化的"浸润",行政人员群体成为大学主导群体。当然,近年来,随着我国大学"去行政化"进程的加快,《高等学校学术委员会规程》和大学章程等政策文件的出台,学术归于学术、行政归于行政的理念正在逐渐成为共识,行政管理人员主导的治理模式正在逐渐向多元主体共治的方向转变。

(三) 共享模式

所谓共享模式,就是指大学内部的各个利益相关者在大学内部治理中彼此分工,通过一定的机制,形成一定的权力制衡关系,共同完成治理目标。在这种模式中,大学中不同事务的权力往往由不同的治理主体所掌握,任何一方都没

---

[1] [加]许美德.中国大学1895—1995:一个文化冲突的世纪[M].许洁英,主译.北京:教育科学出版社,2000:11.

有在大学内部治理结构中占据绝对主导地位。这种模式可以被定义为"在董事、行政人员、教师以及学生之间就任务、预算、教学和研究等主要决策所形成的相互认同和共同责任"①。这种模式实际上也是在大学的历史演进中逐步形成的。从其形成的过程来看,可以分为"内部人分享教授治理权力模式""外部人分享大学内部治理权力模式"和美国大学的"共同治理模式"三种亚型。

"内部人分享教授治理权力模式"多发生在许多欧洲传统的大学中,这些大学的内部治理权力往往掌握在教授的手中。20世纪70年代以后,随着大学规模的扩大和民主化思潮的流行,在传统的由教授完全主导的欧洲大陆国家大学中也引入了民主参与模式,允许学生、低级别的学术人员、行政管理人员在大学委员会、评议会和学部委员会中享有较大的发言权。这是在一定程度上尊重高校作为以不可预测的知识创造为己任的专业组织的特殊性的同时,又希望其内部决策和管理过程像企业一样,体现企业家精神。② 可以预见,随着大学规模的继续扩大,大学内部的各个利益相关者共同参与大学内部治理的模式会成为许多大学的首选。

随着大学从"象牙塔"变为"动力站",大学对于外部社会发展所起的作用越来越重要,大学外部的利益相关者日益加入到大学内部治理中来,"外部人分享大学内部治理权力模式"应运而生。当然,由于各国高等教育传统的不同,政府参与到大学内部治理有国家控制模式和国家监督模式两种。③ 因此,大学以外的利益相关者参与到大学内部治理结构中的模式也主要包括直接参与和间接参与两种。前者通过直接任命大学负责人、直接决定大学内部事务的方式对大学内部治理产生影响,而后者主要通过设置董事会和大学拨款委员会等组织对大学内部治理产生影响。

美国大学的"共同治理模式"是共享模式的典型代表。美国大学在20世纪以前,其大学内部最高决策机构为董事会。校长由董事会负责遴选和任命,是大学内部的首席执行官,负责对大学行政事务进行全面管理,大学内部治理权掌握在董事会和校长的手中。1915年美国大学教授协会(AAUP)诞生以后,教

---

① 熊庆年,代林利.大学治理结构的历史演进与文化变异[J].高教探索,2006(1):43.
② [德]乌尔里希·泰希勒.迈向教育高度发达的社会:国际比较视野下的高等教育体系[M].肖念,王淀蕊,主译.北京:科学出版社,2014:17.
③ [荷兰]弗兰斯·F.范福格特,等.国际高等教育政策比较研究[M].王承绪,等译.杭州:浙江教育出版社,2001:414.

师在大学中的地位开始日益增强,共同治理的思想开始逐渐形成。以1966年美国大学教授协会(AAUP)、美国教育理事会(ACE)和美国大学董事会联合会(AGB)联合颁布《学院与大学治理的联合声明》为标志,共同治理的思想在美国大学中逐渐得到确立。而1988年,加利福尼亚州立法机关颁布实施的《AB1725法案》则开创了共同治理法制化的先河。1998年,美国大学董事会联合会(AGB)颁布的《治理宣言》则标志着共同治理制度在美国的正式形成。①由此,我们不难看出,在美国大学"共同治理"形成的过程中,学术群体属于后来者,是一个学术群体分享行政群体治理权力的过程,与"内部人分享教授治理权力模式"呈现出目标相同、过程相反的特征。

二、基于治理内容维度的划分

大学是一个复杂的组织,其内部存在着多个利益群体和权力主体,处理他们之间的关系就是大学内部治理的主要内容。在这些关系中,大学内部治理所要处理的最主要关系包括横向关系和纵向关系两大类。横向关系主要是指学术权力和行政权力的关系,而纵向关系则主要是指大学整体和基层学术组织之间的权力分配关系。大学的组织结构表现为一种双重矩阵结构,即传统的管理科层结构和教师在其专业范围内对学校有关事务做出决策的结构。其中,管理权力的基础是上级对活动的控制与协调,而专业权力的基础则是教师自主性和个人的知识。两种权力的来源不同,而且相互对立。② 学术权力倾向于分散,而行政权力倾向于集中。因此,从治理内容的维度出发,可以将大学内部治理结构划分为校级集权模式、基层分权模式和平权模式三种类型。

(一) 校级集权模式

校级集权模式的治理结构是指从大学内部治理的权力分配关系来看,大学的治理权力主要集中在校级层面,校级层面掌握大学的绝大多数权力,是大学内部治理活动的中心。这种掌握最高治理权力的组织可以是由学术人员组成的评议会、教授委员会、学术委员会等,可以是由校外人员或者行政人员掌握的董事会、理事会或者校务会等,可以是代表政党权力的党委会、党政联席会等,

---

① 甘永涛.美国大学共同治理制度的演进[J].清华大学教育研究,2009(3):26-28.
② [美]罗伯特·伯恩鲍姆.大学运行模式:大学组织与领导的控制系统[M].别敦荣,等译.青岛:中国海洋大学出版社,2003:11.

可以是由个人掌握最高权力的校长、学术寡头等,还可以是其中的两种或多种的结合。我国大学内部治理结构和近年来兴起的营利性大学及创业型大学是这种模式的典型代表。

新中国成立以后,我国大学在高度集中的计划经济体制下形成了与政府机关同构的事业单位制度,大学内部的组织结构几乎等同于政府部门,以便于接受政府指令。我国大学内部领导体制虽然经历了校长负责制、党的一元化领导、党委领导下的校长负责制等多种形式,但是党委书记和校长都由政府负责任命,校内教职工在学校最高领导人的任免上往往只有部分建议权。由于处在这样一种外部制度环境中,大学内部治理的权力表现出中心化的特点,大学内部组织机构的负责人由学校党委负责任免,基层院系的进人权、教师职称评聘权、专业设置权、自主理财权等都牢牢地掌握在校级领导或者职能部门手中。学校层面控制了大学内部绝大部分的权力,基层学术组织成为一个单纯的执行机构,没有实质性的决策管理权。虽然20世纪90年代以来,越来越多的大学开始设置学院,部分大学也尝试下放部分管理权和自主理财权,但是总的来看,改革成效并不明显,校级层面仍然掌握着大学内部绝大多数的治理权力。

这种治理模式也可以称为"经营型治理模式",二战以后开始兴起的营利性大学和创业型大学的内部治理结构可以归入这种校级集权模式中来。譬如,斯坦福大学作为一所美国私立大学,传承的是董事会治理模式,同时保留了院系自治、学术自治等大学治理传统。二战以后,斯坦福大学为解决财政危机并提升学校声誉,审时度势,积极加入到争取联邦政府研究资金的行动之中,但是此举遭到了来自大学院长、教授们的强烈抵制。在这种形势下,斯坦福大学管理者不断强化大学管理层领导,并打破院系自治传统,将斯坦福大学管理层所形成的重视大学、政府、产业(企业)三者关系的新型治理理念制度化。被伯顿·R. 克拉克称赞为创业型大学典范的英国沃里克大学成立于1965年,在其发展过程中,沃里克大学借鉴美国大学治理经验,改变了英国大学院系学术权力过于强大的传统,通过强化大学校长权力,积极争取大量外部资金支持,大力引进富有竞争力的研究人员,增加多个跨学科研究中心,使得沃里克大学的学术研究质量超过了伯明翰大学等许多老牌大学。[①] 这些创业型大学内部治理结构变

---

① 刘永芳,龚放.打造"学科尖塔":创业型大学治理模式的创新及其启示[J].中国高教研究,2014(10):34.

革的主要特点包括:大学内部行政权力得到扩大和提升,大学校长被赋予了新的战略权力,处于大学权力的中心位置。大学内部的预算系统成为最根本的价值系统,公司的"影子"在大学内部若隐若现。① 著名学者伯顿·R.克拉克提出,创业型大学的转型需要五个要素:一个强有力的驾驭核心,一个拓宽的发展外围,一个多元化的资助基地,一个激活的学术心脏地带,一个一体化的创业文化。② 其中,第一点是就大学内部治理结构而言的。虽然对于不同的创业型大学而言,其内部治理结构有差异,但都有将权力向校级层面集中的趋势。

由以上分析我们不难看出,校级集权模式的治理结构实际上是一种高度内聚的等级制结构,便于决策的统一性和连贯性,效率较高,多由行政权力或政党权力进行主导,有利于大学组织在短期内得到迅速发展并应对复杂环境。

(二) 基层分权模式

所谓基层分权模式的治理结构,又可以称为联合结构或者学院制。这种模式的治理结构是指从大学内部治理的权力分配关系来看,大学的治理权力主要集中在基层,基层学术组织掌握着大学的绝大部分治理权力,是学校治理活动的中心。在这种治理结构中,除了极个别情况外,决策权力主要集中于学术人员手中。这种治理结构模式在欧洲大陆传统大学和英国牛津、剑桥两所大学中表现得尤为明显。

由于欧洲大学具有学者治校的传统,基层学术组织在大学内部治理中具有很大的权力,大学内部的治理权力主要集中在学科、讲座层面,呈现出典型的"底部沉重"特征。大学层面的权力比较薄弱,完全没有董事会的控制,或者只有极其微弱的董事会的控制。③ 譬如,在意大利大学中,作为基层学术组织的讲座教授掌握着绝对的权力。大学的学部由讲座教授选出学部主任(preside),学部主任也没有独立的行政权力,大学的校长从讲座教授中选举产生。总之,大学的最高权力掌握在基层的教授手里,中央当局也只能对几百个学部和数千个

---

① 熊庆年,代林利.大学治理结构的历史演进与文化变异[J].高教探索,2006(1):43.
② [美]伯顿·克拉克.建立创业型大学:组织上转型的途径[M].王承绪,译.北京:人民教育出版社,2003:4.
③ [加]约翰·范德格拉夫,等.学术权力:七国高等教育管理体制比较[M].2版.王承绪,等译.杭州:浙江教育出版社,2001:200-201.

讲座与研究室采取"巴尔干化"分而治之的政策。① 不但意大利大学如此,就连在教育行政体制上实行中央集权体制的典型代表法国大学也呈现出权力在基层的特点。在近千年的岁月里,以巴黎大学为代表的法国大学内部治理结构变革"始终坚持治理重心下移和保证高级学术人员的治理地位"的价值取向。② 虽然近年来,欧洲大陆在校级层面的治理权力也得到了加强,但是基层学术组织仍然占据着相对多的治理权力。

英国大学根据其创建时期的不同,其内部治理结构呈现出多种样态,其中牛津和剑桥两所大学的内部治理结构体现了典型的基层分权模式。牛津和剑桥大学各个学院之间非常松散、独立,许多学院都有自己的领导机构、章程和独立的治理结构,而大学则是由学院、系等基层组织所组成的松散结构。大学评议会和教职员大会是大学的最高权力机构,大学校长是"首席学术和行政官员",但也只是荣誉职务,并无多少实权。牛津、剑桥大学内部的治理权力由高级学术人员掌握,治理机构中没有外部权威代表。长期任教于英国剑桥大学国王学院的艾伦·麦克法兰曾经这样描述剑桥大学的内部治理结构——"唱主角的玩家其实是在剑桥的最基层,那就是具有高度的独立性和主观能动性的广大学术人员。任何改革非取得他们的赞同不可。尽管近年来情况在急速变化,但是剑桥的权力体系基本上还是一种倒金字塔结构。"③由此不难看出,牛津和剑桥大学的内部治理结构体现了典型的基层分权特征。

(三) 平权模式

所谓的平权结构模式是指大学内部的校级层面和基层组织都享有一定的治理权力,权力分配基本均衡。根据治理内容的不同,大学内部各个治理机构彼此分开、互相独立、各司其职,在此基础上进行博弈与合作。当然,绝对的平权是没有的,依据权力分配的不同,可以再细分为"偏向校级集权的平权模式"和"偏向基层分权的平权模式"两个亚型。前者以美国大学为代表,后者则以日本大学为代表。

---

① [加]约翰·范德格拉夫,等.学术权力:七国高等教育管理体制比较[M].2版.王承绪,等译.杭州:浙江教育出版社,2001:40-44.
② 周继良.法国大学内部治理结构:历史嬗变与价值追求——基于中世纪至2013年的分析[J].教育研究,2015(3):147.
③ [美]艾伦·麦克法兰.启蒙之所 智识之源:一位剑桥教授看剑桥[M].管可秾,译.北京:商务印书馆,2011:84-86.

第二章　大学内部治理结构论

美国大学的内部治理结构是由以董事会为首的决策体系、以校长为首的行政管理体系和以教授会或评议会为主的学术管理体系构成的,各有分工。具体表现在吸收院外人士作为董事,负责总政策、掌握最后权力;大学校长由董事会负责遴选产生,是大学的首席执行官,负责管理大学行政事务;大学内部的学院或者系则保留了人事和课程等方面的决策权力。① 在美国早期的大学中,教师无缘参加大学内部的治理决策,但是经过教师的不断争取,外行董事会逐步将大学内部的部分学术权力归还给教师,并逐步形成了多权力中心的内部治理结构,"美国大学的控制结构是一种社团联盟,按官僚体系指挥,由院外人士监督"②。譬如,美国大学教授协会(AAUP)曾于1971年就美国大学教授参与大学内部决策的情况做过一个调查,发现教授参与决策的程度和决策内容存在很大的差异。在584所被调查大学中,教授参与课程决策和教员管理决策的比例最高,分别占84.08%和74.25%;教授控制教员任命、职务提升和终身教职(APT)决策与个人绩效评估决策的比例居中,占40.28%;而教授参与学校财务决策的比例最低,仅为15.03%(其中参与长期预算决策的比例仅为7.02%)。③ 由此可见,与欧洲国家的大学相比,美国大学中教授的权力相对较小,而董事会和校长的权力比较大,呈现出一种"偏向校级集权的平权模式"的内部治理结构。

明治维新以后,近代日本大学制度的设立与发展受到了德国大学的影响,其内部治理结构也与传统德国大学非常相似。二战以后,日本大学在美国的主导下进行了一系列的改革,但是其内部治理结构的变化却并不是很大。在传统的日本大学(特别是国立大学)中,讲座是日本大学中的基本教育与研究单位,若干讲座组成学科,若干学科构成学部,学部是若干学科的联合体。学部是一个自主的、独立的教育和行政单位。评议会是大学内部的最高权力机构,教授会是学部重大事项的决定机构,校长和学部长往往都是根据评议会和教授会的决议和意图去行使职权,从一定意义上可以认为日本大学自治的实质是"学部自治"。④ 1998年开始的"国立大学法人化"改革以后,日本大学内部的治理结

---

①② [加]约翰·范德格拉夫,等.学术权力:七国高等教育管理体制比较[M].2版.王承绪,等译.杭州:浙江教育出版社,2001:118.
③ 张维迎.大学的逻辑[M].3版.北京:北京大学出版社,2012:38.
④ 胡建华.战后日本大学史[M].南京:南京大学出版社,2001:123.

构发生了很大的变化,校级层面的权力得到了加强。但总的来看,日本大学的内部治理结构仍然是一种学术主导模式,呈现出"偏向基层分权的平权模式"特征。

三、基于治理方式维度的划分

大学是一种理念组织,同时也是一种制度样式,每一种大学理念都对应着一种或多种大学制度样式。因此,大学内部治理目标的达成,不但要有好的大学内部治理理念,更需要有有效的治理方式。大学内部治理结构是由一个个治理主体构成的,他们之间的联结手段就是治理方式。大学内部的治理方式既有与其他组织治理相同的方式,也有其特殊性。有学者认为,大学内部治理方法主要有技术主义方法、多元主义方法和价值协商方法三种。[①] 因此,依据大学内部治理结构所采用的方式的差异,可以将大学内部治理结构分为科层制模式、文化模式和协商治理模式三种类型。

(一) 科层制模式

所谓大学内部治理结构的科层制模式是指在大学内部治理中主要采用科层制组织的方式进行治理,其治理手段主要是成文制度,强调法律——理性权威和正式的科层管理。[②] "科层制"是一种源远流长、被世界各国普遍采用的组织模式。20 世纪初,德国社会学家马克斯·韦伯首先在其名作《经济与社会》中正式提出了"科层制"的概念,但是并未对其做严密的定义,只是预言"科层制"将会是人类步入现代社会后所有组织的一种"理想类型"。事实发展也证实了韦伯的预言,进入现代社会以来,科层制成为现代社会组织最常采用的一种样式。大学诞生之初,由于规模较小,并不是一种科层制组织。但二战以后,伴随着高等教育大众化的浪潮,大学规模日益扩大,大学组织与其他组织在理念、制度和文化上日益趋同,在大学内部治理中采用科层制的模式也就顺理成章了。20 世纪 60 年代中期,多名美国学者提出科层制模式是大学组织管理与运行的重要模型之一,提出大学组织是一个科层系统,强调在大学内部治理中通过管

[①] 胡仁东. 人·关系·方法:大学组织内部治理的三个维度[J]. 大学教育科学,2015(3):28-29.
[②] [德]乌尔里希·泰希勒. 迈向教育高度发达的社会:国际比较视野下的高等教育体系[M]. 肖念,王淀蕊,主译. 北京:科学出版社,2014:16.

理者的理性协调,实现有序、高效的管理,从而最大可能地实现大学的组织目标。① 对于大学内部治理而言,采用科层制组织的方式进行治理,可以称之为大学内部治理结构的科层制模式。

大学内部治理的科层制模式的典型特征包括:① 大学依据国家法律运行;② 大学内部有一个正式的等级体制,譬如不同级别的行政人员、不同职衔的教师等;③ 大学有正式的沟通渠道;④ 大学内部的行政人员对其他人员执行官僚权威关系;⑤ 大学内部有正式的政策和规定来规范制度的工作;⑥ 大学有整套的制度运作标准和流程;⑦ 行政人员通过正式的行政结构和固定的程序来进行决策。在科层制模式的治理结构中,主导性的权力是行政权力,治理过程一般按照理性的、层级化的(hierarchical)、程式化的(programmed)和例行化的标准来执行。在这种治理结构中,秩序和效率是首要考虑的目标,大学的组织目标可以用明确的、可测量的方式予以规定,特别注重数量方面的指标,而很少考虑到质的方面因素。② 总的来看,大学内部治理的科层制模式强调治理过程的可预知性,要求大学内部制定完备的规章制度,校内的教职员工按照成文制度和规则完成工作。大学内部治理的科层制模式的优点在于它有正式的结构与权威、分工明确、有标准化的治理程序,是一种效率较高的治理结构;其缺点是相对忽视了大学内部非正式权力的影响力,过于强调组织的正式结构,对大学内外各种利益群体间的权力管理与协调不够重视。在科层制治理结构中,制度是一种有效的治理手段,"现代制度的主要作用就是以规则约束下的行为替代个人自发的行为。有了惯例,才会使得许多同时发生的行为彼此协调一致"③。对于大学而言,其内部运行和治理主要通过各种制度进行连接。目前,这种治理结构模式已经成为大学内部主要的治理模式。

(二) 文化模式

所谓大学内部治理结构的文化模式是指在大学内部治理过程中注意把握大学的组织文化,通过大学的组织文化、大学传统、大学理念等方式进行治理。文化模式关注文化在大学治理和管理中的作用与功能,强调组织成员共享的价

---

① 林杰. 美国院校组织理论中的科层制模型:以斯特鲁普的理论为原型[J]. 北京大学教育评论,2009(2):143-144.
② 朴雪涛. 现代性与大学:社会转型期中国大学制度的变迁[M]. 北京:人民出版社,2012:155.
③ [美]詹姆斯·G. 马奇,[挪]约翰·P. 奥尔森. 重新发现制度:政治的组织基础[M]. 张伟,译. 北京:生活·读书·新知三联书店,2011:23.

值、信仰、规范等文化符号的重要影响,关注隐形的价值、信仰和规范,强调通过文化的途径来整合力量,推动集体行动。① 在大学内部治理结构的文化模式中,学术权力占据主导地位,治理过程根据分享的、参与的、共同规则的、团体意见一致的原则和标准进行。大学内部治理中若采用文化模式,则效率并不是首要的考虑目标,质性的指标更能得到关注。② 总的来看,文化模式更能够体现大学组织的独特风格。

大学是一个教育与学术组织,更是一个文化社群。大学绝非一个简单的组织或者制度体系,而是"一个知识共同体,一个由有血有肉、有学问有精神的人物组成的知识共同体"③。从深层的意义上来看,大学治理其实就是一种文化治理,真正有效的大学内部治理结构必须有大学文化和大学理念作为支撑。大学理念仍然存在于每个大学人的身上,大学人是靠着共同的文化联结在一起的,因为"文化是一种理念,是一种信仰,也是一种行为规则。文化就是没有写在纸上,但是我们都知道应该怎么办,它是一种普遍认可的行为方式"④。只有充分利用大学组织文化作为治理手段,才能真正达到治理的目标。

在大学史上,最能显示大学内部治理结构文化特征的要算 19 世纪初期的柏林大学。以今天的眼光来看,19 世纪初期柏林大学的内部治理结构并不完善,但是,柏林大学却影响了德国的其他大学,并逐步成为 19 世纪世界大学的典范,执世界大学之牛耳达百年之久。有学者经过研究后发现,柏林大学的活力和强大的示范力主要来自大学教师乃至学生们所接受和信奉的大学理想。正是德国古典大学观通过影响大学教授的观念,进而影响到制度,最终影响到德国大学整个的成就。⑤ 当然,在现代大学中,理念必须转化为一定的制度才能真正发挥作用,大学内部的治理结构也需要显性的制度进行联结。但是同时,我们也应该看到,大学文化是大学成为一个"学术共同体"和"想象共同体"的"隐形之线",大学成员对于大学理念的承认、对于学术文化的守护、对于大学使命的坚守等是大学内部治理结构能否发挥成效的根本所在。

---

① 林杰.美国院校组织理论中的文化模型[J].清华大学教育研究,2008(2):20-29.
② 朴雪涛.现代性与大学:社会转型期中国大学制度的变迁[M].北京:人民出版社,2012:156.
③ 陈平原.大学何为[M].北京:北京大学出版社,2006:143.
④ 张维迎.大学的逻辑[M].3 版.北京:北京大学出版社,2012:179.
⑤ 陈洪捷.德国古典大学观及其对中国的影响[M].修订版.北京:北京大学出版社,2006:95.

(三) 协商治理模式

所谓大学内部治理结构的协商治理模式是指在大学内部治理过程中强调通过各个利益群体之间的协商对话的方式达到治理目标。这种模式事实上也类似于有学者所提出的大学内部治理中的政治模式,政治模式论者往往将治理理解为"持不同观点或价值观的利益集团之间的政治冲突"[①]。持该理论的学者认为,大学实际上处于一种"有组织的无政府状态"(organized anarchy),因此大学内部决策与治理乃是一个由不同利益相关者相互博弈的结果。这种模式将大学内部治理看成是一种政治体系,若政治模式主导大学内部治理,那么大学内部事务的决策和执行过程将以谈判的、讨价还价的、彼此妥协的方式进行。政治模式的优点是为解决大学组织权力冲突提供了一个可操作性的结构模式,但其缺点是过分强调妥协的价值理念,也在一定程度上削弱了大学作为知识组织的特殊属性。[②] 而20世纪80年代以来,西方学术界提出的协商民主理论和协商治理范式已经广泛应用到公共治理和大学治理领域,其"协商"包含了"协作的态度"和"进行商议"两个要素。协商治理模式可以在治理理念、治理主体、治理目标、治理模式和治理手段上为大学内部治理增添新的内涵。[③]

大学内部治理中协商治理模式的兴起与现代大学规模的扩大密切相关。在现代大学中,存在着众多的利益群体,包括董事会、校长、教授、学生、非学术性职员、校友、基金会、政府部门等,这些利益群体都希望在大学内部治理中占有一席之地、发出自己的"声音",这就需要开展协商治理。所谓协商治理,是指"在公共事务的管理中,公民经特定的协商程序,通过自由平等的对话、讨论、辩论以及听取相关的背景知识等话语交往方式进行更具理性的公民参与进而在公共决策中发挥重要作用的治理方式"[④]。20世纪70年代以后,民主化浪潮席卷大学,在经过学生运动洗礼的欧洲大学中,要求大学所有人员都参与大学事务的理念得到确认,协商治理受到重视也就不足为奇了。

大学内部实施协商治理的最重要载体就是成立各种委员会。委员会之所

[①] [德]乌尔里希·泰希勒. 迈向教育高度发达的社会:国际比较视野下的高等教育体系[M]. 肖念,王淀蕊,主译. 北京:科学出版社,2014:16.

[②] 朴雪涛. 现代性与大学:社会转型期中国大学制度的变迁[M]. 北京:人民出版社,2012:156-157.

[③] 何淑通. 论大学内部协商治理[J]. 当代教育科学,2015(21):6.

[④] 张敏. 协商治理及其当前实践:内容、形式与未来展望[J]. 南京社会科学,2012(12):73.

以成为大学内部协商治理的重要方式手段,主要有两个原因:一是因为大学本身利益主体和权力主体的多元性,其治理离不开协商。而大学内部各个不同的利益群体组成委员会,在委员会中充分展开博弈和协商就成为各个利益主体参与大学内部治理的重要方式。二是在现代大学中,也只有通过集体做出决议的方式方才具有合法性和权威性。因此,在大学内部治理过程中,通过设立委员会,以辩论协商等方式做出决议成为一种重要的方式手段。值得注意的是,大学内部的委员会很少采用直接民主和全员参与的方式,而往往会采取"代议制"的方式,尤其是在学术治理的过程中基本都不会采用直接民主的方式,因为"学术界不是人人平等的民主政体,而是受过训练的有才智的人的一统天下"[①]。尤其是在教授委员会、学术委员会中,其治理主体往往都是知名教授。

在以上的研究中,我们贯彻了社会学大师马克斯·韦伯所倡导的"理想类型"(ideal types)方式论。所谓"理想类型",实际上是一种"纯粹类型",就是从一定的角度出发,对现实中存在的事物的某类或者某一方面的成分进行抽象化、典型化后得出的"概念上的纯净体"。在韦伯看来,理想类型具有相对性和暂时性的特点,它仅仅概括了经验现象共同点,在本质上仅仅是有关联系的抽象概念。它建立在经验的基础上,又高于经验。[②] 以上我们从治理主体、治理内容和治理方式三个维度对大学内部治理结构所进行的"类型"分析多有重合之处。无论是在历史上,还是在现实中,恐怕都不存在这些"纯粹类型",而往往是混合体。对大学内部治理结构进行类型分析是为了把握大学内部治理结构的核心精髓,从而为大学内部治理结构改革提供借鉴。

首先,大学内部治理结构由大学内部治理主体的力量对比所决定,并逐渐走向多主体共治。结构是由要素构成的,要素的变化往往会引起结构的变化。这个规律对于大学内部治理结构而言同样适用。在不同历史时期的不同大学中,由于大学利益相关者彼此力量之间的变化,往往会引起大学内部治理结构发生相应的变迁。但总的来看,大学内部治理结构中吸收多主体参与,大学内部治理走向多主体共治是一个发展趋势。因为大学内部治理的多元主体实际上代表着不同的价值取向,大学内部治理结构就是为了将大学内部各个利益主

---

① [美]约翰·S.布鲁贝克.高等教育哲学[M].王承绪,等译.杭州:浙江教育出版社,2001:46.
② [德]马克斯·韦伯.社会科学方法论[M].韩水法,莫茜,译.北京:中央编译出版社,2008:46-51.

体的利益和理想整合起来而存在的。

其次,处理纵横权力关系是大学内部治理结构的主要内容。大学内部治理结构虽然多种多样,但是也有共性,那就是处理大学内部各种利益关系。而在这些关系中,大学和基层之间的集权和分权、学术权力和行政权力的孰轻孰重是所有治理结构都需要重点处理好的关系。一般而言,原生性大学强调学院自治和学术自由,而后发现代性国家的大学则强调大学集权和行政效率,最终的发展趋势则是走向权力的均衡与合作。

最后,采用多元治理方式是形成一个好的大学内部治理结构的必要条件。现代大学的复杂性要求大学必须运用多种方式开展治理活动,这需要大学在内部治理活动中,既要采用其他组织的治理方式,也要结合自身的特点。总之,成文制度(其典型代表是大学章程及各种管理制度)、大学文化和协商治理(其主要载体是各种正式与非正式委员会)是三种最主要的治理方式。因此,以大学内部治理中更重视哪种方式为依据,可以将大学内部治理结构分为科层制模式、文化模式和协商治理模式。这三种治理模式在实践中的交替采用,既是大学内部治理结构具有弹性和开放性的重要保证,也是保证大学内部治理目标有效性的重要一环。

第三节 大学内部治理结构的功能

在大学治理中,"同构异功"和"异构同功"的现象大量存在。譬如,德国大学的"讲座制"和美国大学的"法人—董事会制"都很好地实现了大学自治的功能,而其结构则完全不同。[1] 在不同国家不同类型大学中所具有的教授委员会、学术委员会等治理主体,表面结构上看来并无两样,但在实际中发挥的功能却大相径庭。这些现象启示我们,对于大学内部治理结构的考察,不能光就结构而论结构,还应该从功能的视角来看结构。而在有关结构和功能关系的研究中,结构功能主义无疑具有很强的解释力。因此,本节借鉴结构功能主义的理论,分析大学内部治理结构所具有的基本功能,并从功能的视角出发来追问一个"好"的大学内部治理结构应该具有的特征。

---

[1] 胡建华.两种大学自治模式的若干比较[J].全球教育展望,2002(12):21-23.

一、大学内部治理结构的功能:概念、内涵与研究方法

作为一个延续了近千年的组织,大学的组织样态已经在历史的长河中发生了沧海桑田般的变化。虽然治理的理念近年来才在大学中兴起,但是大学内部的治理行为却由来已久,在大学发展的历史上,从来"没有任何一个人,或一群人,曾经左右过大学理念的命运。这一切所产生的,虽然有其缺陷,却是这个世界所曾见过的最伟大的知识生产和高等教育体系"。[①] 毋庸置疑,大学功能的发挥有赖于大学内部逐渐形成的内部治理系统。从最初的学者行会演变成为今日的"巨型大学",大学内部结构越来越复杂,利益相关者越来越多,承担的功能也越来越多样。尤其是近代以来,一方面,大学从国际性的普适性组织演变为民族性的国家组织,大学发展不可避免地受到了所在国家环境的影响,其结构和功能也呈现出越来越多的"多样性";另一方面,随着大学与其他组织之间的联系越来越紧密,其发展越来越和其他组织耦合在一起,其结构和功能也呈现出越来越多的"趋同性"。因此,分析大学内部治理结构的功能,可以使我们更好地认识大学内部治理结构的特征。

那么,何谓大学内部治理结构的功能呢?有学者认为,大学内部治理结构的功能可以从两个层面加以理解:从广义的层面来看,凡是大学内部治理结构所引起的大学内部要素的各种变化、大学内部治理结构活动所带来的各种结果和影响都可以称为大学内部治理结构的功能;从狭义的层面来看,只有大学内部治理结构活动已经产生或者将会产生的结果才可以称为大学内部治理结构的功能,主要包括大学内部利益相关者决策权的行使和利益的配置,在大学内部治理过程中协调相互关系时所发挥的作用等。[②] 由此可见,大学内部治理结构具有多方面的功能:既有直接的功能,也有间接的功能;既有显性的功能,也有隐性的功能;既有治理结构作为整体所发挥的功能,也有作为结构内部某一个或几个构成要素所构成的功能;既有作为整体意义上大学内部治理结构的共性功能,也有某一所大学内部治理结果的特殊功能等。但是,由于现代大学组织结构的极端复杂性且大学内部构成要素具有多样性,我们对于大学内部治理结构的研究必须借助于一定的理论工具。

---

① [美]乔纳森·R. 科尔. 大学之道[M]. 冯国平,郝文磊,译. 北京:人民文学出版社,2014:11.
② 郭平,黄正夫. 大学内部治理结构的功能及其实现路径[J]. 教育研究,2013(7):68.

虽然古往今来的大学功能已经发生了很大的变化，其内部治理结构也呈现出多种类型，但我们研究大学内部治理结构的普遍功能仍然是可行的。大学内部治理结构千差万别，但其功能却有迹可循。譬如，有学者就提出，大学内部治理结构具有利益的协调功能、绩效的提升功能、教师的激励功能、学术的保障功能和资源的优化功能等五个功能。[①] 虽然大学内部治理结构千差万别，但仍然可以看作是一个系统，从系统的角度出发有利于我们认识大学内部治理结构的功能。而近代以来，为了研究复杂的社会系统，不同的学科和理论流派提出了各种理论分析框架，其中影响最大的就是结构功能主义。因此，采用结构功能主义的分析方法来研究大学内部治理结构的功能当是一个可资选择的路径。

功能论或称结构功能论（Structure-functionalism）是社会科学研究的重要理论流派，该理论流派信奉这样一种信条：社会制度和社会惯例都可以从它们在维持更大的社会体系中发挥功能的角度进行解释。它把社会看成是由各个部分组成的整体，每个子系统都对整体的存续发挥着应有的作用，以其特有的功能保障社会的良性运转。美国著名社会学家塔尔科特·帕森斯建构起了一整套以结构功能分析为特征的系统性理论（简称"AGIL"理论模型），他指出社会系统以一个整体、均衡、自我调适的样态维持着社会运转的自然秩序。而稍后的罗伯特·K.默顿则对社会系统的功能需求进行了拓展，引入了"显功能""潜功能"与"正功能""负功能"等概念，提出并非所有系统的组成部分都以正功能的姿态得以呈现，也有负功能的呈现。而且，默顿面对帕森斯的整体功能观，倡导"中层理论"。就本书而言，我们将首先采用帕森斯的"AGIL"理论模型来研究大学内部治理结构所具有的基本功能（普遍功能）和正向功能，然后在此基础上分析一个"好"的大学内部治理结构具有哪些特征。

二、大学内部治理结构具有的基本功能：基于"AGIL"理论的分析

"AGIL"理论模型由美国社会学大师帕森斯于1953年提出，主要用于分析社会系统的结构与功能。帕森斯认为，任何生命系统（包括社会系统）如果要生存和发展下去，就必须具有某些基本功能并且满足某些必要条件。他指出，这些基本功能包括两个方面：一是处理系统内部状态和应对系统外部环境；二是追求目标（利用资源来行使内外部系统功能）和选择手段（根据系统未来需求获

[①] 郭平，黄正夫.大学内部治理结构的功能及其实现路径[J].教育研究，2013(7)：69-71.

取和开发资源)。由此,帕森斯提出行动系统满足这两方面的四个基本必要功能,即适应功能(adaption)、达鹄功能(goal attainment)、整合功能(integration)和维模功能(latency pattern maintenance),并由行动系统中四个子系统(行为有机体、人格系统、社会系统以及文化系统)分别执行。帕森斯认为,一个功能整体只有满足了四个子功能的需求,才能发挥其功能,维持整体的协调与稳定,同时这四个子功能又对应着四个社会的结构范畴:角色、集体、规范、价值观。这四种基本功能不是孤立存在的,而是彼此紧密联系在一起的,当系统履行这四个子功能时,社会系统就可以良性运行。帕森斯还认为,社会的各个子系统及子系统的子系统等也可以看成是一个独立的系统,同样也需要满足这四项基本的功能。[①] 帕森斯的学生以这四种功能的首字母组成的缩写命名该模型,即"AGIL"理论模型。"AGIL"理论模型的优点在于能够通过四种功能深入分析子系统与社会系统之间存在的不平衡状态,找出问题的原因,使之重新达到社会系统的平衡与和谐。毋庸讳言,大学内部治理结构是一个系统,我们可以借鉴帕森斯的"AGIL"理论模型的分析框架,对大学内部治理结构的四个基本功能做出分析。

(一) 适应功能:为大学的生存和发展获取资源

大学内部治理结构的适应功能主要体现在为大学的生存和发展获取资源上。资源依赖理论认为,任何组织都是一个开放的系统,没有任何组织能够强大到自给自足。大学组织是一个典型的"资源依赖型"组织,资源是大学赖以生存的根本,大学必须依靠获取和利用内部与外部的资源才可以保证其自身的生存和发展。因此,大学需要整合内外部能够为大学发展带来资源的人,而治理结构不失为一种可资考虑的选择。

中世纪大学发展所需要的资源主要依赖于教会,它们曾被赠予土地、农田租金等财产,其目的就是保证将来可以尽可能地享有物质上的独立性。在中世纪,大学与罗马教会、帝国王权并称基督教世界统治的三大支柱,"正是这三者丝丝入扣的通力协作,才保障了基督教世界长久安定的生活空间"[②]。而当时大学教师的"僧侣"身份和自身所拥有的知识,使得大学可以轻松地获取生存和发

[①] 贾春增.外国社会学史[M].3版.北京:中国人民大学出版社,2008:192-195.

[②] [英]海斯汀·拉斯达尔.中世纪的欧洲大学——大学的起源:第一卷[M].崔延强,邓磊,译.重庆:重庆大学出版社,2011:1.

展所需要的资源。在当时的大学内部治理结构中,能够为大学发展带来资源的人也占据着治理主体的位置。譬如,博洛尼亚大学之所以采用学生大学的治理结构,与当时学生群体年龄大、有经济基础、地位独立等因素密切相关,学生是大学生存和发展的重要因素。[①] 近代民族国家兴起以后,随着大学规模的扩大和国家对于大学需求的增加,几乎所有的大学机构都或早或晚、或快或慢地丧失了它们的经济独立性,大学必须在财政上依赖政府才能够生存。尤其是现代研究型大学,离开国家政策和资金的支持,完全依靠自己是难以运行的。[②] 因此,现代大学中的每一种利益相关者都愿意将自己所拥有的独特资源贡献给大学,使得大学可以获取资源,从而适应环境,但是他们也需要在大学内部治理结构中占据一定的位置。而对于大学而言,简单地排斥任何一个利益相关者所能够提供的资源都不利于自身的发展。但是,这些资源之间并不是可以直接相容的,有的时候还会有冲突,因此需要各个治理主体经过理性沟通才能形成合力,而大学内部治理结构则是使大学内外各个主体能够实施对话和开展协商的平台。

(二) 达鹄功能:提升大学内部治理能力

大学内部治理结构是为实现大学内部治理目标而设立的,大学内部治理目标的最主要体现就是大学内部治理能力的提升。"治理能力"的英文表达是governability,其含义与"可治理性"相同。而在我国,"治理能力"的说法最早出现在党的十八届三中全会决议公报中,同时出现的还有"治理体系"的说法。在我国学者俞可平看来,我国所提的治理体系和治理能力,"其实指的是一个国家的制度体系和制度执行能力。国家治理体系和治理能力是一个有机整体,推进国家治理体系的现代化与增强国家的治理能力,是同一政治过程中相辅相成的两个方面"[③]。对于大学内部治理而言,治理结构与治理能力是紧密相连的,治理能力的发挥必须以良好的治理结构作为基础,而治理结构的各个构成要素的综合能力实际上就构成了治理能力。只有当大学内部治理结构的设计、运行机制能够彼此适应、发挥合力时,治理活动才会产生综合向心力。

---

① [英]海斯汀·拉斯达尔.中世纪的欧洲大学——大学的起源:第一卷[M].崔延强,邓磊,译.重庆:重庆大学出版社,2011:90.

② [瑞士]瓦尔特·吕埃格.欧洲大学史:第三卷[M].张斌贤,杨克瑞,译.保定:河北大学出版社,2014:88-91.

③ 俞可平.推进国家治理体系和治理能力现代化[J].理论参考,2014(2):6.

对于大学而言,其内部治理能力的强弱是与大学的组织目标紧密关联的。在大学近千年的发展历程中,其形态和功能虽然都发生了沧海桑田般的变迁,但大学的核心功能都是围绕着教育与学术而展开的。"大学之所以是大学,就是基于学术,从而也就是基于创造新知识和新思想这个根本的宗旨。由于大学这个目的,它必然会产生出相应的社会效用。……我们可以将学术称为大学的核心价值,由此而产生出来的其他效用称为大学的外围价值。"[1]当今世界,大学的影响已经远远超出了自身的范围,使其成为社会的"轴心机构",而随着知识社会的来临,大学在社会发展稳定中的作用将越来越大。因此,大学内部治理结构的功能就是"要建立起一种以学术权力为基础、以实现公共利益为目标、能够有效回应'冲突和多元利益'要求的内部决策权结构,避免决策权处于高度集中与过度紧张的状态,使大学不仅能够在'冲突和多元利益'状况下管理好自身的一般事务。更重要的是,最大限度地释放大学的教育生产力、学术创造力与思想磁场力"[2]。这些道理无不说明保障学术的发展是大学的核心目标。要保障大学发展的核心目标不动摇,无疑需要有完善的内部治理结构。因此,从这个意义上来看,大学内部治理能力其实就是大学的机构自治和学术自治能力,即大学处理自己内部事务和发展学术的能力。当然,大学自治和学术自由的实现需要大学的外部治理,但更需要大学的内部治理,而大学内部治理结构是实现大学自治和学术自由的重要保障。

纵观大学史上一些大学内部治理结构的变革,无不是为了最大限度地保障大学自治和学术的发展。譬如,美国大学内部以大学法人—董事会—教授评议会为主导的治理结构形成了一种特殊的保护性制度,有效地提升了大学内部治理能力。尽管从法理上来看,美国大学的治理权最终归属于由校外人士主导的董事会,但作为以高深知识为核心的学术机构,在欧洲大学传统的影响下,从共同治理理念出发,通过大学董事会的明确授权或默许,大学教授逐渐在大学的各个层面、通过各种形式尤其是学术评议会这一规范性组织取得学术事务广泛的立法权,并对其他非学术事务施加重要影响。[3] 从美国大学内部治理结构的

---

[1] 韩水法.大学与学术[M].北京:北京大学出版社,2008:37.
[2] 龚怡祖.大学治理结构:建立大学变化中的力量平衡——从理论思考到政策行动[J].高等教育研究,2010(12):52.
[3] 欧阳光华.董事、校长与教授:美国大学治理结构研究[M].北京:高等教育出版社,2011:162.

事例中,我们不难看出,大学内部治理结构要以学术事务作为轴心,以距离轴心远近的利益主体来确定权力和责任分配,并影响外界。有学者认为,"责任—专业"是共同治理的基础,信任是共同治理的前提,共享权力是共同治理的核心。[①] 对于现代大学而言,只有建立在分工基础上的协商才是最有效的,也才能有效地提升大学的治理能力。

总之,评价大学内部治理能力的标准来自于大学能为社会提供多少高质量的知识和教育产品,来自于外界是否允许大学保持学术自由和大学自治。而大学内部治理结构就是立足于大学作为一个知识机构的本质特征和传统,通过一定治理方式实现大学的发展目标,提升大学的内部治理能力。

(三) 整合功能:协调大学内部各类群体之间的利益

作为人类一种特殊的组织,大学的组织特点决定了大学内部长期存在着多个利益主体和权力主体,这些主体之间是"多元共生"的关系。同时,大学内部治理中弥散着冲突,冲突既来源于组织成员对稀缺资源的争夺,也来源于大学人的文化差异、大学与生俱来的组织特性和大学制度的不完美。大学内部治理中的冲突虽然也具有负向功能,但从大学演进的历史来看,其正向功能是主流,主要体现在大学内部治理中的冲突使大学组织保持活力,在稳定中不断创新。[②] 而要把这多个权力和利益主体整合起来,使冲突可以发挥正向功能,则需要有效的大学内部治理结构。

大学内部治理结构的整合功能在现代大学中越来越重要,这是因为现代大学的规模变得越来越大、内部结构变得越来越复杂、其与社会的联系也越来越密切,这导致大学内部越来越缺乏统一的共识,在这样的挑战下,大学内部治理越来越需要大学人在深入对话的基础上达成共识。当然,由于大学的组织特性和治理的特殊性,大学内部治理并不是寻求统一,而是强调有效参与。只有大学利益相关者进行深入对话和有效参与,为大学的发展方向贡献智慧,才能在治理活动中形成合力。诚如伯顿·R. 克拉克所说的那样,"人们通常认为协调就意味着统一,可是高等教育组织形式却需要多元化……高等教育系统协调者所面临的中心问题是如何确定不同院校和不同团体的不同作用,如何使它们发

[①] 甘永涛. 美国大学共同治理界说及制度演进[J]. 外国教育研究,2008(6):22.
[②] 何淑通. 大学内部治理中的冲突:根源、类型与功能[J]. 教育探索,2016(4):57-61.

挥最佳作用"①。因此,大学内部治理结构就是为了发挥大学内部各个群体之间的整合功能而存在的。

(四) 维模功能:传承大学理念

作为人类文明精华的体现,大学一直以公共性作为自己的价值追求,通过保持和践行自身的使命,从而更有效地为社会服务。在近千年的岁月里,大学经受了漫长的时间洗礼,逐渐成为社会的"轴心机构"。大学之所以能够存留至今,与其是一个理念组织是分不开的。正是因为有大学理念的存在,才使得人们从未停止对于理想大学的追求。但是,"大学在多大程度上将理念转变成了具体实在的制度,这决定了它的品性"②。而要将大学理念具体落实为实践,离不开有效的大学制度和内部治理。"一个好的大学治理结构应该保证大学始终不偏离我们的核心理念,不偏离我们的基本目标。"③各个时空的大学内部治理结构虽然多种多样,但都是为了实现一定的大学使命而设立的,大学内部治理结构在一定程度上承担了传承大学理念的功能。大学内部治理结构的模式维持功能还主要体现在通过帮助人们对于知识进行系统和渐增的研究以更好地理解世界运作的方式,从而践行大学的理念和使命。"大学教育更深层次的目标虽历经千年却从未改变,从未消失,因为它的意义至关重要。大学扩展并发掘了人类的潜力,使人类的智慧与文化代代相传,并创造出了影响未来的知识。"④大学内部治理结构也可以帮助大学保持与社会的联系,不断适应环境提出的要求。

大学内部治理结构之所以起着传承大学理念的功能,是与治理中的人密切相关的。大学理念存在于大学人的身上,"真正的教会永远是看不见的教会。真正的哈佛也是看不见的哈佛,她在她更富于真理追求的灵魂中,在她无数独立而又常常是非常孤独的儿女们身上"⑤。大学理念是大学人共同信奉的理想,

---

① [美]伯顿·R.克拉克.高等教育系统:学术组织的跨国研究[M].王承绪,等译.杭州:杭州大学出版社,1994:308.
② [德]卡尔·雅斯贝尔斯.大学之理念[M].邱立波,译.上海:上海人民出版社,2007:108.
③ 张维迎.大学的逻辑[M].3版.北京:北京大学出版社,2012:12.
④ [美]詹姆斯·杜德斯达.21世纪的大学[M].刘彤,屈书杰,刘向荣,译.北京:北京大学出版社,2005:9.
⑤ [美]威廉·詹姆斯.真正的哈佛[M]//哈佛燕京学社.人文学与大学理念.南京:江苏教育出版社,2007:22.

是人们之间的一种黏合剂。大学是一种"矩阵结构",其内部不但存在着法律赋予的权力,还存在着专业权力,它们的协调离不开权威的作用。用布鲁贝克的话来说,"权威同尊重差不多,赢得权威,也就是赢得了持不同意见者的忠诚,只能靠同他们进行充分的公开的辩论,并且,当所提出的变革的优点最终被认识到后尽快付诸实施,才能令人信服"[①]。也就是说,权威的获得往往是基于"以理服人"。而在辩论的过程中,大学理念更是一个被经常反复诉说的话题。所谓大学理念,就是"人们在对教育规律的认识的基础上所形成的关于大学的性质、职能、使命、目的、大学与社会的关系等一系列大学基本问题的理性认识"[②],主要回答"大学是什么""大学做什么"等基本问题。无论是作为经典大学理念的"大学自治""学术自由",还是洪堡提出的"教学与科研相统一",都是大学立身的根本。大学理念也与每所大学的发展息息相关,"与柏拉图为友,与亚里士多德为友,更要与真理为友"的校训激励着一代代哈佛人不断求取真知,"光明与真理"的校训使得耶鲁大学始终心怀宇宙;而每当人们念起蔡元培的"大学者,研究高深学问者也"时总是会想起大学的使命,每当引用梅贻琦说的"所谓大学者,非有大楼之谓也,有大师之谓也"时总会重新审视大学的根本……总之,诉说大学理念,就是为了"不忘初心,继续前行"。

综上所述,在"AGIL"理论看来,大学内部治理结构具有四项基本功能:为大学的生存和发展获取资源;提升大学内部治理能力;协调大学内部各个群体之间的利益;传承大学理念,从而保持大学的使命。这样的一种描述当然带有理想色彩,但是"AGIL"理论本身就是对社会系统一种应然功能的描述,也是对于大学内部治理结构普遍性功能的一种描述。

三、从功能看结构:"好"的大学内部治理结构具有哪些特征

以上我们运用"AGIL"理论分析了大学内部治理结构应该具有的基本功能。毋庸置疑,从功能的视角来看,如果实现了上文所列出的功能,应该就是一个"好"的大学内部治理结构。下面,我们将转换视角,从功能的角度出发来审视一个实现了上文所列四项基本功能的大学内部治理结构应该具有哪些特征。可以认为,这样的大学内部治理结构至少应该具有开放性、平衡性、多元性和文

---

① [美]约翰·S.布鲁贝克.高等教育哲学[M].王承绪,等译.杭州:浙江教育出版社,2001:45.
② 刘宝存.大学理念的传统与变革[M].北京:教育科学出版社,2004:15.

化性四个特征。

（一）开放性

从大学发展的历史来看,大学内部治理结构有多种样式,但无一不是适应环境后的产物,具有很强的开放性和弹性。每一种大学内部治理结构都是独特的,其形成和发挥作用的限度都与所在时空的历史文化传统、政治制度相适应。正如学者吉尔斯·菲利普所说的那样,"治理既是政治文化的产物,也是制度结构的结果"。因此,"好"的大学内部治理结构首先应该具有开放性,才能够适应环境的变化,"作为人类文明持续最久的机构之一,大学始终具有适应变化并加以调整以服务社会的非凡能力"[1]。大学要保持自身的使命,就必须坚持学术自治、保持自身的本色。但是,大学的发展又离不开社会的支持,只有得到外界的支持,大学才能真正享受到外界的资源,从而存在与发展。为了达到上述目的,大学内部治理结构应始终根据形势发展,调整自身的结构。其开放性体现在积极寻求支持和扩大治理主体两个方面。

大学为了保持内部治理,往往通过寻求外部支持的方式保持自身的独立性。中世纪大学通过依靠"特许状"的方式来维持大学内部治理结构的稳定性。而在现代社会,则注意依靠国家法律保障大学内部治理权。譬如,二战以后日本历次的大学改革,无不以法律为依据,文部省在行使行政管理权限时必须有法律依据,必须事先向有关委员会、审议会进行咨询,并且文部省的行政管理权限被限制在宏观领域内,大学的办学和内部的教育与研究工作都属于"大学自治"的范围。[2]大学始终在自治和控制中寻求平衡。同时,大学积极扩大内部治理主体,主要包括吸收校外人士参与治理和扩大校内人员参与治理两个方面。从大学发展的历史来看,大学内部治理的主体经历了从学术群体到多主体参与的过程。从大学演进的历史来看,大学内部治理结构"必须是由专家和院外人士两方面组成,学术自治才会实际有效。没有前者,大学就会信息不准;没有后者,大学就会变得狭隘、僵化,最后就会与公众的目标完全脱节"[3]。而20世纪60年代以后,随着大众化高等教育的来临,很多大学开始吸收学生参与内部治理。

---

[1] [美]詹姆斯·杜德斯达.21世纪的大学[M].刘彤,屈书杰,刘向荣,译.北京:北京大学出版社,2005:10.

[2] 胡建华.战后日本大学史[M].南京:南京大学出版社,2001:311.

[3] [美]约翰·S.布鲁贝克.高等教育哲学[M].王承绪,等译.杭州:浙江教育出版社,2001:37.

由此可见,在大学内部治理中,既要注重多元参与,也要保持学术权力的中心地位。一个开放性的大学内部治理结构,才能够适应大学的环境变化。

(二) 平衡性

大学内部治理结构是由一整套制度体系构成的,其治理能力是由其内部一系列"子能力"组合并逐渐形成合力所决定的。因此,大学内部治理能力的高低与治理结构的平衡性密切相关。而要保证大学内部治理结构的平衡性,则需要处理好大学内部各种权力之间的关系。这种平衡性有点类似于儒家所提的"中庸之道",指的是各种关系的恰切点。

从纵向关系来看,大学内部治理结构应该具有扁平性。大学是一个学术组织,其使命主要是促进学术的发展。因此,一个好的大学内部治理结构必须能发挥专业人员的主动性和创造性。大学内部治理中,除了有来自职位的权力以外,还存在着学术权力和专业权威。总的来看,大学组织结构具有以下三个方面的特征:① 大学是一个底部为主、重心下沉的教育组织;② 大学是一个学术与行政交叉的复杂组织;③ 大学是一个由众多学科、学院构成的大型组织。[①] 正如伯顿·R. 克拉克所言:"在学术界,工作等级是极为平坦的,联合方式也相当松散。一个大学类型的组织里,在操作层次上存在着许多松散结合、并排而列的专门化细胞。"[②] 大学的组织特征说明大学的主要工作和核心工作在基层,这就要求大学内部治理结构必须分散而扁平。

从横向关系来看,大学内部治理结构的平衡性要求大学内部有分工,有合作,遵循协商治理的原则。在现代大学中,要注意各类群体的分工与合作。学者 William Brown 通过实证研究发现,教授对大学事务的最优参与度与决策类型有关。其中,教授参与管理学术事务的程度越高,学校的业绩表现越好;而教授参与管理行政事务的程度越高,学校的业绩表现越糟糕。[③] 这说明,大学教师参与大学内部治理的最佳领域是学术事务。学术事务是分散而非集权的,只能由学术人员进行同行治理。而对于大学内部各类群体之间,则应遵循协商治理的原则。"大学是复杂的和科层的,但在许多问题上,又是自愿的和协商的。因

[①] 季诚钧.大学属性与结构的组织学分析[M].北京:人民教育出版社,2006:120-122.

[②] [美]伯顿·R. 克拉克.高等教育系统:学术组织的跨国研究[M].王承绪,等译.杭州:杭州大学出版社,1994:17.

[③] 张维迎.大学的逻辑[M].3 版.北京:北京大学出版社,2012:38.

此,我们不能像只有一个决策者或管理者那样来看问题,而应了解正反面意见,权衡各种可能性,咨询各个合法的和有用的相关者,这些人在决策中都会发挥一定作用——所有这些都将对正式决定有重要影响。"[1]只有通过分工,并在此基础上深入交流,才可以真正达到治理的目标,从而提升治理能力。

(三) 多元性

大学内部存在着多个利益相关者,他们虽然参与大学内部治理的地位是不同的,但是大学内部治理结构必须平衡所有利益相关者的利益,需要使大学内部各个利益群体能够达成合作关系,"大学的决策必须在诸多利益主体之间寻求一种平衡,不能走任何一个极端,仅仅强调某一方面的利益"[2]。传统上,大学因为规模较小,所以治理结构也比较简单,以大学内部学术人员作为治理的主体。随着大学规模的扩大,大学内部的管理层级越来越多,校外的人员也介入到大学治理主体中来。在现代大学中,作为非营利组织的大学,"其治理结构必须平衡所有利益相关者的利益,必须以社会价值为目标,而不能以现有的教员或学生的利益为目标"[3]。因此,大学内部结构应该具有多元主体,通过大学人的广泛参与,在理性沟通的基础上开展治理。有学者认为:"大学治理结构是为了回应当代大学组织呈现'冲突和多元利益'特点的治理需要,建构能够体现利益相关者组织属性和委托代理关系特点的决策权结构。"[4]这个结论对于大学内部治理结构也同样适用。只有大学内部的多元主体通过深入的参与和协商,多主体才能形成合力,从而有效实施治理。为了保证多元主体都能有效地参与治理,必须有一定的制度保障,其中最重要的制度保障就是大学章程。正是在大学章程的指导下,大学内部才有各种制度,大学内部各个治理主体的行动才会有合法性。

(四) 文化性

大学发展的历史与现实一再证明,真正有效的大学内部治理结构必须有大学文化作为支撑。"大学治理离不开大学文化:大学文化的精神层面是大学治理的方向和根本;大学文化的制度层面是大学治理的规范和保障;大学文化的

---

[1] [美]弗雷德里克·E.博德斯顿.管理今日大学:为了活力、变革与卓越之战略[M].王春春,赵炬明,译.桂林:广西师范大学出版社,2006:4.
[2] 张维迎.大学的逻辑[M].3版.北京:北京大学出版社,2012:19.
[3] 张维迎.大学的逻辑[M].3版.北京:北京大学出版社,2012:1.
[4] 龚怡祖.漫说大学治理结构[J].复旦教育论坛,2009(3):47.

第二章　大学内部治理结构论

物质和环境层面是大学治理的基础和载体;大学文化的行为层面是大学治理的方式和体现。"①从显性的层面来看,大学内部治理结构是一套制度体系,但背后支撑其长期运行的却是大学文化、大学传统和大学理念。正如有学者所说的那样:"在看得见的树干和树叶之下,深藏着一整套看不见的根,虬须错杂,枝杈横生。正是这些根养活了并滋润了这棵树,如果你栽种一棵无根之树,它会枯萎,会在第一场风暴中倒下。"②文化就是那个深藏在治理结构背后的根。

美国学者罗伯特·伯恩鲍姆说过:"学术组织中的有效管理,需要对组织的传统和文化进行理解。"③大学内部治理必须与组织文化相结合,大学内部的文化是普适性的大学文化与个体性的大学文化的一种融合。前者包括大学自治、学术自由等经典大学理念;后者则可以说是大学的特色文化,是一所大学之所以区别于其他大学的一个特征。要提升大学内部治理能力,就必须在大学内部培育学术文化、合作文化与互动文化。大学是学术组织,因此需要大力彰显大学的学术文化,重视学者在大学内部治理结构中的地位,真正实现教授治学和学生民主参与大学管理。学术文化应该成为大学的核心文化。大学内部治理中的合作文化就是大学内部各组织机构之间要加强合作,破除部门壁垒,使大学治理形成合力。而大学内部治理中的互动文化则是指大学要加强与政府、社会、校友等重要组织与个体的联系与沟通,通过与大学利益相关者的互动,建立一种真诚信任的关系,从而实现大学的共同治理。

综上所述,从功能的视角来看,一个"好"的大学内部治理结构应该是开放的,并能够根据大学功能的变化而及时调整自身的结构;在治理活动中,能够保证大学内部各个治理主体的有效参与,处理好治理中各种关系的平衡性,并始终运用好大学的组织文化,从而坚持大学的组织使命。

---

① 胡弼成,孙燕.文化精神:大学内部治理之魂[J].清华大学教育研究,2016(3):24.
② [英]艾伦·麦克法兰.现代世界的诞生[M]//清华大学国学研究院.管可秾,译.上海:上海人民出版社,2013:180.
③ [美]罗伯特·波恩鲍姆.高等教育的管理时尚[M].毛亚庆,等译.北京:北京师范大学出版社,2008:175-176.

第四节　大学内部治理结构的变革

大学内部治理结构是稳定的，又是变化的；稳定是相对的，而变化是绝对的。在今天这个变革和转型的时代，关于大学内部治理结构变革与改革的"话语"不绝于耳，研究大学内部治理结构的"稳定"与"变革"问题，具有十分重要的意义。大学内部治理结构是一个系统，包含着很多要素，这些要素的增减和排列组合方式的变化都会引起结构的变化，治理结构的变革与主体、内容、方式、趋势等多个问题密切相关。因此，我们可以从"怎样变革（变革的模式）""为何变革（变革的动因）"和"变革什么（变革的重点内容）"这三个维度出发来分析大学内部治理结构的变革。

一、大学内部治理结构变革的模式

大学内部治理结构变革的模式是多种多样的。从变革的主体来看，既有大学内部治理要素所引起的变革，也有大学外部治理要素所引起的变革；从变革的方式来看，既有剧烈的革命式的变革，也有缓慢的渐进式的变革。因此，可以将变革的主体（来自大学内部还是外部）和变革的方式（剧烈还是渐进）作为考察的两个维度，将大学内部治理结构的变革划分为以下四种主要类型。

（一）内部革命型

所谓内部革命型，是指大学内部治理结构的变革动因主要来源于大学内部某个权威的推动，以一种比较快速的方式确立新的治理结构。这种变革的方式往往都与大学内部一些权威人物密切相关，大学内部治理结构甚至整个大学往往在他们的形塑下，真正变成了另外一种新的样式。从大学史来看，这种变革类型往往容易发生在一所大学发展早期的陶铸阶段，其推动人物多数发生在大学校长的身上。这种情形在19世纪下半叶美国大学校长和我国民国时期大学校长的身上体现得最为明显。其中较为典型的代表便是蔡元培先生在北京大学进行的改革。

在蔡元培来北京大学以前，北京大学的内部治理结构完全是政府的翻版。蔡元培就任北京大学校长后，按照教授治校和民主管理的治理思想着手建立新的大学内部治理体系。新的大学内部治理体系主要包括五个方面。① 设立评议会。评议会是全校最高的立法和权力机构。评议会成员主要由教授担任。评议会的任务是制定、修改大学规则及有关条令,决定学科的废立,审查教师的学衔和学生的成绩,提出经费的预算、决算费用等。② 成立行政会议。行政会议是全校最高的行政机构和执行机构,掌握全校行政大权,负责实施评议会议决的行政方面的事务。评议会所决定的事项,由行政会议指导下设置的各专门委员会负责实施。③ 废门改系,各系成立教授会。教授会负责规划本系的教学工作,如课程设置、教材遴选、教学改革、学生成绩考核等学术事务。④ 设立教务会议和教务处。教务会议由教务长及各系主任组成,负责处理校内学术事务。教务长由各系教授会主任推选,任期一年,统一领导全校的教学工作。⑤ 设立总务处,管理全校的人事和财政工作。① 蔡元培在北大主持的内部治理结构改革,奠定了北京大学制度的骨架,以至于"许久以来蔡元培成了中国现代大学观念的同义词,大学制度改革的象征"②。蔡元培对于北京大学内部治理结构的改革,时间不长,很快就使北大面貌焕然一新,体现了内部革命型变革模式的特点。

(二) 内部演化型

所谓内部演化型,是指大学内部治理结构的变革动因主要来源于大学内部各个因素的点点滴滴积累,在"无声"的变革中最终演化成为另一种新的治理结构。这种变革模式既与大学内部利益相关者的增加或减少相关,也与治理主体权力的增强或减弱相联系。这种类型的变革发生在所有的大学里,但是由量变引起质变却往往需要很长的时间,且需要一定的契机和外部力量的推动。

这种传统演化型的变革模式在一些历史悠久的大学中表现尤为明显,其变革主要"依靠许多基层的创新;依靠劝说和自愿而不是命令进行的创新;依靠渐进的而不是全面的革新;依靠静悄悄地渗透院校边界的变革"③。譬如,近代以来,随着大学规模的扩大,大学内部的管理活动日益增多,大学日常运行的保障任务加大。同时,由于教师承担教学科研任务的加重,导致教师日益不愿意承

---

① 田正平,商丽浩.中国高等教育百年史论:制度变迁、财政运作与教师流动[M].北京:人民教育出版社,2006:107-110.
② 韩水法.大学与学术[M].北京:北京大学出版社,2008:114.
③ [美]伯顿·R.克拉克.高等教育新论:多学科的研究[M].王承绪,等译.杭州:浙江教育出版社,2001:127.

担兼职的管理任务。这个时候,在部分大学开始出现一批专门从事保障工作的管理人员,他们专职从事管理服务工作。随着行政人员在大学中的地位越来越重要,他们逐渐参与到大学内部治理中来,从而导致大学内部治理结构发生改变。

而对于一些后发现代化国家的大学而言,由于大学制度是由移植而生,所以大学内部的治理权多由管理人员掌握。但是,大学毕竟是从事高深知识生产、传播和应用的组织,所以大学教授参与大学内部治理是一个必然趋势。随着教师实力的提升,教授在大学内部治理中发挥作用就成为必然。譬如,美国大学在20世纪以前,其大学内部最高决策机构为董事会。校长由董事会负责遴选和任命,大学内部治理权掌握在董事会和校长的手中。但是,随着19世纪下半叶美国研究型大学的兴起,教师在大学内部的实力开始逐渐增强。等到1915年美国大学教授协会(AAUP)成立以后,在内外合力的作用下,"教授治校"的核心理念逐渐得到贯彻,共同治理的思想在美国大学中逐渐得到确认。但是,20世纪90年代以后,随着兼职教师人数的增加和专职管理人员主导行政,校长和董事会的权力大有重新加强之势,大学共同治理又面临挑战。[①] 由此我们不难看出,在美国大学内部治理结构演变的过程中,各个利益相关者的力量演化是导致大学内部治理结构变革的重要因素。

(三) 外部渗透型

所谓外部渗透型,是指大学内部治理结构的变革动因主要来源于大学外部,它们主要通过种种方式对大学内部治理主体实施影响,使大学内部治理结构发生变化,其变革的方式是渐进的、间接的。在现代社会中,随着大学与社会关系的日益紧密,大学外部的利益相关者逐渐开始介入到大学内部治理中来,他们通过自己的方式影响大学内部治理结构的变革。这种外部渗透型的变革模式往往发生在传统大学和民主国家,大学内部治理结构的变革虽然受到外界的影响,但是外部政策意图必须与大学逻辑相适应后才能发生作用,其变革往往都需要在大学内部取得共识后才可以逐渐展开。

大学以外通过渗透的方式对大学内部治理结构变革发生影响的主体有政治组织、经济组织以及其他大学组织等,其中最主要的是政府组织。这种渗透最典型的事例便是政府通过立法、资助政策、基金会等方式对大学外部或者内

---

① 欧阳光华.董事、校长与教授:美国大学治理结构研究[M].北京:高等教育出版社,2011:118.

部治理产生影响,从而使大学内部治理结构发生变革。譬如,19世纪70年代,为了促进牛津和剑桥两所大学的改革,英国政府通过立法的方式介入到这两所大学的内部治理中来。1871年,英国颁布《大学考试法案》,正式废除了牛津和剑桥学者的宗教特权;1877年,英国议会通过了《1877年牛津大学和剑桥大学法案》,通过立法的形式促使牛津大学和剑桥大学的内部治理结构发生了重大变化。[①] 而二战以后,欧洲很多国家都通过立法的方式强制推动传统大学的内部治理结构的改革。此外,大学间的模式渗透在现代社会中也表现得非常明显。例如,19世纪,由于德国大学的巨大成功,很多大学都兴起了学习德国大学的浪潮,这使得各个国家在学习德国大学内部治理结构时往往都呈现出了一种"趋同"模式。

(四) 模式移植型

所谓模式移植型,是指大学内部治理结构的变革的动因主要来源于大学外部,外部治理主体往往通过立法、行政命令等方式使大学内部治理结构迅速发生变化。这种模式表现为外部治理主体(主要是政府)通过整体移植其他国家的大学制度或者直接干预大学内部治理的方式使大学内部治理结构迅速发生变革。这种模式移植型的变革模式在我国大学内部治理结构变革中体现得非常明显。新中国成立以后,我国大学内部领导体制经历了多次变革,但从校长负责制、党委领导下的校务委员会负责制,一直到党委领导下的校长负责制等校内领导体制的变革,都是由政府直接推动的。这种变革模式往往发生在外部治理主体比较强势的情况下。这种变革模式效率较高,但也存在着外部力量与大学传统的适应问题。从日本筑波大学内部治理结构的建立过程中,我们可以明显看出这种变革模式的特点。

近代以来,日本大学在移植德国大学的基础上,形成了以"讲座制"为基本特征的组织模式。评议会是大学内部的最高权力机构,教授会是学部重大事项的决定机构,校长和学部长往往都根据评议会和教授会的决议与意图去行使职权。而1973年成立的筑波大学的内部治理结构则与以往所有大学的内部治理结构都不相同,它首先加强了学校一级的管理权限和力量,除校长外,增设了5位副校长(当时其他国立大学均不设副校长)。大学评议会由校长、副校长、部局长以及各学群和学系推选出来的教授组成,主要任务是审议学校发展与运营

---

① 郑成琳.剑桥大学治理结构研究[D].武汉:华中师范大学,2011:14.

有关的重要事项,并向校长提出必要的建议。评议会由过去的决策机构变成了咨询机构。同时,为了让社会的意见能够参加到大学的内部治理结构中来,还专门设立了参与会这一机构。参与会由校友和有识之士组成。参与会的成员由校长根据评议会的建议确定,文部大臣任命。为了保证筑波大学的这些改革措施得以落实,日本国会专门通过了《部分修改国立学校设置法等的法律》,对《学校教育法》《国立学校设置法》和《教育公务员特例法》等部分条款进行了修改。筑波大学的内部治理结构完全体现了文部省的意图,被称为"文部省大学",体现了在政府主导下进行了一次突破日本大学传统的尝试。[①] 但是,由于其他大学的反对,筑波大学的模式并没有推广到日本的其他大学中。

综上所述,我们依据变革的主体(动因)和变革的方式两个维度将大学内部治理结构的变革模式划分为内部革命型、内部演化型、外部渗透型和模式移植型四种类型。这种模式划分主要是为了提供一种分析的思路,便于更有效地了解大学内部治理结构的特点。从分析中不难看出,相对于大学外部治理结构而言,大学内部治理结构的变革较为缓慢,最终往往都有赖于偶然事件或者外部治理主体的推动方可发生质的变革。

二、大学内部治理结构变革的动因

按照马克思主义哲学的看法,影响事物变化发展的因素主要包括内部因素和外部因素两大类,其中内因是变化的依据,而外因则是变化的条件,外因必须通过内因起作用。对于大学内部治理结构而言,其变革的动力也主要来源于大学的内部和外部,大学内部各个构成要素的变化和外部环境的变化往往都会引起大学内部治理结构的变革。

(一) 内部动因

大学内部治理结构的变革与内部因素密切相关。"大学的进化很像有机体的进化,是通过继续不断的小改革来完成的。大规模的突变往往会导致毁灭。大学的变革必须以固有的传统为基础。"[②]简要来看,利益相关者的变化、知识演进、大学理念和大学校长是影响大学内部治理结构变革的四种主要动因。

---

① 胡建华. 战后日本大学史[M]. 南京:南京大学出版社,2001:200-208.
② [英]阿什比. 科技发达时代的大学教育[M]. 滕大春,滕大生,译. 北京:人民教育出版社,1983:20.

第二章　大学内部治理结构论

1. 利益相关者的变化

现代大学中存在着多个利益相关者,而治理强调的是各个利益相关者之间的博弈与互动。所谓利益相关者,是指"通过利益(害)关系维系在一起的一群人",是一个范围广泛、成分复杂、性质各异的群体。[①] 在中世纪大学诞生之初,由于规模较小,大学内部的利益相关者主要包括教师和学生两个群体,于是就产生了三种大学内部治理结构——以博洛尼亚大学为代表的学生大学、以巴黎大学为代表的教师大学和由学生与教师共同掌握治理权的混合结构。但总的来看,中世纪大学内部的利益相关者比较简单,治理主体都是学术群体。近代以来,随着大学组织的日益复杂,大学内部逐渐产生了一个管理人员群体,管理人员群体开始逐渐介入到大学内部治理中来。二战以后,随着高等教育大众化时代的来临,在美国率先出现了所谓的"多元巨型大学",同时随着民主化思潮在大学中的兴起,大学内外各个利益相关者都要求参与到大学治理中来。以上每一次大学内外利益相关者的增减,都会导致大学内部治理结构发生变革。

2. 知识演进

大学以知识为材料,知识的变化也是影响大学内部治理结构变革的重要因素。而每一次知识生产模式的变化和知识范式的转型往往都会导致大学内部治理结构发生变革。中世纪大学中只有神学、法学、医学和文学四个学院,而神学是知识上的皇冠,所以神学院在大学内部治理结构中占据着中心位置。近代以来,知识的分裂越来越激烈,一个个新的学科在大学不断诞生。德国大学顺应了知识发展的历史趋势,首创"讲座制"作为大学内部的基层单位,并使之成为大学内部治理结构中的一个个细胞。而随着知识的持续增长,学者个人掌握的知识越来越狭窄,因此学科之间的融合不可避免,这时美国大学的"系科制"应运而生,学者之间通过联合和选举代表的方式参与大学内部治理就成为必然。随着知识经济时代的来临,知识的经济价值日益得到人们的重视,"学术资本主义"开始在大学中兴起。"学术资本主义"不仅导引大学内部治理矛盾向外部治理矛盾局部转移,在大学内部治理中还拉动治理权力向治理结构的顶层和基层延展。[②] 由此不难看出,知识生产方式、知识的地位、知识的价值等都会影

---

① 胡赤弟.教育产权与现代大学制度构建[M].广州:广东高等教育出版社,2008:155.
② 谢艳娟.学术资本主义与大学治理结构变革[J].现代教育管理,2014(6):61.

响到大学内部治理结构的变革。

3. 大学理念

大学是一个知识组织,也是一个文化社群,"无论大学是否需要一种'理念',事实上它都会被赋予一种或一种以上的理念"[①]。大学理念的意义在于为不完美的现实提供一个完美的参照,促使人们不断地去努力追求完美、追求理想。近代以来,众多思想家、教育家、学者甚至政治人物,都从自己的理解出发,提出了自己的大学理念,而这些大学理念都在影响着大学的发展和内部治理结构的变革。纽曼大学理念所对应的大学内部治理结构一定与学院制紧密相连,洪堡大学理念下的大学内部治理结构一定是教授治校的,而威斯康星大学理念所对应的大学内部治理结构中一定会有校外董事会的参与……不同的大学理念铸造不同的大学治理结构。大学内部治理离不开大学理念,一个大学中人们所信奉的大学理念的变迁和博弈往往导致大学内部治理结构发生变革。

4. 大学校长

在大学内部治理结构中,大学校长处于行政权力和学术权力的交汇点上,其身上担负着众多的责任和义务。"大学校长是董事会和大学之间的联系枢纽,没有校长强有力的领导,大学的管理系统不可能有效运行。"[②]大学校长对于大学内部治理结构的变革起着重要的推动作用。在西方大学史上,埃利奥特、赫钦斯、科南特、博克等知名校长都为自己所在大学的改革和制度创新做出了巨大的贡献。而在我国大学史上,蔡元培、梅贻琦、蒋梦麟、张伯苓等知名教育家都为自己的大学留下了无数的故事。一个对大学内部治理结构变革产生决定影响的校长一定是一位具有独特魅力的校长,他所具有的感召力"是一张百搭牌,是最不系统最难预测的权力形式"[③]。大学校长是推动大学内部治理结构变革的不可预测的力量。

---

① [美]谢尔顿·罗斯布莱特.现代大学及其图新:纽曼遗产在英国和美国的命运[M].别敦荣,译.北京:北京大学出版社,2013:1.

② [美]弗兰克·H.T.罗德斯.创造未来:美国大学的作用[M].王晓阳,蓝劲松,等译.北京:清华大学出版社,2007:260.

③ [美]伯顿·R.克拉克.高等教育系统:学术组织的跨国研究[M].王承绪,等译.杭州:杭州大学出版社,1994:135.

第二章 大学内部治理结构论

(二) 外部动因

大学内部治理结构的变革与外部因素密切相关。尤其是在现代大学中,由于大学对于国家发展的重要作用,外部力量在大学内部治理结构变革中所起的作用越来越大。大学内部治理结构变革的外部动因主要包括政治因素、经济因素和竞争三个方面。

1. 政治因素

自治与控制是伴随大学发展的一对永恒矛盾,大学在人类社会发展中的重要作用使得每一种政治势力都不会轻易放过大学。当然,大学外部权力对于大学内部治理的控制往往需要通过外部治理来完成,而通过大学外部治理结构间接影响或者直接控制大学内部治理结构是不同国家经常采用的两种方式。① 权力的控制往往都会促进大学内部治理结构的变革。在中世纪,教皇和皇帝的争夺往往会导致大学内部领导权的更迭,并且导致大学内部自治范围的增减。而在近代民族国家的框架下,政府不能放任大学不管,会采用种种方法来控制大学。正如布鲁贝克所说的那样,"就像战争意义太重大,不能完全交给将军们决定一样,高等教育也相当重要,不能完全留给教授们决定"②。在现代社会,各种权力因素都会影响大学内部治理结构的变革。这从历史上的"达特茅斯学院案"、清末以来我国大学内部治理结构的变迁等事例中都可明显看到。

达特茅斯学院(Dartmouth College)创建于1768年,是英属北美殖民地时期创建的最后一所学院。在美国建国初期,学院和政府双方就学院管理权问题产生冲突和争执,先后多次走上法庭,案件也几番反复,最后于1821年此案最终完结,史称"达特茅斯学院案"。该案是一场包括达特茅斯学院、新罕布什尔州政府和议会在内的多方利益的角逐。而最终法院的判决把殖民地时期创建的学院定义为一种学术组织并维护其章程的法律地位,政府必须在法律框架内对私立学院的内部事务和外部发展发挥影响,私立学院也有义务遵循章程和法律行事。③ 从该案的经过和后续援引案件中可以看出,"达特茅斯学院案"对美国高校管理中的公私法人地位、人员任免自由、筹资渠道以及接受政府管理等

---

① 胡建华.大学内部治理与外部治理关系分析[J].江苏高教,2016(4):2-4.
② [美]约翰·S.布鲁贝克.高等教育哲学[M].王承绪,等译.杭州:浙江教育出版社,2001:32.
③ 王慧敏.达特茅斯学院案:检讨与反思[J].外国教育研究,2015(10):81.

方面都产生了重要的影响。① 这也在一定程度上影响了美国大学内部治理结构的变革。

1840年鸦片战争以后，中国陷入了空前的民族危机之中，面对着"三千年未有之变局"，在综合比较的基础上，当时的政治精英和知识分子认为移植西方的大学制度是实现"救亡图存"的重要途径之一。而我国在移植国外大学制度的过程中，出于政治和意识形态的考量，多次反复，先后移植过日本、德国、美国、苏联的大学制度，而每次移植都几乎完全推翻已有的大学制度重新建设。直到20世纪末，我国大学的内部治理结构才逐渐趋于稳定。

以上两个案例都发生在社会转折期，在这一过程中，政治因素往往都会对大学治理结构产生巨大影响。这种影响不但包括大学外部府学关系的变化，也包括大学内部治理结构的变化。当然，在社会平稳期，政治因素仍然会影响大学内部治理结构的变革，只是相对于转折期而言，变化不那么明显而已。

2. 经济因素

大学是一个典型的"资源依赖型"组织，资源是大学赖以生存的根本，大学必须依靠获取和利用内部和外部的资源才可以保证其自身的生存和发展。一旦遭遇资源匮乏，大学的生存和发展必然会受到致命的影响，其结果必然是走向衰败。大学组织生存和发展所需要的资源不仅包括大学运行所需要的人、财、物等有形资源，还包括文化、精神、声誉、信任等大学组织中的无形资源。整体来看，大学资源是有限和稀缺的，需要大学去争取。② 因此，大学的资源状况是影响大学内部治理结构变革的重要动因。譬如，20世纪80年代以来，伴随着新自由主义的盛行，西方各国都普遍削减了对于大学拨款的数额，在这种形势下，"创业型大学"在很多国家兴起，其大学内部治理结构也发生了改变，具体表现在大学内部行政权力得到扩大和提升，大学校长被赋予了新的战略权力，处于大学权力的中心位置。③ 大学的资源状况推动了大学内部治理结构发生变革。

3. 竞争

在大学史上，由于大学的多样性，大学之间的竞争现象无处不在。一方面，

---

① 孙益，方娟娟. 达特茅斯学院案对美国高校管理的影响：基于对案件经过和后续援引案件的分析[J]. 山东高等教育，2016(10)：14－21.

② 钱志刚，崔艳丽. 论大学组织变革的制约因素：内部的视角[J]. 高校教育管理，2014(5)：22.

③ 熊庆年，代林利. 大学治理结构的历史演进与文化变异[J]. 高教探索，2006(1)：43.

大学之间的竞争导致大学的组织样式越来越多样化;另一方面,大学间的相互竞争又使得各个大学之间的治理结构越来越具有同一性。究其原因,一方面是各类高等教育机构在市场竞争中取得的成果不同,导致这些院校变得越来越多样化;另一方面,在相互竞争中,地位较低的院校对地位较高的院校的模仿,又使得各个大学之间组织结构的差别趋向于缩小,向着名牌大学的特点和风格发展。① 在大学内部治理结构中也呈现这种现象。大学的竞争导致了大学内部治理结构走向多样化和趋同化。世界大学的"美国化""研究型大学化"等事例可以说明大学内部治理结构的趋同化,而一些国家率先兴起的"创业型大学""应用型大学"等都可以看出大学内部治理结构的多样化。这些事例无不说明竞争是导致大学内部治理结构变革的一个重要因素。

(三)对大学内部治理结构变革动因的反思

以上我们列举了影响大学内部治理结构变革的内外部因素,这些因素在不同时期对于大学内部治理结构变革的影响是不同的。通过以上分析,不难得出以下三点结论。

1. 内部因素与外部因素在大学内部治理结构变革中所起的作用不同

在大学内部治理结构变革的过程中,既有来自于外部的力量,也有来自大学自身的力量,还有内外部的合力,但它们所起的作用是不同的。由于大学的惰性,与外部因素相比,内部因素对大学内部治理结构变革所起作用的时间相对较慢。因此,内部因素对大学内部治理结构的变革往往起到量的积累作用,而外部因素则对大学内部治理结构的变革起到质的飞跃作用。但总的来看,在大学内部治理结构变革的影响因素中,有单一因素主导型,但更多的是多因素主导型;有内部因素主导型、外部因素主导型,但更多时候是内外部因素综合作用型。大学内部治理结构变革的动力是多样的,它们的综合作用促进了大学内部治理结构的稳定与变革。

2. 大学内部治理结构变革的因素可以互相转化

影响大学内部治理结构变革的动因不是一成不变的,在一定情况下,这些因素甚至会呈现出完全相反的作用。大学内部治理结构变革的内部动因较为稳定,但是随着形势的发展也会产生惰性。而外部动因则比较易变,往往今天

---

① [美]伯顿·R. 克拉克. 高等教育新论:多学科的研究[M]. 王承绪,等译. 杭州:浙江教育出版社,2001:145.

的积极因素会变成明日的消极因素。譬如,我国在20世纪50年代的大学改革中,为了使大学中教学功能达到最大化,不但进行了院系调整,对教学制度进行了彻底的改革,还对大学内部治理结构进行了变革,大学内部的治理结构由之前的三级管理体制转变为二级管理,以使得管理重心上移。① 但是,20世纪90年代,这种教学功能最大化的治理模式遭遇挑战,又不得不重新调整为"校—学院—系"三级模式。这说明在大学内部治理结构变革中必须综合考虑大学治理结构变革的内因和外因,而不能只考虑单一因素。

3. 外部因素在大学内部治理结构变革中的作用越来越大

随着现代大学与社会之间的关系越来越紧密,大学内部治理结构越来越受到外部因素的影响。除了政府的强势、大学对于外部资源依赖的增加以及大学间竞争的加剧以外,影响大学内部治理结构变革的内部因素也逐渐受到外部因素的影响。具体表现在:大学利益相关者日益向大学外部扩展,知识的应用性日益得到重视,政治论高等教育哲学开始大行其道;随着知识的日益专业化,大学教授参与大学内部治理的范围开始缩小;而随着制度主义的强势,校长的个人作用也在减弱。凡此种种,无不说明外部因素在大学内部治理结构变革中所起的作用越来越大。

三、大学内部治理结构变革的重点内容

在大学中,治理是一个实践早于概念的现象,虽然大学治理、大学内部治理结构等概念近年来才在大学中兴起,但是大学治理结构的相关问题在大学中早已存在了。从大学演变的历史来看,大学内部治理结构变革的重点内容集中在处理大学内部治理中纵向权力分配、横向权力分配和大学内部最高权力分配三个问题上。

(一)纵向权力分配:不断寻找"平衡点"

从大学史来看,权力分配问题一直是大学内部治理结构变革的主要内容。而大学和基层之间的纵向权力分配问题是大学内部治理结构变革的不变主题。依据大学类型的不同,大学内部治理结构中纵向权力分配一直处于不断的调整中,一直在寻找大学和基层学术组织之间权力分配的"平衡点"。下面我们以历

---

① 王世岳.一次教学功能最大化的尝试:论20世纪50年代中国高校的院系调整[J].河北师范大学学报(教育科学版),2015(5):49-50.

史悠久的法国大学内部治理结构变革为例来说明这一问题。

以巴黎大学为代表的法国大学历史悠久,其内部治理结构的变迁比较全面地诠释了大学内部治理中纵向权力分配的问题。在中世纪的法国大学中,其大学内部治理结构呈现出"重心在下与教师至上"的特点,大学内部治理的重心处在位于大学基层的民族团和学部,而校级层面的权力相对较小。1789年,随着法国大革命的爆发和19世纪初"拿破仑体制"的建立,法国的高等教育体制生了根本性的变化,"中央集权"的高等教育体制在法国建立起来。但值得注意的是,大学内部治理中纵向权力分配的变化却不明显,呈现出中央集权之下的学部自治特征,其内部治理结构也呈现出"重心在下与学部自治"的特点,这种结构特点一直延续了150余年。1968年5月,法国爆发了战后规模空前的史称"五月风暴"的学生运动,直接催生了《高等教育方向指导法》,该法案提出了大学办学的自治、参与和多科性三原则。1984年和1989年,法国政府又分别出台《高等教育法》和《教育指导法》,进一步确认和实施了这些原则。在这些法案的指导下,法国大学的内部治理结构发生了很大变化,呈现出"重心上移与校级权力增强"的趋势,校长的权力得到了加强,但是高级学术人员的治理权力仍然没有削弱。20世纪末至21世纪初,法国政府又相继对大学进行了一系列的改革,加强校级权力。其中,在2007年法国政府通过的《综合大学自由与责任法》中,校长和校务委员会成为大学治理权力的核心。大学内部的管理决策权逐渐集中到了校长、校务委员会和其他委员会手中,基层单位的治理权力空前缩小。但是,由于法国大学具有悠久的自治传统,2007年的《综合大学自由与责任法》出台之后就遭到了很大的反对。2013年,法国国民议会通过了《高教与研究法草案》,该法案的主要精神就是在大学内部治理结构中削弱校长和校务委员会的权力。[1] 从以上简要的历史回顾中,我们不难发现,在近千年的岁月里,调整大学和基层之间的纵向权力关系是法国大学内部治理结构变革的一个不变的主题,法国大学的校级权力一直在增强与削弱中呈现出"钟摆"现象(尤其是在近代以来)。

从法国大学内部治理结构的演变史中不难看出,由于法国大学所具有的大学自治的悠久传统,治理重心下移和保证高级学术人员的参与是法国大学内部

---

[1] 周继良.法国大学内部治理结构:历史嬗变与价值追求——基于中世纪至2013年的分析[J].教育研究,2015(3):137-146.

治理的永恒追求。但随着大学在社会中的地位越来越重要，大学作为一个整体需要与外界开展合作交流，从而为大学的生存和发展获取资源，于是校级治理组织和校长权力的加强也就成为必然。事实上，20世纪80年代以来，西方发达国家的高等教育治理模式发生了很多变化，其中一个共同的变化就是在大学内部，权力开始高度集中到高级管理者尤其是校级管理者手中。① 当然，对于一些后发现代化国家而言，往往表现在校级权力过大，但是由于大学的知识生产往往在基层，所以逐渐加强院级权力也是一个趋势。这些事例无不说明，寻找大学内部治理纵向权力分配的"平衡点"是大学内部治理结构变革的永恒主题。

（二）横向权力分配：从"模糊混沌"逐渐走向"分工合作"

在大学诞生之初，由于规模较小，大学内部的事务多数属于学术事务，所以治理权力一般掌握在学术群体手上。而在现代大学内部治理中，治理的客体开始逐步分为学术事务和非学术事务两大类。相应地，大学内部也就出现了两种权力系统，即以学者为核心、以学术组织为主体的学术系统和以行政管理组织为主体的行政系统，这两个系统之间的冲突也就不可避免。为了更好地实现大学的发展目标，共同治理和协商治理逐渐成为一种新的趋势，"校长治校"和"教授治学"在多个国家得到实践，大学内部治理中的横向权力分配呈现出从"模糊混沌"走向"分工合作"的趋势。美国大学的共同治理模式可以看作是横向权力走向"分工合作"趋势的最佳注解。

美国大学共同治理模式的形成有着曲折的过程。殖民地时期，美国大学的决策权掌握在外行董事会的手中，教师的权力局限在教学事务上，甚至在运行中还多次发生董事会直接解聘教授的事件。19世纪下半叶研究型大学在美国的兴起、20世纪早期大学教师的专业化发展、二战之后的学术革命、高等教育大众化普及化浪潮等因素，都促进了教师在大学内部治理中地位的提升。在这种情况下，"共同治理"的理念和实践开始在美国大学中逐渐得到确定。在美国大学内部治理结构中，以校外人士为主导的大学董事会、以校长为代表的大学行政系统和以教授为主体的学术评议会分别具有不同的价值取向，董事会主要关注反应性，校长主要关注效率，而教授则主要关注学术价值。每个群体都以自

---

① ［德］乌尔里希·泰希勒.迈向教育高度发达的社会：国际比较视野下的高等教育体系［M］.肖念，王淀蕊，主译.北京：科学出版社，2014：97.

己独特的视角并基于不同的能力和专门知识来观照大学的整体发展。[①] 共同治理出现的原因在于：学术决策的制定应该规避短期的管理主义和政治考量；教师是教学、课程和研究政策的最佳人选；行政人员在资源分配、目标设置、选取领导者和指导学生生活等事务上比教师具备优势。因此，共同治理特别强调不同群体之间权力的分享和注重尊重、平等与沟通程序这两个原则。[②] 但共同治理并不是指每个人都参与到大学的每个决策当中来，而是指每个人在清晰的职责范围内实现最大限度的参与度。大学内部治理中的横向权力"分工合作"模式更符合现代大学的特点。

现代大学内部治理需要有责任划分明确的治理结构，以保证大学的高效运行。在"大学管理中的变革不是要建立集权化的命令—控制系统，或界定过分简单的利益中心和绩效标准，也不是要向大学注入商业价值——这将置大学于死地。另一方面，如果大学仍然掌握在教师手中，它也必将走向灭亡。管理变革，即是指要设计出鼓励竞争、保护多样性和保持大学与外部世界联系的分权式结构"。[③] 这些都说明，在大学内部治理结构中，横向权力必须建立在分权合作的基础上，才可以真正实现大学的治理目标。

（三）大学内部最高权力分配：从"单中心"走向"多中心"

大学内部治理中包含着多个治理主体，而各个治理主体之间的关系则构成了治理结构。与传统的管理相比，当代治理强调多中心和权力的分享。如前所述，纵向权力分配和横向权力分配解决了大学内部各个治理主体之间的关系问题，而最高权力掌握在谁的手中、如何掌握也是大学内部治理结构变革的一个重要内容。总的来看，在传统大学中，大学内部治理中的最高权力要么掌握在单个人的手中（如校长），要么掌握在某个委员会的手中（如评议会、教授会、董事会、党委会等），大学内部往往都有一个权力中心。但是20世纪下半叶以来，随着民主化思潮的推进，大学内部最高权力分配越来越有从"单中心"走向"多中心"的趋势。这里，我们以日本大学的内部治理结构变革来说明这一问题。

明治维新以后，日本大学的内部治理结构移植了德国的模式，这种模式一

[①] 欧阳光华. 董事、校长与教授：美国大学治理结构研究[M]. 北京：高等教育出版社，2011：232.
[②] 孟倩. 大学内部治理的分权与制衡：博弈论的视角[M]. 北京：中央编译出版社，2016：34-39.
[③] [美]罗纳德·G. 埃伦伯格. 美国的大学治理[M]. 沈文钦，等译. 北京：北京大学出版社，2010：68.

直延续到20世纪末都没有发生大的改变。在传统的日本大学中,评议会是大学主要的权力形式,由教授们组成的评议会有着最高的决策权,大学校长由评议会的教授推举,政府任命。从这个意义上可以说,传统日本大学中的最高权力中心是评议会。20世纪末,日本政府开始有步骤地推行"国立大学法人化"改革,大学内部治理结构发生了重大的改变。改革后,日本大学内部治理结构的基本构架为:由校长、校长指定的理事、若干教职员和校外人士组成经营协议会,专门负责大学的经营战略决策;而教育与研究评议会专司学术事务;在经营协议会和教育与研究评议会上,由校长来指挥协调;而校长之上,还设有理事会,包括校长1人、理事2至8人以及监事2人,其中要求有校外人士参与。这种新的内部治理结构的核心是讲求效率,提高大学的经营活力。① 由此可见,日本大学的内部最高权力分配日益呈现出"多元化"的特点。

事实上,许多国家大学内部最高权力分配的变革日益呈现出这种"多中心"的特点,各个国家的大学在进行内部治理结构改革过程中,往往都是通过设置新的治理机构来削弱或者分散原有的治理主体的权力,使原来"一元化"的权力机构日益多元化,最高权力由集中走向"分享"。

综上所述,由于大学内部治理结构主要是为了处理大学内部各个治理主体之间的权力关系而产生的,因此寻找各个治理主体之间的权力分配关系就成了大学内部治理结构变革的内容。其中,寻找大学内部治理结构纵向权力分配的"平衡点"、横向权力的分工合作机制和大学内部最高权力分配的方式这三个方面的内容是当前和今后一段时期内大学内部治理结构变革的重点内容和发展趋势。

四、大学内部治理结构变革的启示

自从《国家中长期教育改革和发展规划纲要(2010—2020年)》中明确提出要"完善中国特色现代大学制度,完善治理结构"以来,大学内部治理结构的改革问题日益引起人们的重视,而研究大学内部治理结构变革的模式、动因和内容将有利于指导我国大学当前的内部治理结构改革,对于我国完善现代大学制度、推进大学内部治理体系和治理能力现代化建设具有重要的现实意义。经过以上分析,至少可以得到以下三个方面的启示。

---

① 熊庆年,代林利.大学治理结构的历史演进与文化变异[J].高教探索,2006(1):42-43.

第二章　大学内部治理结构论

一是大学内部治理结构的变革需要外部治理的"助力"。大学内部治理结构的变革是缓慢的,但是近代以来,外部治理的助力是必不可少的。有学者经过研究后发现,我国公立大学的内部治理结构虽然在过去的 20 年里有了很大的变化,但是变化缓慢。而日本的国立大学法人化改革,则取得了明显的效果。[①] 导致这一结果的原因是多方面的,但政府在改革中所发挥作用的差别不可忽视,因为"现代大学治理的关键不是阻止政府的扩张或国家的介入,而是通过制定合适的规则和制度,使大学与政府之间保持一种必要的张力"[②]。我国政府在对大学进行制度改革时,往往都采用一种"强制性制度变迁"的形式,导致我国大学治理结构呈现出一种低效率的困境,这成为我国高等教育事业发展的一个重要制约瓶颈。下一阶段,政府的主要作用和职责应该是为大学内部治理结构的变革提供外在环境支持和约束、确立秩序以及治理结构变迁的方向和范围,[③]真正为大学内部治理结构的变革提供制度助力和保障。

二是大学内部治理结构的变革需要发挥大学内部的动因。从以上分析中可以看出,内部动因是大学内部治理结构变革的恒定因素,外部变革往往需要通过内部因素才能起作用。但由于历史和体制原因,长期以来我国政府对大学处于一种较强的控制地位,大学内部的因素并没有很好地发挥出来。在完善大学内部治理结构的过程中,不能仅仅关注内部治理结构的改革,而应该注意调整大学内外部治理的关系,尤其需要进一步改革我国大学外部治理中长期以来形成的很多与现代大学制度不相适应的治理理念、治理体制、治理行为和治理习惯,如"高度集权"的治理体制、"法治淡薄"的治理习惯等,并通过激发大学内部的动因来完善大学内部治理结构。

三是降低治理重心、发挥多元主体参与是完善我国大学内部治理结构的主要内容。当前,完善我国大学内部治理结构的改革内容可谓是千头万绪,但是从现实情况来看,降低治理重心、提升基层学术组织的治理能力应该成为一个重要的选择。因为大学内部治理结构改革的核心是分权和制衡,而在纵向上实

---

① 杨鸣.20 世纪 90 年代以来中日大学内部治理结构变迁的比较研究:以中日两所大学为例[D].武汉:华中科技大学,2013:70.
② 王建华.重思大学的治理[J].高等教育研究,2015(10):13.
③ 史彩霞.强制性制度变迁的困境:对中国大学治理结构低效率的制度解读[J].复旦教育论坛,2006(5):50-56.

施学院自治有利于在横向上实现学术权力与其他权力的分工合作,有利于最高权力主体走向"多元化"。因此,从这个意义上来看,可以将学院自治作为大学内部治理结构改革的突破口,将目前我国大学校级层面的治理权下放到学院一级,让学院的教授委员会行使学院事务的决策权,院长行使执行权,学校党政领导集体及全院教职工行使监督权,从而形成分权与制衡的大学内部治理结构。[①]培育基层学术权力,可以为进一步做好大学内部各个治理主体的权力分配、完善大学内部治理结构打下坚实的基础。

---

① 仰丙灿.学院自治:大学内部治理结构优化的路径选择[J].复旦教育论坛,2015(5):19-23.

第三章 大学内部治理权力论

治理的内涵就是权力与利益关系的整合。在统治型社会往往只需要单一的权力,围绕国家建立起来的是严格的管控权力体制。这种体制强调的是社会成员的层级服从,思想和利益上的高度统一,以此来保证权力运作的效率。长此以往,不仅政府的权力会膨胀,而且会不断侵蚀普通公民的权利,社会发展会陷入凝滞,公共问题也会暴露无遗。由此,人们渴望新的社会发展方式。随着民主社会取代专制政权,新的社会发展方式也被人们提上日程。公民群体的崛起要求变革传统的社会权力结构,需要以新的责任权力关系来取代旧有的单一权力体系,这也是时代发展的必然。在今天的时代,最核心的问题是要处理好政府与民主社会群体之间关于权力的分配、使用与监督等方面的关系。所以,在传统社会统治方式已经产生"失序"的格局中,人们渴望用新的社会发展方式来增进公共事务的效率,降低公共危机的爆发率,故而建立"治理型"社会的想法就变成了不同国家人民所追求的愿景。"在20世纪90年代初,观察家们感到了巨大的困惑。更具流动性和多极性的世界并未使人产生深深的满足感,反而同样令人担忧。在这一背景下,面对方方面面的不确定性,治理这个命题就应运而生了。"[1]具体来看,治理型社会需要的是新的权力分配方式和与之相匹配的制度规范,用权力来制衡权力,以权力来保障权利,这是治理的核心理念。随着治理社会变成一种话语渗透到人们生活的方方面面,大家发现治理还可以用来解决许多社会机构内部的问题。比"治理型"社会提出更早的理论是"治理下的企业"。治理解决了企业委托人与代理人的信任矛盾和败德问题,使原本单一的企业管理权力可以被诸多的权力所代替,企业治理的成功反映的是机构治理成为可能。也就是说,从微观到宏观,从公共事务到机构运行,治理已然成

---

[1] [法]让-皮埃尔·戈丹.何谓治理[M].钟震宇,译.北京:社会科学文献出版社,2010:11.

为一种方法、一种信念和一种话语体系,人们渴望用治理来解决介于企业与政府之间的第三部门——大学的发展问题。传统意义上,人们认为知识的事情应该由学者们来解决,而随着大学机构的日益庞大和运行的复杂,诸多的社会矛盾与问题开始在大学内部暴露,不论是学者还是行政人员都开始对大学内的矛盾显示出力不从心,传统意义上以学术权力主导一切的方式已经无法应对新的危机,大学的诸多问题由权力失衡而引发。所以,从治理的方式重新梳理内部的权力关系,解决大学发展过程中的种种矛盾已经成为今天世界各国大学的主要选择。当治理成为一种社会的共识时,我们需要以这种视角去看待大学的发展变革问题,将治理的逻辑融入大学运行的逻辑中,提升大学发展的效率。

第一节 大学内部治理权力的合法性来源

治理成为一种需要,其本质是权力关系的不协调所导致的。伴随着现代化的进程,民族国家的生长就是权力伸展的过程,政府以国家的名义行使权力,扩散权力,并且在社会各个领域发生着权力的变异。表面上来看,大学是远离国家的独立知识机构,而随着其资助人开始由国家充任时,国家权力也在向大学渗透。在近代,全能政府的成熟使得人们希望复制同样的方式到大学内部,对于强大权力的需要将现代国家和大学紧密联系在一起。正如波齐所言,现代国家区别传统国家的一个重要特征是其强大的权力渗透能力,"政治中心能够领导、推动和批准在自己领土范围内发生的各种各样的社会活动,根据自己制定的、灵活多变的命令管理整个国家"[1]。当权力关系成为国家和大学的共同主题时,双方就会尽可能地按照相同的逻辑去运作。大学能够产生出强势的行政权力,除了与日益增多的行政事务相关之外,还在于它要求与现代国家在权力构建方式上保持一致。也就是说,不光是大学选择了国家权力,也是强势的国家权力选择了大学。当新的权力运行逻辑同知识逻辑与教育逻辑相抵触时,就会产生矛盾。如果这些矛盾不断增多,大学的运行效率就会降低,由此人们渴望寻找新的大学发展方式,治理就是在这个意义上被人们引入大学之中的。从本质上来看,治理的到来解决的是权力逻辑之间在运行上的矛盾。

---

[1] [美]波齐.国家:本质、发展与前景[M].陈尧,译.上海:上海人民出版社,2007:31.

一、组织权力运行与治理的产生

在传统社会中,由于全能政府弊端的暴露导致公共事务上决策与运行效率的降低,所以人们需要改变公共服务自上而下的提供方式,变成上下互动的社会参与形式,创造公共服务的自主系统,提高社会事务运行的效率。将全社会凝聚在一起除了共同的目标之外,还需要有一个新的制度生产方式,这种新的制度生产方式需要变革传统的行政命令式的社会协作系统,变革传统的行政权力与公共服务之间的关系,创造多个权威中心与权力中心,使全社会以合作和监督的方式共同发展。聚焦起来,建立新型的权力生态关系就成了治理成败的关键。浓缩到大学身上,传统的学术与行政的二元关系构成了大学权力生态的主要环境,事实上,大学的正常运行已经在权力对峙中降低了效率,缺乏良性的权力生态体系是现代大学需要治理的主要原因。大学知识生产日益专业化的同时却面临着行政权力的外部控制,高等教育的产出面临着需要符合行政与商业标准的悖论。"近乎悖论的是,体现工业化时代效率准则的标准化、程序化、批量化的教育产出链条中的核心环节——教学过程,实际上却因其研究性、专业性而难以由校长或者管理人员实施外部的控制。而且,在教书育人的价值理念下,大学教师从社会角色而言更是一种以个人学术和做人的双重示范作用为主导的工作。当教师在教学过程中履行其传道授业的职责时,个人的道德修养、品质言行也深刻地影响着教育的产出效果。"[①]从某种意义上来看,权力已经成为影响大学发展的主要因素,变管制型大学为治理型大学,这才是当代大学的主要选择。

(一) 组织权力的来源及运行方式

理解治理的起点需要从认识权力开始,然而,权力却是一个复杂的概念,难以用某一个学科或者领域来阐述清楚,不同的学科与组织都有不一样的权力视角,形成了不一样的"权力之眼"来看待社会的运行,所以迪韦尔热才说:"给国家下定义已不是轻而易举的,要给'权力'下定义更难上加难了。"[②]从语义上来理解,权力(power)作用方式在于"力",也就是施加强制性的影响,在现实中,权

[①] 黄彬,陈丁堂.大学组织变革的困境与出路[J].高等教育研究,2011(2):36.
[②] [法]莫里斯·迪韦尔热.政治社会学:政治学要素[M].杨祖功,王大东,译.北京:华夏出版社,1987:14.

力更多地表现出的是一种平衡的能力,在英语中,power 就是能力的体现。在中国古代语境里,权力与地位和权威密切相关,"与中书令石显相善,亦得显权力,门车常接毂"①。更进一步说,权力是由职位和权威发出的势力,带有强制性和约束性,并且要求受力方服从。所以在古代典籍中,权力指的是约束他人的能力,"欲用天下之权者,必先布德诸侯"②。中文语境中的权力代表特定的观念,使得其与利益密切相关。这也影响了现代中国人看待权力的视角。人们一直认为,权力带有对他人施加的强制性力量的意味,而且与政治合法性联系在一起。《现代汉语词典》中的解释就是如此,提出权力有两个层面的意思:一是指政治上的强制力量,如国家权力、全国人民代表大会是最高国家权力机关;二是指职责范围内的支配力量,如行使大会主席的权力。③ 权力的强制性意味着上层在对下层施力时,其意志能够被执行。而权力的拥有者未必是个人,也会是群体,例如帕森斯就认为:"权力指一种个人或群体反复地把自己的意志强加于他人的能力,而不是指影响他们的一项决定的单个例子。"④从这些我们可以看出,权力天然就是一把双刃剑。然而,对于大多数公共组织而言,其管理权力的合法性由政治权力而来,由政治权力产生出行政权力,行政权力又以统治、管制与命令的形式制造出种种行政权力,这是传统社会中权力的主要特点。

传统的政治权力与行政权力毕竟不能替代一切,当社会由这两种权力长期统治的时候,就会出现不同程度的问题,公共产品与服务的质量会很快下降。从社会的运行来看,整个社会由这两种权力形成了一个自上而下的控制权力场,"制度理论指出,一个由上至下的力场的存在,制约了每一个相继连接层面——包括领导者、管理者及其他雇员个体的层面——行动的独立性"⑤。在这种权力场中,力量的传导机制却是上下的服从关系,也就是底层权力只对上层权力负责,下层的努力是为了使上级权力层满意。这样一来,除了最高层之外,其下的每一层权力级都只在命令机制下运作,合作的成分极少。由于社会的运行逻辑影响着组织,故而社会组织不同程度地体现出权力运行的同质性,主要是因为这样的统治或管制方式对每一级的最高层都是成本极低的,却能收获到

---

① 见《汉书·游侠传·万章》。
② 见《管子·霸言第二十三》。
③ 中国社会科学院语言研究所词典编辑室.现代汉语词典[M].7版.北京:商务印书馆,2016:1082.
④ [美]T.帕森斯.现代社会的结构与过程[M].梁向阳,译.北京:光明日报出版社,1988:148.
⑤ [美]E.马克·汉森.教育管理与组织行为[M].冯大鸣,译.上海:上海教育出版社,2005:388.

下一级的忠诚与负责机制。长此以往,组织的运行价值体系就会变成最高权力拥有者的价值观,组织的效率与运行质量无法由其产出的产品成果来决定,而是由权力所决定。

权力需要同组织结合起来才能发挥作用,权力的意义在于同组织的多元价值体系相匹配才能有效果,权力的最终意志是组织成员的集体意志。"组织是这样一种集体,其参与者追求多重利益,既有共同的也有不同的,但他们共同认识到组织是一种重要的资源以及保持其永续长存的价值。"[1]权力的效率来自于能否延续组织的长期价值,只有不同组织成员的利益都得到满足,权力的作用才会保持在长期而持久的状态。在高效的组织里,行政权力的运行逻辑是一套完整的过程,而不是单纯的命令与强制,高效的权力运行离不开监督与分权,从概念上来说,理性的权力运行包含的过程是丰富的。"行政权力运行的过程就是行政主体分配和行使权力的过程。行政权力的行使过程即行政权力主体对客体施加影响,并使客体按照主体意愿采取行动的过程。这一过程包括计划、组织、用人、指挥、执行、监督和反馈等一系列具体行为。"[2]没有组织不想以高效的权力来运行,关键是用何种方式以及如何控制权力。因此,以权力运行方式的变革来提高效率一直是现代社会的每一个组织努力寻求的目标。

(二) 作为权力再造的治理

通常人们认为治理的产生是为了解决现有机制运行的困境,是一种解决问题的方式。例如政府公共决策效率的低下,公共服务与产品质量不良等问题的出现暴露出传统统治的缺陷,推动着不同的社会阶层加入进来,通过多个主体协商的方式解决公共问题。而企业内部治理则是为了解决委托—代理困境,解决"外部人"利益流失的问题。说到底,治理是挽救公众与企业内部互不信任的境况,使得各方能够重新建立互信,重新制造出效率。正如让-皮埃尔·戈丹为治理所下的定义那样,"在那些宏大乌托邦幻觉的瓦砾上,除了对公共力量和国家监护式干预等原则的不信任之外,一个新的希望正在酝酿形成:治理"[3]。历史上,人们都在谈论治理对于现代社会与企业的重要性和必要性,却没有多少

---

[1] [美]W.理查德·斯科特,杰拉尔德·F.戴维斯.组织理论:理性、自然与开放系统的视角[M].高俊山,译.北京:中国人民大学出版社,2011:33.
[2] 张国庆.行政管理学概论[M].北京:北京大学出版社,2000:8.
[3] [法]让-皮埃尔·戈丹.何谓治理[M].钟震宇,译.北京:社会科学文献出版社,2010:67.

人去思考如何才能走向治理，使之形成治理的制度。如何才能走向治理，这是现代人最为关心的问题。

从演变过程来看，治理是权力重构的结果，抑或说是一种权力再造的过程。因为传统社会中的权力类型是单一的，在普遍的统制权力之下，诸多权力都被纳入这一权力体内，诸如组织权、监督权、决策权、财物调配使用权、否决权和人事任命权等权力都被整合到这一种权力之下。到了具体组织内部，更多时间内运行的就是行政权力，行政权力所表现出的更多是命令与服从、强制与依附。当现代管理理论产生之后，人们开始发掘组织内的其他权力，用"权利"(right)的形式来消解统制与行政的"权力"(power)所造成的难题。因为"权利"受到外部法律的保护，能够实现拥有者自身的利益。但相对于统制"权力"来说，"权利"仍然是虚弱的，仅能够保护拥有者个人的利益不受或者少受侵犯，而不能增加群体的利益，在社会的运行效率上所起的作用依然是有限的。故而，当公民社会与现代企业产生后，人们都要求变革已有的权力关系来提高社会与企业组织的效率，这样才产生了最初的治理。在不少研究者看来，治理的产生实质上是人们对于权力的一种夙愿，是为了解决由权力所导致的社会问题，"如果要使治理变得有用或受人青睐，就要在遇到问题时参照治理理念来解决，而这些问题也必须是'新的'……尤其是那些多中心且分散的权力当局在地方分权已经有一定发展的环境中引起的新问题，以及那些呼吁采用新的谈判程序在功能上不断提高协调水平的新问题"[①]。治理不仅意味着权力关系的调整，而且需要通过权力的再造使组织的效率有质的提升。

对于组织来说，治理不是对传统权力的回避，而是要提出新的权力构建方式和运行逻辑。权力本身没有问题，有问题的是不相适应的权力逻辑。在传统组织内，由于权力运行逻辑的单一，组织的运行就是行政权力传达的结果，更确切地说是维系在组织权力最高层的人格与意志上。拥有最高权力的人需要的能力不是提高组织的效率，而是如何保持其权力来源的合法性，所以使其责任是朝向上层权力层的。也就是说，在传统社会里，权力的运行逻辑是直线—职能式的，最高权力层可以一竿子插到底，统管一切，但成本高昂，效率低下。同样，由于缺乏相应的监督权，每个人从理性人的角度都会最大限度地获取利益，在上层权力掌握信息不足的情况下，腐败就会滋生，每个人的利益都会受损，而

---

① [法]让-皮埃尔·戈丹.何谓治理[M].钟震宇，译.北京：社会科学文献出版社，2010:53.

权力下层的人损失最大。表面上看,组织的架构是完整的;实质上,组织的权力运行效率已经被掏空。所以,对于新的权力诉求就由此而展开。

治理的诞生是人们对新的权力结构的诉求,伴随着组织职能的分化,出于维护组织效率和个人利益的需要,每个人都渴望权力再造,变原来的单一权力属性为多元属性,具体来说,就是增加监督权、决策的参与权与事后的审计权。对于类似于企业和大学这样的组织来说,治理的开展意味着委托权与运营权的分离、监督权的分立,以及审计权的外包。这种新的权力逻辑颠覆了传统组织命令式和单一责任式的运行方式,从下至上地构建出一种新的权力系统,每一层重新建立起责任关系,不仅对上负责,对下也要负责。权力的运行逻辑的变化推动着组织由统制和命令向治理开始过渡,正如学者们在探讨组织运行的特点时所认为的:"在考察权力关系时,必须既考虑上位者的特征,也考虑下位者的特征。上位者权力的基础是他们奖惩下位者的能力和意愿——提供或剥夺奖赏以及施加或免除惩罚。但是我们必须认识到,什么构成奖赏和惩罚最终是由特定关系中的下位者决定的。"[1]所以,当这种新的权力逻辑开始成为组织运行的选择之后,治理的目的才能实现,组织的效率才会提高。

总之,组织运行需要建立在权力的基础上才能实现,权力是一个组织流动的血液,通过权力,组织中的人员和事务关系才能连接起来。传统社会中,组织的权力属性与权力逻辑都是相对单一的,这就造成了组织效率的低下与腐败行为的滋生,最终使得每个人的利益都会受损。而到了现代社会里,为了提高组织效率和减少腐败行为,增加权力属性与变革权力逻辑就成为人们的首要选择,正是在权力的重构与再造中,治理才变成串联组织的神经并开始融入现代社会里。从这一点上来看,治理的引入就是权力属性与权力逻辑变革的结果,组织的效率来自于治理,其本质还是归于权力结构与运行的重新调整。

二、大学内部治理的权力环境

大学是一种社会组织,但其运行逻辑是相对独立的。大学的内涵是生产、保存并传播知识,是一种以知识和真理信念驱动的学术组织。评价大学的功效最直接的依据不是其满足了人们多少物质上的需要,而是大学培养出了多少合

---

[1] [美]W. 理查德·斯科特,杰拉尔德·F. 戴维斯. 组织理论:理性、自然与开放系统的视角[M]. 高俊山,译. 北京:中国人民大学出版社,2011:231.

格的社会公民,生产出了多少知识,以及对真理的坚守是否坚定。从历史来说,大学本身是不需要治理的,一方面,早期大学职能单一,不需要太多的权力介入就能实现良性运行;另一方面,因为治理本就是一个现代概念,治理行为也是现代社会运行状态的一种,只有当组织机构日益庞大、职能趋于复杂,使得传统的发展方式不能满足其需求时,治理才被纳入大学之中。然而到了现代社会中,大学外部已经成为一个迫切需要治理的社会。"在新的时代下,知识赋予了人们自我解决问题的能力,普通公民的自主性和自我治理的能力不断增加。那么,我们就可以推测出,在既已确立的权威难以满足他们需求的情况下,'求人不如求己',他们可能会联结起来成立新的自我服务、公共服务的实体,这个实体会不断发展壮大,直至形成新的权力中心。这个过程是不休止的,并且会引发一系列的连锁反应,在越来越发达的信息与传播技术的刺激下,知识的分布范围与速度也永无止境,直至形成多权力中心的新社会。"[1]当外部社会的运行逻辑改变时,大学自身的运行方式和发展方式也需要进行变革。由此观之,治理是现代大学的发展方式。而治理意味着对权力关系的变革,对既有利益的调整,所以就需要创造新的环境,使治理的效果能够落到实处。因此,治理的顺利展开需要一个有序而高效的权力环境,这是推动治理进入大学的关键。

(一)大学治理需要何种环境

对大学而言,治理的开展需要一定的环境,从外部来说,整个社会已经从统治阶段过渡到治理阶段,公民参与公共事务决策积极性的提高要求大学走出传统的象牙塔,成为维系公共利益的纽带。而从内部来看,传统的大学管理方式已经不能满足大学内部多种崛起的利益诉求,对学生群体、管理者群体和学者群体来说,基于行政权力与学术权力的二元权力结构无法解决现代大学所面临的问题,大学无法再像从前那样,在传统的民族国家权威的驱动下就能获得成功,而是需要变成现代市民社会的一部分,参与整个社会的治理。大学治理的目的在于使其形成自主发展的活力,通过治理完成权力结构的重组,激发其使命上的创造力,也可以说,治理是大学管理的高级阶段。"只有当大学管理进入高级阶段,才会注重大学内在的和谐,才会重视大学活动主体创造性的激发。可以说,大学治理强调的是对主体精神的尊重和内在创造性的激发。只有当大学管理走向了文化管理时,在管理理念上依靠自我管理而不需要外部强制的时

---

[1] 吴松江,米正华.公共治理权力结构的嬗变:原因与趋向[J].江西社会科学,2015(2):235.

候,才可称得上达到了治理的境界。"①因此,大学治理的需求既有外部环境的推动,也有其自身发展的需要,应从环境上构建出治理的氛围,而这种环境通常是由权力结构的调整而来的。

　　从逻辑上看,治理行为的开展与权力关系是互为因果的。治理的前提是从集权向分权的过渡,而权力的分化又能推动参与者的积极性,使治理走向更高的阶段。由此,促使治理展开的切入点应该是权力环境的塑造。对于大学而言,其本身正是由分化的权力组织、自由的工作方式以及多主体间的协作关系而产生效率的,知识的特性造就了大学分化的目标、分立的组织以及独立权力属性的天性。正是基于知识上的分化,今天的大学需要获得一定的独立才能产生效率。正如伯顿·R.克拉克所概括的那样,"知识是学术系统中人们赖以开展工作的基本材料;教学和研究是制作和操作这种材料的基本活动;这些任务分成许多相互紧密联系但却独立自主的专业;这种任务的划分促使形成一种坡度平坦、联系松散的工作单位结构;这种结构促使控制权分散;最后,目标必然是模糊的,广义概括的目标可以起到使基层操作部门具体目标合法化的作用"②。更进一步说,在历史上,大学诞生时,不仅其所拥有的权力对外是独立的,在其内部也是以同乡会、学院等形式分别存在的。每个组织之间都是平等的法人关系,拥有相同的权力形式。内部的成员可以用协商、协作与权力共享的形式来获得资源的平衡。从外部来看,大学的这种权力特征是当时城市制度造就的,当市民、教会与世俗王权等势力构成了大学的生态环境时,大学所得到的特权以及其内部的权力结构就是这种环境造就的产物,因为这在当时的社会中并不是新鲜之物。"市民阶级成为一种特权阶级,而且城市也为所有进入者提供类似于教会避难所一般的保护。"③可以说,大学在这种权力分化的环境中获得了初生的机会,并得以实现瞩目的影响。

　　民族国家兴起之后,大学所面临的环境已经天翻地覆。近代以后,国家集权式的发展方式逐渐成为主流,大学也被纳入国家体制当中,所以不少大学是国家职能的一部分,其内部组织结构与权力系统都是国家系统向下的延伸。然

---

① 王洪才.大学治理的内在逻辑与模式选择[J].高等教育研究,2012(9):25.
② [美]伯顿·R.克拉克.高等教育系统:学术组织的跨国研究[M].王承绪,等译.杭州:杭州大学出版社,1994:25.
③ [比]亨利·皮朗.中世纪欧洲经济社会史[M].乐文,译.上海:上海人民出版社,2001:48-54.

而,这毕竟与大学本身的运行逻辑是相违背的,将大学纳入集权式的计划中,往往扭曲了大学应有的功能,造成的结果是不同大学间水平的差距越来越大。不仅大学内部种种利益无法得到满足,而且知识的生产力也无法得到提升,正如阿隆所言:"诚然,计划化的社会可以公正地加以治理,但不能预先保证计划的领导人在可能作出决定时一定会作出符合所有的人的利益或符合集体最高利益的决定。"①在统一的国家体制下,所有的发展都被严格置入一个计划当中,所有的权力都需要服从最高权力的需求,这样一来,不仅大学的自主性无法得到保障,社会组织的积极性也难以被调动起来。换句话说,没有哪种权力可以对自身的利益负责,而只能依附更高的权力。在这些矛盾之下,当人们的利益诉求无法得到满足时,就会借助权力去侵害他人的利益,社会整体的运行效率会极为低下。在这个意义上,寻求新的变革也就成为现代社会人们最需要的方案。

(二) 从管理体制变革到治理框架构建

大学是环境造就的产物,现代大学的基本形态与环境密切相关,当治理的时代来临时,人们渴望大学能够成为治理的承担者,帮助社会实现治理契约的构建。正如美国公立大学所发挥的作用那样,大学治理成为显示社会公平的结合点。在美国,现代公立大学本身就是社会治理契约的一部分。"公立大学发明了一种社会契约,其内容意味着一种深刻的社会进步的理念:任何公民在一整套规定的学习环境中,都拥有进入他所在州的大学进行学习的机会——与大多数私立大学形成鲜明对比的是,后者会利用宗教、种族、社会地位等因素排斥大量的学生。"②对于大多数大学来说,其运行状态无法满足这种治理的要求,主要原因是行政权力的强势成为大学内部的权威,而教师权力、学术权力与学生权力得到的表达机会有限。治理需要改变的是这种不对称的权力状态,对大学权力结构、组织体制、运行方式的变革就需要被纳入制度变革层面来考虑。

进入20世纪后半期,改革成为世界各国高等教育领域的主旋律。如何界定大学内部的权力合法性以及规定权力运行的方式是变革的主要内容。因为

---

① [法]雷蒙·阿隆.社会学主要思潮[M].葛智强,胡秉诚,王沪宁,译.上海:上海译文出版社,2013:176.

② John Aubrey Douglass. The Conditions for Admission: Access, Equity, and the Social Contract of Public Universities[M]. Stanford: Stanford University Press,2007:6.

没人想要使大学的办学权、运营权、管理权、奖惩权、决策权都成为行政权力的单一属性,故而对于教育系统的体制改革是各国的重点。从集权制国家到分权制国家,对大学的改革成为人们解决高等教育发展困境的主要手段。然而,在不少国家中,大学的改革究竟该如何进行却变成了新的困境。最主要的原因在于仅仅只有外部的改革不足以使大学应对变化的环境,也难以将改革的成果融入大学制度内部,正如有学者所提出的,"多年的教训表明,教育行政体制改革若没有相应的学校管理体制改革措施配套,很可能落空"[①]。改革应该到什么程度?对大学组织的改革是否越多越好?这些一直是人们争执不断的问题。所以,治理作为改革的重要手段被人们提出。但是,治理的最终目的不是改革,而是使大学走上"善治"的轨道。相信没有人想要将大学改回到中世纪的状态,也没有人想要将大学改为生产知识的现代企业,大学的改革需要以其特有的组织逻辑展开,最好的治理应该是保持组织本质价值的治理。不论权力如何变革,其目的都是恢复大学的本质。

在现代社会,不论何种社会系统的改革都应该以公共福祉为目的,寻求改革的突破点应该在对权力的重新界定上,使更多的主体参与到改革中来。在过去,我们一直强调的是教育系统的管理体制改革,实际上只是对教育系统的组织结构做调整,并没有对权力架构和运行方式做出制度性的规定,这就导致改革前后大学的差异并不大。权力架构的改革意味着变革原有单一的权力格局,丰富利益相关者的权力诉求及表达形式。如果没有涉及权力变革,就无法确定改革的主体和方向。随着治理时代的到来,人们渴望从权力层面寻求新的改革方向。教育系统也好,大学管理体制改革也好,都要将更多的利益群体纳入改革当中,使之从改革的主体变为治理参与的主体。严格说来,大学的治理应该由每个大学人自己来完成,而不是将权力交予外界,大学治理的权力架构运作意味着权力主体脱离了道德控制,使原来一元化的权力主体变为多元,谁都不是绝对的道德和权力独裁者,大学的运行需要兼顾不同权力主体的利益。从本源上看,其原则一般由这些来构成:"一是大学治理的主体应当是大学自身内部的力量,可以是校长、教师和学生,但不是国家、社会或学校以外的其他组织;二是大学治理的内容是高校内部的事项,主要包括学术上的自由和管理上的自主;三是治理的目标是保障学术活动只服从真理的标准,而不服从任何学术伦

[①] 陈桂生.回望教育基础理论:教育的再认识[M].北京:北京师范大学出版社,2008:348.

理之外的约束。"①大学的治理时代不应是单一的学者与行政管理者在利益上的博弈关系,而应是一个存在于大学的多权力主体,实现权力监督权力,避免腐败和利益过度攫取现象。

总之,大学治理不是内部的自娱自乐,而是需要营造充分的环境。大学治理的展开需要重组外部权力与利益体系,并将其纳入治理的范畴中来。治理不再是国家的统制权力或行政管制权力独大,也不允许一群相互依赖的委托人"都在面对搭便车、规避责任或其他机会主义行为诱惑的情况下,取得持久的共同收益"②。大学是维系社会利益的连接点,近些年推动的高等教育管理体制改革实际上就是使大学能够帮助更多人实现其对高等教育的诉求,改革的目的是使权力得到均衡,让改革的结果与治理相接轨。改革虽然是推动大学治理的重要手段,但改革不是目的,最终的目的是要回到权力均衡,使大学的本质得到彰显。

三、大学内部治理的权力来源

现代治理理论认为,权力是推动效率的主要力量,虽然治理结构的调整与治理的效率密切相关,但真正生产效率的是权力。正因为有了权力与权力之间的制衡,组织内部的利益相关者才能通过权力去制衡那些可能发生的寻租与腐败现象。奥尔森就认为,配置合理的权力能够产生组织的繁荣,并且可以防止权力走向极端。换句话说,将权力关进笼子的还是权力。纵观那些一流的世界大学,除了其学术水平和知识生产能力的高超,最主要的是其内部合理的权力系统使得智识活动的效率得到了提升,并且能够抵御住不同权力对于学术权力的侵蚀。也就是说,大学治理的权力属性和朝向决定着那些相关者的利益归属,而且也决定了大学的发展水平。

(一)大学治理的权力属性多元

通常来说,人们认为大学是知识的领地,一切活动均要服务于知识活动,学术权力是大学内最大的权力。一直以来我们都认为,学术权力的合法性来自于知识本身,是形而上的,因为在中世纪的大学中,由学术权力衍生出了学者行会

---

① 祁占勇.现代大学制度的法律重构[M].北京:中国社会科学出版社,2009:177.
② [美]埃莉诺·奥斯特罗姆.公共事物的治理之道:集体行动制度的演进[M].余逊达,陈旭东,译.上海:上海三联书店,2000:中文版译序2.

第三章 大学内部治理权力论

的种种特权,诸如罢课、迁徙、免除赋税和普适教学权等特权,被今天的每个人所津津乐道。所以,今天的学者在面对自身式微的权力时,往往会怀念那个时代,但是又造成了新的权力矛盾,似乎每个与大学相关的人都在抱怨自己缺乏权力。"学术界敏锐地感受到并痛惜他们缺乏权力。较保守的人们渴望恢复他们相对于学生、行政官员和政府的传统自治;政治家、文职官员和行政官员——他们最关心的常常是经济——力求使大学与当今政府的各项政策保持一致;学生常与初级教师和少数高级教师一起抱怨无权。"[①]今天向大学内引入治理的人们依然最怀念中世纪时大学内部的权力状态。然而,当我们重新从治理的视角去审视大学的过往,却发现事实并非如此。中世纪大学的权力并不单纯来自学者群体,如果没有外界权威的认可,学术权力是不具有合法性的,换句话说,大学的自治需要内部权力与外部权威相协调。"可以粗略地说,行会的确定一方面由于其内部自治(有权确定其章程及其官员,强调其成员执行内部纪律,开除违规者)。另一方面,在于公共权力承认其法人地位,同时公共权力也被禁止与行会成员直接地与单独地发生关系,准用印章(用于证明行会行为)通常作为公共权威赋予的法人,作为行会的法律承认的象征。"[②]由此观之,大学内部治理同样如此,它的权力来源必然是内外两个方面的。

大学的内部矛盾来自于权力纷争,源于行政权力对学术领地的侵占,学术权力无法对愈加增大的行政权力形成制衡,大学的走向也就变了。与其说人们怀念中世纪大学的权力状态,不如说他们怀念的是当时大学内部相对单一的权力配置。由于中世纪大学的诸多特权皆来自当时的教皇与世俗王权,大学内部的管理权力来自于同乡会与学院,而这两股权力恰好都能在学术权力身上找到契合点,大多数人都能将发展学问作为一致的目标。"教师和学生最初聚集到一起的时候,教学和学习的习惯逐渐形成了一些共同的传统和习俗,随着学术群体的壮大和发展,群体中各种具体和特殊的习俗逐渐增多,发展成为大多数人都自觉遵循的惯例,在日常生活不断得以运用的过程中,它们开始向一般性和抽象性的规则转变,最后人们以成文法律的形式,将这些规则记录下来并且正式颁布,这些成文的法律规则在得到了宗教或者世俗权威的认可之后,组

---

① [加]约翰·范德格拉夫,等.学术权力:七国高等教育管理体制比较[M].2版.王承绪,等译.杭州:浙江教育出版社,2001:1.
② [法]雅克·韦尔热.中世纪大学[M].王晓辉,译.上海:上海人民出版社,2007:17.

织便拥有了合法的地位,同时这些法规也具备了继承、模仿和借鉴的基础。"[1]但这并不是说大学在一开始除了学术权力之外就没有其他权力,大学的权力来自于当时的政治权威。然而,当民族国家崛起时,大学的权力来源发生了变化。当不少大学进入国家系统时,其权力性质就发生了改变。大学的利益不仅是由学者来享有,而且更成为多元利益的交汇处。当治理时代到来时,大学的权力属性不能仅为单一的,而是表现为多元属性。

治理是权力的重新分配过程,也是权力性质丰富的过程。传统大学中的权力表现出的是高度的同质性,而治理是用不同的方式使这些权力凝聚起来,形成合力。正如罗素所言:"每一个组织,不论它的目的或性质如何,都涉及权力的某种再分配。每一个组织必定有一个管理机构,它以整体的名义作出各种决定,并在关系到组织目的时,总比单个成员有更多的权力。随着人类文明的发展和技术复杂性的提高,结合的好处也就越来越明显。"[2]大学内部治理是多元利益逐渐融入的过程,这意味着大学权力机构成员的组成是多元的,这是历史走向的必然,"19世纪末以后的一些大学,无论是'联邦制'的伦敦大学,还是地方大学,治理结构中引入社会人士参与治理是一个重要的现象。大学上层机构通常由校务委员会、理事会、评议会组成。校务委员会作为最高决策机构,成员大多是非大学成员,包括议员、宗教领袖、社会名流"[3]。从治理成员的多元性而言,大学内部的治理权力在性质上不可避免地会走向多元,这样,需要人们解决的问题就是如何凝聚这些权力属性,使之变为为智识活动服务。

(二) 内部治理的权力产生方式

传统意义上组织内部的权力由权威带来,而权威的来源有三种方式,也就是马克斯·韦伯所称的传统型、卡里斯玛型与法理型。一种是传统型统治,是建立在习惯和古老传统神圣不可侵犯的要求上的。这种统治者通常是族长、部落首领之类。第二种类型是个人魅力(卡里斯玛)型的统治,是建立在某个英雄式人物个人魅力上的,先知、圣徒和革命领袖是典型。最后一类是法理型的统治,是建立在对于正式制定的规则和法令的信赖基础上的,代表人物是选举产

---

[1] 孙益.西欧的知识传统与中世纪大学的起源[M].北京:北京师范大学出版社,2012:270.
[2] [英]伯特兰·罗素.权力论[M].吴友三,译.北京:商务印书馆,2012:128.
[3] 熊庆年,代林利.大学治理结构的历史演进与文化变异[J].高教探索,2006(1):41.

生的统治者。① 权威是产生权力的前提,不论是传统大学还是治理型大学,没有权威就意味着治理的意志无法得到执行。对大学而言,其权威来自于知识,其合法性原本是天然的,只不过由于民族国家诞生之后,这种权威变成了由知识群体内部推举,而最终由外界认定,大学的权力合法性的来源就转到了外部,当外部的权威与内部的知识权威在博弈的过程中产生了信息、资源以及运行逻辑上的不对称时,矛盾就出现了。大学的内部治理主要是用于解决由这种不对称造成的委托—代理问题和权力寻租问题。以组织行为学的角度看,法定权力有三个主要的来源:第一,当前社会、组织或团队的文化价值观决定什么是法定的;第二,人们可以通过被接受的社会结构来获得法定权力;第三种法定权力源可以来自被指定成为一个强有力的个人或团体的代表或代理。② 对大学的内部治理来说,理性的生态架构、强有力的外部权威以及大学文化的特性是产生权力的主要来源。

治理的生成首先来自于大学内部的结构权力分布。对于一个组织而言,合理的结构是推动其运行的动力,正是结构安排下的权力避免了资源高度的集中以及过度的分散,避免了权力寻租与搭便车行为的产生,治理活动的出现就是为了避免这两种权力的极端状态。治理的意义不外乎从制度层面重新规定权力的运行方式与逻辑,并以此保证每个人在利益损失最小的前提下参与组织运行。对大学而言,治理要解决的是高等学校内部权力运行的同质性和矛盾,同质性表现在科层制组织下的命令式强制权力占据了大学内的主体,而矛盾则来自于不同学科、不同领域权力对有限资源的争夺。在现代社会里,不论是公立还是私立大学,由于拥有资源的不同,造就了大学内外权力力量的不均衡性,也就是说,大学内部的权力安排要受制于外部拥有丰富资源的权力一方,之所以今天的大学需要治理,也同权力控制下的资源不均衡有关。"大学治理如果用资源依赖理论的角度来看,它应该包括两个方面:一是大学外部的资源依赖产生了其组织对特定组织的外部控制,并影响了大学内部的权力安排;二是外部限制和内部的权力构造构成了大学治理行为的条件,并产生了大学为了摆脱外部依赖,维持大学内部自治的制度。"③在治理产生之前,大量的经费、人员和物资调配权集中在

---

① [英]弗兰克·帕金.马克斯·韦伯[M].刘东,谢维和,译.成都:四川人民出版社,1987:111-112.
② [美]弗雷德·鲁森斯.组织行为学:第9版[M].王垒,等译.北京:人民邮电出版社,2003:312.
③ 李洪修.大学治理的制度逻辑及其选择[J].大学教育科学,2012(6):19.

少数人手中,想要使大学走向真正意义上的治理,就需要对资源进行重新分配,用资源的形式来逐步平衡权力,这样的权力运行才是有意义的。

现代大学从传统的管制走向治理,其权力合法性由谁来授予尤为关键,由于大学内部不同的专业群体、科层结构以及利益相关者的权力来源是分散的,如果要想使这些权力同时被纳入治理轨道,重新组织权力结构就是人们需要解决的问题。正如早期的大学在授课许可权上由外部权威掌控一样,今天的大学即使再自由,其权力运行的合法性也是由外部的政府或董事会来授予的。过渡到治理时代,权力需要重新被纳入法定的环节中进行认定,"基本的任务是发现广泛的法定权力模式,即由于某些群体占据支配地位而产生的权威。正如我们已看到的那样,各种不同的群体有着自己特定的利益和信念,甚至有其自身的神话和游戏规则"[①]。因为治理面临的是新的权力运行逻辑,要想大学内原本强势的一方认可这种逻辑,其合法性就需要来自更高的外部权威。今天的大学仍然带有强烈的非营利组织特性,为了避免治理的无效率,在许多国家的大学之外有一个推动治理的董事会,它既缓冲了国家权威对大学的过多干预,又能调节大学内部的权力纷争,正如德鲁克所言,"要成为高效率的组织,非营利组织必须要有一个强势的董事会,但是董事会应该做好其职能范围内的事务。董事会不仅要帮助组织明确使命,还要成为使命的监护者,确保组织履行对使命的基本承诺。同时,董事会有责任确保非营利组织拥有精干的管理层——并且是合适的。董事会的角色是评估组织的绩效。当组织陷入危机时,董事会成员必须成为'消防队员'"[②]。

大学是文化使命驱动的组织,之所以今天有许多大学能够以治理的形态创造效率,其本质还是在于大学的文化与价值观依然是以知识为主导,以追求真理为目标,大学以知识群体监督抵制住了权力的独裁,真正的大学治理必然是双重甚至多重权力,而且其价值观是一致的,这在大学的基层组织中并不意外,"由于存在着双重权力,因此,系的社团性机构和官僚人员之间必然互相监督,这就对系内的独裁行为提供了制约力量"[③]。在价值观驱动下的大学为了避免

[①] [美]伯顿·R. 克拉克. 高等教育系统:学术组织的跨国研究[M]. 王承绪,等译. 杭州:杭州大学出版社,1994:120.

[②] [美]彼得·德鲁克. 非营利组织的管理[M]. 吴振阳,等译. 北京:机械工业出版社,2007:126.

[③] [加]约翰·范德格拉夫,等. 学术权力:七国高等教育管理体制比较[M]. 2版. 王承绪,等译. 杭州:浙江教育出版社,2001:115.

走向治理的制度主义,依然以学术主义的形态维持大学的运行逻辑。那些高水平的大学虽然其权力结构层级较多,内外制衡也更复杂,但所有人对于学术的观点是一致的,需要保障充分的学术自由。"学者都是以其自己的方式独立地开展工作的。这不是有序的系统化的管理程序所能履行的责任。管理者的责任不是去控制学者,而是作为助手为他们服务,满足他们的特殊需要。但是,如果做不到这一点,大学的效率就会下降,'因为学术和科学工作首要的、永恒的要求就是有一双自由之手。'"①行政权力与外部权威的存在是为了保障这种自由而不是侵蚀它,当大学将这种价值观统一起来时,治理的展开和权力的再分配才是有意义的。

总之,大学内部治理权力的生成取决于两个层面,首先是组织体内部权力的属性需要从单一走向多元,以培育新的治理价值观。其次是大学治理效果由其产生权力的环境与方式来决定,最终的目的是保证大学以学术组织的形态来运行,保障知识生产与教育活动的环境不受侵害,这是治理所要坚持的核心。权力运行的逻辑应该以这个核心为基础,实现外部权威、治理结构与价值观的统一,由此才能产生治理的效率。

总的来看,大学内部治理是一种权力的重新认知与界定,同传统的命令与强制权力有所不同,治理的权力更多地带有制衡、合作与协商的作用。治理的权力运行属性不是为了控制,而是能够以理性的形式维护大学组织的特性。治理本身的运行方式需要考虑的内容不仅是防止那些败德与搭便车行为,而且是要将不同的利益群体容纳进来,为其授予参与的权力,大学内部权力和利益的多元化是治理所要达成的目标。"董事会在投票决策的时候需要重新考虑官僚理性的作用,管理行为中制度文化所产生的影响,明晰共同掌权的概念、教师权威发挥的程度,还要明晰对利益的限制做到什么程度。"②大学治理产生的环境不仅来自于内部,更有外部,只有内外利益相关者对治理的目标达成一致时,大学的治理才是有效的。治理的权力产生是一个权力属性丰富化的过程,也就是打破传统的以行政与管制权力为主导,走向多元权力属性的目标,权力属性的

---

① [美]罗伯特·伯恩鲍姆. 大学运行模式:大学组织与领导的控制系统[M]. 别敦荣,等译. 青岛:中国海洋大学出版社,2003:8.

② Brian Pusser. Burning Down the House: Politics, Governance, and Affirmative Action at the University of California (Frontiers in Education)[M]. Albany: State University of New York Press, 2004:3.

丰富也意味着权力在结构来源、外部权威以及价值观上重新统一,这样才能避免大学走向"治理失灵"。

第二节 大学内部治理权力的运行

对任何组织而言,权力是一个协作系统,组织的效率来自权力的协作效率。从权力的视角来看,今天的大学需要治理往往存在这样的事实,大学内最高权力的掌控层获得的是一路加强的权力,越是底层的权力所收获的利益越低,这样就导致一个系统内部最高权力的稳固性越强,对外则越是弱化,因为所有组织内部的资源都被用来维护这种稳固性。在不少大学,顶层的权力斗争通常耗尽了组织的活力。集权调动的是人们心中的恶,每个人都以行政的、管理的权力为追求的目的,而丧失了对大学传统使命的维护。基于学术的知识权力无法得到施展,也无法对行政权力的寻租与侵蚀行为形成制衡,今天的大学权力性质就是国家行政权力和底层专业权力的结合,而且专业权力逐渐被行政权力或政治权力扭曲,展现出同质化的倾向。"与中央控制的规则和正式的组织相对照,现实是大学系一级的专业权力向上延伸到学院和大学,给予巨大的影响。……正是因为专业权力的介入和它的力量,下层结构并非仅仅是被动的,被迫屈服于强化国家权力的官僚的和政治的趋势的上级权力。更确切地说,国家协调变得与现实不符,因为它和组织的专业化的下层结构步调不一致。专业权力是学科领域的权力的基石。"[1]治理的展开就是为了化解这种权力属性过度单一的倾向。然而,治理的方式又不仅在于分权,在一个充满集权的系统内盲目地分权,带来的结果就是更恶的反制,会导致大学内部的空心化现象,所以,治理需要重新建立权力的运行逻辑,将大学纳入治理的权力环境中。

一、大学内部治理的权力运行状态

大学是追求真理的组织,也是用知识实现绩效的组织。传统的高等教育管理制度影响着大学内的权力配置方式,过于集权和过度单一的权力属性都使得

---

[1] [美]伯顿·R.克拉克.高等教育系统:学术组织的跨国研究[M].王承绪,等译.杭州:杭州大学出版社,1994:175.

第三章 大学内部治理权力论

大学组织的绩效经历了短期的增长之后就陷入了停滞。虽然大学组织的绩效要靠外界来判定,但是一个国家的政治运行制度却能够影响大学组织绩效的发挥,评价大学组织的绩效"关键还是看其能否为提升国家核心竞争力提供强大的支撑,包括能否持续推动本国人力资源品质提升、能否促使杰出人才诞生、能否推动科技与社会进步、能否为人类社会提供宝贵的思想与精神磁场等"[1]。在传统的统制体制下,大学的目标和绩效评定方式都是单一的,这就造成了整个社会发展方式的凝滞。当市场力量与社会力量正在逐步取代政府,成为影响大学绩效的主要方式时,大学组织就需要采取制度性的变革,否则不仅大学无法为外界持续产生绩效,就连大学发展所需要的资源也要受到制约。正是治理将大学纳入新的发展方式中,这就需要从大学内部开始,用适合治理的权力结构与组织平衡方式来重新驱动大学的前行。

(一) 大学治理的权力关系

治理在某种意义上就是改变组织权力分布状态,建立新的权力结构的过程。之所以人们提出对大学组织的治理,表面上看是为了推动学术权力的复苏,提高知识生产与高等教育发展的质量,实际上在更深层面,大学内部的治理是为了改变权力的分布状态以及权力之间的矛盾,只有当权力的运行符合大学组织的逻辑时,其内部的各种权力才能为大学的利益相关者带来效益。"阿什比勋爵(Eric Ashby)最清楚不过地指出:'大学的兴旺与否取决于其内部由谁控制。'"[2]换句话说,大学的决策权与监督权的分布,学术专家权力运用是否得当,将直接影响着大学的命运。

大学的内部治理完全是基于传统的权力分布状态而展开的,在国家与大学之间、大学内外之间、不同大学内部利益群体之间的权力关系构成了治理的主要内容。正如克尔所言:"权力的分布是极其重要的。在德国,权力完全一头交给正教授,另一头交给教育部部长;在牛津和剑桥,曾一度交给教授寡头集团;在美国,很长时期中几乎完全交给校长;在拉丁美洲,常常交给校内的学生和校外的政客。"[3]这里所说的权力主要是指对大学事务的决策权和能够对决策者产

---

[1] 龚怡祖.大学治理结构:建立大学变化中的力量平衡——从理论思考到政策行动[J].高等教育研究,2010(12):51.
[2] [美]伯顿·R.克拉克.高等教育系统:学术组织的跨国研究[M].王承绪,等译.杭州:杭州大学出版社,1994:121.
[3] [美]克拉克·克尔.大学之用[M].高铦,等译.北京:北京大学出版社,2008:15.

生影响的权力。由于大学的天性使然,欧美大学的权力生长根基是自下而上的。不论是最初的学生行会还是教师行会,都是先有成型的权力运行制度,再获得外部权威的认可。就此来看,欧美大学的治理通常建立在大学的上下层级之间,大学与外部交汇的结合点上,并且用不断丰富的权力属性来提高决策权的运行效率,正像埃伦伯格所认为的,"大学是由在进化演变过程中形成的自下而上治理的元素和在精心设计时就确立的自上而下治理的元素所组成的混合体"[①]。引入大学治理的意义同欧美国家民主制度发育的原理一样,都是为了防止权力的高度集中,避免大学的知识根基被破坏。在教育组织内部,其权力的类型主要由"强制权、奖励权、合法权(legitimate power)、个人影响权(referent power)和专长权"[②]五种权力类型构成。其中,强制权和奖励权来自于上层决策层对下层的指令执行层;合法权则是每一权力所有者享有的法定权力及权利构成;个人影响权是学校当中的权威人物所拥有的,他们不受职位的限制,其权力的边界也比普通的权力所有者大;专长权则是按照大学内专业的划分所确立的,具体分布在各个学院、系部以及讲座当中,专长权内部又按照学术影响力及职位的高低形成一系列自上而下的权力逻辑。也就是说,在宏观层面,大学内部的权力由这样几种对立的关系来构成,具体包括决策权与监督权,学术权与行政权,学生权力与教师、管理者的权力等关系,而在微观层面则是由一系列命令系统组成。

在不同国家中,高等教育的权力结构受到外部影响程度不同。在英美等国,董事会对大学内的权力结构的影响更多,市场式的治理方式影响着大学,学生、家长、专业的学会和校友都能对大学内部治理产生影响。在这些国家中,大学的治理始终是一个从分权到分权的过程,在其中可能会有集权,但是人们会努力通过改革实现进一步的分权。在这些国家中,大学的善治境界就是对分权的持续保护,"大学管理中的变革不是要建立集权化的命令—控制系统,或界定过分简单的利益中心和绩效标准,也不是要向大学注入商业价值——这将置大学于死地。另一方面,如果大学仍然掌握在教师手中,它也必将走向灭亡。管理变革,即是指要设计出鼓励竞争、保护多样性和保持大学与外部世界联系的

[①] [美]罗纳德·G.埃伦伯格.美国的大学治理[M].沈文钦,等译.北京:北京大学出版社,2010:58.
[②] [美]罗伯特·伯恩鲍姆.大学运行模式:大学组织与领导的控制系统[M].别敦荣,等译.青岛:中国海洋大学出版社,2003:14.

分权式结构"①。在英美国家中,大学内部治理的权力运作结果是催生出更多的权力主体,用不同的、市场化的权力主体取代单一的权力主体。而在意大利、法国、德国等欧洲国家里,大学受到民族国家的影响更多,大学治理被整合到公共事业治理当中,成为一项国家事业,治理的科层性特征更为明显。"大学应该被整合于公共政治之中,政府采取强制、资源或信义等手段获得大学的政治顺从。他们认为,高等教育权是国家主权的重要组成部分,对领土的统治权是政府拥有创办大学权力和管理大学权力的合法性基础。"②在这些国家里,大学的治理被纳入政府改革的范畴中,经历的是分权与集权交替的循环过程,科层制的治理形式一度将大学内部的资源控制权和决策权集中到少数人手中,也因此创造出德国大学崛起的奇迹。国家理想与知识理想在这种治理形式下整合起来,变成公共政治的一部分,同时也一度创造出新的福祉。

总之,大学内部的治理由不同的权力关系展开,治理的开展过程就是对这些权力重新界定与分配的过程。表面上看,大学内部的治理只由其利益相关者来进行,而本质上,其内部的权力生态受到外部大环境的影响。理解大学内部治理的权力关系的要点在于对其属性的认定,这样才能使之适应大学的逻辑。

(二) 大学内部治理对权力的作用方式

从作用方式上来看,大学内部治理是以权力为内容的一系列组织结构和制度关系的安排,权力的调适关系着治理的效率。传统意义上,人们都将治理结构作为大学内部治理的中心,然而,仅有组织形式不代表其运行的路径就是沿着治理与大学的逻辑进行的,如果原有的权力状态得不到调整,大学的运转一样弊病丛生,所以有人对大学向治理方向改革的态度表现得更直接:"改革'失败'的原因往往是改革者没能掌握足够的权力来保护新生事物。"③为了避免治理在大学中的"失灵",防止那些腐败、攫取学术资源的利益以及搭便车现象的出现,大学内的治理作用方式应该以权力的形式展示出来。也就是说,大学内的治理是用新的规则来约束权力与制衡权力,构建新的权力运行规则是治理的核心。在大学中,治理的展开除了需要界定清晰的权力界限之外,还需要有明

---

① [美]罗纳德·G.埃伦伯格.美国的大学治理[M].沈文钦,等译.北京:北京大学出版社,2010:68.
② 周光礼.学术与政治:高等教育治理的政治学分析[J].中国地质大学学报(社会科学版),2011(5):78.
③ [美]伯顿·R.克拉克.高等教育系统:学术组织的跨国研究[M].王承绪,等译.杭州:杭州大学出版社,1994:252.

确的制度来规定权力的作用方式,没有权力的制度运行是空洞的,而没有制度的权力则是失控的猛兽,正如人们所认为的,"用于共同体内的、众所周知的规则。它们抑制着人类交往中可能出现的机会主义行为,并无例外地对违规行为施加某些惩罚"[1]。由此,用制度规则的形式约束和制衡权力是大学内部治理的主要作用方式。

大学内部的权力约束主要通过制度来实现,也就是增强对权力使用的规范和监督。由于受到科层制的影响,大学内的决策权主要集中在最高层,在行政逻辑的主导下,大学内的种种事务都被纳入这种逻辑中,学术事务也不例外。具体表现为数字和报表管理,使服务关系变成一种反向的附属关系,也就是学术人员的利益倒挂在行政权力层上。拥有权力越多的人越有可能向投机者敞开大门,这样又加剧了搭便车行为的出现,权力使用的随意性在增生。故而,建立相应的监督体系对于大学治理而言就显得尤为重要。监督又意味着权力运行的透明,也就是决策过程和资源分配过程的信息公开。对于权力的约束关键在于建立起大学内部的契约机制,也就是每一层权力所有者都有在制度基础上开展治理的意愿,这样才能使权力被纳入制度化与程序化的运行逻辑中。正如美国大学治理中的董事会制度一样,通过董事会的形式调和大学内部的学术与行政权力之间的紧张关系,使得权力被分化,成为大学制度的一部分。"董事会制度标志着大学的决策与执行和组织活动的分离。董事会作为一个独立的管理层次出现在大学管理中,作为大学的法人代表,负责大学重大行为的决策以及大学与社会间的协调。而由大学校长以及校内其他各级管理机构组成的管理组织,在董事会领导下共同执行决议。与此同时,大学的行政管理与学术管理也分离了。"[2]通过外部的董事会监督,大学内的学术权力与行政权力能够实现平衡和良性分工。

权力的制衡同样要通过权力来实现,也就是说,从制度上实现权力的分立与制衡才能使权力制衡权力。对大学内部的权力弱势群体来说,治理不是将既有的行政权力分割出来,而是要增加学术权力的分量,以学术权力、学生权力和受管理者的权力来制约独大的权力,使得人们的行为被纳入一种权力的均衡关

---

[1] [德]柯武刚,史漫飞.制度经济学:社会秩序与公共政策[M].韩朝华,译.北京:商务印书馆,2000:110.

[2] 单中惠.外国大学教育问题史[M].济南:山东教育出版社,2006:288.

系中，而不是以个体的权力意志为主导。正如拉法耶所言："权力不是一种属性，而是涉及交易和谈判的不平衡关系。另外，这种关系有一个合目的性：当两个社会角色参与到一种权力关系时，其目的很少是衡量各自的力量；总的来说，一方行动的能力取决于另一方的行为。后者控制了前者达到其目标的可能，他的行为越是不可预测，他对后者的权力就越大。"[1]治理的主要作用之一就是防止权力一家独大，进而侵蚀大学利益相关者的权益。所以，通过治理实现权力的相互制衡就显得尤为重要，权力的制衡不是争权夺利，而是平衡各个权力主体之间的关系。现代大学中，用民主投票的方式获得权力之间的平衡关系是主要的手段。大学内外只有形成权力制衡的网络，才能达到治理的效果。例如，"美国大学治理的权力制衡分为内外两部分。内部权力制衡主要是通过完善校内治理结构和治理文化来实现的，其中，建立校内投诉机制是主要的手段；外部权力制衡主要是通过专业学会和法院等机构来保障的"[2]。建立多元的权力主体，实现权力的网络制衡是今后大学治理的主要选择。

总之，大学内部治理是一种权力的互动关系。其权力的作用方式决定了治理的效果，从历史上来看，治理应该是调节大学内部的权力与利益矛盾的方式，从而实现对权力的制约与平衡。对大学内部的治理不在于使其内部的结构多么完善，也不在于建立多少组织系统，而是要使每个利益相关者都能用权力来实现合作与交流。所以，完善的权力关系与相应的制度是大学内部治理的主要作用方式。

二、大学内部治理的权力逻辑和表达方式

现代大学之所以需要治理，其主要原因是由于知识系统和大学组织机构的扩大导致权力和利益的分配不均衡，在大学的利益相关者越来越多时，大学却难以满足他们的需求，大学内部权力的不均衡已经影响了大学的运行轨迹，使之与企业和政府表现出高度的同质性，这种同质性不是形式上的，而是处在相同的制度环境中。所以，治理的产生不仅意味着权力关系的调整，而且还要使权力的逻辑同大学发展的逻辑相一致。治理寻求的是高等教育在完全自治与严格监管之下的张力，"教学和科研在成为完全自治的活动或受到严厉监督的

---

① [法]克罗戴特·拉法耶.组织社会学[M].安延,译.北京:社会科学文献出版社,2000:40.
② 李奇.美国大学治理的边界[J].高等教育研究,2011(7):99.

时候,它们都会受到损害。作为决策者的学者,需要一个对之负责的伙伴。这个伙伴可能是国家官僚机构,或者是学者们自己院校的行政部门,或者是一个基金会——一个学者们必须定期向它证明他们的活动与科学和社会的关系的权威机构。反过来,这个权威机构,又应该向学者们提供必要的自治和资金,并向他们传递社会的要求"[1]。从本质上说,大学内部治理需要重新梳理大学的运行逻辑与权力的运行逻辑,治理只有在理性而多元的表现方式中,才能达到效果。

(一)治理逻辑与权力逻辑的对接

通常人们谈到大学内部治理,所使用的理论来自于两个方面,一是企业内部治理理论,二是国家公共治理理论。表面上看,这两种理论对于大学组织的运行和高等教育事业的发展都有积极作用,然而,对于大学的治理成功并不在于理论套用的成功,更多的时候需要建立在大学运行特有的规律上,治理对大学的意义在于从制度上建立起新的运行逻辑以适应不断变化的外界要求。治理有几个关键性的维度,它们被称为公共性(publicness)、授权性(delegation)和包容性(inclusiveness)[2]。实际上,识别治理的主要依据是要看其逻辑是否恰当。学术组织内部的权力逻辑与治理逻辑只有实现了相容性,大学内部的权力分解、授权与监督以及内部的权力控制才能成为可能。

从治理与权力逻辑对于大学的意义而言,其本身的相容性是有限的。传统的大学强调利益的单一性,学术利益与知识利益是大学存在的主要依据。在这种利益的驱动下,大学内部实际是强调权力的集中,学术权威越大,拥有的权力也就越多,在某种意义上,学术上的独裁超过了大学内部的民主。过去在意大利和德国大学中,权力就集中在教授手中,使得大学的组织状态也长期保持了单一性。"由于教授具有很大的权力,所以,意大利高教体制的基层组织是一元化的、等级制的和排他性的。甚至可以这样说,从上下级关系来看,它是行会式的,由一位师傅直接控制着雇工和学校。"[3]这样的权力系统必然排斥向其他人

---

[1] [加]约翰·范德格拉夫,等.学术权力:七国高等教育管理体制比较[M].王承绪,等译.杭州:浙江教育出版社,2001:182-183.

[2] [英]戴维·赫尔德,安东尼·麦克格鲁.治理全球化:权力、权威与全球治理[M].曹荣湘,龙虎,等译.北京:社会科学文献出版社,2004:43.

[3] [加]约翰·范德格拉夫,等.学术权力:七国高等教育管理体制比较[M].2版.王承绪,等译.杭州:浙江教育出版社,2001:41.

分权,其获得的监督也是有限的。而治理则强调多中心的权力结构,提倡大学利益的多元化,这就要求对传统的权力结构进行调整,将传统的学术权力纳入治理的逻辑范畴中。在治理的语境中,即使是学术权力也应该受到监督,因为任何人都难免会趋利避害,用权力获得更多的利益。在现代大学中,当科层组织与行政权力逐渐庞大时,又会侵害学术权力,所以需要用新的权力对其进行监督,"在每一个群体中,都有不顾道德规范、一有可能便采取机会主义行为的人;也都存在这样的情况,其潜在收益是如此之高以至于守信用的人也会违反规范"[①]。最关键的在于,将大学内的学术与行政权力的二元博弈变为多元主体的权力博弈,才是将治理逻辑引入大学的目的。

虽然近些年来治理已经成为高等教育领域内的一个高频词汇,但治理逻辑的引入不代表要完全否定大学传统的权力逻辑和利益逻辑,更确切地说,治理时代的到来应该使更多的人分享大学带来的利益,使他们能够参与到大学的运行中。"大学治理作为一种后官僚制管理范式,与其他治理一样,脱不开'权力'和'利益'两个关键元素。作为一种管理工具,大学治理之所以必要,完全来自于现代大学管理的需要。其根本目的是通过协调权力分配协调利益分配,使大学效能达至最大化,即学校发挥某些积极作用的能力及其正向结果最大化。"[②]在治理与权力相结合的逻辑中,对于权力的态度不是传统的命令与服从,而是认可与协作。"权力不再被定义为一种发布命令的权力,而代之以接受命令的人对命令的承认。"[③]治理语境下的权力逻辑应该是一种协作的关系,也就是将组织内部的不同利益凝聚到大学的总体发展中,使每个参与其中的人都能有自主获利、自我负责的机会,这样的治理才是长效而制度性的。

总之,在逻辑上来看,大学应该实现权力逻辑与治理逻辑的相容,使之成为新的大学制度,以适应现代社会中不同利益主体对大学的要求。最关键的是,杜绝组织体内部的腐败行为和机会主义现象是治理引入大学的目的,当权力逻辑与治理逻辑相洽时,大学的智识生活传统才能被坚持,其应有的行政效率才不会被减弱。

---

① [美]埃莉诺·奥斯特罗姆. 公共事物的治理之道:集体行动制度的演进[M]. 余逊达,陈旭东,译. 上海:上海三联书店,2000:61.
② 罗泽意. 大学治理的逻辑与性格[J]. 高教探索,2010(3):18.
③ [美]罗伯特·伯恩鲍姆. 大学运行模式:大学组织与领导的控制系统[M]. 别敦荣,等译. 青岛:中国海洋大学出版社,2003:120.

（二）权力程序在大学内部治理中的表达

一般而言，大学内部治理仅指学术机构内部的组织与制度安排，同企业组织的内部治理具有一定的相似性。但问题的相似性不代表大学与企业可以用同样的方式解决问题。大学是生产知识的学术组织，现代大学身上所肩负的社会责任要比企业大得多，这就意味着大学内外的利益相关者更多，要想将治理在大学内部从话语体系提升为一种制度规范，就需要遵循普遍的原则，用更为多样化的表达方式来满足每个利益相关者的需要。大学的治理需要遵循普遍意义上治理的原则，"一是满足共同体感觉到的需要；二是依靠共同的被认可的价值和原则；三是公平；四是由值得信任的负责任的治理者进行有效的治理；五是施行最小强制原则"[①]。大学的内部治理需要在权力程序上保证公平，在权力的运行结果上保证效率。从根本上说，将从前命令式和强制式的权力程序重新纳入大学治理中，用更为多元的方式使每个利益相关者感受到权力带来的收益，这才是大学治理要达到的目的。

从大学内部的利益相关者来区分，主要可以分为行政管理者、教师与学生几大部分，当然还有不少人拥有双重身份，例如不少行政人员和管理者同属于教师。表面上看，管理者、教师和学生是影响大学自主与自治的因素，实际上，他们背后所连接的社会群体则更为庞大，大学内部治理的权力运行不同程度地受到外部力量的影响。例如来自上级教育管理部门的决策，来自于大学所在地区社会群体等，大学内部治理及其自治不能不考虑这些外部因素带来的影响，"因为大学要发展，就必须依赖于社会的支持，社会要支持大学必然在同时也对大学提出自己的要求，这样大学治理与社会需要之间就会达成一种默契，即大学发展就要为社会提供服务以换取社会对大学的支持，而大学治理主要取决于大学的自律。如此才是经典意义上的大学自治。所以既不存在完全意义上的大学自治，也不存在只讲服从的大学，大学独立和自治都是相对的"[②]。在不同因素的影响中，大学内部治理的权力表达不应只在命令与强制层面，而是应该通过协商、合作、听证与投票机制相结合，使权力的属性逐渐向多元化的方向发展。治理社会的权威生成不是由权力带来的，而是由共同体的合作信念带来

---

① [法]皮埃尔·卡蓝默.破碎的民主：试论治理的革命[M].高凌瀚，译.北京：生活·读书·新知三联书店，2005：89.

② 王洪才.论大学内部治理模式与中位原则[J].江苏高教，2008(1)：6.

的，大学内只有形成这样的共同体，才能由分散的系科与学院变成为统一目标努力的整体大学状态，从本质上来看，大学只有建立在这样的共同体上才是稳定的。"如果有一群人，虽然没有明确的界定或限定，但一致同意被其他人所拒弃的东西，并赋予那些信念以某种权威，那就可以称之为共同体。"[①]当新的治理权威成为大学所信奉的权力信念时，大学的权力才能得到规制。

从大学的传统时代过渡到治理阶段，大学的权力表达方式需要发生变化，也就是说，仅凭命令与强制、奖励与惩罚的权力无法满足现代治理的需求。真正的内部治理权力构建是一种新型的互动关系，也就是将大学单一的权力关系变为多元而弥合的权力子系统，每个子系统拥有充分的自主权，能够对自身负责。对大学内的管理者、教师群体和学生群体而言，改变行政权力一统天下，将教师群体和学生群体纳入决策过程应该是治理中最需要的切入点，实现从管制到管理再到合作治理的过渡，将学术机构变为治理型大学，将大学从传统的知识模式、学科模式变革到具有现代意义的治理模式中来。"不同的社会治理模式形成了不同的运作机制，统治型治理模式形成的是'权威—依附—服从'的权力机制，管理型社会治理模式形成的是'契约—协作—纪律'的法律机制，多中心治理运作构建的是'服务—信任—商谈'的伦理机制，因而是一种'合作机制'。"[②]将传统的管制权力与管理权力逐渐变革到基于信任和商讨的治理参与权力，这才是符合现代大学治理逻辑的表达方式。

总之，大学治理的权力表达方式决定了内部治理的效果，当人们以积极的心态构建新的治理共同体时，当每个利益群体能够拥有对自身负责的权力时，治理的权力所发挥的作用才是稳定的。建立相互信任的网络的意义要大于强化某一方的权力，所以，通过新的合作型的权力表达方式构建大学内部的治理空间是现代大学的主要选择。

三、大学内部治理的权力冲突与调和

大学的生命轨迹与权力联系在一起，当中世纪大学诞生时，其内部权力就与世俗王权和教会权力充满着纠葛。表面上看，大学内部只存在学术权力一种

---

① [英]齐格蒙特·鲍曼，蒂姆·梅.社会学之思：第2版.[M].李康，译.北京：社会科学文献出版社，2010：44.
② 孔繁斌.公共性的再生产：多中心治理的合作机制建构[M].南京：江苏人民出版社，2012：10.

权力类型,而实际上学生权力、教师权力、学术权力、政治权力、行政管理权力等不同属性的权力早已在大学的权力逻辑中运行了许久。谈到大学内部的权力朝向时,人们不约而同地会怀念大学诞生之初的场景,认为当时的大学由学术权力所主导,实际上,即使是中世纪的大学也不是学术权力的天堂,而是交织着不同的权力属性,"事实上,在拉丁文中,'大学'(universitas)一词起初并没有学术或教育的涵义,其本意就是学者或学生行会。以后,随着时间的推移,这些自治性的学者或学生行会不断制度化,并逐步演化成为中世纪大学"①。大学正是在权力的制度化过程中才逐步成型,有了今天的样态。从本质上来看,大学的学术权力是在行会特权制度化的基础上才形成的,也就是说,学术权力需要依附在更为强势的外部权力上才能发挥效用。这样一来,当大学逐步科层化,学科分化之后,学术权力就会与其他权力产生矛盾与抵触。今天的大学治理所解决的不仅应该是学术权力与行政权力之间的矛盾问题,还有学术权力与学生权力、与政治权力的调和问题。大学的治理过程就是逐步调和这些权力矛盾的过程。

(一) 大学内部的权力冲突

权力是构成现代社会组织生态的依据,大学是权力驱动下实现自身使命的机构,也只有在权力的推动下,人们所敬仰的大学精神才能实现。"'权力'可以被定义为让个体或团体去做某事,让个人和团队以某种方式发生改变的能力。拥有权力的个体具有操控和改变他人的能力。"②不论何种方式,权力总能帮助人们实现其目的,权力是推动组织繁荣的重要依据。然而,权力又与利益相关,权力主体会利用那些正式的和非正式的、合法的与非法的手段去获取利益,当组织整体的利益被个体化的权力主体所分割时,就会产生权力之间的矛盾。表面上看,大学是一个统一的权力体,人们通过大学的知识生产与传授功能汇集起来,构成一个统一权力体。实际上,大学权力表现出的属性则是多样的,不仅有公共性,还有更多个体性,由不同的利益阶层、不一样的学科和不同的族群产生的人群组成了个体的权力集团,这些权力集团都能够对大学最高权力层的决策以及资源的分配产生影响。所以,权力间的冲突与矛盾是大学生态环境中的常态性现象。当这种冲突保持在权力的平衡状态时,权力与权力之间就会产生

---

① 欧阳光华.从大学自治走向大学治理:论学术运作的现代转型[J].教育研究与实验,2008(2):45.
② [美]弗雷德·鲁森斯.组织行为学:第9版[M].王垒,等译.北京:人民邮电出版社,2003:311.

第三章 大学内部治理权力论

制衡效果,权力的寻租与腐败现象是有限的。而当一方的权力膨胀,就会成为影响大学健康的毒瘤。据此而言,权力的生态结构与关系影响着大学的命运。

随着现代大学所涉及利益主体的多元化,利益主体或多或少都与权力相关。虽然大学一直在秉持自治的传统,但其内部的权力关系是密切相连的。也就是说,不论是学术权力还是行政权力,学生权力抑或是教师权力,每个权力主体都能获得其他权力主体的利益。随着科层制组织在大学内的稳固,官僚系统成为大学中主要权力的生产者与使用者。一方面,它们保证了现代大学对外的自治;另一方面,它们却又使得行政管理层和官僚阶层在大学内固化,成为现代大学不可或缺但却问题丛生的权力体。"在美国,历史上的院校自治传统要求大学自己负责全面工作。必不可少的政府管理和行政工作都深深地渗透于董事会和大学行政的权力之中,这种权力独立于教授的活动领域并位居其上。随着行政人员在大学校园里的地位越来越牢固,这个新生的大学官员阶层就需要保持它的地位以维护自己的既得利益,因此,他们不断斗争以防止把权限转到州官僚机构的手中。"[①]在缺乏有效监督的前提下,不少大学出现腐败的频率要高于一般的企业组织。不仅如此,行政人员还会防止将手中的权力让渡给普通的学者。于是,大学内的规章、规则系统日渐增多,大学应有的学术制度被行政制度所取代,一方面人们憎恨这种权力;而另一方面却是大学内的规则越多,寻求权力寻租的人也就越多。"在内部,伴随着政府对大学的多方位分权与放权,大学行政系统的权力空前扩大,然而它并没有仿效政府的姿态向学校基层和社会分权,而是以种种理由采取了独揽大权的做法,驱使大学的组织场域越来越趋于行政化,导致了一系列极度扭曲大学本质特性的恶果。"[②]大学应有的权力文化在这种权力的膨胀与冲突中被扭曲。

在大学内,学生权力正在日益成为影响学术组织利益的重要因素。实际上,中世纪大学的学生行会和同乡会一度具有很大的影响。而到了后期,教师行会成为大学组织的主要权力掌控者,使得学生权力被湮没下去。由于学生权力长期被忽视,人们很少将其纳入大学的权力体系中,使得学生权力在遭遇特

[①] [加]约翰·范德格拉夫,等.学术权力:七国高等教育管理体制比较[M].2版.王承绪,等译.杭州:浙江教育出版社,2001:126.

[②] 龚怡祖.大学治理结构:建立大学变化中的力量平衡——从理论思考到政策行动[J].高等教育研究,2010(12):50.

定的刺激时就会产生爆发。在工业化教育的催生下,学生只是被当作产品而并非权力主体来对待,"泰勒所实施的科学管理革命在学校起到了在商业界和工业界相同的作用——创造了一个以金字塔式的组织为主要特色的环境……教师是教育流水线上的工人;学生是产品;学监是最高行政长官,学校受托人是董事,纳税人就是股东"①。随着现代消费社会的到来,学生选择权的增加使得他们对大学"用脚投票",学生权力不仅影响着大学,最主要的是其同教师管理权与大学内的行政管理权形成了抵触。不少大学的学生可以因为授课、住宿和生活质量问题抵制大学管理层,当学生利益无法得到满足时,往往会掀起较大规模的抵制大学管理的活动。由学生掀起的公共事件在20世纪后半叶成为影响世界高等教育改革的重要因素。正是由于有了学生权力的存在,大学内的权力冲突变得更为复杂。

总之,大学是多种利益交织的机构,每个利益群体都是权力的主体,他们都不同程度地影响着大学内的权力格局。由于权力来源的不同,合法性产生方式的不一,使得大学内部在不同的权力主体之间产生着冲突,这种冲突有时是良性的,能够推动大学的变革,而很多时候却是恶性的,会消耗大学的资源。唯有寻求权力的平衡,使各方变成统一的权力契约体,大学的目标和使命才能得到有效执行。

(二) 权力冲突的调和

由于大学内部权力类型的多样性和属性的多元,不同的权力之间必然会产生矛盾。在使命的驱动下,大学也是追求效率的知识机构,在知识产出上,大学需要更高的效率才能满足社会的需要。在传统的大学中,人们渴望通过变革组织形式,使用更新的管理手段、更加理性的决策方式来追求大学的效率,于是,来自企业组织和科层组织的管理方法成为大学所追捧的新时尚。当外界流行何种管理方法时,似乎大学就成为最新的试验场,而当新的管理时尚带来一轮又一轮的权力波动时,大学本身的稳定性就被削弱了,当人们追求新的管理时尚时,大学内既有的权力基础不但会被削弱,而且还会导致不同权力之间的纷争。"今天高等教育的管理问题不是时尚带来的结果,而是引起时尚的那些社

---

① [美]罗伯特·G. 欧文斯. 教育组织行为学[M]. 窦卫霖,等译. 上海:华东师范大学出版社,2001:99.

会力量的结果,因为我们过分地依赖决策理性和对效率的热衷。"①大学内的问题被等同于管理问题,而管理问题又被等同于权力配置问题,故而当大学内充斥着多元权力的矛盾时,就需要用新的理念和治理方式调节这些矛盾。

对大学而言,治理的最终目的是要将不同的利益主体与权力主体连接起来,形成新的合作与对话关系,改善决策的效率。调节权力矛盾的逻辑并不是简单的权力分化或集中的循环,而是将不同的权力拥有者联系起来,形成一种互动和契约关系。也就是说,不论是行政权力还是学术权力,其利益是联系在一起的,只有这两者在权力上可以实现平等对话,两者各自的利益才能得到保障。治理的内涵在于共同的参与和共同利益的维系,而不是仅用行政权力来治理学术问题,或用学术权力解决行政效率低下的困境,治理是将大学内的权力关系从附庸与命令变成契约与合作的关系。每个权力主体不论其人群多少,也不管权力效用的大小,都能对大学的事务和自身的事务起到关键性的影响。"大学是利益相关者相互之间缔结的'契约网',各利益相关者或在大学中投入物质资本,或投入人力资本,目的是获取共同生产的合作收益。大学要体现和贯彻'参与逻辑'的治理结构,就必须让各个利益主体都有参与分享大学权力的机会。当然,这种分享只是机会的均等性,而不是权力的平均化。贯彻了'参与治理'的大学治理结构就是'共同治理'机制,它强调决策的共同参与和监督的相互制约。"②平等对话不是指某一方仅有协商和被咨询的功能,而是需要由所有单一权力属性的人参与大学的决策过程,每种权力都可以对其他权力实施监督和否决其决议。例如在大学中,学生对涉及自身利益的事务的影响力是最小的,管理者往往会利用自身权力的强势压制学生的需求,适当引入学生权力参与决策,使不同利益相关者的权力有的放矢,才是符合治理的逻辑。

从治理的角度看,解决大学内权力抵触的主要方式还是在于不同的权力之间能否从命令与强制关系转换为协作与契约关系。只有在权力势力均衡的环境中,对权力的监督才能实现,将权力变成选票才能实现对权力的监督与制衡。大学的运转需要在不同权力的协同下才能实现有效前行,也只有在权利受到保护、权力得到尊重的环境中,大学的种种使命和目标才能实现,这同公民社会的

---

① [美]罗伯特·波恩鲍姆. 高等教育的管理时尚[M]. 毛亚庆,等译. 北京:北京师范大学出版社,2008:188.
② 尹晓敏. 利益相关者参与逻辑下的大学治理研究[M]. 杭州:浙江大学出版社,2010:前言 2.

治理原理是一致的,"公民共同体里的公民身份要求所有人拥有平等的权利承担平等的义务。这样一个共同体的联结纽带是互惠与合作的横向关系,而不是权威与依附的垂直关系。公民之间作为平等的人,而不是作为庇护与附庸,也不是作为统治者与被统治者,发生互动"①。更为重要的是,大学的改革不是以牺牲弱势权力一方为目的,而是要保证权力的均衡,这应该是大学内不同成员的统一认知。

总之,调和权力冲突的方式并不是平均分配权力,而是使不同的权力之间建立起互动的契约关系,使之在利益上形成整体。从治理的视角看,这种权力的调和应该是自下而上的,将不同的权力主体纳入大学事务的决策中。维护其利益应该是治理达成的共识。最终的结果应该是大学是一种权力间的合作关系,通过契约实现权力间的制衡与监督,最终创造大学发展的共同效益。

总的来看,大学内部治理是建立在对权力的认知与重新定义上,传统意义上人们所认识的权力是强制与命令性的,所以大学内部产生了学术人员依附行政管理者、学生依附教师、底层依附高层的权力架构。而治理时代的大学则应该是一种权力的合作关系,在权力与权力之间建立对话的渠道,实现大学内各项信息的公开透明。从本质上来看,大学内部治理是一个重新定义利益相关者的过程,每个利益相关者通过手中的权力可以实现自主与责任,能够利用权力创造大学运行的整体效率,这是大学内部治理对权力所应发挥的主要职能。

第三节 大学内部治理权力的约束机制

治理成为当今大学的发展方式,并非因为它是一个时尚概念,而是因为治理已经成为现代社会的一种理念和解决问题的途径,从某种意义上来说,治理带来的价值是普适性的。"当前的治理观及它在世界上的传播具有两面性:它既是行动的参照,本身亦构成一个研究门类。幸运的是,治理观的传播几乎同时在行动和分析两个领域内进行。这两个领域相辅相成,而非相互掣肘。"②对

---

① [英]罗伯特·D.帕特南.使民主运转起来:现代意大利的公民传统[M].王列,赖海榕,译.南昌:江西人民出版社,2001:101.

② [法]让-皮埃尔·戈丹.何谓治理[M].钟震宇,译.北京:社会科学文献出版社,2010:33.

任何组织来说,追求效率和质量是所有成员共同努力的目标,而创造效率的除了有每个人的天赋和能力之外,关键的是如何使其向着组织的目标而努力,从而真正将成员组织起来,使之成为目标协调的权力。理想状态下,权力是协调人们活动、创造效率的方式,能够将组织成员的意志与活动凝聚在一起。而现实中,每个人都不可避免地趋向于获取利益,在个人活动之外能够最大程度带来利益的工具就是权力。对任何组织来说,权力都是双刃剑,既可以创造价值,又会产生腐败,攫取组织利益。即使没有腐败,不同属性的权力之间还会产生相互矛盾与抵触,影响组织的正常生态。所以,对组织而言,治理的含义并不单纯在于整合每个参与者的行动,还在于对可能产生的权力腐败行为形成制约。表面上看,治理是制衡权力、防止权力腐败的工具,而实质上,治理是一种制度形式,从制度层面约束权力和制衡权力才是治理运行的主要意义。

一、大学内部治理权力制约的条件

同其他社会组织相比,大学具有权力上的特殊性与多样性。表面上看,大学是以学术权力作为权威的主体,并以学术权力领导其他权力的组织,而事实上,仅从学术权力的角度来看,大学内外所包含的内容都十分庞大。伯顿·R.克拉克将学术权力分为三大部分:扎根于学科的权力、院校权力和系统权力。其中,扎根于学科的权力又包括了个人统治、学院式统治、行会权力、专业权力和魅力权威,院校权力包括了董事权力和官僚权力,系统权力则包括了官僚权力(政府权力)、政治权力和全系统学术权威人士权力。[①] 正是这些庞大的系统盘根错节在大学的内外,形成了一个权力的网络。在正常状态中,大学内外的资源交换、信息传播都通过这个网络,当然,这个网络也会产生权力节点的矛盾,其突出表现就是权力间的对峙,权力主体的互不信任。更确切地说,大学所处的权力网络是一个博弈关系的网络,之所以要引入治理,是为了纠正那些不均衡的博弈状态。

(一)权力序列的不对称

大学内部存在多种权力状态导致了其序列的不对称。理想状态下,大学应该是以学术权力为主导,也就是以学术人员的权力为主,以行政权力为辅助和

[①] [加]约翰·范德格拉夫,等.学术权力:七国高等教育管理体制比较[M].2版.王承绪,等译.杭州:浙江教育出版社,2001:186-198.

服务。然而,现实层面大学内部的权力类型远不止这两种,即使学术权力也存在着多种类型,在学术权力之中,由学科而来的专业权力,由传统的学衔带来的教授权力和要求学术自由的个人权力充斥在大学当中。"共同体成员享有特权,特别是'研究自由'和'教学自由'。任何地方的专业文化都贬低所有的外部控制,强调个人自主和学院自治。专业文化描绘了利他主义的使命,把创造知识、传递文化遗产和训练青年以发挥他们的最大潜力作为服务社会的高级形式。"[1]学术共同体本身在权力上已经造成了分化,不同的权力拥有者都力图用手中的权力向外部显示其在大学中的地位,并努力争取资源。那些拥有庞大人群的学科,那些资历深厚的学术权力拥有者自然就会对其他人造成压制,权力在学术体内部本身就是呈差序格局分布,这样就造成了资源的不均衡,引发诸多的问题。

事实上,现代大学的发展离不开最基本的管理,一所具有影响力的大学其内部必然拥有一批行政能力高超的管理者。从历史上来看,学术权力本身能够产生的管理效率是有限的,甚至说很难对学科庞杂、事务繁巨的现代大学提供具有秩序的管理制度。学术权力至多是一种宣告性权力,即证明自身所从事活动的合法性与崇高性,但是支撑学术事务健康有序发展的则是其他权力体系,包括政治权力、行政权力和民主监督权力等多项权力。然而,这几项权力之间却并非严格的依存关系,随着官僚制在大学内的崛起,学术权力与行政管理权力和政治权力之间是一种逆向依存关系,学术权力必须依赖后者才能获得独立性,而后者则可以独立存在于组织当中,没有行政与政治权力支撑的学术权力必然是孱弱的,当这两项权力日渐膨胀时,就会不断侵犯学术权力的领地。所以大学才会日渐趋向于行政化和政治化,"高等学校显然在向一种由国家控制的法人官僚机构发展。'官僚组合主义'(Bureaucratic corporatism)不仅开始成为大学的办学环境,而且渗透高等教育本身,并往往形成学者和专职行政人员之间对立的局面"[2]。正是由于这种逆向依存关系,大学内的权力序列逐渐被反转过来,学术权力变成辅助行政权力获取更多资源的手段,这也导致了学术权

---

[1] [美]伯顿·R. 克拉克. 高等教育系统:学术组织的跨国研究[M]. 王承绪,等译. 杭州:杭州大学出版社,1994:101.

[2] [美]伯顿·克拉克. 高等教育新论:多学科的研究[M]. 2版. 王承绪,等译. 杭州:浙江教育出版社,2001:45.

力和行政权力以及政治权力之间存在天然的矛盾。

在大学内部,实际上从未实现过权力的均衡和权力的独大。各种权力呈差序格局分布在大学中,具体就是大学内的组织机构中。由于专业理念、行政管理作用方式的不一,导致大学内的权力又不断进行着分化。实际上,每个大学的利益相关者都在利用手中的权力来获取对大学资源的控制权,如何制定这些控制权的分配,将决定大学的治理结构是否成熟。说到底,大学内部权力运行的规则与制度决定了大学所面临的危机和风险,甚至决定了治理能否成功,正如布莱尔所认为的:"这一系列规则的重要性在于,它们决定着每一个参与者所享有的控制权、收益权和所承担的风险是否匹配,以及谁在什么状态下实施控制,如何控制,风险和收益如何在不同企业成员间分配等这样一些问题。"[1]在这种长期对控制权的争夺中,大学的资源实际上是被差序的权力格局所消耗。引入治理的意义正是在于平衡这种权力格局,建立新的权力制度。

(二)建立互信的治理网络

互信是治理所要实现的目标,现代大学之所以暴露出诸多的矛盾,表面上看是由于不同的权力主体在大学内部的利益之争,是行政权力对学术事务的干预所导致。实际是缺乏统一的认知,不同权力在理念上的差异是造成大学偏离其使命的原因。与其说大学的这种使命是形而上的,是从历史而来的,倒不如说大学的使命是伴随着其权力格局的变化不断发生着改变的。之所以大学能够保持稳定,成为现代社会中不可或缺的社会组织,其本质在于大学被安置在了一个以权力互信为基础的网络中。这种互信的机制从行会时代就开始了,大学内的每种权力都与外界有着不可分割的联系,大学之所以能够获得自治,与其权力来源和当时社会普遍的信任机制有关。当然,信任是一种传统,这种传统来自于制度性的权力的形成。也说明外界对于大学的各项职能的态度是理性的。没有信任的传统,大学是很难延续至今的。

现代大学中学术事务的复杂性需要互信的网络,其中一个非常重要的方面是学术成果的评价。传统社会中,大学内的学术权力受制于行政权力,学生权力受制于管理权力,这就导致学术事务的评价行政化以及学生事务的控制化。学术事务的评价本应由同行之间进行,其范围应该突破单一大学,然而,一旦评

---

[1] [美]玛格丽特·M.布莱尔.所有权与控制:面向21世纪的公司治理探索[M].张荣刚,译.北京:中国社会科学出版社,1999:5-10.

价标准被纳入行政程序中,原本的学术成果就很难以学术的面貌呈现出来,更缺乏公开公正的评价制度。普通学术人员的职业目标被外化成为政绩目标,导致学术市场的缺位。"目前的学术评审制度、课题申报制度、教职筛选和晋升制度与上述目标还有很大的距离。同行评议的外部市场还没有很好地制度化。同时,也没有一个自由办刊从而自然形成一个客观公正的学术评价市场;科学研究经费来源渠道的国家垄断局面使得渠道单一化,政府介入过多导致评审机构非学术化倾向;教职筛选和晋升也有赖于一个完善的外部市场的形成和存在,而我们目前还有很强的内部评价倾向。"[1]大学内的民主权力更难以对行政权力和政治权力形成监督,因为一切都被纳入一种单一的逻辑中。而在这种逻辑中,每个权力层只对上负责而无须对下级负责,诸多事务难以实现信息的公开透明,所以不仅是学术权力对行政权力无法信任,在行政权力体内部,上下级之间所建立的信任关系也是有限的。因为各方都不是在合作的状态下,没有平等的交换关系,而是在一种控制关系中生存。

因此,大学的内部治理不是一套简单的程序或行为,而是一个完整的系统,在这个系统内部,决策、行政和学术三个子系统彼此独立却又相互配合。在这个系统中,决策层居于权力的顶端,其身份独立于大学内部成员,主要对大学的战略规划和发展前景负责,也负责对行政和学术事务之间的矛盾进行裁决。行政和学术系统在大学中的地位是平行的,理性治理下的大学校长不应居于大学权力的顶端,而是成为串接各个权力、建立权力间互信的结合点。正如克尔所言:"权力应当与责任相称,但是对于校长,说服的机会应当与责任相称。他必须能方便地进入每个权力中心,给每个意见论坛以公平的机遇,让现实代替幻想并辨明他所认识的理性事业。"[2]只有在这种网络化的信任体系中,大学的各个权力主体才能协调起来而不是各自为战。在信任网络中,大学被整合为一个权力的共同体,而不是各自攫取利益的组合体。

总之,大学内部治理是基于其权力分布的现状展开的,也就是说,基于一种权力的差序格局造成了大学内部资源不均衡。当大学被这种由上至下的行政差序格局所垄断时,其权力的属性和大学事务的运作就只能被纳入单一的逻辑中。据此,建立大学内部的信任网络是平衡大学内部权力关系的关键。大学内

---

[1] 刘业进. 国家租金激励与中国大学治理[J]. 现代大学教育,2006(4):39.
[2] [美]克拉克·克尔. 大学之用[M]. 高铦,等译. 北京:北京大学出版社,2008:23.

部治理的起点来自于这种权力的互信网络,在这个网络中,信息的传导可以是多元多向度的,打破对资源和信息的垄断,就能适当解决大学内的权力矛盾。

二、大学内部治理权力运行的制度困境

随着治理作为一种概念体系被引入大学,一时之间,人们渴望对大学的治理也像公共事务和企业内部治理一样,能够产生不一样的效果。然而,概念的通用与迁移不代表在实际运行时就能有立竿见影的效果,其中非常主要的一点是大学内部的权力格局与利益关系要远比其他社会组织复杂。大学的内部治理不仅意味着对权力之间的矛盾进行协调,使之成为一个共同体,而且还意味着需要将不同的权力主体整合起来,创造大学发展的动力。同时,大学更需要治理的长效性,也就是从行为模式上的治理走向制度上的治理,对权力的限制和提升权力带来的创造力都需要从制度层面来完善。在现实层面,基于权力出发的大学内部治理仍有很多的困境需要突破。

(一) 从权力出发的认知困境

通常来说,制度的作用机理来自于其制定者对于制度作用的认知。一般人们认为大学的治理源自其产生之处,由学者行会和外部权力形成的共治和自治特色令人向往,甚至人们认为那就是大学治理的最理想形式。然而,治理(governance)无疑是一个现代概念,正是基于现代社会的利益格局复杂性,才有了治理行为与治理活动的出现。现代社会中的大学已经变得极其复杂,拥有着数量众多的利益相关者,每个人对治理的理解都不一样。大学本身就面临着"可治理性"的困境,"'可治理性'(即治理能力以及找到指导公共行为之实际条件的能力)促使我们关注行为体之间的协商经验以及将其倡议进行梳理"[1]。只有在大学成为具有"可治理性"的组织时,大学的治理才是具有成效的。也就是说,不同的权力主体要有治理的需要,这样才会建立协商和合作的基础。

对大学治理的目的并不是要使其回到诞生之初的状态,而是使其能够满足更多人对于大学的需要。治理意味着权力与利益格局的变化,意味着新的制度体系的建立,这不是所有人都想看到的,至少要使现有的权力拥有者坐在谈判桌前,心安理得地出让手中的权力是极其困难的事情。同样,当现有的制度环境能够使人从大学中非正常获利时,很难有人愿意通过制度改变现有的权力格

---

[1] [法]让-皮埃尔·戈丹.何谓治理[M].钟震宇,译.北京:社会科学文献出版社,2010:35.

局。正如奥尔森所言:"当存在激励因素促使人们去攫取而不是创造,也就是从掠夺而不是从生产或者互为有利的行为中获得更多收益的时候,那么社会就会陷入低谷。"①在更多时候,将治理从制度层面引入大学只是部分利益群体的一厢情愿。如果缺乏这种权力改革的意愿,真正的治理是无法在大学中展开的。对治理的认知是制约其在大学制度化的最主要瓶颈。而在实践层面,治理概念的泛化极易导致行为过程中的单一性,也就是不断增加每个利益相关者的责任而忽略其利益和权力的发挥空间。如果大学内的权力格局依然按照金字塔式的等级分布,在制度层面上就会限制每个层级的创造性,大学的效率与活力是无法被激发出来的。

在治理从话语向政策工具过渡的过程中,的确意味着社会运行方式的转变,但如果没有对大学外部权力结构的理性调整,是不可能有大学内部治理协商与契约机制建立的。在某种程度上,如果国家或政府没有实际承认并尊重大学的法人地位,并且给予大学真正的自治权,其内部治理不可能实现。更广泛地说,外部社会需要确立普遍的法人制度和对普通权力个体进行保护的制度,这样才能产生教育上的效率。正如丁学良所言:"在一个社会里面,如果没有对百分之九十以上的人适用普遍性制度的管理,其后果也一定保护不了少数的天才。一个出不了数量众多的人才的环境,必然不利于少数天才出人头地,因为前者是后者的平台。"②实际上,从逻辑上来看,治理是一场由下至上的变革过程,而权力改革的作用形式是自上而下的,当这两者相遇时,必然会有冲突。同样,对于大学这样的特殊的社会机构来说,在治理引入之后如何保证大学组织内的各种效率是最难解决的困境,知识生产和教育活动的复杂性并不意味着治理的制度化是人人都参与的群体运动,过多地切割权力必然会削弱大学内应有的行政效率。正如韦伯所认为的,"如果行政首脑连同其属下官僚皆由普选产生的话,除了会削弱官僚对层级制的从属关系外,还会危及——至少就庞大而难以监督的行政体而言——官僚的专业性资格与官僚制机构的精确运作"③。如果我们无法在制度层面上解决这些问题,大学的内部治理将会变成一场空谈。

---

① [美]曼瑟·奥尔森.权力与繁荣[M].苏长和,嵇飞,译.上海:上海人民出版社,2005:1.
② 丁学良.什么是世界一流大学[M].北京:北京大学出版社,2004:146.
③ [德]马克斯·韦伯.支配社会学[M].康乐,简惠美,译.桂林:广西师范大学出版社,2010:27.

（二）制度变迁的困境

大学的治理过程是一种制度变迁的过程，也是重新规制权力的过程。在传统社会中，大学的制度由外部来设计，当大学成为国家资助的机构，开始变得依赖外部资源时，大学的发展方式、服务对象也就被定义了。为此，在《学术资本主义》一书中，作者不客气地批评道："具体地讲，资源依赖理论认为，给像大学这样的组织提供资源的人有能力对这些组织行使很大的权力。简而言之就是：'谁付费，谁点唱。'"[①]也就是说，在本质上，大学内外的资源流动决定了权力作用的方式，也由此决定了大学的制度变迁方式。从古至今，社会组织的变革是一个制度变迁的过程，但主导变迁的角色却悄然转移到了大学外部，转移到了大学所依赖的资源提供者手中。这样一来，由资源提供者的偏好构成的制度变迁就左右了大学的内部治理过程。当外部的偏好能够呈现理性时，大学能够在制度变迁中获取有利的资源，而一旦当这种偏好呈现出非理性形态时，大学不仅无法获取自身发展的资源，而且会出让手中的自治权力，使其同外部表现出高度的同质化。对大学而言，外部的资源所有者在掀起制度变迁时，大学只能被动地接受，伴随着权力系统的缺陷，即使采用了治理，也难免导致低效。"这些年大学治理的实践表明，大学内部治理机制运作的不顺畅，治理绩效不好，究其原因，主要是由强制性制度变迁方式所导致的。"[②]具体表现就是监督机制、激励机制的制度性障碍无法突破。

由于现代大学已经处于权力建构的网络中，对权力的约束与监督就变得极其重要。然而，即使是用制度手段监督权力，一样需要的是渐进的变迁过程。强制性制度变迁看似以一种暴风骤雨式的风潮对权力滥用者实施惩罚，使之畏惧，但真正规制权力的不应是这种政治性的强制，而是应该将监督纳入制度层面，使之长效化。对于不少国家大学内部的权力结构来说，这种强制性制度变迁下的监督机制仍旧难以实现公开与公正，由于信息掌握和开放程度的不同，这种监督机制只能由外部更高的权力拥有者所发起，而无法在大学内实现自下而上的监督。特别是对于公立大学来说，其本身的权力架构是以公权力为主

[①] [美]希拉·斯劳特，拉里·莱斯利. 学术资本主义：政治、政策和创业型大学[M]. 梁骁，黎丽，译. 北京：北京大学出版社，2008：61.

[②] 史彩霞. 强制性制度变迁的困境：对中国大学治理结构低效率的制度解读[J]. 复旦教育论坛，2006(5)：52.

的,而对其监督只能由更大和更加危险的公权力来完成,制度上的弹性永远不如权力的变化,这也导致监督的失败和大学内权力腐败案件的频发。在我国,校内的各级监督组织基本很难从权力层面去制衡和监督权力,"高校教职工代表大会制度虽然是我国《高等教育法》规定的'教职工参与民主管理和监督'的基本形式之一,但目前由于其本身没有足够强大的权力,甚至很多时候成为行政机构的附庸,所以无法形成制约管理权力的约束机制,这在很大程度上影响了教职工代表大会制度在大学发展和大学治理实践中应有作用的有效发挥"[1]。表面上看,这是大学内监督权力不够强大造成的,而在深层意义上,则是大学内缺乏长效的制度监督所造成的结果。

对于大学来说,其治理的成功与否还在于能否为内部成员带来激励机制,只有必要的激励才能带来组织的效率。长效的激励机制是内部成员共同商议决定的,而不取决于某一方的利益相关者。而短期的激励则是由一种权力主体来推动的,在大学中集中的表现就是对学术行为的行政化激励,也就是使那些优秀的学术人员进入行政权力的序列,从而掌握更多的资源。尽管外部权力机构也尝试向大学放权,从而激发大学自主发展的主动性,但是由于权力中心和制度运行方式的单一,我国的大学一直陷于集权与放权的悖论中。"我国高等教育管理体制改革出现'集权与分权悖论'的深层次制度原因在于,集权与分权的制度结构安排都是单中心的权力结构。"[2]这种激励形式无疑是强制性的,加剧了大学内的不良竞争,人人都努力将自身纳入行政权力的序列当中,而放弃了应有的学术权力。

三、大学内部治理权力异化的监督及制约

从权力的性质来看,其属性并不是稳定的,而是受到内外规律作用的影响。从内部来说,理性的权力虽然也控制组织,但伴随着约束,最终会走向权威。"所有的集体都要控制其成员,组织中存在不同的控制模式。权力是一种基于奖惩能力的潜在影响,权威是受规范约束的权力。"[3]而权力并不完全是理性的,

---

[1] 方芳.大学治理结构变迁中的权力配置、运行与监督[J].高校教育管理,2011(11):19.
[2] 尹晓敏.利益相关者参与逻辑下的大学治理研究[M].杭州:浙江大学出版社,2010:89.
[3] [美]W.理查德·斯科特,杰拉尔德·F.戴维斯.组织理论:理性、自然与开放系统的视角[M].高俊山,译.北京:中国人民大学出版社,2011:248.

随着外部环境的改变和约束机制的变化,权力也可能会走向极端异化。异化的权力不仅无法对其实施监督,而且没有相应的权力对其进行制约。特别是对于大学这样的组织,其内部的权力结构是封闭的逻辑环,虽然大学内部权力来自于外部的委托人,也在某种程度上受到外部的影响,但大学内部的权力是自有一套规律的。这也就增加了权力异化的风险和危机。正因为如此,大学的权力逻辑需要有所改观,才能对权力的异化和腐败进行制约。

(一) 大学内部权力的委托—代理问题

任何组织都可能面临着内部的权力异化,大学亦不例外。自从现代大学成为独立追逐利益的主体,其内部的运行机制和组织机构就表现出与外部的高度同质性,在大学内部,专业的管理人员、精细化的规章制度正在造就一个新的权力群体,这些人控制着大学的大多数资源,进而决定了学术事务的交易规则。在某种程度上,大学内部的权力关系依然是一种委托—代理关系,即委托人通过行政授权的方式控制代理人的行为。然而,大学毕竟不是企业,单纯的行政授权仅能解决传统的行政效率不高、代理人积极性激励的问题,却不能推动大学的本质——教育活动和知识生产活动的效率提升。因为在大学内部各级之间又是这种委托—代理式的行政授权,学术人员和学生被排除在这个系统之外。即使是每个代理层级之间的行为也不能保证由大学制度予以控制,其中,委托人和代理人追求的目标不同、双方信息不对称、契约关系不健全、责任的有限性等因素造就了大学内部行政权力的层级膨胀。[1] 行政权力的膨胀带来的问题是管理的随意性和机会主义横行,权力也变成了寻租的工具。

在我国,公立大学是国家的公共财产,大学的管理者以代理者的身份进入,又以行政化的方式被配置了这些公共财产的使用权。从严格意义上来说,大学是全民所有的,然而由于代理者身份的模糊,以公共名义管理大学内部事务、制定相应的交易规程就构成了大学内部的层级代理关系,权力的结构也由此而形成。从更加准确的角度来看,这些代理者手中的权力受到委托者的监督,大学内的各种博弈关系和交易规则应该由教师、学生和管理者来共同构成。然而,由于技术上的原因,大学资源的所有者——全体公民无法参与大学内部事务,所以以行政效率为主导的大学内部的交易关系逐渐形成。按理说,代理者不仅

---

[1] 孙天华. 大学治理结构中的委托—代理问题:当前中国公立大学委托代理关系若干特点分析[J]. 北京大学教育评论,2004(4):30.

应该接受外部委托者的监督,还应受到大学内部不同性质权力的制衡。但是,由于信息资源公开程度有限,权力来源不均衡,这些都导致了大学内行政权力的不断膨胀,而学术权力的空间被进一步压缩。最集中地表现在教师职称的评聘、各种学术奖励和惩罚规则的制定、学生申诉和参与学校事务的程度,以及不同资源的分配都要受到行政权力的影响。虽然行政权力对这些本应是学术事务的事情没有直接的命令权,但他们制定了相应的规则,而且将其极端精细化。表面上看,大学内部管理的精细化是必要的,也是控制权力泛滥的主要方式,但实际上,这种精细化管理否定的是学术权力的创造力和知识生产的原有逻辑,而将其纳入表格与数据的管理范畴中。这就是说,虽然大学的内部管理越来越像企业,但大学却越来越失去其卓越的特征,这就是权力异化的表现。

权力的本质特征是独占性质的,也就是代理者拥有的权力逻辑是委托人所无法完全决定的,这样,有限的资源就被集中在膨胀的权力中。"权力之所以能让对方去做权力主体希望的事情,根本原因在于其独占性,如果能让其独占性受到挑战,则权力自然就会受到制衡。利益之所以很重要,根本原因在于资源的稀缺性。谁拥有了稀缺的资源,谁就拥有了说话做事的权利和生存下去的机会。"[1]大学内委托—代理带来的权力运行规则的不规范,导致在实际运行过程中权力寻租的现象激增。具体来说,行政权力会以"设租"的形式诱使学术资本向行政资本过渡,具体就是行政职位越高,所获得的控制权就越大。其职位的占有者可以有更大的支配权决定科研课题的申报、职称的评聘、学术奖励的分配等事务,促使各种学术人员进行"学而优则仕"的身份转换。在拥有行政身份之后,我国特有的"双肩挑"制度造就了行政人员进一步攫取学术资源的现象,也就是在争取课题、职称聘任和种种事务上拥有行政上的优先权。长此以往,学术权力、学生权力与行政权力、管理权力之间形成了强烈的依附关系。本应是相互独立的权力逻辑变得缠绕在一起,大学的应有职能不是得不到发挥,而是被行政权力的逻辑所挤占。

(二)基于综合系统的权力制约机制

现代大学权力的复杂性意味着其治理难度的增加。一方面,权力种类多,而不同性质的权力能够对其他权力形成的监督和制衡是有限的;另一方面,权力均呈科层化分布,能够制衡权力的来源又显得单一。前一个层面是大学内学

---

[1] 尹晓敏.利益相关者参与逻辑下的大学治理研究[M].杭州:浙江大学出版社,2010:81.

术权力与行政权力、学生权力与管理权力之间很难形成严格的制衡关系;后一个层面表现在大学内层级分明,科层组织内部的权力也是严格列序的,下层很难对上层的权力形成监督。所有这些权力在相容度上是有限的,由此引入新的方式对大学内泛滥的权力形成制约就是一个现实命题。对大学组织来说,最需要的不仅是对权力的制衡与制约,关键还在于通过新的制度设计推动权力之间形成协作关系,提高学术组织的运行效率。"从目标函数讲,政治权力与行政权力强调以管理和控制推动高校健康有序的发展;学术权力则强调以学术自治和学术自由提升办学质量和水平。可见,尽管二者的目标基本一致,但实现目标的手段和途径并不相同,即:政治权力与行政权力以管理和控制为主,学术权力以学术自由为主。因此,实现政治权力、行政权力与学术权力的激励相容就是要通过机制设计,协调双方实现目标的手段和途径。"[1]制约权力与用激励方式容纳权力应该是从治理层面来构建大学内权力结构的综合系统。

在大学内部,权力的性质不同已经是既定事实,对权力的监督和制约只有将其目标纳入同一个系统内,才能规范权力。大学是一个复杂的权力系统,当权力被过度异化之后,参与权力系统的人会越来越少,而管理规则会越来越多,当这些规则无孔不入,渗透进大学内部的各项事务时,大学组织的效率就会被降低。因为这些规则的制定和运行都需要高昂的成本,"复杂的系统中有这样一种普遍的倾向,即集权化和正规化以及对简易和效率的追求减少了组织的变化率;有关的利益集团受到各方面的牵制;控制的工具在各方面都受到加强;参加决策的部门较少,参加决策的人数也较少,但是规章制度以及批准这些规章制度的法令却较多"[2]。由于在一个组织内部存在着多种权力形态,即制定规则的权力、运行规则的权力以及监督权力的权力,在地位上,这三者是平行关系,并且相互可以制衡。在区分学术权力、政治权力、行政权力和民主权力之后,大学应该做的是将这些权力纳入三元的权力系统内,使更多的人参与规则的制定,参与权力的使用和参与对权力的监督。只有增加权力系统的人员,才能减少制定规章制度的成本,才能避免精细化管理在大学各项事务中的泛滥。

大学内的权力系统构建来自于社会中立法、司法和行政三种权力独立的系

---

[1] 张海滨.激励相容视角下的大学内部治理[J].教育发展研究,2012(1):77.
[2] [美]伯顿·R.克拉克.高等教育系统:学术组织的跨国研究[M].王承绪,等译.杭州:杭州大学出版社,1994:252.

统。在这三种权力内部,则是不分派别、不分类型的权力整合。在治理的环境中,大学内的权力构成亦是如此,只有将不同的权力整合起来构成一个完整的协作系统,并激励更多的人参与这个系统,大学的发展与变革才是有意义的。而在整合大学内部权力系统时,同样需要外部权力作为基础。如果仅是在大学组织内实施治理,而没有强力的外部体系支撑,治理是没有长效性的。同时,权力的制约与监督只有在同质的权力之间才有可能实现,如果权力来源的合法性不同,其制衡的效果也有限。因此,唯有从治理层面调和大学内部的差异权力,使之成为一个新的系统,对权力的有效变异和制衡才能实现。

大学的内部治理是一个系统项目,不仅需要内部的权力协调,使之成为一个协作的体系,更主要的是还需要外部有一套系统支撑的形式。大学是协作关系的连接点,只有为其赋予权力,制造出一个由权力保障的空间,全社会的认知活动才能保持稳定与理性。在大学的历史上,这曾屡次被人们所提及,为的就是保持大学与外部权力的距离,使之能自由自主地研究学问。正如1988年《博洛尼亚大学宪章》中所谈到的,"在由于地理和历史传统因素而形成的不同社会里,大学是一个自治的机构。大学通过研究与教学,以批判的方式,创造和传递文化。为了满足当代世界的需要,大学的研究与教学必须在道义上和智力上独立于整个政治权威、经济权威和思想意识权威"[1]。大学的内外部治理只有结合起来,才能有持续不断的大学辉煌。

---

① 王晓辉.全球教育治理:国际教育改革文献汇编[M].北京:教育科学出版社,2008:17-18.

第四章 大学内外部治理关系论

大学治理是高等教育治理体系中的主要部分,依据治理主体、内容、方式等分类的不同,大学治理可分为内部治理与外部治理,处于同一高等教育系统中的内外部治理必然存在一定的关系。厘清大学内部治理与外部治理的关系,对于建立现代大学制度、构建高等教育治理体系及推动大学治理能力现代化具有重要的理论与现实意义。前面几章从结构、组织、权力等方面研究了大学内部治理问题,本章侧重于探讨大学外部治理及其与内部治理的关系。

第一节 大学内外部治理的法治基础

现代法治国家普遍将依法治国作为国家治理体系中的基本方略,依法治国方略在教育领域的体现就是依法治教,依法治教的核心是依法行政与依法治校,从大学治理的视角来看,依法行政主要侧重于大学外部治理,依法治校主要侧重于大学内部治理,因此,依法治教是大学内外部治理的法治基础。大学内部与外部共同参与大学治理,建立多元治理的现代大学治理体系,法治是首要的前提因素。只有依法确立大学独立法人地位、大学自治、利益相关者的利益诉求与博弈机制,以学术自由保护为目的与依归的大学治理才能在依法治国的框架下顺利实现。

大学治理是依法治国战略在高等教育领域的具体实践,其核心内容是注重以法治思维和法治方式推进高等教育治理体系和治理能力现代化。[1] 以法治思维推进大学治理现代化,有利于发挥法治在大学治理中的重要作用,提高大学

---

[1] 柯瑞清.大学治理法治化的路径探析[J].东南学术,2015(3):234-238.

治理法治化与科学化的水平;有利于建立政府、学校、社会关系之间关系的新格局,优化大学内部治理结构与外部治理环境,加快现代大学制度的建设进程;有利于高等教育新形势下提高办学质量和管理水平,维护大学及其师生的合法权益,有效提高人才培养质量,促进高等教育现代化的实现。依法治教的发展战略要求形成系统完备、层次合理、科学规范、运行有效的教育法律制度体系,形成政府依法行政、学校依法办学、教师依法执教、社会依法评价、支持和监督教育发展的教育法治实施机制和监督体系。①

一、大学内外部治理的法治依据与规则

(一) 大学内外部治理的法治依据

法治视域下的大学内外部治理必须具备基本的法律制度条件,具体体现在教育法律法规和大学章程的逐步建立与完善,从而逐步形成适应大学内外部治理需要的教育法律法规体系。

1. 教育法律法规

在现代法治国家中,与大学内外部治理紧密相关的教育法律法规体系,普遍以国家宪法为根基,以中央政府的教育行政法规为主体,以国家教育行政部门的教育规章与地方政府的教育法规为补充。当前高等教育较为发达的西方国家经过持续不断的教育立法工作和地方性教育法规规章建设,制定了与大学治理相关的教育法律法规,如多种形式与名称的教育法、教师法、高等教育法等。在一些实施高等教育分权制的国家,有立法权的地方政府及其教育行政管理部门在不违背中央政府制定的教育法律法规的基础上,也制定了大量的地方性教育法规,以完善本地区的大学内外部治理。同时,国家教育行政部门根据高等教育形势发展的需要持续发布、修订、调整与废除高等教育规章,对大学内外部治理的新生问题给予积极回应和政策引领。

一般来说,高等教育的法律法规构建了大学内外部治理的主要法治基础,关系到高等教育法律法规体系是否已经基本形成,是否全面规范了高等教育领域的各种法律关系,包括宏观管理体制、办学体制、学校的法律地位、投入和条件保障以及高校师生权益保障等问题。现代法治国家的中央政府及其教育行政部门普遍颁布了一系列高等教育行政法规和行政规章,形成了以宪法为基

---

① 教育部. 依法治教实施纲要(2016—2020 年)[Z]. 教政法〔2016〕1 号,2016-01-07.

础,以高等教育相关法律法规为核心,内容较为完备、结构较为合理的高等教育法律法规体系,成为大学内外部治理的基本法律依据;高等学校的设置办法、高等教育的经费预算制度、高等学校的董事会规程等部门规章构成了大学依法治校的重要补充。

2. 教育政策与规划

中央政府、地方政府及其教育行政部门发布的高等教育政策与规划文件也是大学治理的重要依据,有力地配合了大学治理相关法律法规的贯彻实施,在大学治理的实践中同样起着不可忽视的推动作用。在现代大学制度的改革与发展过程中,政府的决策发挥着重要的指导乃至决定作用。[①] 在中央与地方政府及其教育行政部门推进依法治校工作的过程中,有关学校章程、教师代表会议、信息公开、学生管理、教师权益保护等方面的规章、规范性文件,对转变大学的法治理念,提高学校依法决策、民主管理和监督的意识与水平,保障广大师生的合法权益等方面,产生了重要的指导与推动作用。

高等教育法律法规通常以框架性条款的形式呈现出来,在具体实施中可操作性较差,需要部门规章予以进一步细化与完善,更需要教育政策文本的详细解读与教育发展规划的引领指导。在一些高等教育集权制国家,中央政府教育行政部门高等教育政策与发展规划的实施效力不亚于政府制定的高等教育法律法规,成为大学内外部治理实践的主要依据之一。当然,高等教育政策与发展规划无论如何都不能违背高等教育法律法规的宗旨与目的。

3. 大学章程制度

大学章程素有"大学宪章"之美称,是大学治理法治化的集中体现,也是大学精神制度化的重要载体。因此,大学章程的制定和修改成为各国大学治理模式变革的关键所在。大学章程是建设和完善现代大学制度、促进大学依法治校的必然要求,是推动大学科学发展的现实需要,是落实大学依法自主办学、履行公共服务职能、实施内部规范管理的基本准则。[②]

大学章程是大学办学的纲领性文件,是大学成为法人组织的必备条件,是调节大学内外部关系的基本指南,是大学依法治校的基础和保障。大学章程是对立法内容的细化与延伸,其核心内容是对权力的限制与保障,因此在大学外

---

① 胡建华.大学制度改革的法治化问题探讨[J].高等教育研究,2005(2):27-31.
② 马书臣.大学内部治理的法治思维[J].中国高等教育,2014(17):11-13.

部治理中更加明确学校与政府、社会的关系,在大学内部治理中可以优化内部治理结构、提升治理效率。国外一流大学都有完备的大学章程,从法律上对大学治理中权力、责任、利益等予以详细的区分与界定。

大学章程遵循高等教育发展的基本原则,以促进法治化、增强大学自主权为导向,着力规范内部治理结构和权力运行规则,在法治方面充分反映广大教职员工、学生的意愿,凝练共同的理念与价值认同,体现大学的办学特色和发展目标。首先,加强大学章程建设,健全大学依法办学自主管理的制度体系。其次,提高大学章程及制度建设质量、规范和制约管理权力运行、推动基层民主建设、健全权利保障和救济机制,增强运用法治思维和法律手段解决大学改革发展中突出矛盾和问题的能力,全面提高大学依法管理的能力和水平。再次,从大学治理现代化与现代大学制度建设的辩证关系出发,制定大学章程必须立足于法治基础,从法治的视角审视、创新大学的内外部治理结构与模式,厘清权力结构、治理模式与组织框架。①

(二) 大学内外部治理的法治规则

依据法治思想,有法可依是依法治国的前提,有法必依是依法治国的中心环节,执法必严是依法治国的关键,违法必究是依法治国的必要保障。以依法行政与依法治校为基础的大学内外部治理同样应坚持上述四条法治规则。有学者甚至认为,依法治校必须符合以下"十有"特征或要求:有法可依、有章可循、有法告知、有法有人、有法必依、有据可查、有例可参、有功必赏、有怨可诉、有错能纠。② 具体而言,依法治校主要有以下四个方面。

1. 健全教育法律法规,实现有法可依

在大学治理层面实现依法治教,健全高等教育法律制度规范体系是基础和根本。要重视立、改、废、释并举,结合依法治国的总体要求和高等教育改革发展的新形势、新要求,突出针对性、实效性、计划性,及时修订、完善教育法律和制度规范。积极推进教育法律的立法与修订工作,积极推动制定高等教育行政法规,加快高等教育部门规章及相关配套文件建设。对于已经不适应高等教育发展需求或在一些新情况面前缺乏可操作性的高等教育法律法规,必须按照法定程序加以及时调整或补充。

---

① 王广禄.将大学治理纳入法治轨道[N].中国社会科学报,2016-05-23.
② 程斯辉,黄俭.试析依法治校的基本特征[J].复旦教育论坛,2013(3):10-13.

第四章 大学内外部治理关系论

倘若高等教育法律法规没有细分政府、大学、学生之间具体的权力、权利与义务的分配,缺乏对权力与权利的范围界定,缺失责任违反的惩罚措施和正当程序,便难以从实体法的层面确定大学治理中权利(力)主体行使权利(力)的标准或者程序。高等教育法律法规必须赋予大学在教学、科学研究、内部组织机构设置、专业技术职务评聘、津贴调整及工资分配等方面的自主权,必须清晰界定大学内部治理中的机构权限、职责边界、程序正义、责任问责等问题,必须依法问责和追责学校履职中的不作为或乱作为现象。

大学应对现有的规章制度按照国家相关法律法规进行修订,逐渐形成一整套以大学章程为核心的、稳定的、科学合理的学校管理法律法规体系,实现有法可依。消除大学自我发展、自我管理、自我约束的制度性壁垒和障碍,回归大学本质,落实办学自主权等,无不需要运用法治思维和法治方式,从认识和实践层面加以强化。①

2. 完善法律标准与程序,有法必依

大学治理的有法必依要求大学及其相关教育管理部门在有法可依的基础上,严格依照高等教育法律法规、高等教育政策与大学章程的要求,实施办学活动与办学行为,任何人、任何事都不得凌驾于法律规则之上。建立公正合法、系统完善的制度与程序,保证学校的办学宗旨、教育活动与制度规范符合民主法治、自由平等、公平正义的法治理念要求。

完善的高等教育法律体系需要借助于科学合理的标准与程序来执行,高等教育管理部门以及大学在推行依法治教时,应该成立依法治教的相关法治工作机构,并配备专兼职法制工作人员或从社会上聘请法律顾问,制定详细的执法标准与程序,以保证法律法规、政策制度的切实履行。现代大学制度中包含的法治精神要求当大学的合法权益受到侵害时,大学必须依据相关的法律法规合理地保护应有的合法权益。当教师与学生的合法权益受到损害时,同样必须依据相关的法律法规按照规定的标准与程序维护自身的合法权益。高等教育管理部门在处理与大学的关系时,必须严格按照法律法规的要求行事,不得以行政权力肆意干扰大学治理的内部事务。

3. 强化教育法律准则,实现执法必严

依照法治思想与要求,任何人不分地位、岗位、职位都一律平等地享有宪法

---

① 马书臣.大学内部治理的法治思维[J].中国高等教育,2014(17):11-13.

和法律规定的权利,也都平等地履行宪法和法律所规定的义务;任何人的合法权益都一律平等地受到保护,对违法行为一律依法予以追究;在法律面前,不允许任何人享有法律以外的特权,任何人不得强迫他人承担法律以外的义务,不得使他人受到法律以外的惩罚。大学治理中,为适应教育管理需要,必须建立权责统一、权威高效的教育执法体制机制,着力解决教育执法的缺位、越位与错位问题,保证教育法律法规以及大学章程得到严格实施,推动教育管理的重心和方式由人治向法治转变。建设现代大学制度,需要执行者严格依照教育法律法规与政策制度依法办事,违反规章制度的管理人员和执行人员必须受到相应的惩处。[①]高等教育系统应把推进教育执法作为依法行权、依法履职的重要方式,通过执法推动教育法律实施,推进高等教育依法治理。

4. 加强教育民主管理,实现违法必究

依法行政与依法治校,应坚持依法维护大学及其师生的合法权益,比如教学改革、科研制度、人事管理、福利政策等改革决策,按照法定程序举行多方参与的听证会、意见会,逐步形成大学依法自主办学、利益相关者参与治理和自主学术创新的法律保障体系。在依法治校过程中,必须维护法律的尊严,充分发动广大师生员工民主参与学校管理,发挥教师代表会议与学生代表会议的作用,建立行政监督、检察监督、审计监督、群众监督和社会监督相互联动的机制,构建强效的权力制约与监督机制,为违法必究奠定民主基础与制度保障。

加强民主管理、实现违法必究,必须贯彻落实师生主体地位,大力提高自律意识、服务意识,依法落实和保障师生的知情权、参与权、表达权和监督权,坚决抵制任何违法违纪行为,在民主管理的基础上实现违法必究。第一,充分发挥教师代表会议作为教职工参与学校民主管理和监督主渠道的作用,为违法必究提供民主基础。第二,学校专业技术职务评聘办法、收入分配方案等与教职工切身利益相关的制度、事务,应经过教师代表会议审议通过;涉及学校发展的重大事项要提交教师代表会议讨论。第三,扩大教职工对学校领导和管理部门的评议权、考核权;扩大有序参与,加强议事协商,充分发挥教师代表会议、学生代表会议等群众组织在民主决策机制中的作用,积极探索师生代表参与学校决策机构的机制,为违法必究提供制度保障。

---

① 赵士谦,马焕灵.弘扬教育法治精神　建设现代大学制度[J].中国高等教育,2015(1):14-16.

二、大学内外部治理的法治边界与路径

(一) 大学内外部治理的法治边界

当前大学治理的法治层面,更多的是对治理权力的划分与边界确认,对治理责任与利益的制度分配比较少。但事实上,依法治教要求大学内外部治理必须在权力、责任与利益方面皆有确定的边界,方可在法治层面实现大学治理的责权利统一。

1. 大学治理的权力边界

从大学治理结构中的权力构成来看,不同权力来源均具有一定的法律依据,各项权力具有存在的合法性,但这并不意味着各项权力运行的协调、平衡与规范。由于立法所固有的宏观性、模糊性以及滞后性,大学各种权力在运行的过程中存在着冲突与无序,从而导致大学治理结构的失衡,影响大学的健康发展。将大学与政府关系法律化,为政府权力划定边界,为大学自治延展更大的空间,这是降低大学外部治理行政化倾向的重要途径。政府及其教育管理部门应当建立服务行政的意识,改进管理方式,完善监管机制,减少和规范对大学的行政审批事项,依法保障大学充分行使办学自主权和承担相应责任。

与其他社会组织相比,大学的权力关系较为复杂,权力结构在内外部多种权力博弈基础上形成,权力失衡、权力异化、职责范围交叉等问题在大学管理实践中较为突出。一方面,权力缺乏明确的界定,尤其是缺乏法律细则的界定,主要表现为政治权力、行政权力、学术权力间的界限模糊。即使高等教育法律法规中规定了权力运行关系,但是如果对于三者间的权力界限与效力缺乏明确而详细的规定,在大学管理中依然会出现权力失衡、职责交叉的问题。另一方面,大学权力分配的范围过于窄化,容易忽视行政权力与学术权力之外的权力主体,比如学生权力以及其他民主参与权力,这也是因为权力界限不明确而带来的不同权力主体间的利益博弈问题。因此,在大学与政府的关系方面,首要任务就是厘清大学办学自主权与政府监督权之间的权力边界,将大学与政府关系法律化,以法律授权的形式明确设定和配置政府监督权与大学办学自主权。

2. 大学治理的责任边界

权力与责任是法治的核心内容,是法治的重要现象和集中体现,权力与责任的矛盾是法治的最基本矛盾。在法律上明确大学的地位,规定大学与政府的

各自权限职责,实现大学与政府关系的法律化,是调整大学与政府的关系、保持大学与政府间张力的制度基础。① 现代大学治理要求大学、政府与社会在大学的发展和重大决策上各自担负自己的责任,相互协商、相互妥协、相互配合。依照有限政府的原则,政府对大学的主要职责是:实施宏观布局与结构调整,制定大学竞争发展规则,提供物质支持和政策服务,运用市场机制在大学之间配置教育资源等。② 政府及其教育行政部门要根据法律赋予的教育管理职责,依法进一步明确自身的机构、职能、权限、程序、责任,制定并公布大学治理的权力清单、责任清单、有效性规范性文件清单。

推行权力清单、责任清单与负面清单制度,要求各级政府及其教育管理部门梳理行政职权、公布权责清单、规范行政裁量、明确责任主体、优化运行流程、建立动态管理、健全问责机制。责任清单制度建设与运行是政府自身建设的基础性工程,是提高政府科学施政、民主施政、依法施政水平的必然要求,同时也是推进法治政府建设的重要环节。③

3. 大学治理的利益边界

在大学治理中,由于政治权力、行政权力、学术权力的主体分别有各自的利益,这就可能导致各主体在分别行使三种权利的过程中经常发生一些冲突,进而影响大学组织整体目标的实现,因此,大学治理必须建立对三种权力协同制衡的有效规制。三种权力的协同,要求通过组织职能的清晰界定将三种权力明确分离,在围绕大学根本使命和中心任务的基础上,各权力主体必须主动配合形成合力,通过大学的制度安排保持三种权力动态均衡,杜绝任何一方为了狭隘的自身利益而相互掣肘。从根本上说,大学要实现治理,首先必须确立一种学术权利本位的观念,并把思想自由设定为一种神圣不可侵犯的权利,从而为学术自由奠定法理基础,那样学术创新才有法治前提。④

在大学与政府的利益关系方面,应遵从以下规则:从治理理念的角度,坚持"法无授权政府不可为"的原则,政府在大学治理的角色中不是直接行政领导,而是大学规划者与协调者,政府对大学的治理方式,应从过去的行政关系转向

---

① 胡建华. 大学制度改革的法治化问题探讨[J]. 高等教育研究,2005(2):27-31.
② 杜方波. 建立现代大学制度:大学改革的根本选择[J]. 国家教育行政学院学报,2007(4):46.
③ 陈宏光. 厘清行政权力与责任的法治边界[N]. 光明日报,2015-04-08.
④ 王洪才. 大学治理的内在逻辑与模式选择[J]. 高等教育研究,2012(9):24-29.

法律关系与服务关系,从微观管理向宏观管理转变;从权力界定及运行的角度,坚持"法无细则不得干涉"的原则,政府的权力应主要体现在依法对大学行使宏观管理权,如立法权、规划权、投资权、监督权和评估权等法规与政策的制定;从大学作为学术机构的特殊属性角度,坚持"法无禁止大学皆可为"的原则,政府要依法保障大学的自治权,从而为学术自由提供保障;从大学与社会关系的角度,坚持"放权与赋权相结合"的原则,政府应向大学放权、向社会赋权,才能激发社会参与大学治理制度创新的内生动力。

(二) 大学内外部治理的法治路径

1. 树立依法治教的理念

在大学治理法治化进程不断加快、高等教育法律体系日臻完备的基础上,大学外部治理的法治环境和法治氛围日渐浓厚,大学内部治理的法制观念和法治意识逐渐增强。在政府、社会、学校层面达成依法办学、依法治校的共识,显然已经是一个实践中的问题。高等教育系统应牢固树立依法办事、尊重章程、法律规则面前人人平等的理念,建立公正合法、系统完善的制度与程序,以保证大学的办学宗旨、制度以及教育活动符合民主法治、自由平等、公平正义的法治理念要求。

在大学治理层面全面推进依法治教,首先,要求高等教育系统领导者树立法治理念,具备法治思维,掌握法治方式。法治理念包括依法治国、执政为民、公平正义、服务社会等方面。法治思维是一种规则思维、合法思维、程序思维、诚信思维、责任思维、民主参与协商共治思维,其中蕴含着自由平等、公平正义的价值追求。法治方式是公权力执掌者在法治理念和法律精神的指导下,通过制定、执行法律、法规、规章,运用法律、法规、规章创制的制度、机制、设施、程序,处理各种经济、社会问题,解决各种社会矛盾、争议,促进经济社会发展的措施、方法和手段。[1]

其次,加强对大学领导者、职能部门工作人员依法治校意识与能力的培养。大学管理者应带头增强学法遵法守法用法意识,牢固树立依法办学、依据章程自主管理、公平正义、服务社会、尊重师生合法权益的理念,自觉养成依法办事的习惯,提高运用法治思维和法治方式深化改革、推动发展、化解矛盾、维护稳定的能力,准确把握权利与义务、民主与法治、实体与程序、教育与惩戒的平衡,

---

[1] 孙霄兵.新常态下依法治教的思考[J].国家教育行政学院学报,2015(7):22.

实现目的与手段的有机统一。大学应认真组织教师的法治宣传教育,在教师的入职培训、岗位培训中,明确法治教育的内容与学时,健全与完善考核制度,针对新出台的教育法律法规实现教师全员培训。围绕全面依法治校的要求,组织教师深入学习相关教育政策、规范办学行为、维护教师合法权益、保障教职工民主管理权的法律规定,明确教师的权利、义务与职责,切实提高广大教职员工依法实施教育教学活动、参与学校管理的能力。

2. 转变管理方式,加强依法治教

各级政府及其教育行政部门应坚持依法治教,严格依法行政,按照法律规定的职责、权限与程序对大学进行管理,规范行政权力的行使。转变管理大学的方式、手段,从具体的行政管理转向依法监管、提供服务;落实与尊重大学办学自主权,减少过多、过细的直接管理活动。第一,教育行政部门应主动协调其他有关部门为大学解决法律问题,保障大学的办学自主权和合法权益,积极开展校园及周边环境的治理工作,依法维护校园安全,为大学改革发展创造良好外部环境。第二,教育行政部门应建立教育行政执法体制机制,健全行政执法责任制,提高行政执法能力,实现依法对大学办学与管理行为的监督和管理。第三,教育行政部门应遵循法定职权与程序,积极运用行政指导、行政处罚、行政强制等手段,依法纠正大学的违法、违规行为,保障法律和国家政策有效实施。对大学实施了违反国家法律和政策规定的行为的,要依法健全对大学及其负责人的问责机制。[①] 第四,深化教育行政审批制度改革,转变教育治理方式,精简行政审批项目,完成非行政许可审批事项的清理工作,全部取消非行政许可审批项目;同时,规范行政审批工作程序,提高审批效率。

总之,大学推进依法治校应立足学校需求,结合实际、分类指导、示范引领。不同层次、不同类型的大学应结合自身特点和需要,制定本校依法治校的具体办法。地方教育行政部门要及时总结在依法治校实践中形成的典型经验与成功做法,完善对不同层次、类型大学依法治校的具体要求,分类实施指导。要完善依法治校的审核评价标准,将依法治校的具体要求制度化、规范化,在国家和地方层面,开展依法治校的学习交流活动,积极推广典型经验,推动各类大学依法治校水平的整体提高。

---

① 教育部.全面推进依法治校实施纲要[Z].教政法〔2012〕9号,2012-11-22.

3. 完善大学治理结构，建立现代大学制度

现代大学制度的本质属性是法治，法治视域下现代大学制度的建设要求推进政校分开、管办分离，落实和扩大学校办学自主权；同时，通过建设依法办学、自主管理、民主监督、社会参与的现代大学制度，构建政府、学校、社会之间的新型关系；此外，还要明确政府管理权限和职责，明确各级各类大学的办学权利与责任，完善现代大学治理结构、章程建设，扩大社会合作，推进专业评价。① 以建设现代大学制度为目标，应落实和规范大学办学自主权，形成政府依法管理大学，大学依法办学与自主管理，教师依法执教，社会依法支持和参与学校管理的格局。

现代大学制度强调大学内部的分权与制衡，要求建立大学内部法人治理结构，从而规范大学内部利益主体的行为。构建现代大学制度应在依据教育法律法规的前提下，探索各具特色的大学内部法人治理结构，实现决策、执行与监督的相互制衡机制。大学章程是学校依法办学、改革发展的基本依据。大学应从本校办学层次、办学类型的实际出发，依据相关法律法规制定和完善学校章程，对大学的办学宗旨、发展目标、管理体制、教育教学等重大问题做出规定。大学要真正按高等教育发展规律办事，必须按照自治的原则和法治的理念来逐步完善现代大学制度。② 按照法治原则和法律规范，在高等学校应落实高等教育法律法规、教育行政部门的教育规章以及地方政府的教育法规与教育政策，从而推动大学内部治理中各项议事规则与管理制度的完善。

完善大学内部治理结构，就是要通过深化教育教学综合改革，确立大学的领导制度，加强大学章程建设，促进大学内部行政权力与学术权力适当分离，推进民主管理。首先，调整大学内部关系，形成有利于大学自身发展的体制机制，需要一种与大学精神和大学自身境界相匹配的法治思维。其次，在学校内形成决策权、执行权与监督权既相互制约又相互协调的内部治理结构，在法治层面保证管理与决策执行的规范、廉洁、高效。再次，按照精简、高效的原则和为教师、学生提供便利服务的要求，依法自主设置职能部门，明确职能部门的职责、权限与分工，健全重要部门、岗位的权力监督与制约机制，完善预防职务犯罪和商业贿赂的制度措施。

---

① 梁文化. 法治视阈下现代大学制度建设研究[J]. 广西社会科学, 2014(6): 206.
② 史华楠. 完善中国特色现代大学制度的法治化途径[J]. 阅江学刊, 2010(5): 39-43.

4. 坚持阳光治理,加强民主监督

所谓阳光治理,主要是指大学治理应该坚持公开、透明的信息原则。在大学治理的实践中,阳光治理的重点在于"让权力在阳光下运行"。政治权力、行政权力、学术权力及民主监督权力等一切权力都必须暴露在"阳光"下,展现在大学治理参与者的眼前。应坚持以公开为常态、不公开为例外原则,积极推进高等教育管理部门以及大学的决策、执行、管理、服务的信息公开,探索信息公开的新途径、新方式,重点推进教育经费预算、教育公共资源配置、入学规则与招生政策、重大教育建设项目批准与实施、重要改革事项等方面的信息公开。[1] 除依法应当保密或者涉及学校特定利益需要保密的事项外,决策事项、依据和结果要在校内公开,允许师生查阅。在重大决策执行过程中,学校要跟踪决策的实施情况,通过多种途径了解教职员工及有关方面对决策实施的意见和建议,全面评估决策执行效果,并根据评估结果决定是否对决策予以调整或者停止执行。

大学在资源配置、人才选拔任用、专业技术职务评聘、岗位聘任、学术评价和各种评优、选拔活动中,必须按照公开公正的原则,制定具体的实施规则,实现过程和结果的公开透明,接受利益相关方的监督。要创新公开方式、丰富公开内容,建立有效的信息沟通渠道,使教师与学生对学校的意见、建议能够及时反映给学校领导、管理部门,并得到相应的反馈。大学面向师生提供管理或者服务的职能部门,应全面推进办事公开制度,公开办事依据、条件、要求、过程和结果,充分告知办事项目有关信息,并公开岗位职责、工作规范、监督渠道等内容,提供优质、高效、便利的服务。

5. 建立司法救济制度,切实维护师生权益

"有侵害必有救济""有权利(力)必有救济",这是现代行政法治的基本要求。因此,在高教领域是否存在完善的救济制度是判断行政法治在该领域是否确立的一个重要标准。为此,应积极探索建立法治框架内的多元化矛盾纠纷解决机制,引导公民、法人和其他社会组织通过法治途径,合法合理表达诉求,妥善处理各类教育纠纷;建立健全教育系统的法律顾问制度和教师与学生申诉制度,依法积极应对诉讼纠纷,尊重司法监督;完善教育行政复议案件处理机制,规范办案流程,加大公开听证审理力度,依法加强对下级教育行政部门的层级

---

[1] 教育部.依法治教实施纲要(2016—2020年)[Z].教政法〔2016〕1号,2016-01-07.

监督。①

为了更好地保障师生的合法权利,化解矛盾,构建和谐校园,大学应该逐步建立和完善有效保障师生权利的司法救济机制,发挥权利救济机制在化解矛盾、预防矛盾激化方面的优势,体现软约束与硬约束相结合。鼓励依托教师代表会议、学生代表会议制度,健全和完善学校的学生与教师申诉制度,设立师生权益保护、争议调解委员会、仲裁委员会等机构,吸纳师生代表,公平、公正调处纠纷、化解矛盾。应把法治作为解决校内矛盾和冲突的基本方式,建立并综合运用信访、调解、申诉、仲裁等各种争议解决机制,依法妥善、便捷地处理大学内部各种利益纠纷。

大学应依据相关教师法律法规的规定,进一步建立和完善教师聘任与管理制度,制定权利义务均衡、目标任务明确、具有可执行性的聘任合同,明确学校与教师的权利与义务,依法聘任教师,认真履行合同。依法在教师聘用、职务评聘、继续教育、奖惩考核等方面建立完善的制度规范,保障教师享有各项合法权益和待遇。充分尊重教师在教学、科研方面的专业权力,保证学术组织中教师代表占有一定的比例。应落实教师职业道德规范,强化师德建设,明确教师考核、监督与奖惩的规则与程序。同时,完善制度规则,健全监督机制,保证学生在使用教育教学设施、资源,获得学业和品行评价,获得奖学金及其他奖励、资助等方面受到公平、公正对待。学生管理制度应当以学生为中心,体现公平公正和育人为本的价值理念,尊重和保护学生的人格尊严、基本权利。

6. 加强法制教育,营造法治环境

治理主体的法律意识和法律素质,是实行依法治校的关键因素,法律意识的提高和法律素质的养成在很大程度上依赖于法治宣传与教育。具体而言,一是以多种形式,对教育系统管理者、大学管理者、教师进行全员法治培训,着重增强法治观念,树立依法治教、依法执教的意识。二是把加强教师与学生的法治教育、培养学生法治观念,放在教育工作的突出位置,强化规则意识,倡导契约精神,弘扬公序良俗,实践法治的育人功能。

总之,大学办学活动应以育人为本,贯彻教育宗旨,依法规范办学行为,有效执行既定课程方案和课程标准,注重教育教学效果,形成良好的校风、教风和

---

① 教育部.依法治教实施纲要(2016—2020年)[Z].教政法〔2016〕1号,2016-01-07.

学风。严格依法依规招生,建立内部制衡机制与社会监督机制,保证招生制度、选拔机制的公平、公正,招生活动的规范、透明。健全教育教学管理制度,在专业设置、课程安排、教材选择等环节建立评估机制,建立教学质量的评估与反馈机制。提升大学管理者依法治校的意识与能力,大学管理者应带头增强全校师生员工学法遵法守法用法意识,牢固树立依法办学、依据章程自主管理、公平正义、服务大局、尊重师生合法权益的理念,自觉养成依法办事的习惯,切实提高运用法治思维和法治方式深化改革、推动发展、化解矛盾、维护稳定的能力,切实提高职能部门工作人员依法、依章程办事,为师生服务的意识。①

三、大学内外部法治的辩证关系

从关系视角来看,大学内外部法治的实质是教育法律法规、政策制度、大学章程等法治文本在大学内外部治理中的权限划分问题。围绕着大学办学与发展的一些基本问题,如办学的权力、经费的筹措与分配、大学章程及规则的制定、大学的人事权力等形成了内部治理与外部治理之间的关系,其实质就是大学治理权的分配和大学治理范围的划分。② 在权限划分的基础上,大学内外部法治依据必然出现一般性与个别性、内部性与外部性、主导性与指导性、宏观性与微观性、上位法与下位法等若干关系,各种关系交叉共生,有时趋同有时相异,故此处合并讨论。

以宪法为基础、以教育法律法规为主体、以教育政策与规划为补充的教育法律法规体系侧重于指导大学外部治理的权力、责任与利益关系处理,适用于所有大学,具有一般性、外部性与指导性的特征;而以大学章程为核心的大学内部系列制度侧重于主导大学内部治理的权力、责任与利益关系处理,仅限于某一所具体大学,不一定适用于其他大学,具有个别性、内部性与主导性的特征。建立与完善以高等教育法律法规为核心、内容较为完备、结构较为合理的高等教育法律法规体系,是大学外部治理的基本法律依据;构建以大学章程为统领的内部治理制度体系,是大学依法治校的载体,也是大学内部治理的基本依据。

大学外部治理的教育法律法规体系主要界定政府与大学的权利义务关系,理清大学办学自主权与政府的管理、监督权之间的权力边界与义务划分。首

---

① 赵德武. 以法治思维推进大学治理现代化[N]. 光明日报,2015-05-31.
② 胡建华. 大学内部治理与外部治理关系分析[J]. 江苏高教,2016(4):1-5.

先,政府要承担举办的责任。政府要按照教育事业发展的需要举办大学,以满足人民群众的需要;政府要按照法定的程序审批设立大学;政府在审批大学设立时要符合行政许可法的要求。其次,政府要为大学提供有力保障。包括政府要负责公立大学的经费保障;为大学在招生、就业等方面提供相应的信息和其他服务。在为大学提供保障时,既要保护它的公共权利,也要保护它的民事权利。再次,政府要依法对大学行使管理权。大学在行使办学自主权的同时,还有部分事务属于政府的管理权限,如对于大学办学类型与层次的确定、办学规模的核定、领导者的任免、国有资产管理等方面,政府要依照法律法规规章进行管理。最后,政府要行使对大学的监督权。政府要依法监督大学的办学行为,包括对教育质量、管理效率、权益保护等方面进行监督。大学应自觉接受政府和社会的监督,不能偏离作为社会公共教育机构所应当承担的社会职责。

大学内部治理的章程制度体系主要界定大学内部利益相关者之间的权利义务关系,理清大学内部参与者之间的权力、责任与利益分配。首先,依法明确、合理界定大学内部不同事务的决策权,健全决策机构的职权和议事规则,完善校内重大事项集体决策规则,推进学校决策的科学化、民主化、法治化。其次,依法明确高等学校决策机构的职权范围和决策规则,发挥学术委员会、学校理事会(董事会)等组织在决策中的作用。再次,有关学校发展规划、基本建设、重大合作项目、重要资产处置以及重大教育教学改革等决策事项,应当按照有关规定,进行合法性论证,开展合理性、可行性和可控性评估,建立完善职能部门论证、邀请专家咨询、听取教师意见、专业机构或者主管部门测评相结合的风险评估机制。最后,以教学、科研为中心,积极探索符合学校特点的管理体制,克服实际存在的行政化倾向,实现行政权力与学术权力的相对分离,保障学术权力按照学术规律相对独立行使。

法治大学的制度安排既包括以大学为核心的外部法律制度,又包括以大学自治为基础的内部法律制度。[1] 从法律效力的视角来看,大学治理的外部法律是由外部机构制定和强制实施的,法律效力高于内部法律,是大学治理的"上位法";大学治理的内部法律是由大学自身为其治理所制定的法律,是大学治理的"下位法",在大学运行中处于核心地位,构成大学内部治理系统的法治基石。在教育实践中,由相关政府权力机关制定的教育法律法规、政策规划

---

[1] 赵昕.论法治大学:价值、困境、路径[J].四川行政学院学报,2015(5):100-104.

等依托国家强制力,根据立法程序制定,具有较强的法律约束力;而大学章程虽然涉及有关章程动议、诉求表达、利益交涉、表决运行等,但却不具有法律上的约束力,在表达机制、交涉程度、权力行使程序等方面还没有达到法律法规的制定要求。

大学治理的外部法律制度具有宏观性特征,涉及关系的实质就是大学与政府和社会的关系;而大学治理的内部制度具有微观性特征,关系大学内部具体运作,涉及大学与内部成员间的权利保障,即行政权、学术权与民主监督权的分离。大学治理在外部法律制度的构建上,以法律规定政府与大学的权力界限与运行规则为核心,旨在保障大学办学自主权的实现,进而通过大学自治制度保障大学的学术自由;在大学内部制度的构建上,教育法律法规一般不对自主办学范畴的专业性、学术性等事项做出具体规定,而主要是对大学自主办学权力的确认或认同,通过作为大学"最高宪法"的大学章程规范大学内部治理,厘清行政权、学术权与民主监督权的界限,明确大学与教师、学生之间管理权与自治权的关系,从而实现对大学成员权益的有效保障。大学与政府的外部法律关系的确认与大学自主办学制度的构建是大学内外部法治的主要内容,不仅涉及大学自主办学的范围及程度,而且还直接关系到大学自治能否实现。

第二节　大学内外部治理的模式类型

大学治理结构是现代大学制度的核心部分,是大学变革的主要内容。大学治理结构与运行模式既体现大学与政府、社会、市场之间的外部关系,又体现大学内部管理的权责利关系与整体办学效益。具体来讲,大学治理结构是指对于大学内部以及外部各利益主体的正式和非正式关系的一种制度安排,使得各利益主体在责任、权力和利益上相互制衡,有利于实现大学内部效率和公平的合理统一。[①] 大学内外部治理结构及其模式改革是推动大学治理结构和治理能力现代化,提升大学办学质量与效益的重要内容。

---

① 孙冰红,衣学磊,杨小勤.澳大利亚的大学治理结构与运行模式及启示[J].中国高等教育,2011(17):60.

一、大学内外部治理模式的要素与特征

(一) 大学内外部治理模式的要素组成

大学治理模式是对各种治理要素按一定规则的排列组合,治理要素至少包括权力来源、组织结构、管理制度、大学地位、政府角色和社会参与等方面,大学治理模式应形成"政府、社会、大学各自独立、相互制衡、权责明确、运转协调的关系框架"[①]。

1. 权力来源

大学作为一种社会组织,高深知识是其生存的根基,权力是其发展的驱动力,组织内外权力的制约与平衡必然导致大学治理模式的变革。[②] 大学内外部治理模式改革利益触动面广,涉及较多的权力与权利调整,大学治理模式的变迁实质上涉及大学权力分配制度的重建,这是现代大学制度建构中的重点与难点。

如果将大学看作是行政主体的话,其权力的获得不是通过组织法与行政法的规定而产生的,而是通过职权性的行政主体依据有关法律法规的授权而产生的。权力来源决定着大学治理模式类型的选择及其内外各种关系的处理规则,外部赋予的权力与内部生成的权力会导致截然不同的大学治理模式。从根本上说,以行政权力为主导的官僚化模式限制了人们的自由思考,而知识探索是最需要独立思考的,没有独立思考,就没有真正知识的产生。所以大学治理一旦采用行政主导的官僚化模式,那么这种模式必然会扼杀创造力,学术就难以得到繁荣。

2. 组织结构

良好的组织秩序是大学发展的先决条件,缺乏合理的组织结构,大学无法产生自由的、宽松的、相互促进的知识氛围。大学内外部治理模式的根本要义之一在于通过科学系统的大学制度安排与合理的组织结构体系来确保大学理念和办学目标的实现。

为了加强对大学的管理,政府总是制定各种法律法规与规章制度以约束大学,并设置众多职能部门分类管理大学事务,由此导致大学外部的组织管理模

---

① 甘永涛.大学治理结构的三种国际模式[J].高等工程教育研究,2007(2):72.
② 李曼.论大学治理模式变革的知识逻辑[J].教育研究,2015(3):56-63.

式逐步延伸到大学内部,大学内部也形成了自上而下的科层制度与行政部门对接,从而形成大学在组织结构上与政府部门高度同构的局面。由于官僚科层制强调下级对上级命令的服从,习惯于行政化的组织原则和结构样态,因此,管制模式在大学组织结构中表现得异常明显。

3. 管理制度

大学是一个特殊的社会组织,其治理结构与管理制度同样具有特殊性,这种特殊性建立在知识生产的基础上。大学正是在不断完善自身治理结构和制度内涵以满足不同历史时期社会对真理与知识诉求的过程中逐步走向成熟,并成为当今世界上存在时间最久且最具活力的社会机构之一。[①]

大学内外部治理涉及复杂和多元关系的管理,政府、市场和大学之间的复杂关系以及大学内部的各种关系是大学内外部治理模式必须包含的内容,因此,来自政府、社会以及大学内部的管理制度逐渐建立起来,以应对上述复杂的多元关系。有关大学的管理制度是大学内外部治理模式的基本组成部分。

4. 大学地位

在政府、大学和市场关系的理论框架中,大学具有明显的中心位置优势,大学在这种优势地位关系中处于支配地位,大学治理主要以大学自主管理为主。但在实践中,政府与大学关系中起决定性作用的是政府对大学的定位,即政府如何看待大学。一般来说,影响大学内外部治理的大学定位观点主要有两种:一种观点认为大学是文化机构,另一种观点将大学视为社会服务机构。上述两种观点决定了大学内外部治理模式中大学的独立性与自主性。作为文化机构的大学享有较大的独立性与自主权,而作为社会服务机构的大学则必须以满足国家意志与社会需求为己任。

在现代法治国家中,随着大学法人地位的确立和法律对大学自主的保障,大学朝着自治的方向发展。大学自治在一定程度上使大学拥有更多自主管理和学术自由的权力,更大程度上拥有发展的主动权和自主性。依据现代大学制度的建设要求,应在尊重大学学术使命、尊重高等教育发展规律的基础上,充分发挥大学自身的主体性价值,促进大学治理理念创新和模式转变,大力推动学科发展,努力形成重量级知识创新成果,为经济社会的长远发展做出应有贡献。

---

① 刘永芳,龚放.打造"学科尖塔":创业型大学治理模式的创新及其启示[J].中国高教研究,2014(10):32-36.

5. 政府角色

在以现代大学制度为指向的大学内外部治理模式中,政府对大学的管理多数体现在宏观领域,集中于教育立法、教育发展规划、调控教育发展的总体规模与速度、制定教育发展的方针政策、统筹并合理使用经费等宏观管理活动,通过统筹规划、综合协调、监督评估等方式对大学进行宏观调控。在这一过程中,尤其要合理规范政府角色和权力边界,通过创新调整与转变政府职能部门的权力结构,跳出政府部门"一元管理"的窠臼,推进"多元治理"框架的构建,加强政府、大学、社会和市场的互动与合作,谋求大学的全面、协调、可持续发展。现代大学的治理模式必须避免政治化、行政化的学术管理方式,这是因为学术管理政治化的表现是政治泛化,将政治的逻辑套在学术管理身上,看不到学术活动的特殊性。[1]

6. 社会参与

现代大学发展必须依赖社会的支持,社会在支持大学的同时必然对大学提出自己的要求,如此大学治理与社会需要之间就会达成一种默契,即大学发展要为社会提供服务以换取社会对大学的支持。大学与社会之间既有张力又有合力,但主要表现为一种竞争性的合作关系。换言之,社会外部给大学自由时是有条件的,大学获得自由时是有代价的,这样它们之间就达成了一种契约关系,即大学必须最大限度地尽自己的社会责任,社会才能最大限度地为大学提供支持和保障学术自由。[2] 社会参与已成为现代大学内外部治理模式中不可或缺的重要影响因素之一,社会参与的认可度、吸引力与影响力是衡量现代大学治理结构是否多元、完善、均衡的一个重要指标。

在市场经济社会中,市场的力量源源不断地涌入高等教育领域,成为促进高等教育发展的重要因素之一,高等教育市场化成为现代大学发展必须应对的发展趋势。一方面,市场因素的介入为大学发展带来新的活力和新的理念,大学不再是相对比较封闭的"象牙塔",而是自由、开放、积极吸收外界有益元素的学习机构,大学在与外界接轨的过程中散发出生机与活力。另一方面,市场因素的介入为大学发展带来新的价值追求。大学不再仅仅只关心自身的利益诉

---

[1] 周作宇.大学卓越领导:认识分歧、治理模式与组织信任[J].北京师范大学学报(社会科学版),2016(1):5-16.

[2] 王洪才.论大学内部治理模式与中位原则[J].江苏高教,2008(1):5-8.

求,而是根据市场发展的需求不断调整发展目标,以满足经济社会发展的需求。

(二) 大学内外部治理模式的关系性特征

大学内外部治理模式具有关系性、矛盾性、稳定性、发展性、根植性与多元性等特征,这里重点探讨关系性特征。

大学治理的范围非常广泛,包括大学外部关系的处理与大学内部关系的处理,以及这些因素之间的相互关系,并联系到大学的特征或至少与大学的概念有一定关系。大学治理还牵涉到大学自身价值的确定、决策机制、资源配置、大学的使命和目的、权力结构和官僚科层模式、处于不同学术领域内的大学之间的关系以及处于不同政府、商业和社会环境下大学与外部的关系。大学外部治理结构可以概括为"大学与政府、区域经济、社会以及其他外部利益相关者之间的关系结构"[1],这一结构通过一些必要的权力运作和配置机制达到各种相互关系的平衡,从而保证整个系统有效运行和协调发展。

大学治理涉及多元治理主体,需要通过政府、大学、市场、社会之间理清各自权限,建立良性互动,形成合作伙伴关系,发挥比较优势,在制定大学发展战略、资源配置和质量管理过程中,形成互惠互利、协作共赢的局面,共同推进高等教育发展。合作伙伴关系是世界高等教育管理体制改革的共同走向,现代大学更多强调社会参与,致力于建立大学利益相关者共同治理模式,在大学、社会、市场和政府的权力关系中保持适度的张力,平衡大学内部各利益相关者之间的权力。共同治理的本质是在尊重学术发展规律基础上的协调,在政府、大学、市场、社会之间建立一种持续互动的关系,而不是政府依靠权威对大学进行控制或命令。

现代大学面临的主要矛盾关系,就是行政权力对学术事务干预比较多,因此要协调好行政权力和学术权力的关系。行政权力是一种自上而下的、通过任命而产生的、带有一定强制性的权力架构,其目的是为了协调,保证学校作为一个整体,能够实现学校的定位和发展目标。而学术权力是以教授组织为代表的,其基本特点是自下而上的,是一种相对松散的权力架构,体现了大学的本质特征,大学的核心是学术,是人才培养与科学研究。这两种权力的存在都有合理性,关键问题是把这两种权力协调好,不能相互之间出现越位、错位或者失位。

---

[1] 许慧清.大学外部治理视野中的社会监督[J].中国高教研究,2013(1):82.

第四章　大学内外部治理关系论

　　一般来说,政府总是以大学应更多地担负起社会责任、为国家的发展做出更大的贡献为由,不断地以行政、立法、财政等手段增加对大学办学的影响力度;而大学则从学术传统、大学理念出发,强调在担负社会责任、为社会做贡献过程中的办学独立性,以此减少来自政府的被认为有可能损害大学自治的干预与影响。因此,恰当地处理大学与政府的关系实际上就是在大学与政府之间保持一种必要的张力,以维持两者关系的动态平衡。①

　　从总体上看,大学的功能拓展和发展形态变迁孕育了不同的大学治理结构和制度体系,大学的治理模式由原来组织结构相对简单、学术权力绝对垄断逐步朝着更加复杂多元并强调分享、问责的方向发展。在多元易变的社会环境下,利益主体的分化使得大学在管理层级和治理结构中不得不充分考虑并表达各种不同的主体利益及其关系。大学治理模式的变迁是大学理念和功能变迁的结果,也是所在国家经济社会发展的要求和历史文化传承的反映。大学治理模式变革是在坚守学术核心价值和追求学术卓越基础上对现有组织结构、制度内涵及主体关系的一种更新、改进、丰富和完善。② 大学治理模式在分化的过程中出现了以法德为首的国家主导型模式,以英国为代表的以专业团体为中介的专业中介型模式,以及以美国为代表的以市场为导向的社会参与型模式。

　　对于现代西方大学,董事会(理事会)与学术委员会是西方大学治理的共同特征,董事会(理事会)制度是现代大学制度的基本标志。③ 董事会或理事会是大学与社会建立合作关系的桥梁和纽带,现代大学已不再是远离社会的象牙塔,俨然成为社会的轴心机构,大学的事务已不再由大学内部成员完全自主决定,社会各界人士参与大学的治理是现代西方大学的共同特征,是现代大学制度的共性,大学董事会或理事会制度是社会各界人士参与大学治理的制度保障。

　　对于中国大学来说,大学治理模式的治理要素、要素之间的相互关系与特点可以概括为:大学外部治理方面的政府宏观管理和大学内部治理方面的党委全面领导与教师广泛参与。④ 在宏观管理的治理模式中,政府对大学治理的关

---

　　① 胡建华.必要的张力:构建现代大学与政府关系的基本原则[J].高等教育研究,2004(1):100-104.
　　② 刘永芳,龚放.打造"学科尖塔":创业型大学治理模式的创新及其启示[J].中国高教研究,2014(10):32-36.
　　③ 贺永平,郭平."党委领导、校长负责、理事会监督"大学治理模式研究[J].求实,2012(S2):284-286.
　　④ 刘广明.中国大学治理模式的特点、困境与出路[J].郑州大学学报(哲学社会科学版),2013(5):143-147.

键要素采取重点掌握的方式,书记和校长的选任、重要资源的分配、大学运行的宏观监督和调控等方面,要避免行政异化、管制主义倾向,不能简单粗暴地采取行政命令的手段推进大学制度建设,而必须尊重并充分发挥基层院系教授、学者团体的作用,要在中层担纲者与基层参与者凝聚价值共识的基础上,进一步加强学术委员会等学术自治体系建设,并充分发挥教授会、校务委员会等咨询、监督机构的作用,优化教师参与学术治理的法律化、制度化、规范化途径,真正完善教授治学的组织体系与制度内涵,推动大学的科学治理、民主治理。

二、大学内外部治理模式比较

不同组织模式中的组织结构不同,不同组织享有的权利也不同,在不同组织结构及其权利的基础上形成的治理模式亦存在很大差异。罗伯特·伯恩鲍姆概括了四种大学组织模式:学会组织模式、官僚组织模式、政党组织模式、无政府组织模式。[1] 伯顿·R.克拉克根据学术权力与行政权力的关系,认为大学治理模式可以分为以下四种:学术权力突出而行政权力较弱的德国模式,行政权力处于强势地位而学术权力相对弱化的美国模式,学术权力与行政权力比较均衡的英国模式,一种属于混合模式的日本模式。[2] Leon Trakman 在比较英国、澳大利亚、美国大学治理模式的基础上把大学的治理模式分为五种:教授治校模式、公司模式、董事会模式、利益相关者模式和整合模式。[3] 也有人根据权力核心要素在大学治理中所处地位与作用的不同,将大学治理模式分为政府控制型治理模式、市场主导型治理模式、社会服务型治理模式。[4] 而根据学术管理与行政管理在大学内外部治理模式中发挥的主导作用不同,可以将大学内外部治理模式大体分为学术治理模式、行政治理模式与均衡治理模式。

(一) 学术治理模式

学术治理模式是按照学术逻辑来构建的,学术机构或学术团体作为大学治理的主体,代替政府成为高等教育资源配置的最主要工具,尽管学术治理模式

---

[1] [美]罗伯特·伯恩鲍姆.大学运行模式:大学组织与领导的控制系统[M].别敦荣,等译.青岛:中国海洋大学出版社,2003:77.

[2] [美]伯顿·R.克拉克.高等教育系统:学术组织的跨国研究[M].王承绪,等译.杭州:杭州大学出版社,1994.

[3] Leon Trakman. Modelling University Governance[J]. Higher Education Quarterly,2008(2).

[4] 贺佩蓉.政府·市场·社会:大学外部治理的权力要素与模式创新[J].江苏高教,2015(3):45-47.

的竞争机制并不是大学治理的最优选择,其同样存在自身难以克服的缺陷,但是确实可以减少大学在行政机构与人员方面的治理成本,赋予学术人员更多的选择权,并可以对提升学术生产率产生持续效应。

对相对独立的政府、社会、市场和大学等要素之间存在的合作关系构建而言,学术治理模式展示了大学治理要素的互动、博弈与共生的状态;中央政府退居大学治理圈的外围,地方政府在法律范围内实施对大学的行政职能,将不该管也管不好的事情让位于社会、市场和公民组织,实现政府权力向社会与大学的回归;政府的主要职能是搭建公共信息与资源平台,为大学治理提供公开、及时、透明的信息服务,并依据独立评估机构的信息配置教育资源;政府切实依法将相关权力交还给大学,大学真正成为面向社会自主办学的法人实体,切实建立现代大学制度;大学评价的职能转移给具有独立法人资格的、非政府、非营利的社会中介机构,由非政府组织或非营利组织承担;鼓励市场适度介入和社会广泛参与大学治理,治理结构中的各要素在互动中求得平衡;大学治理结构处于开放状态,与国内社会经济环境、国内高等学校和国际环境保持人员、信息、资金等资源的交换。

以法国、德国为首的欧洲大陆国家,大多采用国家主导型的学术治理模式,在大学外部实行国家控制的基础上,大学内部实行教授治校。在大学内部,教授负责课程、教学、招生等学术事务,教授会组成的评议会负责大学校长推举和新教师候选人的提名,而这些推举和提名需要得到政府主管部门的批准。在欧洲大陆国家多数大学,大学评议会仍然是大学的最高权力机关,大学教授享有充分的学术自由。大学教授不仅享有治学权,而且参与治校,教授代表是大学评议会的主体,评议会负责推举校长,同时负责学校重大事项的审议,而校长则负责执行学校评议会的决议及日常事务管理。

自现代大学诞生以来,通过教学与科学研究的结合,德国的现代大学成为德国科学研究的中心,并成为当时世界顶尖大学。德国政府力量介入到大学的发展中来,教授开始成为政府官僚体系中的一部分。虽然德国大学中的科层制开始形成,编外教师也与讲座教授形成了一定的学术竞争,但德国大学内部治理层级依然相对单一,由学者与学生组成,致力于寻求真理之事业的学术共同体特征决定了德国现代大学的基本治理模式是"大学自治、教授治校",大学中的讲座教授团体垄断了学术权力和行政权力。

法国的大学治理虽然受中央集权体制的约束,限制了大学的真正自治,但是,单一学科的学院壁垒并未真正打破,民主参与的背后实际掌控学术权力的仍然是教授。从根本上说,法国的大学治理模式是一种学院式治理,这种治理模式除了具有同行决策的一般意义,在法国更具有以学院或学科为单位的治理模式的特殊意义,有效地保证了教授治校和学术自由。①

当代以来,欧洲国家的大学治理模式正在从以往的"强政府—弱市场"模式向"弱政府—强市场"模式变革,这种转变在本质上意味着对大学由从传统的自上而下执行规章制度的法律控制手段转变为基于实现利益目标的合同协议的经济驱动控制系统。② 与此同时,欧洲主要国家的大学学术自治与大学领导力正在发生改变,即由传统的教授治理(学术自治)模式向大学董事会治理模式(行政领导力)转变,大学内部的行政权力逐渐增强,学术权力有所下降。

欧洲大学与大学之间以及大学与产业部门的科研合作持续加强,欧洲各国普遍支持政府与产业部门资助或者合作经费支持的共同研究模式。增强大学与商业之间的紧密合作关系,有利于解决大学的财政制约问题。大学可以通过从商业领域获取经费来提高其学术地位,同时一旦发生科学技术转移,工商企业会更愿意给予其经费资助。这种变化从财政支付与经济资助方面对大学治理模式产生了深刻的影响,最直接的后果之一就是学术权力日渐式微,而来自于政府机构的行政权力逐渐占据了大学治理的上风。

(二) 行政治理模式

行政治理模式中,大学外部实行国家控制,政府机构延伸到大学内部,政府与大学是一种高度的控制与被控制关系,政府要实现对大学的有效干预就必须根据自己的目标和价值系统采取控制化的治理工具。有时候政府可能既担当高等教育资源的分配者,也担当高等教育的服务者;有时候在集权制的行政管理模式中,因为中央政府与地方政府之间存在权力序差、资源多寡以及目标差异等,因此他们之间也会对大学进行"协商治理",即通过协商分配各方对大学的治理权力。总的来说,行政治理模式中,大学治理的学术权力与行政权力都

---

① 王晓辉.法国大学治理模式探析[J].比较教育研究,2014(7):6-11.
② 张炜,童欣欣.欧洲大学治理模式的变革趋势及其治理启示[J].杭州电子科技大学学报(社会科学版),2012(2):66-70.

掌控在政府部门及其代理机构手中,大学只能按照政府机构的意图实施大学治理。

美国的大学治理模式虽然吸收了英国和欧洲大陆的双重风格,建设了别具一格的以市场选择为特征的社会参与型的大学治理模式,但是,行政治理的特点依然十分明显。在大学外部,联邦政府实行分权制,不直接干预大学事务,公立大学事宜由各州政府建立相应的管理体制进行治理,而对私立大学则完全交由市场机制决定,大学是一个完全法人,在遵守宪法的基础上决定自己的事务,实行完全的自治。对于公立大学,一般通过州立法建立高等教育委员会来领导大学建立董事会,由董事会管理大学。董事会一般吸收社会代表参与大学治理,从而形成了一种独特的社会参与式的行政治理结构。这种治理结构也被不少美国私立大学所效仿,他们的董事会成员吸收了社会各方面的代表,包括来自政府方面的代表。而在大学内部,一般采用以校长为首的行政系统与以教授会为代表的学术系统两种相互平行的管理体制,行政权力归校长,学术权力归教授会,校长虽然不能代替教授会决策但有行政否决权。只是在院系层面,教授会权力更大一些,负责推举院长和学校教授会成员。

在政治经济制度、联邦政策和国情民俗等因素的综合作用下,早期的美国大学形成了独具美国特色的董事会治理模式,董事会、校长与教授分享相应的管理权力与学术权力。随着市场的挑战和大学利益相关者问责的加强,美国大学中的董事会、校长的行政权力逐步扩张,而教授的学术权力有相对缩小的趋势。美国公立大学的董事会是学校的最高决策与审议机构,董事会通过宏观调控实现对大学的治理,董事会成员主要由校外人士组成。美国大学董事会的董事构成无疑对美国大学走向社会、成为社会的轴心机构起着至关重要的作用,它使得大学更多地与社会发生联系,如加强与企业发展的科学研究,参与众多社会问题的解决,对社会发展起着发动机的作用。

从我国当前的大学治理模式看,行政权力处于强势地位,学术权力处于弱势地位,是一种以行政管理为主、学术管理为辅的治理模式。传统上,中国大学在治理模式上倾向于科层制,即用行政化的逻辑取代大学自治的逻辑。[1] 我国大学的自治传统意识薄弱、对政府存在现实的服从依赖、依靠行政手段和行政命令,大学主要的外部治理的利益相关者是位于管理上位的政府教育行政部

---

① 王洪才.大学治理的内在逻辑与模式选择[J].高等教育研究,2012(9):24-29.

门。这种较为封闭的外部治理模式,使大学获得预期的经费来源和政策支持,对外部利益相关者参与学校治理缺乏吸引力。大学外部治理主要体现为政府对大学的管理与监督,政府对大学采取的是行政化、官僚化的治理方式,间接地培养了大学自身的类政府化和官僚化特征,这在一定程度上影响了学者和学生的创新精神与进取动力。

当前,我国大学在外部治理结构中,由于政府对大学长期是上下级行政管理关系,大学主要外部治理的利益相关者比较单一,政府以外参与大学治理的其他利益相关者极少。大学外部参与治理的组织主要是一些半官方的评价机构,它们参与大学治理的方式主要是评价与监督。这些半官方性质的组织机构,或者依托一些大学的政策研究机构,或者打着大学评价研究中心的旗号,实质上尚未与大学完全脱离,很难对大学的办学水平、办学效益等方面做出完全客观的评价。根据中国特色现代大学制度的要求,必须改革目前大学的组织结构与治理模式,限制行政权力的范围与边界,提高学术组织的地位与作用,彰显学术权力的威严,逐步形成行政权力与学术权力相均衡的治理模式。①

(三) 均衡治理模式

均衡治理模式能够兼容学术治理功能与行政治理功能,并且不会在学术权力与行政权力之间进行排他性选择,而是将政府的控制性职能转化为服务性职能,政府不再对高等教育拥有绝对控制权,而是作为调停者、中介者甚至裁判员的角色来帮助学术人员表达并满足他们的学术发展需求。

在大学外部治理方面,主要是处理好大学与外部治理各相关利益主体之间的关系,坚持参与、谈判、合作、协商的治理方式,学校的办学定位、人才培养的规模与质量、课程设置等重大问题应由政府、大学、社会共同协商,建立伙伴关系,推进大学发展。大学不仅要支持政府,为政府服务,还要为经济、校友、社区服务,同时不断加快自身的建设与发展。大学和政府的关系直接密切,但政府不直接干预大学内部事务,而是通过拨款机制控制大学的发展战略、定位与规模、人才培养和科研重点以及各种国家需要优先发展的领域。尤其是通过增加竞争性拨款,使得大学的改革和发展服务于国家的改革和发展目标。政府为大学提供优先领域研究的竞争资金,大学可以决定是否接受政府指挥和引导,在这一点上,大学是自由、自治的。但同时,如果不遵从于政府的资金导向和有意

---

① 曹叔亮.大学内部治理的关键自变量及其改革路径[J].教育发展研究,2014(23):59-66.

第四章 大学内外部治理关系论

安排,大学很难获得大量的竞争性资金,学校本身的发展就会受到限制。大学拥有自治权,但政府拥有影响大学行为的力量。

在大学和政府之间,政府监管松散,大学具有较大的自由和自治权。大学与政府的关系既不同于有些国家的政府控制模式,也不完全等同于欧洲国家及美国等国家的监督模式,而是形成了一种新型的"互惠"关系。这种关系的实质是,政府通过立法手段或财政手段制定高等教育政策,而大学在宏观上保证实现政府的高等教育目标,在微观上自主制定运行策略。在均衡治理模式中,政府主要是一个信息提供者,并在一个开放、公平、透明的环境下为大学提供拨款。与此同时,大学在人员使用、科研成果等资源方面,需要在市场、社会和政府之间进行交换和交流,这不仅体现了大学的动态调整过程,而且契合治理机构中的多主体、多中心和责权利相统一的治理原则。

在大学内部治理方面,建立各利益主体之间的制衡关系,大学的决策机构、执行机构和监督机构相互制约,达到平衡运行。这种治理结构与运行模式能够把大学的战略规划更加实际地引导、发展到学校的核心目标即教学与科研上来;有力地促进教学和科研之间的联系;实行管理扁平化,简化汇报的程序,增强上下级之间的沟通;简化预算控制;使学术权力得以有效保障等。

早期的英国大学治理倾向于均衡治理模式,其高等教育管理体制保留了更多的传统特征,大学自治传统受到的影响较小,政府仍然不直接介入大学事务,但政府对大学治理表现出浓厚的兴趣,它往往通过建立专业委员会的方式来间接地影响大学,最具有代表性的是20世纪初期建立的大学拨款委员会,对英国大学在20世纪的发展产生了重大影响。大学内部仍然实行学院式管理,大学可以自己选拔校长和任命自己的副校长,大学教师聘任仍然是大学自己的事情,学院全体教师大会决定教学、科研、招生等事宜。大学内由资深教授组成的评议会负责大学重大事项的决策,同时也决定大学校长的选聘。

20世纪80年代兴起的知识经济和经济全球化改变了英国高校所处的社会环境。社会环境的变化主要体现在政府与大学的传统关系发生根本性转变,政府不插手大学事务的传统不复存在,政府要求高校走出"象牙塔"以承担更多的社会责任。大学与政府二者之间的关系不同于旧日的松散,而是有了紧密联系,新型政府与大学关系的轮廓也逐渐被清晰地勾勒出来。英国大学开始摒弃远离社会的传统观点,转而将自己置身于社会网络之中,积极地参与区域社会进步与经济发展。大学和企业不再是互不相干的机构,而成为活跃的伙伴关系,工商业者和大学的管理者也变为合作伙伴,在合作中建立共同的利益。

在新型政府与大学关系指导下,英国大学的均衡治理模式发生了显著变化,行政治理的力量逐渐加强,主要体现在三个层面:就政府与大学关系而言,英国政府将大学看作社会服务机构,要其承担问责、绩效责任;从国家层面上讲,英国政府构建了一套系统、全面的高等教育治理制度,政府利用自身的调控功能,适当放手,适当出手,掌控着大学的财政、科研与教学,使得大学陷入争夺有限资源的竞争中;从大学自身层面来讲,大学则需要转换自身角色来适应新的社会要求。① 英国大学治理模式的新框架清晰地体现出政府与大学的关系:大学的基本任务是教学与科研,大学要为科研和教学负责,大学的发展离不开财政;政府为高校提供财政支持,通过财政控制大学的教学与科研,使得大学与政府立场一致、利益相关。

三、大学内外部治理模式的几对关系

(一)内部治理与外部治理的关系

从关系视角来看,大学内外部治理模式是大学多元主体围绕大学内部关系与外部关系建立起来的一系列制度安排与治理要素的排列组合。也就是说,大学治理包含大学内部治理与大学外部治理,这就涉及大学内部治理与大学外部治理的关系问题。一般来说,二者之间的关系分为两种情况。一种情况是从宏观上划分,大学内部治理与外部治理采用相同的治理模式,要么都是学术治理模式,要么都是行政治理模式,当然也可能都是均衡治理模式,上文已经详细论述。另一种情况划分更为细致,大学内部治理与外部治理采用不同的治理模式,这种情况比较复杂,具体又分为以下两种类型:大学内部治理采用学术治理模式,而大学外部治理却采用行政治理模式,这种类型多见于以法国、德国为代表的欧洲大陆国家;大学内部治理采用行政治理模式,而大学外部治理却采用学术治理模式,这种类型比较少见。

从大学治理模式的类型视角来看,大学内部治理与大学外部治理的关系同样比较复杂,不同的大学治理模式决定了大学内部治理与外部治理的主从地位

---

① 臧日霞,金红莲.政府与大学关系视角下英国高等教育治理模式阐析[J].黑龙江高教研究,2013(10):18-21.

关系。具体来说,在学术治理模式中,大学的自主权、自治权与学术自由程度较高,内部治理在大学治理中拥有更多的权力与主导地位,有时决定大学治理模式改革的走向,外部治理则居于从属地位,以提供信息、资源与服务为主;而在行政治理模式中,大学的自主权、自治权与学术自由程度受制于政府及其相关职能部门,内部治理在大学治理中缺乏独立自主权力,通常作为外部治理的内部延伸,大学治理模式改革的发展趋势由政府决定,"大学内部治理模式变化依赖于外部治理模式变化"[①];在均衡治理模式中,大学享有较多的自主权、自治权与学术自由,但同时也要在一定程度上受政府的监督和约束,内部治理与外部治理在大学治理的体系框架中处于均衡状态,相对容易形成共同治理模式,社会参与大学治理比较广泛而多样。

(二) 自主管理与政府管制的关系

对于大学而言,自主管理与政府管制的关系似乎和上述内部治理与外部治理的关系有些类同,的确,两对关系有许多相似之处,但也有一些不同。相同的是两对关系都在探讨大学内部管理与外部管理之间的关系,不同是两对关系的出发点不同,而且多有交叉。内部治理并不排除政府管制,而外部治理也不排斥自主管理;自主管理、政府管制同时与内部治理、外部治理发生联系,形成多元交叉的关系网络。

从关系的视角来看,大学内外部治理模式同时囊括了自主管理与政府管制以及二者之间的博弈互动关系。一般来说,各国政府与大学的关系主要有以下两种关系模式:调整控制关系与监督指导关系。二者之间的关系分为以下两种情况:一种是自主管理与政府管制各司其职、和谐共处、相辅相成,在大学、政府、社会之间,形成政府拨款导向、社会参与支持、大学自主治理的良性互动关系,政府监管而不控制,社会参与而不限制;另一种是自主管理与政府管制争权夺位、互相角力,政府与大学都站在彼此对立的立场看问题,政府通过行政、经济、法律手段要求大学承担更多的社会责任、更好地为国家服务,而大学要求在办学过程中享有更多的自主权与独立性。

从大学治理模式的类型视角来看,不同的大学治理模式决定了大学自主管理与政府管制的优势与劣势关系。具体来说,在学术治理模式中,大学拥有较高的自主权与自治权,自主管理能力较强,在大学内部治理过程中具有明显的

---

① 王洪才.论大学内部治理模式与中位原则[J].江苏高教,2008(1):5-8.

优势,但在大学外部治理过程中则不一定占有优势,甚至在国家主导的学术治理模式中处于劣势地位;在行政治理模式中,大学的自主权与自治权受制于政府管制,自主管理能力主要依赖外部赋予的权力,在大学内外部治理过程中都不占有优势,有时会沦为政府的附属机构;在均衡治理模式中,大学拥有适度的自主权与自治权,自主管理能力较强,政府管制相对较为宽松,自主管理与政府管制形成良性互动。共同治理模式为处理政府和大学的关系提供了一个新的视角,政府对大学的控制不能以牺牲大学的学术本质属性为代价,而大学在遵循自身运行规则的基础上也不能游离社会与政府的监督。

(三)学术组织与行政组织的关系

无论何种类型的大学内外部治理模式,都需要相应的组织形式作为载体,而学术组织与行政组织是大学治理中最基本的组织形式。从关系的视角来看,学术组织与行政组织之间的关系主要分为以下三种情况:第一种是学术组织在大学内外部治理中处于主导地位,而行政组织处于从属地位;第二种是行政组织在大学内外部治理中处于主导地位,而学术组织处于从属地位;第三种是学术组织与行政组织地位平等,各自承担应有的职责,"上帝的归上帝,凯撒的归凯撒"。

从大学治理模式的类型视角来看,不同的大学治理模式及其附带的权力结构决定了大学学术组织与行政组织的主从地位关系。具体来说,在学术治理模式中,学术组织拥有较高程度的自主权以及学术自由,在大学内部治理中对重大事项具有决定权,但在大学外部治理中则不一定享有绝对的主导地位;行政组织在大学内部治理中属于从属机构,为学术组织提供服务,但在大学外部治理中则享有较为广泛的权力,有时是决定性的。在行政治理模式中,学术组织的自治程度较低,学术自由受到一定程度的限制,无论在大学内部治理还是外部治理中,都无法行使充分的学术权力,也难以发挥应有的学术功能;行政组织占有绝对的主导地位,在大学内外部治理中都扮演着决定者的角色。在均衡治理模式中,学术组织与行政组织地位平等、各行其是,学术组织在大学内部治理中略具优势,行政组织在大学外部治理中稍占上风,但总的来说,二者相互配合、相辅相成,按照共同治理模式承载着大学发展的使命。

第三节　大学内外部治理的权力结构

权力分配是大学治理组织结构的关键环节,大学治理结构的核心在于大学内外部组织机构的设置、隶属关系和权限划分等。大学内外部组织结构是由有关管理部门制定的,帮助实现大学目标的有关权力、责任及信息沟通的一种正式结构,其主要作用是对权力和责任进行配置,提高信息交流速度,最终达到提高效率、实现目标的目的。[①] 大学治理的目标是通过建立一套规则和机制,实现权力制衡与兼顾各方利益,从而实现大学的理念与目标。

一、大学内外部治理的权力要素与特点

权力来源决定着权力的合法性与正当性,解答权力最终依靠力量是什么的问题。大学内外部治理的权力,归根到底来源于知识的基本属性,毕竟大学是研究高深知识的机构。当知识为国家服务时,知识的政治权力属性占主导地位,更强调知识对国家稳定、传播统治阶级意识形态的作用;当知识为市场服务时,知识的经济权力属性占据主导地位。这导致大学趋于两种不同的发展走向:国家至上主义与市场原教旨主义。[②]

(一) 大学内外部治理的权力要素

有人认为,大学外部治理中的核心权力要素包括国家权力要素、市场权力要素、社会权力要素。[③] 一般认为,大学内部治理中的核心权力包括学术权力、行政权力与民主监督权力,在当前我国大学中还有特殊的政治权力,在西方大学的特定历史时期,大学内外部治理还受到宗教权力的影响。根据核心权力对大学内外部治理的影响程度,这里重点探讨政治权力、经济权力、行政权力、学术权力与民主权力等。

1. 政治权力

知识的政治权力属性为国家对大学管理的合法性提供了理论基础与智力

---

① 曹光荣.高新经营:管理视线新拓展[M].北京:中国经济出版社,2006:103.
② 李曼.论大学治理模式变革的知识逻辑[J].教育研究,2015(3):56-63.
③ 贺佩蓉.政府・市场・社会:大学外部治理的权力要素与模式创新[J].江苏高教,2015(3):45-47.

支持,并且常常能够决定大学治理的类型与方式,因为政治权力与强权和控制有着天然联系,因此,知识的政治权力属性对外表现在国家对大学的管制上。政治权力是大学权力关系网络中的首要组成部分,与国家政治权力一脉相承又相互区别,其在逻辑上包括外部政治权力与内部政治权力。作为现代大学治理权力关系的重要节点,它是一种领导权力,并与行政权力共同构成大学权力体系中的决策性权力。大学的政党权力是我国特殊国情下大学治理的特有政治领导权力,党对国家各项建设具有绝对的领导权,大学作为高等教育的载体必然实行党的领导。大学党委是党对高等教育及大学管理的组织机构,大学党委代表国家的利益、政党的利益、大学的利益和社会公共利益,坚实贯彻执行党的政策、路线、方针。

2. 经济权力

知识的经济权力属性为国家、社会与市场从办学经费方面参与大学治理提供了前提条件,并且经常与大学治理模式类型以及组织结构相伴而生,毕竟经济权力与大学办学的物质基础紧密相关,因此,知识的经济权力属性对外表现在国家、社会与市场对大学的经费控制上。大学的自主管理更大程度上是知识的经济权力属性迫使政府分权造就的,但更多的经济权力还是掌握在政府与社会组织手中,主要包括决定对大学的财政支持,决定大学的招生计划,审定大学学费标准,通过综合评估和各种专项评估审定大学各个方面的办学情况,审定大学年度教师评聘方案和结构数量等。在我国,政府还可以审定学科学位点和本科专业增设调整,组织评定各类教学科研项目、成果、奖励,并把这些项目、成果、奖励界定为省级、国家级,纳入大学资源分配的评价机制加以强化。

3. 行政权力

大学成为履行高等教育职能的公共机构,意味着来自大学内外的行政事务必然增多,必须争取更多的教育资源投入,以提高办学效率。因此,大学行政权力有了扩张的根基和土壤,各类功能齐全、科层完备的行政组织应运而生,行政人员和行政权力逐渐掌握了大学的各种资源与利益分配。无论在哪一种大学治理模式中,行政权力都是不可忽视的重要权力之一,尤其在高度集权的大学管理体制中,源于国家权力与政党权力的大学行政权力成为大学内外部治理的决定性因素。法定授权或赋权对于行政权力而言,是其正当性的主要依据与来源,因为大学行政机构是一种按等级划分、层层节制、以服从命令为准则的科层制体系。

4. 学术权力

学术性是大学区别于其他社会机构的根本属性。作为履行高等教育职能的机构,大学离不开学术人员与学术系统,因为培养专业人才与知识创新的工作本身就是学术活动,有很强的知识专用性与学术自主性,因此,学术权力是大学能够享有的独特权力,也是大学治理中必须重视的首要权力。学术工作有其特殊性,需要一定的自由与自主空间,并且需要按照学术活动的逻辑运行,才能培养出高质量的人才,推出高水平的研究成果,大学必须拥有充分的学术权力,才能完成政府与社会赋予的教育职能,如人才培养、科技服务、知识创新等工作。

学术权力是现代大学为完成学术管理的任务而建构的权力,从属于完成特定学术任务的需要,是通过行政权力对特定学术管理组织与学者个体履行职责的一种授权,是一种与现代大学学术任务型组织和教师职责相联系的权力。这是学术任务型组织完成特定任务的需要,也是学者履行学术评价职责的需要。[①] 学术权力并非因学术机构的设立而自然而然地被赋予,它主要基于专业的权力,是以技术权限为基础的,以专家为基础的,而不是以官僚权限为基础的。

5. 民主权力

知识的民主权力意蕴与治理理论的价值理念不谋而合,预示着大学治理模式将走向共同治理,即政府、市场以及各利益相关主体共同参与大学内外部决策,政府不再将自己的意志强加给高校,而是在市场竞争的基础上将政府的政治理想和大学本身的价值诉求相整合,使各方利益在大学治理中均得到体现,同时最大限度上减少制度摩擦以及利益冲突造成的管理成本的增加。大学实现学术自由、学术自治与学术治理要有行政权力参与,更要有民主权力参与,可以说,民主权力是监督与平衡大学行政权力和学术权力的一种重要权力。民主权力融入现代大学治理权力关系彰显着大学治理的现代性和进步性,是提升大学现代治理能力、建立现代大学治理体系的客观要求。

民主参与有直接参与和间接参与两种形式。直接参与就是直接介入到大学治理过程中来,利用行政权力发挥影响;间接参与就是指通过辩论、报告、演

[①] 秦惠民. 我国大学内部治理中的权力制衡与协调:对我国大学权力现象的解析[J]. 中国高教研究,2009(8):26-29.

说等形式对大学治理问题发表意见,利用舆论与社会监督的权力发挥作用与影响。直接的民主参与对于实现大学善治是至关重要的,为此,在大学治理的过程中必须建立起允许不同利益集团进行直接民主参与的有效机制,使他们能够在大学治理的决策制度中获得相应的合法性席位,以更好地促进大学组织的发展。①

(二) 大学内外部治理权力的关系性特征

大学内外部治理权力具有关系性、矛盾性、多元性、互补性、动态性等特征,这里重点探讨它的关系性特征。大学内外部治理的各种权力处于一种互相依托、相互制衡、此消彼长、矛盾统一的复杂关系状态之中。学术权力与行政权力的关系是各种权力关系中的核心因素,是大学内外部治理中的首要权力关系。

现代大学治理既包含外部治理中大学与政府的责权利关系,其核心是大学自治和学术自由理念在现代大学制度中的反映,也包含大学内部治理中各种权力关系的处理,其核心是学术权力与行政权力关系的协调。从大学治理结构的基本概念和历史流变中可以发现,大学治理结构中的权力关系错综复杂,在外部主要是国家权力与大学权力之间关系的建构,在内部主要是以校长为代表的行政权力与以教授为代表的学术权力、以学生为代表的学生权力之间关系的建构。②

从关系结构的角度加以分类,大学内部治理与外部治理关系的结构主要存在间接影响的结构与直接控制的结构。所谓间接影响的结构,主要指在这种结构中大学外部治理与内部治理之间非权力等级关系,一般不存在外部主导内部的行政支配权,在大学的一些核心权力上(如办学权、人事权、规则制定权等)内部治理组织起决定性作用,或者说大学的治理权主要在大学内部。所谓直接控制的结构,主要指在这种结构中大学外部治理与内部治理之间存在着权力等级关系,外部治理组织处于支配的地位,在大学的一些核心权力上外部治理组织(在很大程度上)起决定性作用,或者说大学的治理权主要在大学外部。③

现代大学治理权力关系包括横向与纵向两个维度:"四位一体"的横向权力

---

① 苏君阳.走向善治:大学治理权力结构的重构[J].浙江社会科学,2007(3):103-107.
② 丁建洋.学术权力的凝视:日本大学治理结构的历史演进与运行逻辑[J].清华大学教育研究,2016(1):25.
③ 胡建华.大学内部治理与外部治理关系分析[J].江苏高教,2016(4):1-5.

分工模型与"金字塔式"的纵向权力体系架构。[①] 横向权力分工模型主张以政治权力、行政权力、学术权力和民主权力为对象,以四者的开放共生和协同发展为目标,通过丰富大学治理主体的外延,构建相互制衡的"四位一体"的横向权力分工机制。纵向权力体系架构在一定程度上表明了它所具有的等级烙印,从现代大学治理权力关系重塑的维度看,这种等级烙印并不等于传统意义上的官僚制与行政化,而是明确权力归属和实现权责明晰的客观需要。

不论大学是学术共同体还是承担高等教育职能的公共机构,大学内部的学术权力和行政权力都应是合作共赢的关系,学术权力完成学术事务,行政权力争取办学资源、为学术人员和学术事务提供支持。但在现实中,行政权力时常不完全为学术活动和学术人员服务,甚至还会僭越和阻碍学术活动的开展,引起大学学术权力和行政权力的冲突与失衡。大学内部权力结构反映了权力在不同机构、不同权力主体间的配置,也反映了各权力主体间的相互作用关系,其核心在于协调行政权力、学术权力及政治权力的互动关系。实现大学内部权力结构的优化,需要从决策权、执行权与监督权的分权制衡入手,有效协调大学内部错综复杂的权力关系,形成稳定、高效、有序的大学内部权力结构。

学术系统与行政系统的关系是大学内外部治理权力中至为重要的一对关系。大学作为学术共同体,主要从事学术生产和学术活动;学术权力处理学术事务、配置学术资源,但对大学内外的一些具体事务和行政事务却束手无策。因此,共同体内部必须有独立的一部分人来做这些行政工作或辅助性工作,为学术活动和学术人员服务,也就是说,学术系统将行政事务管理权委托给行政系统,使其成为学术系统的代理人。大学又是国家的高等教育机构,承担着培养人才、知识创新和服务经济社会发展的职能,同时现代大学多数还是政府出资的公共机构,大学必须落实各级政府的行政指令,完成国家下达的目标和计划,行政权力自然成了完成指令、争取资源、管理大学事务的主要工具。但完成行政指令的工作又多是学术领域内的事务,行政系统完成不了。因此,大学行政系统又必须将这些指令和任务委托给学术系统,此时学术系统成为行政系统代理人。大学学术系统和行政系统存在两类双向的委托代理关系,学术系统和行政系统互为委托方和代理方,即在大学定位为学术共同体时,学术系统为专

[①] 刘吉发,庞林林.现代大学治理的权力关系重塑:理念、架构与进路[J].内蒙古社会科学(汉文版),2015(5):166-172.

心从事学术事务,将行政管理权委托给行政系统;在大学定位为高等教育机构时,行政系统又必须委托学术系统来完成政府的行政指令和高等教育职能。

二、大学内外部治理的权力结构类型

根据各国经济文化发展的具体情况不同,各国大学的制度安排有较大的区别,根据权力的密集程度可以分为高度分散型高等教育体制、相对集中型高等教育体制与高度集中型高等教育体制。[①] 与上述三种大学制度安排相适应,现代大学治理的权力结构也有三种主要类型:内部权力主导的关系型治理结构,外部权力控制的行政型治理,内外部权力均衡的复合型治理结构。在大学内外部治理过程中存在三种基本的权力,即行政权力、学术权力与市场权力,这几种权力相互作用、相互影响,形成了大学治理权力结构的三种基本类型:行政权力主导型、学术权力主导型、市场权力主导型。[②] 根据大学内外部治理中权力来源及其发挥作用的不同,这里将大学内外部治理的权力结构分为外部权力控制型、内部权力主导型与内外部权力均衡型。

(一) 外部权力控制型

外部权力控制型权力结构与高度集中的高等教育体制相适应,权力重心集中在国家层面,注重中央集权,政府统一配置资源,大学内外部治理结构凸显出行政本位、官僚本位的现象,行政系统的层级观念渗透在大学内外部治理活动中。政府建立完善的制度与健全的组织来树立自己在大学治理中的主体权威,并以高度的理性来核算办学成本,通过严密的体制与机制来分配不同主体间的权利与责任,平衡相互关系,最后达到国家利益或公共利益的最大化。

法国的大学治理是外部权力控制型权力结构的典型代表,受其政治与行政集权体制的深刻影响,法国的最高教育决策由巴黎的国民教育部甚至内阁做出,其高等教育系统的决策下达过程为教育部—大学区—大学。一般认为,法国教育体制是一种中央集权制。19世纪初,法国建立教育集权体制,不仅包括由中央到地方的行政与督导系统,而且其统揽学区教育大权的教育总长只对中央负责,不受地方行政长官的约束,从而形成一种独立于其他行政的管理系

[①] 甘永涛.大学治理结构的三种国际模式[J].高等工程教育研究,2007(2):72-76.
[②] 苏君阳.论大学治理权力结构的基本类型[J].江苏高教,2007(4):1-3.

统。① 而且,法国中央集权的高等教育体制不仅是管理体制的中央集权,同时还有以大学科划分的学院的行会式学术集权体制。

一方面,法国大学治理的权力重心位于中央的国民教育部,教育部长和高等教育司长一起主管所有的大学事务。教育部拥有广泛的权力,除了在大学治理宏观政策如经费预算和教学大纲方面享有至高权力外,大学的管理结构、课程、学位和教师的任命程序等本该属于大学办学自主权范围的许多事项都受到中央一级的深刻影响,政府通过强而有力的行政手段对大学实行集权管理。另一方面,虽然中央级的权力最终掌握在政府官员手里,但是教授对高级决策有着相当大的影响,有两个重要的高等教育咨询机构——高等教育理事会与大学咨询委员会,教授在其中占大多数。

在外部权力控制型权力结构中,中央政府的权力占据绝对的优势,但这并不意味着大学丧失了自己的法律地位和基本权限。法国的大学治理模式变革可以作为外部权力控制型权力结构的典型代表。根据法国1968年公布的《高等教育方向法》的规定,大学是享有教学、行政和财政自治的国家机构;1984年正式生效的新的《高等教育指导法》,则承认大学是科学、文化、职业的独立实体,具有教学科研、行政和财务的自主权,而且还赋予了大学就教育活动与政府签订契约的机会。

目前中国的大学内外部治理权力结构是一种高度集权的权力结构,是一种外部权力控制型的权力结构,也可以说是一种行政权力与学术权力高度重合的权力结构。这种权力结构的优点是决策与执行效率非常高,但最大的缺点是一旦失误则面临全方位的问题。在学术权力与行政权力的关系处理方面,基于两种事务管理的学术权力与行政权力,虽然内容、主体和方式不同,但理应是良性互动、协调运行、权力均衡的统一体,然而受高度集权的大学管理体制的影响,行政权力与学术权力处于失衡状态,表现为行政权力强势、学术权力虚化的现象。大学内部权力配置过于集中于行政部门,行政化管理色彩较浓,行政权力对学术事务的干预较多。而校内学术组织往往是行政系统的一个分支,学术权力虚化,难以在实际管理中发挥作用。针对中国大学治理的现状,应以大学章程建设为契机,重新梳理大学内外部的权力关系,通过重塑大学治理结构和制

---

① 王晓辉.法国大学治理模式探析[J].比较教育研究,2014(7):6-11.

度体系,不断规范大学内外部的权力运行,切实保障学术权力与学术自由,探索形成有利于完善大学治理结构、建设现代大学制度的长效运行机制。

(二) 内部权力主导型

内部权力主导型权力结构与分权特征的高等教育体制相适应,大学外部治理与决策权力不在中央政府而在地方政府及社会中介机构之中,大学内部治理权力则完全归属于大学。各种治理权力与利益集团主要按照一定的市场运作方式支配着高等教育的运行,法律保护大学自治传统,大学发展遵循高等教育的基本规律,拥有健全的适合大学自主发展的市场体系。

政府在大学治理中属于一种分权型政府,政府通过参与管理,分散大学和社会其他机构的权力,以参与和协作为政府治理的基础,一般不参与学术事务的管理。由于健全的法律环境和大学自治的强势地位,内部权力主导型权力结构的国家,学术权力重心在底部,政府意志通过法规与拨款等行政手段渗透,学术事务全部交由大学自主决定;与此相适应,反映市场意志的社会中介机构与高等教育专业认证机构通常也注重保护学术事务的独立性,注意保护学术自由与教师专业权力;以教授为核心的教师群体自主管理学术事务。

美国的高等教育管理体制是典型的地方分权制,其大学外部治理体系由联邦、州与地方三级教育行政机构组成,联邦政府基本没有管理高等教育的权限,大学外部治理的教育权限属于各州政府与地方教育当局。因此,美国高等教育系统并非按照"中央—大学"的垂直线路运行,决策与管理的权力结构呈分散状态,大学自治是高等教育运行的基本机制。

在行政权力与学术权力的外部关系处理方面,美国公立大学外部治理的行政权力主要在各州政府与地方教育当局和大学之间分配,政府机构通过行政、法律、财政、社区等途径对大学施加影响,大学在政府教育政策的指导下自主管理与发展,并不完全遵从政府的统一规制与模式;美国私立大学外部治理的行政权力基本上不受各州政府与地方教育当局的限制,遵从完全市场化的运行方式。无论公立大学还是私立大学,美国大学外部治理的学术权力都不受政府机构与党派集团的控制与影响,而是在高等教育专业机构的认证与指导下实施学术管理,学术权力完全自主享有,不受任何外部行政权力的限制与干扰。

美国大学的内部治理呈现出两种层次:院系层次与学校层次。大学学术治理的核心在于学术单元,特别在院系层次;大学行政治理的核心在学校层次的董事会、理事会或校长。因此,美国大学内部治理的权力模式呈现权力两极化分布,即学术权力分布在基层,而行政权力分布在上层;学术权力由学术评议会或教授会主导决定学术事务,每个教授都有很大的自主权,而行政权力掌握在董事会、理事会或校长手中。

(三) 内外部权力均衡型

在内外部权力均衡型的权力结构中,政府在大学内外部治理中充当着掌舵者的角色,主要通过专业中介机构对大学施加影响,根据既定的教育政策与市场原则,对不同大学的治理问题采取不同的解决方式。政府对大学的外部治理建立在市场运行机制的基础上,提高大学治理效率的最佳甚至是唯一的途径是市场机制,如以专业中介机构的运行方式代替传统的官僚体制。

由于教育法律法规比较健全、第三方市场发育比较成熟,在内外部权力均衡型的权力治理结构中,高等教育治理权力重心下移,政府意志通过专业中介机构渗透在大学内外部治理过程中,政府意志的传输机制通过相应的教育管理部门及其机构设置折射出来,是市场控制与组织控制在教育管理领域相结合的示范典型,在寻求教育秩序与市场平衡的同时,着重保护大学的学术自由与教师的专业权力。

在内外部权力均衡型治理结构下的制衡机制,突出专业中介机构或社会第三部门以及大学董事会在大学内外部治理过程中的作用。政府通常通过专业中介机构中的教育立法、经费预算等职能对大学治理予以引导与控制,以政治渗透的方式对大学加强政治与行政导向引领,从而在国家干预与市场调节中起均衡作用,以强有力的中间管理层协调国家控制与大学自主之间的关系,并通过构建相应的教育制度与政策、教育机构设置及其运行机制,形成"政府部门—专业中介机构—大学"的大学外部治理模式。

英国的高等教育管理体制一直以强有力的中间管理层协调国家控制与大学自主之间的关系为主要特点,在国家干预与大学自主之间寻求一种动态平衡。中间管理层的主要机构是大学拨款委员会(UGC,现为高等教育基金委员会)及其相关组织,英国大学拨款委员会与大学董事会在大学内外部治理运作过程中起着至关重要的作用。传统上的大学拨款委员会是独立于政府之外的中介组织,是处理大学与政府之间关系的一种独特机构,在政府与大学之间起到一种缓冲作用,帮助大学维护自主权。大学拨款委员会不仅对英国的高等教育发展起了重要作用,而且对其他类似国家政府与大学关系机制的建立产生了重要影响。总之,英国独特的中间管理层缓冲机制兼具集中与分散的特点,在极力维护大学管理自治权的同时,也保证了大学治理体系的国家权威。

在大学内部,学术权力与行政权力集中在中层,学校层面的管理是荣誉性的,也是委员会制的,而中层管理则是院长负责制,院长作为学术委员会的主席负责学院的学术治理与行政管理。这种英国古典大学模式的、联邦制的大学治理模式,尽管在名义上大学有自己的管理机构,如董事会、校务会等,但它们都是兼职性的,并不发挥实质性的作用,只有院长是专职的。英国大学自治传统很深,学术权力在大学内部治理中一直占据主要地位,教授在高校管理中的作用受到充分重视,并拥有很大的独立性。

三、大学内外部治理权力的几对关系

(一) 集权与分权的关系

集权与分权的关系是大学内外部治理权力结构中的核心关系,尤其在大学外部治理过程中,集权与分权的关系决定着大学治理结构与治理绩效。过度集权或分权都不利于大学治理权力结构的完善,如果大学治理权力过度分散,则大学难以显示作为社会机构的集体力量;如果大学治理权力过度集中,则大学容易失去其知识创新活力,尤其不能激发大学生产知识的主动性、积极性与创造性。

权力问题是大学内外部治理的核心问题,对大学系统而言,相同的组织结构因其权力配置的不同,大学治理的效果不同,即大学治理的权力构成影响其作为系统的活动,以及所发生的变革类型和所贯彻的价值观念。大学治理的理想选择是在权力配置上体现为集权与分权的制衡,即在大学治理的上层表现为集权,在大学治理的中下层则体现为分权,各级机构各司其职、各负其责、各行其权、共享其利。

根据结构功能主义的观点,大学学术治理能力的强弱主要取决于大学学术治理主体的联结模式和运行机制,前者是后者的基础。按照权力的分散程度,权力主体的联结模式一般分为集权模式与分权模式,在集权模式下,大学学术治理体系的权力重心较高;而在分权模式下,其权力重心偏低。

大学治理权力结构的开放多元化,一方面是社会治理结构分化的结果,另一个方面也与每一种权力产生影响的性质不同有关。行政权力之于大学治理产生的影响是集中性的,市场权力之于大学治理产生的影响是分散性的,而学术权力之于大学产生的影响则是弥散性的。① 在实现大学善治的过程中,不仅需要弥散性与分散性的权力,而且需要集中性的权力。弥散性的权力是集中性权力与分散性权力产生的基础,集中性权力与分散性权力要为弥散性权力治理目的的实现而服务。

(二) 学术权力与行政权力的关系

学术权力与行政权力的关系是大学内外部治理权力结构中的基本关系,和集权与分权的关系交互共生。当大学内外部同时存在两个权力系统时,既有可能出现权力之间的相互冲突与相互抵制,也有可能出现权力之间的相互制约与相互补充,为大学治理的权力结构调整提供了矛盾挑战与现实条件。学术权力与行政权力是大学治理体系中的两个重要方面,二者之间关系的科学化、正常化与规范化有助于实现大学善治。

权力的不同来源决定了学术权力与行政权力在组织功能上的不同,使它们分别形成了各自的典型组织形态及治理功能。行政权力更利于政府的强力控制,而学术权力则利于学者掌握大学组织的价值取向,市场力量的渗透更多地通过二者对市场利益的妥协来实现。② 行政权力为学术权力有效运行提供制度保障,同时也对学术权力构成必要的制衡;学术权力为行政权力提供学术支撑,同时也制约行政权力的肆意膨胀。因此,学术权力与行政权力的合理定位与良性协调,为大学治理提供必要的张力,符合现代大学的发展趋势。

学术权力与行政权力作为大学治理的两种权力类型,具有工具性、相对性、层次性等共同特征。学术权力与行政权力的性质固然不同,有时甚至存在着激烈的矛盾与冲突,但两者在根本上并不是绝对排斥的,它们相互补充、相辅相成,共同保证大学目标的实现。两者之间在以下三个方面具有紧密的联系:学术权力在大学学术活动中占据着主导地位,行政权力应该服务于学术权力;行政权力对学术权力具有制约与反馈的作用;学术权力与行政权力必须协同作用,缺一不可。

从国际比较的视野看,英美等西方国家的大学内部治理结构更加凸显大学

---

① 苏君阳.走向善治:大学治理权力结构的重构[J].浙江社会科学,2007(3):103-107.
② 刘芳.三角协调模式理论下的大学治理外部环境论析[J].宁夏社会科学,2013(4):135-138.

自治、教授治学与民主决策,是以学术权力为核心的多元权力制衡结构,确保了学术权力与行政权力的均衡配置。以美国的公立高校为例,其校级管理机构由大学董事会、校务委员会与评议会共同组成,三方权力机构之间构成了相互合作、相互制衡、相互促进的互动关系,提高了大学决策的科学化水平。

(三)内部权力与外部权力的关系

在大学内外部治理权力结构中,内部权力与外部权力的关系本质上是政府与大学的关系问题,在大学外部治理中两者的关系和集权与分权的关系比较相似,但在大学内部治理中则有所不同。政府与大学的关系问题历来是大学治理过程中非常重要的问题,体现在大学治理的体制机制、运行方式、模式类型、权力结构等方面,政府管理与大学自治始终是大学治理中难以平衡的长期矛盾。

在外部权力控制型的大学治理权力结构中,外部权力在大学治理中占有绝对的主导地位,政府管理是大学治理的主要方式,大学只是政府部门的附属公共机构,为国家与社会服务是大学的主要职能。与之相反,在内部权力主导型的大学治理权力结构中,内部权力在大学治理中占有绝对的主导地位,大学是相对独立的自治机构,以生产、传播与应用知识为主要职能,政府管理在大学治理的过程中扮演着服务提供者的主要角色。在内外部权力均衡型的大学治理权力结构中,外部权力与内部权力互相制衡、互相补充,政府管理以宏观调控为主,采用行政、经济、法律等手段影响大学办学,并不直接干涉大学内部事务,大学则享有一定的自治权,并不是政府部门的附属机构,因此也要考虑政府的办学指导方针。当然,政府控制的松绑、市场力量的介入、大学自治地位获得的同时,也意味着大学治理权力与责任的移转。

一般来说,学术权力是大学共同体内生权力和起点权力,在大学权力系统中占主导地位;行政权力是外生权力,是为完成学术活动和为学术事务服务的从属权力,也是大学权力系统的组成部分而不能任意舍弃。[①] 因此,在大学内外部治理中,内部权力以学术权力为主,而外部权力以行政权力为主;与此同时,内部权力也有行政权力的成分,而外部权力也有学术权力的存在。

外部行政权力是政府机关履行政府行政职能时产生的一种权力,而内部行政权力是大学代表自身履行学校行政职能时产生的一种权力。内部行政权力与外部行政权力在影响范围及产生基础等方面都存在着很大差别,大学外部行

---

① 王务均.大学权力系统的委托代理关系及其治理路径[J].现代教育管理,2013(8):22.

政权力代表的不是自身组织的行政职能,而是国家组织的行政职能,大学外部行政权力要远远大于内部行政权力。① 内部学术权力是大学履行自身学术职能时产生的一种权力,而外部学术权力是学术组织履行公共学术职能时产生的一种权力。内部学术权力与外部学术权力在权力性质上是一致的,只是影响范围不同,大学内部学术权力是大学作为知识生产机构履行其专业职能所必需的,是一种产生于大学内部而扩散于大学外部的公共权力。

---

① 苏君阳.论大学治理权力的来源[J].人文杂志,2007(3):165-169.

第五章 美国大学内部治理论

美国大学的治理非常有特色。作为一个建国才两百多年的国家,美国的高等教育堪称后起之秀,其发展轨迹不同于英国以及其他欧洲大陆国家。美国大学的内部治理采取的是怎样的治理结构?存在哪些治理组织?各方的治理权力如何划分?在内部治理和外部治理中涉及哪些关系?这些都是值得探讨的问题。

美国大约有 4 000 多所各类大学和学院,不同院校之间差异巨大,办学目标多样,质量和水平参差不齐,但是在大学治理上却存在比较多的共同点。有学者归纳出美国私立大学法人治理结构的特征:法人制度与董事会制度相结合、外行与内行人员相结合、大学自治与政府调控相结合、行业自律与行业自治相结合、学术权力与行政权力相结合、外部制约与内部制约相结合。① 对美国高等教育颇有研究的王英杰教授也认为:"就美国大学而言,作为当今世界最为发达的高等教育体系,美国大学的治理结构在其历史演进过程中一方面兼收并蓄地汲取英国和德国高等教育的精髓,另一方面又适应本国高等教育的特定境遇,建构自己独特的风格。美国大学治理结构不仅具有清晰的发展路径和缜密的制度安排,而且蕴含着独特的价值取向。尽管美国大学共同治理也存在某些内在的矛盾,但作为一种独特的治理结构,美国大学正是通过其共同治理结构较好地兼顾了学术自由与公共利益、教师民主参与和行政主管日程管理、决策的高质量与执行的高效率之间的关系,从而为美国大学的发展奠定了良好的制度基础与平台,使得美国大学得以在世界高等教育体系中独领风骚。"②

---

① 刘根东,吴寒飞.美国私立大学法人治理结构的特征及启示[J].江苏高教,2013(5):63-65.
② 王英杰.治理结构:现代大学制度的基石——评《董事、校长与教授:美国大学治理结构研究》[J].比较教育研究,2012(2):86.

美国大学内部的权力体系主要由董事会、校长、评议会三方面构成。1967年,美国大学教授协会(AAUP)、美国大学董事会联合会(AGB)和美国教育理事会(ACE)三家联合发表了《学院与大学治理的联合声明》,提出在大学实行共同治理,校长和教师共同分享大学的决策权力,建立教师、董事会、校长之间的长期协商机制,由此确立了美国大学权力分配模式。[1] 所以,美国大学的内部治理可以从董事会、评议会和校长这三个核心维度予以呈现,兼顾治理结构、治理组织、治理权力、内外部治理等方面。

第一节 美国大学内部治理结构中的"外行"董事会

美国大学董事会是典型的"外行"董事会。有研究对 1996 年美国哈佛大学等 10 所名校的校董会成员进行来源统计,发现这 10 所大学共 298 名董事会成员中有 276 人来自校外,占总数的 92.6%。[2] 他们虽然不懂教育规律和学校管理,却控制着学校大政方针的决策权,那么,这些门外汉为什么如此热衷于参与大学管理? 他们又是如何管理大学,并使大学符合自身的逻辑发展呢? 为了理解美国大学董事会的治理,必须了解它的组织特性、职能定位、权力运行以及在大学内外部治理中的独特作用。

一、美国大学董事会的特性

作为美国大学内部一种重要的治理组织,董事会具有自身的独特性,可以从该组织的非专业性、媒介性、自主性和宏观性[3]等方面来认识。

(一)非专业性

美国大学董事会的成员大部分来自大学外部,是一种典型的外行董事会,具有"非专业性"。在全美 3 200 多所大学和学院中,共有 48 000 多名董事,其

---

[1] 彭国华,雷涯邻.美国大学共同治理规则研究述评:以对《学院与大学治理的联合声明》反思为视角[J].高教探索,2011(1):64-68.
[2] 邓光平.美国大学董事会的制度特点[J].高等工程教育研究,2005(5):95.
[3] 许金龙,徐晓娜.美国高校董事会的职能及启示[J].沈阳师范大学学报(社会科学版),2008(3):80-82.

中多数为工商企业、金融界、法律界和政府的名流。[①] 增强董事会的非专业性,是为了防止大学封闭办学。当大学事务由校内人士把持时,大学通常会丧失自己应有的社会责任感,沦为替校内利益群体而非为整个社会谋取福利的机构,从而背离了国家和社会设立这类高等教育机构的初衷。这样的例子在很多国家屡见不鲜。由校外人士组成董事会对大学行使最高决策权就能避免这种弊端。由于校外人士掌握着大学的最高决策权,大学内部利益群体——包括教师、学生、行政人员等都不可能把学校当成自己的势力范围而为所欲为,这有助于他们将大学事业的发展放在各项工作的首位。社会人士能否担任大学董事,除了要热心教育事业,乐意为大学的发展做贡献之外,关键要看其能否为学校创造财源。那些在人格上获得了社会广泛认同,并具有崇高声望的名人更易得到人们的普遍赞同,往往导致自觉的模仿行为,带来更多的经费捐赠。所以,美国大学董事会尽管不是大学治理的专业组织,但董事会成员大多是社会知名人士。

(二) 媒介性

在美国大学治理中,大学董事会具有媒介性,能够将社会和大学有机联系起来。在"衔接社会方面",大学董事会主要由校外人士组成,能够代表"校外视野",通过董事会成员全面反映当前社会的各种需要,从而指导和调整大学办学,对社会需要做出更好的回应。在"衔接大学方面",大学董事会也可以向社会解释高校的工作,在加强沟通和理解的基础上寻求更多的支持与帮助。另外,对于公立大学而言,董事会虽然具有法人资格,但要服从州政府的法律规章和管理程序。董事会成员虽然通常由州长任命,但州长因任期有限,每任州长都不可能完全控制董事会,这就使得公立大学董事会具有一定的独立性。当大学和政府或社会发生冲突时,董事会能起到"缓冲器"的作用,实现了大学举办权和管理权的分离。对于私立大学而言,董事会是由学校创办者或其代理人组成,有独立经办学校事务的权力,不需要对州政府负责,但私立大学董事会中有政府官员,这样可以保持大学和政府的良好关系。总之,美国大学董事会具有媒介性,既不属于大学内部群体,又不属于政府机构,这样的组织特性,使其在大学和政府机构这两者之间担当起了重要的沟通与协调角色。

[①] 邓光平.美国大学董事会的制度特点[J].高等工程教育研究,2005(5):95-97.

第五章　美国大学内部治理论

(三) 自主性

董事会是美国大学内部的决策机构,对大学的治理负有全权,负责对全校的发展战略、财政、学术、行政等方面的重大问题做出决策,并监督这些决策的实施。美国大学董事会的这种自主性,在很大程度上保障了大学的自治。尽管自治并不总能带来好的结果,但即便是决策失误,其恶劣影响也只会局限在一所大学之内,因此也更容易纠正。相比之下,如果由联邦或州对大学行使最高决策权,一旦出现失误,其影响范围就会大得多,也更不容易进行纠正。由于董事会成员的任期并不一致,而且定期更换部分成员,因此由董事会对大学事务进行自主决策还有助于确保大学使命的完整性和连续性,从而有助于确保大学的长期稳定发展。同时,董事会与所在大学或大学系统的"决策距离"比较近,可以对所要决策的事项进行比较深入的了解,也可以与大学内部的校长、教师、行政人员等进行比较充分的协商,因此更容易做出科学合理的决策。董事会享有充分的自主决策权还有助于充分发挥自身的聪明才智和能动性,对大学进行有效的管理。

(四) 宏观性

董事会是美国大学内部的最高权力机构,在学校性质、人事任免、学校财政及规章制度等方面都具有一定的权力,特别是有独立经办学校的权力,甚至有权力解散学校。但在学校的日常事务方面,董事会并不介入。正如康奈尔大学前校长弗兰克·罗兹所言:"董事会的任务是治理,在治理和管理之间存在着一个不同的世界。治理包括批准院校之人和目标,批准院校政策和程序,任命、审查和支持校长,以及对学科点、活动和资源的监督。相反,管理职责包括在董事会认可的政策和程序之内使院校有效地运作并达到目标,有效利用资源,以及对最优质的教学、研究和服务的创造性支持。董事会的职责是治理,而不是管理。"[1]可见,大学董事会的角色应定位在对宏观和重大事项的决策上,而执行和落实权力则交给校长团队。

美国大学董事会所具有的非专业性、媒介性、自主性和宏观性等特征,有效协调了学校与社会的关系,保证了学校的发展方向,维护了学校自治,并以宏观调控的方式治理大学,有助于保障和推动大学的长远发展。

---

[1] Rhodes F H T. The Creation of the Future: The Role of the American University[M]. Ithaca, New York: Cornell University Press, 2001: 220.

二、美国大学董事会的职能

美国在二战后进入了高等教育大众化阶段,政府通过立法和财政资助的手段,对大学的调控逐渐加强。在这个过程中,美国大学的治理结构逐渐趋于完善,形成了具有美国特色的社会参与型治理模式,并逐渐成为世界各国效仿的榜样。美国大学的治理有各种模式,公立大学和私立大学的治理模式各有不同,但也有一些共同的特点,各治理主体都发挥着积极作用。在大学董事会方面,有研究分析了来自美国15个州的15所著名公立大学和15所著名私立大学董事会人事事务的相关资料和数据,发现美国大学董事会的成员规模、成员产生方式、成员任期制度及校长和学生"入董"这四个方面存在"公私差异",不同类型的大学在安排最高决策层的人事事务时存在不同的内在逻辑。[1] 尽管有这些不同,董事会的基本作用还是有很多共通之处。正如卡耐基教育促进基金会在《校园的控制:关于高等教育管理的报告》中所言,"董事会构成了(美国)高等教育管理结构的基石"[2]。在美国大学内部的治理结构中,董事会的存在意义非常重大,具有多方面的重要职能,集中体现在目标职能、人事职能、筹资职能和协调职能[3]这四个方面。

(一)目标职能:确立大学的发展方向并坚持规划

美国大学一般由董事会控制,无论是公立还是私立大学,董事会都处于大学管理系统的顶端,是学校最高决策机构和最高权力机构,享有裁决学校事务的全权。董事会最重要的职能,就是决定大学的发展方向和目标设置。董事会在制定发展方向和目标的过程中,必须充分考虑大学本身的特色与服务对象,考虑学校整体的发展等,并应随着时间推移有所修正,以指导董事会自身和大学的发展。

除了制定大学发展规划之外,董事会的重要职能还体现在确保大学教授、行政人员能够有效地规划机构的未来,并促进计划的有效执行。这项职能主要是通过授予教学人员有关学术的权力,授予行政人员有关行政的权力来实现

---

[1] 黄建伟.美国大学董事会人事事务的"公私差异"研究[J].国家教育行政学院学报,2013(8):84-89.

[2] 转引自:张斌贤,张弛.美国大学与学院董事会成员的职业构成[J].比较教育研究,2002(12):23.

[3] 许金龙,徐晓娜.美国高校董事会的职能及启示[J].沈阳师范大学学报(社会科学版),2008(3):80-82.

的。同时,董事会也要监督和评估他们对这些权力的运用。因此,董事会一般都要求校长团队制定长远发展规划,但最终要经其审批。同时,董事会还要核准年度预算,当预算出现不平衡时,要做出应对决定。①

(二)人事职能:遴选、支持与评价校长

美国大学董事会通过遴选、支持与评价校长来实现对大学的管理。

遴选校长是董事会的关键职责。大学校长对大学的发展起着至关重要的作用,因而校长遴选是董事会工作的重要环节。为了做好此项工作,一般都需要设置若干环节,比如成立校长遴选委员会、确定校长遴选标准、物色最初候选人、筛选最终候选人,最终才能确定人选。遴选标准也非常明确,通常会考察校长候选人的学术背景、领导能力及管理经验与能力、集资能力、公关能力、亲和力及包容性等,这些全面的素质能够保证校长作用的有效发挥。

董事会要支持校长工作。董事会虽然制定学校发展的方针和政策,但是不直接介入学校日常行政事务的管理,只做形式上的审批核定。同时,董事会还要帮助校长,克拉克·科尔列出了四项内容:一是提供好的建议;二是帮助他保护自己的时间和精力;三是支持他按照董事会的要求和意愿行动;四是确保承诺的报酬,至少要和惩罚相当。②

董事会还要监督与评估校长的表现。美国大学校长的考核过程包括考核主体的组建、考核方法的选择、考核指标的确立以及考核结果的应用等相互联系的几个方面。通过绩效考核对大学校长的施政能力与办学效益进行检视与评价,有助于推动大学发展目标的实现,正如克拉克·科尔所言:"对校长工作的评估非常关键。为公平起见,评估必须考察所有领域和整个任职时期;必须小心区别由命运产生的效果和个人选择行动的效果;对过去成就的记忆通常太短,对近期问题的记忆通常太深。核心问题是:从总体上看,这个人在特定时间和地点,是否已经做到尽可能的最好程度?"③

(三)筹资职能:寻求适当的资金来源并确保其使用

大学的资源是委托董事会管理的,董事会的主要功能是确保大学有适当的资源以维护当前和未来学生、所在州和社会大众的利益。美国大学董事会奉行

---

① 郭为禄,林炊利.美国大学董事会的运行模式[J].全球教育展望,2011(12):14-19.
②③ [美]克拉克·科尔,玛丽安·盖德.大学校长的多重生活:时间、地点与性格[M].赵炬明,译.桂林:广西师范大学出版社,2008:134.

的基本原则是"Give money, Get money or Get off"(捐钱、找钱，或者走人)。因此，董事会的主要活动就是董事自身捐款、协助募捐与认可预算，确保预算收支平衡，负责财务主管的甄选，监督财政支出是否符合预算，以维持学校财务的稳定，确保学校规划的实施。[①] 从某种意义上讲，世界一流大学是用钱"堆"出来的。大量捐款和不断增加的科研经费是美国一流大学发展壮大的定律。在公立大学中，董事会一般通过游说等形式，对州和联邦政府财政拨款施加重要影响。而私立大学则需要多方面募集资金，也更加依赖董事会来筹措经费，董事们不但自己要资助学校，而且还要通过游说争取公司、基金会、政府部门和个人的资助和捐赠。

(四) 协调职能：维持和改善学校与社会之间的关系

大学是典型的利益相关者组织，肩负传播知识和文化的使命，与其他社会机构或团体构成了相互影响、相互制约的关系。董事会在这种关系中扮演着"缓冲器"的角色，是联结政府、社会与大学的中介组织。董事会的一个重要职能是把学校内部的信息传递给社会，又要将社会对学校的要求反馈给学校。董事会成员大多来自学术圈外，能把握社会与未来的需求，使大学对社会需要负责；同时，董事会能反映社会的人力资源需求，成为学校与社会间的桥梁，树立其公共形象。此外，董事会还可作为保障大学免于受到来自外部力量剧烈冲击的屏障，具有缓冲的功能，扮演利益冲突的"缓冲带"。

三、美国大学董事会权力的基础、机制及保障

董事会是美国大学的最高权力机构，拥有独特的权力基础、权力机制和权力保障。

(一) 董事会的权力基础：奠基于校外与校内的结合

董事会成员的遴选体现出校内权力与校外权力的结合。美国私立大学董事会成员由学校自主选聘，成员由校外工商界人士、校长、行政人员和校友组成。其成员遴选方式主要有两种：一是由现有董事会成员共同选举，二是校友选举。公立大学以公共信托为基础、以服务公共利益为目标，其成员视同公务员，主要遴选方式有公众选举、州长提名—州议会同意、州议会选出—州长任

[①] 许金龙,徐晓娜. 美国高校董事会的职能及启示[J]. 沈阳师范大学学报(社会科学版),2008(3): 80-82.

命、相关学会和校友会推选等方式。① 遴选方式也反映出权力授权方式上校内与校外相结合的特点。

董事会的领导和管理活动也体现出校外与校内相结合。在董事会的领导和管理活动中,校外与校内均有参与。自1915年美国大学教授协会成立以来,大学教师通过参加董事会及其下设的各种委员会,获得了对大学大多数主要学术事务的管理权力,弥补了校外人士管理学校的专业知识与经验的缺陷。20世纪60年代以来,甚至学生代表也在一些大学董事会中逐渐占有一席之地。校内势力的日渐扩张,使美国大学内部管理权有进一步从"校外"转向"校内"的发展趋势。

内外结合的权力基础,也是现实社会客观要求的反映。它既有效避免了外行领导内行,导致对大学学术自由的威胁与盲目干预,又有利于董事会的决策充分反映社会各方面的意见和要求,防止了大学因过分追逐狭隘的纯学术目标而忽视社会公共利益。②

(二) 董事会的权力机制:通过分工协调来落实

美国大学董事会只是一个决策系统,下设各种常设委员会,分别执掌各方事宜。全美大学与学院董事会协会在其解释性章程中,列举了大学董事会通常会下设的十个功能委员会,主要包括执行委员会、提名委员会、教育事务委员会、教师事务委员会、学生事务委员会、财政委员会、审计委员会、发展委员会、投资委员会、建筑与场地委员会。③ 通过各种常设委员会的权力分解,大学董事会能够兼顾各种领导和管理目标。比如,发展委员会负责开辟财源,投资委员会负责私人捐赠和现金收入事项,学术事务委员会负责向董事会提出学术政策与教师代表举行会议,等等。董事会一般按照董事的特长与兴趣,将其安排于各个委员会之中,并根据董事会章程实现各司其职。这不仅有效地避免了董事之间相互推卸责任,也有利于充分发挥董事们的各自优势,提高办事效率和工作业绩。

在董事会会议和下设各功能委员会中,所有重要决策都要经由董事会成员或功能委员会成员投票决定。下设委员会的成员分为具有投票权和无投

---

① 郭为禄,林炊利.美国大学董事会的运行模式[J].全球教育展望,2011(12):14.
② 邓光平.美国大学董事会的制度特点[J].高等工程教育研究,2005(5):95-97.
③ 转引自:郭为禄,林炊利.美国大学董事会的运行模式[J].全球教育展望,2011(12):18.

票权两类。在投票前的讨论中,所有成员都可发表自己的看法,但在投票时,只有具备投票权的成员才有资格投票,并按少数服从多数原则执行。董事会是集体决策而非个人决策,作为合议体机构,虽由董事个体组成,但只有整个董事会才是美国大学的法人代表机构。正如伯顿·R.克拉克所说,"作为个人,董事没有任何法律地位"[①]。总之,美国大学董事会的权力机制强调分工协作,董事会成员广泛参与各功能委员会决策,这种广泛的咨询奠定了科学决策的基础。

(三)董事会的权力保障:法律法规的保护

美国大学董事会管理体制之所以沿用至今,一个基本的原因是它的法律基础始终没变。大学董事会根据特许状或州相关法律的有关规定而成立,董事会的权力和责任来自各州法律或法院判决、修正案或者创办者的授权,其组成以董事会章程或类似条例为依据。一般而言,董事会法规对董事会的法人地位有明确的规定;董事会章程是对董事会法规的进一步具体化,主要包括成立的依据目的,董事会的职责,董事会的规模与构成,董事会与校长的关系以及各自权限,董事会组织结构,董事的资格、产生程序、服务期限、职权等。董事会各项工作则遵从董事会章程的有关规定而开展。[②] 大学董事会章程一般对董事会会议及次级委员会会议的召开时间、程序、会议资料分发、会议记录与公开程序、投票制度等做出明确规定。据美国大学董事会联合会(AGB)2004年统计数据:公立高校董事会通常每年开10次董事会议,而私立高校平均每年只开4次会议;公立高校董事会每次会议的时间平均为4小时,而私立高校的会议时间显然相对较长,每次平均时间为7小时,甚至是1—2天,以确保能对学校发展的重大问题进行深入探讨。[③] 总之,美国大学董事会历史悠久,法律地位明确,其运作有完善的规章制度保障,而且法律法规和政策规定比较细致且具有可操作性。这样就能将董事会的管理活动完全纳入法治轨道,使各种活动的开展都有法可依、有章可循,保证了学校相对的独立性、稳定性、自治性。

---

① Clark,Burdon R,Guy Neave. The Encyclopedia of Higher Education[M]. Oxford: Pergamon Press,1992:1497.
② 邓光平.美国大学董事会的制度特点[J].高等工程教育研究,2005(5):95-97.
③ 欧阳光华.董事、校长与教授:美国大学治理结构研究[M].北京:高等教育出版社,2011:139-140.

四、美国大学董事会的内部监督与外部缓冲及桥梁作用

在美国大学的内部和外部治理中,大学董事会扮演着极其重要的角色。正如美国著名高等教育专家J.V.鲍德里奇等人所言,"理解校外人士的管理在美国高等教育中所起的作用是理解当代美国学院和大学管理问题的关键"[1]。归纳起来,美国大学董事会在协调大学内外部治理方面发挥着三方面的作用。[2]

(一)董事会在美国大学内部治理中起民主监督作用

董事会制度具有广泛的民主性,大学董事会一般由文化界、经济界及政界的知名人士,学生家长与社区代表,教师、学生代表及校长共同组成。他们从不同的角度审视大学的发展,从不同的利益关系参与大学的治理,能够对大学内部治理产生民主监督的作用。

一方面,董事会促进了大学内部治理中的民主参与。如果没有明确的股东,大学很容易形成"内部人控制",也就是被教授队伍或者行政管理人员控制。但大学治理显然应当在诸多利益主体之间寻求一种平衡,不能走任何一个极端,更不能以它现有人员的利益为追求的目标,而应考虑到大学对社会的责任。董事会的存在,能够把社会和大学有机地联系起来。它促使各种社会需要通过校外人士的参与而直接反映到学校中来,并变成决策,有利于大学办学方向更适应社会需要。

另一方面,董事会促进了大学内部治理中的监督和仲裁。董事会是美国大学的最高权力机构,除了法院和议会之外,没有任何团体能对董事会的决策提出合法性挑战。当教师、学生和家长针对校长团队日常管理策略和方法提出质疑时,董事会就会受理争议,并对相关情况进行裁决,扮演了类似我国行政复议法界定的"复议机关"角色。同时,在面对争议时,即便教师反对校长,董事会也有可能根据仲裁而支持校长的工作。校长的去留和任期建立在大学的质量和声誉提高的基础之上,而不仅仅由教师的喜好来决定。

(二)董事会在大学与政府之间起缓冲作用

美国大学的发展离不开政府的支持,政府为高校提供资源、项目、政策和法律等方面的支持,对大学的发展影响巨大。为了更好地处理大学与政府的关

---

[1] 陈学飞.美国、日本、德国、法国高等教育管理体制改革研究[M].北京:教育科学出版社,1995:2.
[2] 付姣.美国高校董事会的历史起源及作用分析[J].中国科技信息,2005(24):27.

系,大学董事会发挥了承接与缓冲的作用。

美国是分权制国家,高等教育由各州主管,董事会制度可以让高校实现举办权和管理权分离,举办者不直接介入大学事务,而是通过董事会这种中间机构来承担具体办学任务。政府举办的公立高校交由董事会负责,公立大学董事会虽具有法人资格,但要服从州政府的法律规章和管理程序。公立大学董事会成员虽通常由州长任命,但这种控制只是底线性和形式上的,大学董事会仍然具有较强的独立性。私立院校由多方面人士组成的董事会管理,不需要对州政府负责,投资者本人不介入大学的直接管理,大学因此而拥有充分的自主权。但私立大学董事会中有政府官员,以此保持大学和政府的良好关系。董事会往往在大学和社会浪潮之间起到一定程度的缓冲作用。

(三) 董事会在大学和社会之间起桥梁作用

有学者对美国10所著名大学的董事会构成进行了统计,发现在298名董事中,工商企业董事占150人,公共事务官员董事占18人,学术管理人员占21人,律师占25人,教授教师占17人,银行家占14人,医生占10人,基金会董事占10人,其余均不足10人,他们分别是法官、管理人员、学生、作家、记者、科学技术人员、社会工作者、志愿者和其他。[1] 多元来源的董事会成员本身既是自由的体现,又是多种力量制约大学发展方向的体现。如前所述,美国大学虽脱离了政府的严控,但其治理受到了社会和市场力量的较大影响。美国高等教育的历史也表明:教职对大学演变的影响较小,而对高等教育更多的影响来自于社会的压力、政府政策和市场力量。[2] 哈佛大学前校长、著名高等教育专家德里克·博克也认为:对社会需求能够不断做出迅速反应是我们高等教育制度最突出的特点。之所以能迅速反应,在某种程度上是因为外行董事会制度的存在。[3] 董事会的构成以大学外部人士为主,可以避免大学内部人士的狭隘视野,使大学及时而有效地应答社会需要,保证了大学对国家建设和社会发展的持续支持。

---

[1] 张斌贤,张弛. 美国大学与学院董事会成员的职业构成[J]. 比较教育研究,2002(12):23-27.
[2] Donald Kennedy. Making Choices in the Research University[J]. Daedelus, 1993, 122 (4):127-156.
[3] 许金龙,徐晓娜. 美国高校董事会的职能及启示[J]. 沈阳师范大学学报(社会科学版),2008(3):80-82.

第二节 美国大学内部治理结构中的"内行"评议会

在美国大学内部的治理结构中,评议会是相当重要的一种治理组织,体现出"民主治校""教授治校"等理念。评议会(Academic Senate 或 Academic Council)又称教授会,其作用体现在学校和学院两个层面:大学评议会负责的学术事务主要包括制定全校的学术政策,教师的聘用、考核和晋升,学生的教学、课程设置等;学院评议会负责的事务更多,权力更大,几乎包揽了学院的全部事务。可见,越往基层,学术事务越集中,评议会的权力和权限就越突出。为了理解美国大学评议会的治理,必须了解它的功能定位、组织特性、权力运行以及在大学内外部治理中的独特意义。

一、美国大学评议会的显性和隐性功能

评议会的功能可从显性功能和隐性功能两个方面来进行阐述。[1]

(一)评议会的显性功能

根据伯恩鲍姆的观点,评议会的显性功能在不同的组织模式下表现各异。[2]

在官僚模式下,评议会要对大学的目标及学术政策的提出、阐述和修正发挥法定的监督责任,要参与大学资源的重新分配、学术授予等事务。评议会成为"大学理性组织的组成部分",具有高效率的特征,一般采用理性程序去处理大学事务,并发展出法规或规章,根据立法程序去解决大学问题。

在政治模式下,评议会被当成大学利益相关者利益表达的论坛,大学政策的目标通过协调、谈判等方式实现。评议会为大学其他领域中与学术相关的事务,或与教师、职员、学生一般福利等相关的事务提供咨询与建议,促进各种冲突的解决。

在学院模式下,评议会被当成是"达到一致同意意见"的论坛,它发挥作用的关键在于大学组织成员因为共享同一价值,而能达成相对一致的意见。

---

[1] 甘永涛,单中惠. 美国大学评议会制度探析[J]. 大学教育科学,2010(1):100.

[2] Robert Birnbaum. The Latent Organizational Functions of the Academic Senate: Why Senates Do Not Work but Will Not Go Away[J]. Journal of Higher Education,1989(4):60.

(二) 评议会的隐性功能

评议会的隐性功能主要体现在以下三个方面。[①]

一是评议会具有象征意义。美国大学的董事会具有最高决策地位,在大学的重大战略、全局性事务中,教师没有最终发言权。有鉴于此,评议会就具有了象征意义:一方面,评议会的功能主要体现在咨询和建议环节,而不是决策环节;另一方面,评议会主要在学术事务中发挥作用,很少参与非学术事务。另外,评议会在关于教师聘任、财政事务等敏感性领域所发挥的作用还面临争议。尽管如此,评议会依然展现出大学作为文化组织不同于其他社会组织的方面,象征着大学对学术的尊重,也象征着作为群体的教师对专业价值的忠诚。

二是评议会具有防护性功能。评议会能否有效发挥作用,取决于大学行政如何使用评议会、将哪些议题提交讨论、采纳评议会提出的哪些意见和建议。评议会虽然从理论上讲具有"监督权",但实际上并没有指挥行政的权力,也较少通过讨论促进利益相同的人结成联盟。所以,评议会是体制危机的一种防护性手段,而不是一种制衡结构,无法承担起"约束体制"的职能。

三是评议会具有"垃圾桶和电冰箱"的功能。评议会的另一种潜在功能是作为一个结构性的"垃圾桶"而存在,收容一些暂时无法下手解决的问题;或者充当"电冰箱",把那些无关紧要但很难找到解决之道的问题降降温、冷处理。[②] 垃圾桶(garbagecan)理论作为一种决策制定模式,形象地描述了大学在面对一项决策时,虽然会不断提出问题并给出相应的解决方案,但是这些方案实际上都被不断扔进垃圾桶,只有极少数能够成为最终决策的组成部分。在大学这种目标模糊、技术多元、资源流动性强的复杂组织中,各种决策既沿袭以往的惯性,又具有很大的模糊性,很难实现理想化的理性决策。

总之,美国大学评议会的功能是监督大学的目标及学术政策的提出、阐述和修正,为学术事务或与教师、职员、学生相关的事务管理提供咨询与建议。评议会的功能又具有象征意义,作用发挥仅局限于为学术事务提供咨询;虽有监

[①] Robert Birnbaum. The Latent Organizational Functions of the Academic Senate:Why Senates Do Not Work but Will Not Go Away[J]. Journal of Higher Education, 1989(4):68.

[②] Cohen, M. D. &March, J. G. Leadership and Ambiguity:The American College President[M]. Boston:Harvard Business School Press, 1986:95.

督权但并没有决策权,不能有效制衡董事会权力和行政权力;甚至沦为"垃圾桶和电冰箱"——为无关紧要却很难找到解决之道的问题提供收容和降温处理。

二、美国大学评议会的组织结构、组织关系和组织文化

在美国大学内部的治理组织中,评议会这一组织形态拥有独特的组织结构、组织关系和组织文化。

(一)评议会的组织结构

评议会的组织结构设计,影响到它的功能发挥及其应变能力。首先是评议会的人员构成。美国大学评议会及其执行委员会的主要成员是教师,也有少量管理者、职员甚至学生。不同主体之间要保持适当的比例,确保教师处于首要地位。其次是评议会的权力边界。评议会拥有自身的权力范围,同时也与其他治理主体之间存在权力关系。各大学对于评议会权力边界的设定都非常审慎,以促进管理者和评议会之间的理性互动和功能发挥。再次是评议会规模和复杂性。评议会的规模太大就不容易达成一致;下属委员会过多则会结构烦冗,既浪费教师的时间精力,又难以有效发挥评议会作用。最后是议题设定过程及方式。对于管理者和教师而言,单方面提出议题往往具有较大的局限性。只有双方互相协作,才可能提出具有更高质量的议题,这样的议题也更容易形成决策,并得到积极有效的执行。[①]

(二)评议会的组织关系

评议会与学校高层管理者之间存在各种关系,包括管理者对评议会的态度、管理者允许评议会运行的程度、评议会领导和管理者之间的互动,以及管理者对于评议会建议的采纳和反应等。评议会是相对独立的组织,与学校管理层是一种合作的关系。评议会与管理者之间是稳定的程序化的正式关系。此外,评议会领导与管理者之间的非正式关系也非常重要。比如有些学校邀请评议会主席参加校长办公会,并能够参与会议的讨论。尽管这时评议会主席只有发言权而没有投票权,但通过参与管理者会议,仍然可以增进决策的公正性和有效性,也有助于提高评议会领导与高层管理者之间的信任关系。在组织关系维度,最重要的是校长对评议会的尊重,要充分尊重并允许评议会在其权限范围

---

① 刘庆斌,顾建民.美国大学评议会的有效性分析[J].中国高教研究,2012(10):54-57.

内处理事务。[1]

(三) 评议会的组织文化

评议会功能的有效发挥需要良好的组织文化予以支持,呼唤组织内部形成信任文化、参与文化,强调领导层的连续性和效力。首先,信任是共同治理的基础,评议会与管理者之间应该以合作互惠的态度行事,在信任的前提下实现共享和共治。如果缺乏信任,教师就会关注治理过程而不是治理结果;评议会领导相应地就要保护决策过程的公正、维护评议会的决策地位,而无暇积极充当治理的变革者。其次,教师参与评议会的积极性非常重要。麦勒(Minor)在对763所大学的调查研究中发现,教师是否积极参与评议会是影响评议会有效性的最重要的因素。[2] 在有效参与中,教师重视的是在决策中能产生多大的影响,而不是仅仅关注决策的结果。最后是评议会领导层的连续性和效力。评议会的人事任用机制非常灵活,成员因任期有限,单个教授无法长期持续地参与学术决策。因此,评议会领导层的连续性非常重要。如果评议会主席经常轮换,就会影响评议会工作的稳定性和连续性,也会影响评议会与管理者沟通协商的质量。

总之,组织结构是评议会的组织基础,组织文化是评议会的运行环境和条件,组织关系则制约着评议会文化的形成和组织功能的实现。唯有整体优化、良性互动,评议会的功能才能得到充分发挥。

三、美国大学评议会权力的制衡、分享与保障

在美国大学内部的治理权力中,评议会的权力与校长权力形成制衡,评议会通过分享大学治理决策权来履行职责,评议会的目标在于保障师生利益。

(一) 评议会权力与校长权力形成制衡关系

美国大学评议会代表学术力量,校长办公室则代表行政力量,二者各司其职、相互制约。行政力量存在着明显的官僚等级性,学术力量在学校决策与管理中也起着重要作用。所以,美国大学内部治理是等级结构与学者行会组织交织在一起、行政权力与学术权力均衡分配的二元权力结构。如果学术力量违规操作,行政力量就有权否决;如果行政力量越权,学术力量也会据理抗争。这种

---

[1] 刘庆斌,顾建民. 美国大学评议会的有效性分析[J]. 中国高教研究,2012(10):54-57.
[2] 转引自:刘庆斌,顾建民. 美国大学评议会的有效性分析[J]. 中国高教研究,2012(10):54-57.

行政领导和教授共同治理学校的模式,使得大学校长对学术事务不能专权,评议会的存在是对大学校长权力的一种制约。

评议会是教授治学的典型体现,强有力地保护了美国大学的学术力量。在评议会体制下,各个院系的教授集体决定教师聘任、评价和晋升等问题,如果不存在明显的错误或程序性问题,学校行政力量不会对教授们的决定行使否决权。① 虽然学术评议会中也会有政治斗争和权力博弈,但这恰恰是权力制衡的一种表现,即任何一种单一力量都不能主宰大学的发展。在这个意义上,评议会中的内部冲突恰恰是民主的自然表现,也是保障权力平衡和决策科学的一种方式。学术评议会的运作虽然增加了决策的复杂性和时间长度,却增进了行政人员、教师、学生等不同组织成员间的相互尊重和相互理解,因而通常被认为是值得的。伯恩鲍姆的研究表明,治理的有效性总是与低效和功能冗余相连,虽然学术组织看上去没有效率,但实际上非常有效,因为在共识中达成的决策容易被接受、理解和执行。②

(二) 评议会通过分享大学治理决策权来履行职责

一般而言,评议会负责管理学术事务,校级评议会负责的学术事务主要包括制定全校的学术政策、学科建设和发展规划,确定校历,确定教师的聘用、考核和晋升,负责本科生和研究生的教学、课程设置、学位事项以及对外学术交流活动、校内各种设施的使用等。评议会往往根据本身所负的职责,划分议事委员会、学术委员会、教师发展委员会、调查委员会等。③ 从一般意义上讲,如果没有评议会的提议、同意或者授权,大学不能做出任何学术问题的决策。在学术领域,评议会权威并没有受到严重的挑战,评议会的职责及其履行一直被所有的美国大学重视和信服。

大学评议会通过分享大学治理决策权来履行职责。"在西方现代大学中,学术主导体系与行政管理体系虽然分离分治,但不是绝对的分离,而是相互制约、相互渗透,又相互协调运转的系统。通过内部管理的分权,学术主导体系能够有效地制约和监督行政管理体系的运行,同时又避免了教授过多地卷入具体

---

① 吴振利.自由基调下的竞争、共纳和制衡:美国高校治理的整体解析[J].西北师大学报(社会科学版),2008(4):87-91.
② [美]罗伯特·伯恩鲍姆.大学运行模式:大学组织与领导的控制系统[M].别敦荣,等译.青岛:中国海洋大学出版社,2003:45.
③ 甘永涛,单中惠.美国大学评议会制度探析[J].大学教育科学,2010(1):99.

行政事务。"①因此,评议会调动了学术人员参与学校事务管理的积极性,同时也防止行政权力的独断专权,有利于决策的科学性和民主性。

(三) 评议会的目标在于保障师生利益

在大学中,教授们不仅掌握着资源的分配和使用权,而且还有一定的人事权,在学校中担当着关键性角色。"教授一直是教学领域的主宰,他们还是科研领域的主宰,教授团体对学院和大学进行集体统治,主要垄断了课程、教师任用和研究方法等方面的决策权。"②评议会有着有限的权力,他们的责任局限于对行政进行建议与咨询,他们的主要功能在于保护教师的权利与地位。

正因为如此,评议会成为代表和保护大学决策中教师利益的组织。评议会作为学术权力的组织代表,在共同治理结构中具有决策、咨询和冲突化解功能,成为保护教师学术权力的重要组织依托。全体学术人员可以通过评议会提出、评议和审查所有与学术事务相关的政策,并能够对其进行广泛讨论和形成决策。③ 在共同治理框架下,评议会寻求的不仅仅是影响大学的决策,更主要还是为广大师生和大学的利益服务,"有助于阻止一个独立的职业管理者阶层的发展,确保教师在学术事务上长期的主导地位,并在多方面减少教师与行政管理人员之间的潜在冲突"④,实现学校整体利益的最优化。

四、美国大学评议会的权力关系及发展逻辑

在美国大学的内外部治理中,评议会对大学内部和大学外部治理都有一定的影响。美国大学通过评议会提出、阐述、评论、修订所有与学术、教师个人和专业事务相关的政策(包括与学术事务相关的财政政策),对其进行广泛、自由的讨论并参与决策制定。在此结构中,评议会代表所有教师行使权力,并在学术评议会中作为教师的代表参与决策。美国大学评议会制度已经相当成熟,并且成为全体教师有效参与大学"共治"的制度保障。总体而言,评议会有利于理

---

① 何淳宽. 基于学术属性的现代大学组织结构[J]. 清华大学教育研究,2010(2):78.

② Minor, James T. Understanding Faculty Senates: Moving from Mystery to Models[M]. Baltimore: The JohnsHopkins University Press, 2004: 48.

③ 朱守信,杨颉. 学术评议会与共同治理的形成:以加州大学伯克利分校为例[J]. 现代大学教育,2014(2):44-48.

④ Fitzgibbon, R. The Academic Senate of the University of California[M]. Berkeley: Office of the President, UC, 1970: 105.

顺大学内部权力关系,同时也得益于组织制度建设,最终彰显出自身的发展逻辑。

(一) 评议会有利于理顺大学内部权力关系

美国大学评议会制度确保教师能够直接参与大学决策过程,能促进意见与建议的多样性,进而促使教师与行政人员共同承担责任、沟通协作、共同掌权,达成制度上的完善。

一方面,评议会从学术与行政分治的横向角度促进了大学内部权力关系的协调。由于评议会的存在,保护教师的参与权力成为学校所有主要行政人员的责任,大学校长、教务长、负责学术事务的副校长和各主要行政部门主管,乃至学术系统的院长、系主任等,都要促进和保障教师在大学治理中的参与权。通过评议会,教师能直接参与大学治理,商讨与自身相关的晋职、工资和工作条件等方面的问题,而不必担心受到报复或刁难。

另一方面,美国大学评议会的纵向分层也保证了学术权力的有效落实。一般而言,大学评议会下设教师评议会,教师评议会再下设各个院系的教师评议会分会,教师评议会分会成为基层教师参与大学"共治"的组织,能够最广泛地代表教师利益。大学教师根据自己的兴趣或专长广泛参加各种系属教师评议会分会,共同参与议事过程,保障了所有教师参与大学决策的过程。[①] 总之,美国大学评议会促进了决策过程的顺畅度和民主化,弥合了学术自由与公共利益、民主与效率之间的矛盾,有利于理顺大学内部权力关系。

(二) 评议会彰显出自身的发展逻辑

大学评议会彰显出历史逻辑和现实逻辑,历史逻辑是指学者团体在历史上一直坚持争取大学治理的参与权,现实逻辑是指当前美国大学评议会已经拥有了完善的制度保障。一方面,大学教师对参与大学治理的诉求经历了一个由无到有、由弱小到强大的渐进过程。"学者团体地位经历了上移、再下移、又上移的若干次反复。不难看出,从殖民地学院哈佛学者、教会和英国皇家之间的三足鼎立,到19世纪州立大学的崛起,地方势力逐步渗透到高等教育领域。而在20世纪60年代,教师工会和集体谈判逐步兴起,这种情况在公立大学中尤其突出,教授要求增加工资和福利,更有效地对终身教授聘任制加以控制,学术晋

---

① 于杨,张贵新,苏守波.美国大学"共治"结构中的教师评议会制度研究:以密歇根大学为例[J].外国教育研究,2008(5):69-74.

升、科研经费以及相关的专业问题都得到了更大的关注。"[1]在"共治"理念的引领下,教师评议会的发展趋于成熟与完善,大学教师真正参与到决策制定过程中,实践着与行政人员共同工作的承诺,并有效地保护自身的利益与权利。可见,大学教师的决策参与意识是美国大学教师评议会产生的内生力量,理念引领是其快速发展的动力支持。[2] 经历了这些历史变迁过程,大学评议会体现出了民主、多元、交互、监督与制约并存的特色,赋予了教师参与大学决策的权力,激发了教师的学术智慧。

另一方面是有完善制度保障的现实逻辑。美国各大学评议会普遍拥有自己的章程,下设各种与教师具体事务相关的委员会,并且各大学根据大学与教师发展需要、实施过程中的问题与变化,仍然不断地对教师评议会的章程进行修订。教师评议会章程及下设的各种委员会的具体章程,往往具体规定了教师评议会的人员组成、成员的权利和义务、总体职责和内部运作方式等,从而保证教师评议会活动有章可循。

学术评议会的章程一般涉及"外部关系"(即与董事会和校长等行政部门间的治理关系的界定)、"内部构架"(即评议会的职责与权力的界定)和"章程的修订"(即修订的规则与流程的界定)。其中,"内部构架"规定了"成员组成"(成员类型、资格、任期与分布、选举方式、时间、空缺席位的填补、成员的罢免等)、"下设组织机构"(下设委员会的分布、人员组成与职责)和"会议制度"(会议的类型与召集、会议时间的发布与通知、会议法定人数、议程的规定等)。比如,密歇根大学教师评议会章程长达11页,其下设的12个委员会的具体章程合计长达26页。这12个分委员会分别是:与教师自身事务相关的教师经济地位委员会、晋职与终身教职委员会、研究支持委员会、利益委员会以及教师指导与发展委员会,与学生事务相关的学生事务顾问委员会、奖学金委员会、本科生课程和学位委员会,与财政预算相关的大学预算委员会,还有与行政等其他事务相关的促进多样性委员会、信息技术顾问委员会和图书馆与多媒体顾问委员会。以大学预算委员会为例,该委员会由6名教师评议会成员、3名职员、3名学生及教务长和主管财政事务的副校长组成,举行会议时可根据需要邀请校长和其他高层

---

[1] 甘永涛,单中惠. 美国大学评议会制度探析[J]. 大学教育科学,2010(1):100.
[2] 于杨,张贵新,苏守波. 美国大学"共治"结构中的教师评议会制度研究:以密歇根大学为例[J]. 外国教育研究,2008(5):69-74.

第五章　美国大学内部治理论

领导及院长参加,每月例会 1—2 次。其中的 6 名教师成员由教师评议委员会指派,来自不同学院。该委员会的工作目标是为预算过程提供一种有效的工作模式。① 再比如加州大学伯克利分校,其评议会章程达 34 页之多,对评议会及下设的 38 个分委员会的职责功能、成员资格、组织运行、决策程序和领导管理等方方面面都有细致描述。各分委员会通常一到两个月召开一次会议,成员有义务积极参与会议,依据个人知识和经验提供建议。② 另一个案例是斯坦福大学,其学术评议会自 1993 年起一直由 55 名来自不同学院的成员组成,任期 2 年,评议会章程还指定了多名行政官员(包括校长、教务长、分管研究和政策的副教务长、分管学生事务的副教务长、分管本科生教育的副教务长、7 个学院的主任、大学图书馆馆长、学术信息资源主任、学术秘书以及 3 名由学生联合会提名的学生)列席,他们没有选举权,但可以发言。③ 学术理事会每年必须定期召开一次会议,而特殊会议必须在大学校长或者理事会的要求下召开。学术评议会(Academic Council)所做的决策都必须由学术理事会(Senate of the Academic Council)审议,审议的前提必须至少符合以下条件:① 三分之一的评议会代表提出;② 50 名学术理事会的代表提出等。这表明评议会的运作程序有着严格的要求。④

当然,如同多样性是美国高等教育的最大特点一样,美国大学评议会也是形形色色,没有统一模式。大学评议会的有效性是一个复杂的概念,有效性评价更是一项复杂的系统工程,各种质疑和批评的声音也此起彼伏。但这也许恰恰是美国大学体制成熟的表现。因为只有存在不同的声音,才有改进和完善的压力和动力。在大学评议会参与治理中,既要做好制度设计工作,也要重视制度实施和实效问题,这样才能不断克服困难与挑战,寻找到更加适宜的发展路径。

---

　① 于杨,张贵新,苏守波.美国大学"共治"结构中的教师评议会制度研究:以密歇根大学为例[J].外国教育研究,2008(5):69-74.
　② 朱守信,杨颉.学术评议会与共同治理的形成:以加州大学伯克利分校为例[J].现代大学教育,2014(2):44-48.
　③ 郭卉.美国大学评议会制度研究:以斯坦福大学为例[J].比较教育研究,2005(3):78.
　④ 刘滨清.美国部分研究型大学学术评议会研究[D].上海:上海交通大学,2009:47-48.

219

第三节　美国大学内部治理结构中的校长

为了理解美国大学校长的治理,必须了解校长与董事会的关系、校长的多重角色与职责、校长权力受到的制约与支持,以及校长在大学内外部治理中的意义。

一、美国大学校长与董事会的关系

在美国大学内部的治理结构中,校长的角色非常重要:校长是接受董事会委托的代理人,是沟通学术系统和行政系统的关键角色。因此,美国大学对校长的遴选非常严格。

(一) 校长是接受董事会委托的代理人

美国大学是一种法人机构,决策权力在董事会,董事会与校长的关系是一种委托—代理关系。在这种关系中,董事会将大学管理的事务委托给校长,但重大事项决策需要得到董事会批准方可实施,校长类似于首席执行官(CEO)。董事会作为受托人,以信托方式持有学校财产,主要职责是使受益人利益最大化,这些受益人就是各种利益相关者。为达到这种目标,董事会必须正视各种相互冲突的意识形态和团体利益,在大学短期收益和长期价值之间作出判断和抉择,避免大学长期价值受到短期利益的侵蚀。[①]

大学竞选校长,实质上就是向大学董事会申请大学管理的代理权。这是因为,美国大学校长的遴选是由董事会决定的,校长的权力也是董事会赋予的,校长要向董事会负责,相当于董事会领导下的校长负责制。如果说欧洲大学的校长是著名学者的形象代言人,"传统上,校长由一个德高望重的学者担任,选其任校长的目的与其说是出于他的行政事务能力,不如说是想以他来象征大学的崇高的学术地位"[②],那么美国大学的校长就是兢兢业业的经理人,是带领大学与时俱进的领路人。董事会在遴选校长时非常务实,那些缺乏思想、不能为大

---

① 郭为禄,林炊利. 美国大学董事会的运行模式[J]. 全球教育展望,2011(12):14-19.
② [加]约翰·范德格拉夫,等. 学术权力:七国高等教育管理体制比较[M]. 2版. 王承绪,等译. 杭州:浙江教育出版社,2001:24.

学带来希望的很难入选；那些桀骜不驯、缺乏约束的也很难被聘用。有人将校长比喻为发动机，董事会就是方向盘；将校长比喻为战马，董事会就是实施控制和调整的缰绳。① 可见，美国大学董事会的决策职能，结合校长有效的执行力，才能形成一种良好的大学治理局面。

（二）校长是沟通学术系统和行政系统的关键角色

在董事会的决策之下，大学校长执行董事会关于大学发展方向与规划的决定，在美国大学管理中形成以校长为首的行政权力系统，并与以评议会为代表的学术权力系统进行协作。

在董事会、评议会、校长"三方治理"结构中，大学校长虽然是个体，却成了沟通学术系统与行政系统的关键角色。虽然不同的大学有所差异，不同的校长也有不同的禀赋与魅力，但在大学中都充当了重要的"协调人"角色。之所以需要协调，是因为大学内的学术事务和行政事务往往交织在一起，很难截然分开，有些学术事务决策后还要通过行政系统去实施。因此，校长成为协调、沟通学术系统和行政系统的桥梁，一般都担任评议会的职能成员，主持和召开评议会会议。② 克拉克·克尔也认为，"校长作为调解者的头等职责就是维持和平，学生、教师和董事会的友好关系及相互的和谐，多元文化之间的调和，以及大学内部环境和大学外部环境的协调"③。

（三）校长的遴选非常严格

在美国，一旦现任大学校长任期将满或由于现任校长提出辞呈而出现空缺，大学董事会就会启动校长搜寻及遴选程序。

校长遴选的程序极为严格：一般情况下，校长（因工作不利而由董事会劝其辞职的情况除外）在自己不希望继续担任校长的前一年向董事会提出辞职请求并经董事会同意后，由董事会（或董事会主席）指定一个校长搜寻委员会，由搜寻委员会负责发布招聘校长的广告、对候选人进行全面考察以及组织候选人的面试和筛选工作，然后将最终候选人提交校董事会，由董事会进行表决。董事会在校长搜寻和遴选时非常关注候选人的教育背景、职业经历、办学理念、性格

---

① 杨克瑞. 从伍德罗·威尔逊的失败看美国大学校长的权力机制[J]. 高等理科教育，2013(2)：48-52.
② 姜晶. 美国大学治理的结构、特点及其启示[J]. 当代教育科学，2010(1)：43-45.
③ Clark Kerr. The Uses of the University[M]. Cambridge：Harvard University Press，1995：27-29.

和品质以及领导和管理才能等指标,而且一般都会有教师代表和学生代表参与搜寻委员会的工作。因为教师成员和学生希望在所有重大的决策面前有他们的声音,希望对每一件影响他们的重大事情与校方进行商讨。例如,2006年在哈佛大学第28任校长的搜寻工作中,除了遵循以前校长搜寻的程序外,董事会还任命了教师和学生两个咨询团。咨询团主席和校友协会会长要经常参加搜寻委员会会议,而搜寻委员会的代表也要定期参加咨询团的会议,通过这样的方式来确保大学利益相关者之间协同努力并及时交流信息。[1]

总之,校长选拔委员会兼顾了校董事会成员、教师代表、职工代表以及校友代表等利益相关者,在选拔中也广泛征求并认真采纳学校高级管理人员、教职工及各层次学生代表的意见和建议,对确定的候选人进行较长时间的、全面的调研,最后由董事会成员投票决定最终人选。这样严格、公正的遴选程序为杰出校长的产生提供了制度性保障。

二、美国大学校长的多重角色与职责

在美国大学内部的治理组织中,校长扮演着多重角色,承担着多种职责。

(一) 校长扮演多重角色

作为大学这样一个复杂组织的领导者,大学校长要扮演多重角色,承担起引领大学发展的作用。正如哈佛前校长德里克·博克在其《大学和美国未来》一书中所言:"大学要在面临现代社会的多种挑战之中取得成功和进步,最关键的一环就在于校长能发挥有效的领导作用。"[2]

领导力研究专家雷塔·伯恩斯坦恩认为,大学校长的特征一直随着时代变化而发生改变,如道德教育家、学院革新者、知识界领袖、教育改革家、政治家;在20世纪最后几年,在财政预算锐减的前提下,还开始成为大学或学院的建设者(institution builders)。在学院现实的生活中,大学校长被期望成为学术领袖、财务管家、筹资者,还有公共知识分子、社会领导(civil leader)及经济发展的啦啦队长(economic development cheerleader)等角色。[3]

---

[1] 李巧针.美国大学校长发挥作用的制度环境分析及启示[J].复旦教育论坛,2007(4):71-74.
[2] Derek Bok. University and the Future of American[M]. Durham:Duke University Press,1982:12.
[3] Rita Bornstein. Redefining Presidential Leadership in the 21st Century[J]. Presidency, Fall 2002:5.

美国著名高等教育研究专家克拉克·克尔也就大学校长的角色做过精辟的论述:"在美国,人们期望大学校长成为学生的朋友,教员的同事,校友的忠实伙伴,董事会的杰出的管理者,公众演说家,同基金会和联邦机构打交道的精明的谈判人,同州议会交往的政治家,工业、劳动和农业界的朋友,同捐赠人交涉富有辩才的外交家,教育的优胜者,各专业(尤其法律和医学)的支持者,新闻发布人,自身领域的学者,州和国家的公仆,同时也是戏剧和足球的热心者,体面的绅士,一位好丈夫和父亲,教会积极的会员。"[1]"多元化巨型大学的校长是领导者、教育家、创新者、教导者、掌权者、信息灵通人士;他又是官员、管理人、继承人、寻求一致的人、劝说者,但他主要是调解者。"[2]与此类似,曾任印第安纳大学校长的韦尔斯(Herman B. Wells)在谈到校长的个人角色时不无幽默地说:"如果可能,校长天生要有希腊运动员的体魄、马基雅弗利的精明、所罗门的智慧、狮子的勇气。但无论如何,还要有山羊的胃口。"[3]所有类似的论述,都反映出人们对大学校长角色的多重要求。

(二) 校长的多种职责

中世纪大学的校长职责较为模糊,"院长、校长或副校长是由他们的教师同行主要根据资历来指定,基本上是一种荣誉头衔,被看作是具有特别名称的教师而不是'管理者'"[4]。但在近现代高等教育中,大学校长的角色和职责越来越清晰和广泛,甚至出现了1870年至1910年间美国大学校长的"巨人时代"(the Age of Titans)。由于特定的历史时期和机遇,这个时期在美国涌现出一大批知名的大学校长,诸如哈佛大学的艾略特、霍普斯金大学的吉尔曼、芝加哥大学的哈珀、密歇根大学的安吉尔等人,他们为美国现代大学的创建做出了巨大的贡献,成就了美国高等教育史上的重要时代。[5]

鉴于校长角色和职责的重要性,克拉克·克尔主持了"加强大学校长领导力"的调研和研究,采访了800多位前任和现任校长以及他们的配偶和同事,于

---

[1] Clark Kerr. The Uses of the University[M]. Cambridge: Harvard University Press, 1995:23.
[2] Clark Kerr. The Uses of the University[M]. Cambridge: Harvard University Press, 1995: 27-29.
[3] [美]克拉克·科尔,玛丽安·盖德. 大学校长的多重生活:时间、地点与性格[M]. 赵炬明,译. 桂林:广西师范大学出版社,2008:162.
[4] 眭依凡. 大学校长的教育理念与治校[M]. 北京:人民教育出版社,2001:27.
[5] 转引自:姜朝晖. 美国大学校长职业变迁:一种历史的视角[J]. 高校教育管理,2010(6):4-8.

1984年出版了《校长创造不同：强化学院与大学的领导》的研究报告，并在其中呼吁"强化大学校长对大学的领导是高等教育最紧迫的任务"[1]。

时至今日，在美国大学内部治理结构中，大学校长仍然是大学的主要领导者，可以在一定制度环境中对大学发展的各种因素进行整合，组织实施大学改革的具体政策方案，引领大学不断变革和发展。大学校长被誉为"住在大房子里乞讨度日的人"[2]，除了致力于经济活动及学校的财政筹款外，还需要扮演社会道德模范的角色，同时还得继续起着保持大学理念及其文化传统的"守护者"的作用。[3] 大学校长的多重角色决定了他必须肩负起多种职责。

三、美国大学校长权力受到的制约与支持

虽然美国大学校长的权力较大，且美国大学校长没有任期的限制，但是却很少出现校长"家长式"的专断管理以及权力无限扩张的现象，大学中也不易出现由于校长个人主观决断的失误而造成全局损失的局面，其中的重要原因就在于美国大学中存在着相对完善的权力制衡制度。校长是美国大学的权力中心，正如科恩和马奇在其代表作《大学校长及其领导艺术：美国大学校长研究》中所言："我们并不认为大学校长没有权力。虽然我们也观察到了校长的权力模糊，校长的权力比很多人想象的更受限制，但校长的权力无论怎样受到限制，他们的权力还是比大学里其他行为者的权力要大得多。"[4]但校长权力与董事会权力和评议会权力是密切相关的，并受到后两者的支持与制约。

（一）校长权力受到董事会权力的制约与支持

在大多数高校，校长既是董事会的当然成员，拥有表决权，也是校内所有委员会的当然成员，检查各委员会的工作。董事会一般会把许多权力下放给校长执行，与此同时保留其余权力和最终的法律控制权。董事会除了要挑选和聘任校长以外，还要审批大学校长提交的长期规划，决定大学发展的各项基本政策，

---

① ［美］罗伯特·伯恩鲍姆.大学运行模式：大学组织与领导的控制系统[M].别敦荣，等译.青岛：中国海洋大学出版社，2003：21.

② ［美］詹姆斯·杜德斯达.21世纪的大学[M].刘彤，等译.北京：北京大学出版社，2005：1.

③ Myles Brand. The Engaged President: Changing Times, Unchanging Principles[J]. Presidency, Fall 2002：5.

④ ［美］科恩，马奇.大学校长及其领导艺术：美国大学校长研究[M].郝瑜，等译.青岛：中国海洋大学出版社，2006：5-6.

批准大学的收支预算和基建额度,监督校长使用资金的基本情况,并保证大学的财政公平和透明等,最后还要监督校长的各项工作绩效。而校长的责任是让董事会清楚地了解他正在执行董事会的政策并在执行董事会授予他的权力,告知董事会他所预料到的将来可能影响大学发展的困难和问题,向董事会提供观察他工作效果的机会,同时他也有义务倾听董事会的意见,从而使他的工作更好地满足大学的要求。

从权力运行机制来看,美国大学堪称"董事会领导下的校长负责制",可以限制大学校长权力的扩张,有效遏制校长擅自运用权力做出不利于大学发展的决策。一方面,由于董事会成员的构成具有多样化特征,代表着各利益群体的利益,因此对各项决策都有一个博弈的过程,决策制定时会权衡各方面的利弊。另一方面,由于董事会有权聘任校长和解聘校长,校长向董事会负责,校长除了董事会授予他的权力之外没有任何权力。这种关系本身就说明校长的权力是一种受限制的权力。二者的关系可以简单概括为,董事会对大学有最根本的责任,而校长在董事会的意志(愿望)中实施对大学的管理。①

(二) 校长权力受到评议会权力的制约与配合

虽然美国大学评议会的成员构成以及它在大学的作用呈现出校际差异,但大学评议会一般都扎根于学科专业,在课程、教师晋升、终身任期制以及学术标准等方面拥有权力。评议会权力的价值追求是保证学术标准得以贯彻,学者所从事的学科得以发展,教师、科研人员的学术权力得以保障。如果说评议会是学术权力的代表,那么校长及其行政机构就是行政权力的代表。行政领导和教授共同治理学校的模式,使得大学校长对学术事务不能专权,评议会的存在是对大学校长权力的一种制约。

为了更好地履行职责,大学校长建立与教师的信任和合作关系非常重要。一方面,为了获得教师的信任,大学校长需要认同学术文化,尊重共享的治理结构,鼓励教师的奉献和参与,向董事解释教师的特性与特权。另一方面,为了促进合作,大学校长要大胆放权,把大学课程、学生生活、教师发展、学术事务等问题交由教师、系主任或院长等处理,把教师带进决策过程中,并使预算信息和财政信息透明化。一个强有力的评议会可以通过向校长提供咨询和支持校长的决定来增强校长的权力,完美的合作更利于大学的健康发展。

---

① 转引自:李巧针.探析美国大学校长的权力制衡制度[J].高教探索,2008(1):79-82.

可见,大学评议会与校长的关系是学术方面的立法机构与行政管理的关系,二者相互合作又相互监督。校长对教师的管理既要避免事无巨细什么都管,也要避免完全放权。校长分配其行政权力和责任来实施管理,目的是使教职员工达成共识、共同为教育事业奉献价值。因此,校长在运用权力时,尤其要注意发扬民主,尊重教师个性,尊重学术自由的原则,最大限度地调动每个教职员工的积极性和创造性。

四、美国大学校长得益于校内及校外的机制支持

美国素有"参与者之邦"(A Nation of Joiners)的美誉。在立国后的两百多年里,美国人不断地追求着自由、平等、民主和参与,并逐渐形成了颇具特色的"共和文化"传统,极其强调个人的参与。在高等教育领域也不例外,"民主参与"也是美国大学治理所追求的基本价值理念,这使美国大学从一开始就与社会各界保持了紧密的联系。[1] 在大学治理的"关系网"中,校长是一个核心的节点,校长多元角色的充分发挥,也得益于校内及校外各种机制的支持。

(一) 得益于美国大学内部治理的责任分享机制

1966年,美国大学教授协会等组织发表了《学院与大学治理的联合声明》,强调了大学决策需要大学所有成员的参与,并阐明了董事会、评议会、校长等各自的职责:董事会对大学的政策负责,而且具有信托的责任;评议会建立在专业技能的基础之上,对大部分学术政策负责任;管理权被赋予校长,他在董事会政策和教师特权的基础上运作大学机构。美国大学所确立的这一责任分享制度,使得校长成为董事会和评议会的枢纽,因为校长既接受董事会的领导,同时又担任评议会的主席。校长是"分享"中的一个行为主体,他和董事会、评议会之间权力的交叉重叠,使得校长难于推行片面的主张。这种责任分享的制度不仅有利于决策的民主化、科学化,而且能够使领导成员之间互相制衡,从而使得大学校长既有充分发挥作用的空间,又不会因校长个人重大决策失误而对大学造成长远的战略性损失,从而可以平稳地推动大学的发展。[2]

(二) 得益于美国政府的宏观高等教育体制

多方合作的民主管理体制为大学校长治理提供了稳固的制度保障。美国

---

[1] 邓光平.美国大学董事会的制度特点[J].高等工程教育研究,2005(5):95-97.
[2] 李巧针.美国大学校长发挥作用的制度环境分析及启示[J].复旦教育论坛,2007(4):71-74.

高等教育管理体制具有民主化特征,除了联邦政府、州政府可以适当地对大学进行干涉以外,社会上的其他团体组织也可以对高等教育实施监督、控制与影响。这些团体组织主要包括资助财团、工会、政党、宗教团体以及各种评估机构、全国性的具有权威性的教育协会等。各方都有一定的发言权,共同构成了高等教育管理结构中的来自不同方向和层次的牵制与监督的力量。这些机构互相联系,由联邦政府负责对高等教育发展方向进行教育决策,由州政府对其进行质量评估,由地方负责对其具体事务的问责监督,社会团体履行的则是舆论监督、投资捐款等事宜,多方分工明确、配合默契,对高等教育的管理更加社会化、民主化、多元化、规范化、制度化、市场化和科学化,对于校长治校有体制性的保障作用。[①]

校长治理还受到了政府的政策保障。从美国高等教育的发展史来看,美国高等教育的一些重大改革与发展都来自于美国联邦政府颁布的高等教育政策。1862年的《莫雷尔法案》是美国高等教育正式起步的开始;后来的《第二莫雷尔法》使美国的高等教育有了跨越性的进步;之后联邦政府相继出台了《1944年军人再适应法》《经济机会法》《高等教育法》《高等教育修正法》等,尤其是1958年的《国防教育法》,成为美国高等教育改革发展的里程碑。这一系列的政策与法案表明:美国政府越来越重视教育的质量以及联邦政府在教育中的干涉作用,也突显了美国教育改革倡导全民化、终身化、市场化的特点,为大学校长的高效治校提供了稳固的政策保障。[②]

(三) 得益于美国社会的自由竞争传统

美国社会建立在自由市场经济之上,形成了崇尚和鼓励自由竞争的社会传统,在高等教育领域也不例外。首先,美国大学校长是在激烈的竞争中被选聘出来的。校长候选人在被选聘的过程中,要经历一轮又一轮的筛选,接受一次又一次的调查。经校长搜寻委员会选出的候选人个个都身怀"绝技",要么是某专业领域的专家学者,要么具有商界或政界的显赫成绩,要么两者兼具,最后选出的校长一般是经过董事会认真权衡考虑后最适合领导大学发展的人选。校长候选人应聘的过程也是他们之间激烈竞争的过程,竞争的天然法则是"优胜

[①] 李巧针.美国大学董事会、校长、评议会权力关系解析及启示[J].国家教育行政学院学报,2007(11):91-95.

[②] 赵艳艳.美国大学校长成功的社会因素探析[J].中国校外教育,2014(36):6.

劣汰",竞争的过程本身在某种程度上区分了候选人在领导方面的素质和潜能,有利于候选人成为校长后适应大学发展的竞争环境。其次,美国大学校长要为大学的生源、师资、财源等展开激烈竞争。能否招收到最优秀的学生关系到大学教育的质量和大学的声誉;师资队伍水平的高低不仅直接决定着学校教学和科研的优劣,而且间接影响着学校生源和财源的多寡;大学所能获得的经费多寡无疑在相当大程度上决定了大学学术发展能力的高低。因此,大学校长不得不全身心参与生源的竞争、师资的竞争,还要为联邦科研拨款、州政府的资助、私人和基金会的捐款以及企业的资助而竞争。① 这种无所不在的竞争,激发了美国大学校长施展才能、发挥作用的生机与活力,使校长治校的功效更加凸显。

---

① 李巧针. 美国大学校长发挥作用的制度环境分析及启示[J]. 复旦教育论坛,2007(4):71-74.

第六章　英国大学内部治理论

英国高等教育具有悠久的历史,也富有独特的气质,因其质量和水平在世界高等教育中堪称翘楚。这一切,不仅仅因亨利·纽曼的精神遗产、牛津大学和剑桥大学的导师制大放异彩,成为世界高等教育的宝贵遗产,还因为近百年来尤其是近三十余年来英国一直走在世界高等教育改革的前沿,在保留优良传统的同时重塑英国高等教育的特征,焕发了新的生机。近三十年来,新公共管理改革、高等教育资助机制的变化、竞争机制的引入、问责制的确立,使得英国大学受到外界相当程度的影响,原有的边界不断被打破,但它们依然拥有极高程度的自由。在欧洲大学联合会的一次新近调查中,英国大学享有的自由度被认为是最高的。[1]

作为个体,英国各大学在历史、背景、职能、活动方面具有十分复杂的区别,但在组织方面它们却拥有共同特征:作为自治机构,不由国家所有,不被国家掌控,独立自主地处理学校各种事务。从主体角度讲,它们具有非常鲜明的自我意识和高度的自我负责精神,在组织、结构、权力方面形成了较为完备的现代大学制度,这也是英国大学内部治理的共同特征。本章将选取几所成立于不同时期的大学作为案例进行重点阐述和比较分析,探究英国大学内部治理的运行机制及特征。它们分别是剑桥大学、爱丁堡大学、杜伦大学、莱斯特大学、伯明翰城市大学、曼彻斯特城市大学。其中,剑桥大学成立于1209年,是英国第二古老的大学;爱丁堡大学成立于1583年,是一所苏格兰大学;杜伦大学成立于1832年;莱斯特大学成立于1921年。成立于不同时期的这几所大学都属于1992年前的大学。伯明翰城市大学和曼彻斯特城市大学都是于1992年升格为

---

[1] Bahram Bekhradnia. The Governance of Higher Education in England [R]// RIHE. Comparison of University Governance USA, UK, France and Japan. Nishiki Print Inc., 2013:23.

大学的,因此将其作为1992年后大学的代表。

大学内部治理体系由治理机构及其相互关系、制度建设和权力运作等要素组成。治理机构和制度建设为治理权力的运作奠定了组织基础,治理权力的行使在各个治理机构之间建立了有机的连接,制度建设为权力运行提供了通路和轨道,它们共同推动了有效的大学内部治理。本章主要分析英国大学内部治理的结构、组织和权力,以期较全面地呈现英国大学内部治理的特征。

第一节 英国大学内部治理结构

现代的结构理论和结构研究往往预设社会或者组织是一个类有机体的存在,从这一意义上来讲,结构意味着确保在某个结构内存在一种能力或者依据一套规则行事,社会或组织将顺利达成总的目标。结构是事物的存在方式,它的构造围绕目标进行、带有功能含义。依照美国社会学家帕森斯对于组织必须满足四个功能性理论的要求,对于大学而言,大学内部治理结构的建构意味着它必须满足以下必要条件,即有利于目标的获得、形成一定的价值观、适应环境、获取资源、对社会进行整合、对越轨有效控制,并维持一定的稳定性。英国大学内部治理具有独特的结构,它们普遍拥有特许状,在内部也建立了一套政策体系,奠定了对大学自由理念追求的根基,但这一根基正在遭受严格的考验;在大学内部治理结构中对公共利益和利益相关者的承诺予以确认;新生诸多内部治理组织,多层治理和多维治理的色彩浓厚。

一、英国大学的法律地位与内部治理政策体系

英国大学的历史源远流长,牛津大学和剑桥大学已经存在了八百余年,是英国两所历史最悠久的大学,跻身世界上最古老大学的行列。自牛津大学和剑桥大学出现之后,英国成立了多种多样的大学,对大学类型的划分也有不同方式。依据不同的分类标准,英国大学的类型可分为多种,如将大学分为牛津大学与剑桥大学、伦敦大学学院、红砖大学、城市大学、新大学、新新大学等若干类;而最简单的划分方法是以1992年作为时间线,将大学划分为两类——1992年前大学和1992年后大学,英国官方文件中这种划分方式较为

第六章　英国大学内部治理论

常见。本章采用将英国大学分成1992年前大学和1992年后大学这种分类方法,并以此分析1992年前大学和1992年后大学内部治理在结构、组织和权力方面的差异。

1992年是英国高等教育史上具有里程碑意义的一年。这一年,《继续教育与高等教育法》颁布,规定原来的多科技术学院可以升格为大学,并通过赋予多科技术学院以大学地位而制造了大批新大学,这些大学就是所谓的1992年后大学;同时,大学拨款委员会也转变成高等教育基金委员会,整合了对整个高等教育体系的拨款,并增加了自身作为英国高等教育体系规划者和规制者的角色。这样,新一类大学产生,高等教育资助体系合二为一,开启了英国高等教育体系一元化的新阶段,塑造了今日英国大学的新面貌。

1992年前大学类型多样,1992年后大学主要由多科技术学院升格而来。在1992年前大学群体中,包含了不同类型的大学,如古老的牛津大学和剑桥大学,伦敦大学各学院,19世纪晚期和20世纪早期成立的市民大学,20世纪60年代成立的大学,1963年罗宾斯报告发布后获得大学地位的技术学院等。1992年后大学的前身主要是1988年《教育改革法》发布之前由地方教育局资助并由国家学位授予委员会授予学位的多科技术学院,1992年《继续教育与高等教育法》赋予它们授予自主学位的权力和大学地位。

自从1919年大学拨款委员会成立之后,英国大学包括古老的牛津大学和剑桥大学受国家政府的影响日甚。20世纪70年代中后期开始,撒切尔首相奉行新自由主义理念,在政治领域开展了新公共管理运动,倡导"钱花得值",高等教育成为实施这项原则的重要领域,通过引入科研评估和经费竞争机制、质量监督机制、审计和财务报表制度、信息公开制度等,在高等教育领域内建立了问责机制。高等教育基金委员会、大学校长委员会等组织也不遗余力地推动问责制的实施。不过,大学在面对外部问责的同时也主动发展自己的创业精神,回应国家的需要,并进行了内部治理结构的改革。无论是1992年前大学还是1992年后大学,其内部治理具有共同特征。首先,在法律地位上,它们都是独立的机构;其次,它们都具有公益地位;再次,它们都成立了一个治理机构,对大学内所有事务负有最终责任。

英国大学是法律上独立的机构,但它们的法律依据不同。1992年前大学都

231

依据枢密院颁布的皇家宪章而设立[1]。剑桥大学早在 13 世纪上半叶就获得了教皇赋予的大学地位[2],并在接下来的几个世纪里数次获得国王颁发的特许状,如 1231 年的亨利三世特许状、1266 年的专利特许状以及此后历代英国君主的专利特许状[3]。为进一步确立剑桥和牛津的法人地位,英国议会在 1571 年通过了对两校进行法人化的法案——《1571 年牛津、剑桥大学法案》,正式确认了大学的法人地位及其所享有的特权。[4] 该法案在序言中指出:"女王陛下和她尊贵的祖先认可并批准前述两所大学享有的特权、自由权和特许权,将给予其更多的尊重,使其拥有更大的强制力和影响力。"[5]

1571 年法案确立了牛津大学、剑桥大学的法人地位及其以往享有的特权。这一法案的重要历史意义还在于,英国大学自此在法律上作为拟制人的概念得到牢固确立,根据这个法人观念,大学、教师和学生作为集体法人存在;集体法人是一群人的结合,通过主权权力的法律许可而被设为一个具有法律人格的人。[6] 这一观念与 16 世纪之后英国普通法越来越认可与国家权力相对的个体的权利,个体公民成为国家所未能吸纳的那部分权力的承载者的观念相呼应,为大学法人的自主性提供了坚实的基础。在特许理论的基础之上,国家通过给予法人授权,让被授权者从事国家所不涉足的业务,从而服务于公共的福祉。因此,在高等教育提供方面,英国政府并不直接举办高等教育,而是赋予大学以法人地位,让大学承担该方面的职能。[7] 这种法人观念为此后英国大学法律地位的确立奠定了坚实的基础。

值得一提的是,作为古典大学的牛津大学和剑桥大学具有一定的特殊

---

① Bahram Bekhradnia. The Governance of Higher Education in England [R]// RIHE. Comparison of University Governance USA, UK, France and Japan. Nishiki Print Inc. , 2013:25.

② [英]柯尼古拉斯·柯瑞思. 剑桥:大学与小镇 800 年[M]. 陶然,译. 北京:生活·读书·新知三联书店,2015:14.

③ 沈文钦. 英国大学法人制度确立的历史过程及当代困境[J]. 中国高教研究,2016(1):92.

④ Berdahl, Robert O. British Universities and the State[M]. Berkeley:University of California Press,1959:15.

⑤ Oxford and Cambridge Act 1571[EB/OL]. [2017-06-09]. http://www.legislation.gov.uk/aep/Eliz1/13/29/contents.

⑥ Seymour E B. The Historical Development of the Common-Law Conception of a Corporation [J]. American Law Register,1903:529-551.

⑦ Duryea E D. The Corporate Basis of University and College Government:An Historical Analysis [R]. State University of New York,Buffalo,Department of Higher education,1973:27-28.

性。这种特殊性表现在这两所大学中还存在多所学院,这些学院具有相当的独立性和自己的法律地位。以剑桥大学为例,剑桥大学本身的法人性质和各学院的法人性质是不同的。在英国的法律体系中,法团分为宗教法人和世俗法人两种。其中,世俗法人又分为慈善法人和民事法人。剑桥的大部分学院属于慈善法人,而剑桥大学属于民事法人。[①] 古典的"牛桥"模式受"信托"的影响甚大,学院制即建立在信托模式基础上。信托模式是一种"虚拟人"的存在,即由一群受托人组成信托会,托管委托人的财产,以保障这些财产的用益权。剑桥大学跨在法人团体和信托会的界线上,但诸学院的财产却是皇家或其他捐赠人无条件赠予的,在实质上属于信托会。信托会不仅给剑桥大学及诸学院提供了永葆独立自由的法律框架,而且使内部人对大学和学院更为信任和忠诚。[②]

杜伦大学是一个独立法人和自治机构,依据1832年议会法案和1837年皇家特许状建立。1837年皇家授予的特许状除允许其建立教堂以外,还给予杜伦大学职员、学生薪俸和津贴,授予其特许地位。杜伦大学法人开始由1名主持牧师和12名神职人员以及辅助人员组成,以大教堂宪章的名义享有永久继承权,并依照后来颁发的章程进行治理。[③] 爱丁堡大学则有所不同,它是一所苏格兰大学,苏格兰大学的治理依据的不是皇家宪章,而是1858年颁布的苏格兰大学法案。实际上,这一法案不仅仅适用于爱丁堡大学,还适用于阿伯丁大学、圣安德鲁斯大学、格拉斯哥大学,主要涉及校长的任命、大学法庭及其权力、学术参议会的权力、学校总理事会、规则和章程的批准与签署等项内容。[④] 莱斯特大学依据1957年皇家宪章建立,它作为一个自治的宪章大学,拥有豁免慈善地位,由高等教育治理委员会规制。大学宪章是莱斯特大学的主要治理文件,它从最高层次上确立了大学的目的和构造,要求大学成立理事会、学术参议院、法庭、校友联合会和学生会,规定大学任命高级官员职位以及作为执行官的校长

---

① 沈文钦. 英国大学法人制度确立的历史过程及当代困境[J]. 中国高教研究,2016(1):92.
② [英]艾伦·麦克法兰. 启蒙之所 智识之源:一位剑桥教授看剑桥[M]. 管可秾,译. 北京:商务印书馆,2011:155.
③ Durham University. Royal Charter [EB/OL]. [2017 - 07 - 04]. https://www.dur.ac.uk/about/governance/charter/.
④ Birmingham City University. UNIVERSITIES (SCOTLAND) ACT 1858 (c. 83)[EB/OL]. [2017 - 07 - 12]. http://www.docs.sasg.ed.ac.uk/GaSP/Governance/UniversitiesScotlandActs.pdf.

和副校长等。①

　　相对于1992年前的宪章大学,在1992年后获得大学地位的诸多大学,其法律地位的依据是1988年《教育改革法》。比如伯明翰城市大学是依据1988年教育法案的条款和1993年4月枢密院批准的治理文书(Instrument of Government)成立的高等教育法人,原名伯明翰中英格兰大学,2007年改为现名。伯明翰城市大学治理机构的权力由1988年法案规定,治理框架由1995年11月高等教育治理委员会批准的治理条款确定。目前的治理条款由1995年枢密院批准。② 曼彻斯特城市大学依据1988年《教育改革法》成立,其前身为曼彻斯特多科技术学院,1992年《继续教育与高等教育法》颁布后更名为曼彻斯特城市大学。曼彻斯特城市大学的治理文件由政府文书和治理条例(Articles of Government)组成,这些文件由枢密院依据1988年《教育改革法》相关条款予以批准,相当于宪章大学的宪章和章程。③

　　尽管英国各大学在历史上的声望和地位不一样,尤其是古典的牛津大学和剑桥大学具有相当的独特性,但从治理角度而言,1992年前大学和1992年后大学具有共同特征:它们都是依"法"治校的,这个法不仅仅体现在大学具有独立的法律地位和运行实体,不受国家的随意干预,还体现在其内部治理方面有"法"可依,即各大学都明确按照一套法律文件与一套运行规则办学。

　　在1992年前大学中,往往由宪章、章程、条例组成层层细化的文件,规范着大学的内部治理。比如,剑桥大学治理文件主要由剑桥大学法令、章程、条例、特别条例组成。1856年议会通过的剑桥大学法令规定,大学的最高权力机构仍然是摄政院,全体毕业硕士、博士以及校长、副校长都是摄政院成员。摄政院有权对大学管理委员会做出的决议提出修正案或加以否决。章程规定涵盖了学术人员、大学和学院基础、大学法庭、财务、审计、规划和资源分配、房地产和建筑、校长和大学的管理层、大学办公室和雇员、教授、大学高级讲师和讲师、大学出版社、大学信托基金等事项。条例则涉及学院奖学金,学

---

① University of Leicester. Governance [EB/OL]. [2017-07-12]. http://www2.le.ac.uk/offices/governance/governing.

② Birmingham City University. Governance of the University[EB/OL]. [2017-07-20]. http://www.bcu.ac.uk/about-us/corporate-information/governance-of-the-university.

③ The Manchester Metropolitan University. Guide to the University's Constitutional and Legal Status[EB/OL]. [2017-09-23]. http://www2.mmu.ac.uk/legal/constitutional-legal-matters/.

位、学位和证书,信托基金,考试、学院、部门和其他机构,资金和财产等几大类内容。

1992年后大学中,除了将1988年《教育改革法》相关法案作为最高治理文件之外,还有一套治理文件,主要包括治理文书和治理条例,相当于大学章程和条例,以规制大学的内部治理。比如,曼彻斯特城市大学的治理文书和治理条例由枢密院依据1988年教育改革法第124A和125部分批准实施。治理文书涵盖的内容主要有法人名称、理事会成员、理事会成员数量确定、理事会成员任命、理事会官员、委员会、津贴、公章等内容。治理条例涉及大学运行依据、理事会成员任命、理事会会议程序、理事会成员职责、理事会功能授权和委员会、副校长、治理委员会职员、学术委员会、学术委员会职责、教师、学生、财务事宜、条例和细则、条例修订等事项。①

上述一套治理文件规定了大学内部治理的依据、内部治理的主要内容和大学事项的关键方面,在此基础上,各大学普遍对其治理机制进行了说明,对治理机构尤其是主要治理组织的成员构成、运行方式、相互关联等信息进行公开。不仅如此,各大学还依据其多种多样的职能,详细而全面地制定了主要事务的具体政策。普通公众可在网站上获取绝大部分政策文件。如莱斯特大学公布的涉及学术人员方面的政策涵盖学校工作的大部分事项,包括学术自由条例、纪律条例、开除条例、申诉条例、绩效管理条例、见习条例、免职条例、裁员条例等。②

1992年前大学由宪章、规章、条例、政策组成的一套治理文件,1992年后大学由法令、治理文书、治理条例、政策组成的一套治理文件,明确了大学的法律依据,对于大学内部治理进行了明确、全面、完备的规定,从而为大学内部治理体系奠定了前提,也为大学诸项事务治理提供了较好的环境和保障。

二、英国大学对公共利益和利益相关者的承诺

英国大学与外部的关系历来密切。从建立之初,古老的牛津大学和剑桥大

---

① The Manchester Metropolitan University. Guide to the University's Constitutional and Legal Status[EB/OL]. [2017-09-23]. http://www2.mmu.ac.uk/legal/constitutional-legal-matters/.

② University of Leicester. Ordinances[EB/OL]. [2017-09-23]. http://www2.le.ac.uk/offices/governance/governing/ordinances#ordinance-11-the-court.

学就与教会保持着密切的关系,这种关系体现在人才培养、教师的牧师身份、财产来源等多个方面。比如,牧师工作需要获得大学颁发的学位,19世纪30年代的杜伦大学章程记载,挑选八个贫穷但天资良好的男孩,教会他们读写与语法,这些学生的职业目标是牧师。[1]

大学与王权的联系也日益密切,颁发特许状是王室的特权。牛津大学与剑桥大学的一些学院由王室捐赠成立,比如著名的剑桥大学三一学院。由于两校学院持有特许状及享有信托人地位,外界的干预只能停留在外围。19世纪之后,伴随着新的大学的创办,外界对于大学的影响日甚,尤其是20世纪90年代以来,大学的边界变得模糊起来。大学不再是神圣的称号,它变得越来越世俗,越来越深度参与社会生活,被赋予了越来越多的要求和期望。

历史悠久的大学特许状和法人制度,确立了英国大学内部治理的重要根基。除了颇富传奇色彩的学院制,英国大学甚至比其他国家的大学经受了更大的外部压力,这种压力是使诸多英国大学在内部治理方面趋向一致的重要原因。一方面,英国大学作为独立法人和信托法人可自我负责而不受国家干预;另一方面,它们接受公共资助,从整体上作为重要公共领域受到国家的规制。同时,由于它们在经济社会领域和个人生活中的重要性,也相应产生了广大而多样的利益相关群体。这意味着,作为个体的大学,它们面临着巨大的压力和多样化的要求,势必使它们在内部治理结构上实现对公共利益和其他利益群体的承诺;而作为整体的大学,它们可能主动变革,以创造一种相对保护机制,为大学体系寻求更加独立的空间。

大学作为公共领域的特征是明确的。诺兰原则是1995年由公共生活标准委员会公布的,适用于城市服务、地方政府、警察、法庭和感化服务、公共机构以及健康、教育、医疗和保健机构,其七项原则是无私、正直、客观、负责、公开、诚信、领导力。[2] 在治理原则中,不管是1992年前大学还是1992年后大学,都确认遵循诺兰原则。比如,剑桥大学在其评议会手册中提出,希望治理机构和个人成员按照适当原则和公共原则,坚持公共生活标准委员会设定的七项诺兰原

---

[1] Durham University. Royal Charter[EB/OL]. [2017 - 07 - 04]. https://www.dur.ac.uk/about/governance/charter/.

[2] Committee on Standards in Public Life. The 7 principles of public life[EB/OL]. [2017 - 11 - 12]. https://www.gov.uk/government/publications/the-7-principles-of-public-life.

第六章 英国大学内部治理论

则。莱斯特大学规定必须遵循高等教育基金委员会和大学主席委员会提供的治理实践准则,以及公共生活的诺兰七项原则。爱丁堡大学对其大学法院成员也提出了支持和促进诺兰七项准则的要求。伯明翰城市大学明确提出大学在处理事务时应遵循诺兰七项原则。英国大学在治理原则中做出遵循诺兰原则的承诺是对公共利益的一种积极回应。

英国大学主席委员会(一个重要的大学间组织)制定的高等教育实践准则规定,治理机构的大多数人员必须是外部成员,所有成员在参与治理过程中应明智的询问、建设性的辩论、冷静的决策,敏感地对待来自治理机构内部和外部的意见。① 这同样反映了大学对外部利益诉求的认可和回应。

英国大学有广泛的利益相关者群体,对利益相关者的需求主要从两个方面回应。其一,在最高治理机构中外部成员占有一定比例,学生群体参与治理成为常规。比如莱斯特大学重要治理机构之一的大学法庭,包括了大约100名成员,除了17名校内成员,其余均为校外人员;②其理事会共有24名成员,其中14名校外成员、1名学生会主席、1名校友代表。③ 剑桥大学理事会共有23名成员,其中包括4名校外成员,3名学生成员。④ 杜伦大学理事会共有24名成员,包括5名当然成员(Ex-officio members)、7名教师和12名非专业人员。⑤ 伯明翰城市大学理事会共有18名成员,其中有10名是独立成员,2名是学生成员。⑥ 曼彻斯特城市大学理事会共有21名成员,包括独立成员12人、学生2人。⑦ 通过外部人员或独立成员以及学生的参与,理事会中来自外部的力量在

---

① Committee of University Chairs. The Higher Education Code of Governance[EB/OL]. [2017-11-12]. https://www.universitychairs.ac.uk.

② The University of Leicester. Membership of Court[EB/OL]. [2017-09-24] http://www2.le.ac.uk/offices/governance/court/membership.

③ University of Leicester. Membership[EB/OL]. [2017-09-24]. http://www2.le.ac.uk/offices/governance/council/membership.

④ University of Cambridge. The University as a charity [EB/OL]. [2017-11-12]. http://www.cam.ac.uk/about-the-university/how-the-university-and-colleges-work/the-university-as-a-charity.

⑤ Durham University. Who sits on Council? [EB/OL]. [2017-07-20]. https://www.dur.ac.uk/committees/council/membership/.

⑥ Birmingham city university. Board of Governors[EB/OL]. [2017-07-18]. http://www.bcu.ac.uk/about-us/corporate-information/governance-of-the-university/board-of-governors.

⑦ The Manchester Metropolitan University. Board of Governors[EB/OL]. [2017-07-20]. http://www2.mmu.ac.uk/about/governance/governors/.

确保大学与外部世界的关系中发挥着重要的作用；学生在理事会中占据一席之位，以表达他们作为最重要和最直接的利益相关者的诉求。

其二，理事会对其成员的行为准则有一定要求，尤其是要求遵守外部规制。比如，剑桥大学有理事会手册，该手册对大学治理的相关事务、理事会及其成员的角色和责任、议事日程等进行了详细的说明和规定；对作为指导者或信托人的理事会成员的重要义务进行了细节解释，要求他们推动剑桥大学的利益，采取诚实、细心和谨慎的行动。手册第三部分规定了理事会成员实践准则，即要求理事会成员承担法律和其他方面的责任，对理事会会议及其他事务处理也做了指导和说明，明确提出理事会成员应遵守大学慈善功能和受托人地位的相关法律，即对外要遵守诺兰七项原则、慈善信托法、公司法等相关法律规定，对内要遵守大学宪章、章程和条例。①

除了大学理事会成员构成上体现利益相关者要求，大学内部治理中对外部规制的回应还包括审计制度和信息公开制度。审计制度是大学按照高等教育基金委员会的要求，在理事会内成立审计委员会，并任用外部审计员和内部审计员，负责审计大学财务相关事务，每年度形成审计报告，经理事会批准后提交高等教育基金委员会。实际上，审计部门的功能还扩展到与大学战略、资源分配等相关的关键事务上，在内部治理中扮演着重要角色。信息自由法案(2000年)旨在推动公共机构的开放性和责任感，赋予公众获取公共机构信息的权利，涉及大学的信息公开制度则依据2000年的信息自由法案要求，强调大学应为公众提供关于大学的信息。它主要涵盖机构信息，教师和学生个人的信息则遵守1998年数据保护法案规定。曼彻斯特城市大学制订了"曼彻斯特城市大学信息计划"，在网站上公布了关于大学的一系列信息。② 爱丁堡大学则依据苏格兰信息自由法案(2002年)和苏格兰环境信息条例(2004年)要求，为公众提供如何获取这些信息的指导，包括对公众如何通过信息公开计划获取信息的解释。爱丁堡大学公布的信息有18类，包括一般信息、信息记录管理政策、治理、资金资源、法人计划、采购、研究管理、知识转移和商业化、人力资源、物理资源、健康和

---

① University of Cambridge. Council Handbook [EB/OL]. [2017-11-12]. https://www.governance.cam.ac.uk/committees/council/handbook/Pages/default.aspx.

② The Manchester Metropolitan University. Freedom of Information[EB/OL]. [2017-07-21]. http://www2.mmu.ac.uk/foi/.

安全、公平和多样化、对残疾人的支持、学生管理和支持、教学质量、信息服务、外部和社区关系、政府和规制者关系等内容。①

三、英国大学内部治理结构的类型

英国大学内部治理结构相似,细分起来主要有两种类型。在1992年前大学中,校级主要内部治理组织分别是大学法庭(Court)、理事会(Council)、学术参议会(Senate)。在1992年后大学中,这些大学中的治理组织一般是理事会(Board of Governor)、大学执行委员会(University Executive Group)、学术委员会(Academic Board)。

就具体学校而言,主要校级内部治理机构有所不同。比如,剑桥大学有摄政院(the Regent House)、理事会(the Council)、教师总委员会(the General Board of the Faculties);此外,校级治理机构还有学术参议会(the Senate)和审查委员会(the Board of Scrutiny)。其中,摄政院是最高治理机构,负责批准行动或决策;理事会是主要的执行和政策制定机构,对大学管理、工作计划和资源管理负有总的责任;教师总委员会负责总的学术和教育政策。②

在爱丁堡大学,主要治理机构有大学法庭(University Court)、总理事会(General Council)和学术参议会(Senatus Academicus)。大学法庭是大学治理机构和大学法人;总理事会的权力是对影响福利和资产的事务做出评论,确保校友在事务管理中发出持续的声音;学术参议院是最高学术组织,负责规制教学、学科和研究。③

在1992年后大学中,如曼彻斯特城市大学,主要的治理机构有理事会(Board of Governors)、学术委员会(Academic Board)、大学执行委员会(University Executive Group,UEG)。理事会作为大学信托人,决定大学的教育特征和使命;学术委员会负责就学术和其他活动向副校长提出建议,尤其是那些它认为与教学和研究学位授予相关的事务;大学执行委员会是大学的最高

---

① The university of Edinburgh. The university of Edinburgh guide to information[EB/OL]. [2017-11-19]. http://www.pubs.recordsmanagement.ed.ac.uk/.
② University of Cambridge. Welcome to the University of Cambridge governance hub[EB/OL]. [2017-07-20]. https://www.governance.cam.ac.uk/Pages/default.aspx.
③ The University of Edinburgh. University Governance [EB/OL]. [2017-11-19]. http://www.ed.ac.uk/governance-strategic-planning/governance/university-governance.

领导团队,负责大学管理、发展战略与实施计划,批准政策并负责实施。①

　　无论是在1992年前大学还是在1992年后大学,主要校级内部治理机构普遍设置了各类委员会,经授权后运作相关事务。这种理事会下设各类委员会的做法可称为大学内部治理的委员会机制。剑桥大学理事会为行使其职能,建立了支持性的委员会结构,它的两个法定委员会是审计委员会和财务委员会,下设的委员会还有学生申请委员会、利益和外部法律事务咨询委员会、事务委员会、委员会成员和外部成员提名委员会、荣誉学位委员会、投资委员会、薪酬委员会、风险控制委员会、学生联盟监督委员会等。教师总委员会下属的委员会有教育委员会、研究政策委员会和博物馆委员会。理事会与教师总委员会联合成立的委员会有建筑委员会、公平和多元化委员会、环境可持续战略委员会、健康和安全委员会、人力资源委员会、信息服务委员会、国际化战略委员会、考试监督委员会、规划和资源委员会——不动产战略委员会(子委员会)、副校长提名委员会、资源管理委员会、大学运动委员会。②

　　爱丁堡大学的委员会机制包括三个部分,即理事会下属常设委员会、学术参议会下属委员会、管理委员会。理事会下属常设委员会有审计和风险委员会、异议委员会、提名委员会、政策和资源委员会、薪酬委员会、大学捐助者委员会,其中,审计和风险委员会下属风险管理专题委员会,政策和资源委员会下设资产委员会、投资委员会和人力委员会三个专题委员会;学术参议会下属委员会有课程和学生进步委员会、学习和教学委员会、质量保障委员会、研究体验委员会;理事会和学术参议会共同组成联合委员会——知识战略委员会,它下设三个委员会:信息技术委员会、图书馆委员会、大学收藏委员会。此外,爱丁堡大学还成立了管理委员会,分别是中心管理组、主要战略组。③

　　曼彻斯特城市大学理事会常设委员会主要包括审计委员会、资金和人力资源委员会、提名和治理委员会、薪酬委员会,学术委员会下设学术标准和质量委员会、教育委员会、荣誉学位委员会、研究和知识交流委员会(下设研究

---

　　① The Manchester Metropolitan University. Guide to the University's Constitutional and Legal Status[EB/OL]. [2017-07-20]. http://www2.mmu.ac.uk/legal/constitutional-legal-matters/.

　　② University of Cambridge. Committees of the University Council[EB/OL]. [2017-11-20]. https://www.governance.cam.ac.uk/committees/Pages/council-committees.aspx.

　　③ The University of Edinburgh. Committees Reporting Structure[EB/OL]. [2017-11-22]. http://www.ed.ac.uk/governance-strategic-planning/governance/university-committees.

第六章　英国大学内部治理论

学位委员会)、研究伦理和治理委员会、教师评价委员会、教师学术质量和标准委员会、教师教育委员会、教师研究和知识转移委员会、教师研究伦理和治理委员会,大学执行组下设多元化和机会公平委员会、雇员融入战略委员会、环境战略委员会、教师执行组、学费标准设定组、健康安全和福利委员会、信息系统和服务组、国际战略委员会、教授职位委员会、防治治理委员会、大学商业化委员会。①

在治理机构、委员会机制之外,英国大学还存在一套行政体系,这一套行政机构的首脑代表了大学管理的专业化趋向。在1992年前大学中,宪章提供了一些行政职位,比如校长、副校长、财务主管、注册主任、学院领导。校长往往是杰出的公众人物,与大学没有关系,是仪式上的大学领导。副校长由治理机构从外部成员中选举产生,通常作为治理机构的主席,参与其他两类内部治理机构。大学的最高负责人(可称为 vice-chancellor、principal、director、rector、provost)作为主要的学术和管理官员,是大学的首席执行官,对大学运行负有总的责任,行使其职责并对治理机构负责。他要与利益相关者建立良好联系,对大学与资助委员会确定的使用资金的条款和情境负责;他常常作为学术参议会的主席。注册主任是大学行政的最高职位,对大学首脑负责,有些情况下他是治理机构、学术参议会或其他章程机构的秘书或职员。财务主管由治理机构从其外部成员中选举产生。在有些大学,所有的高级管理人员,如财务官员、人事官员、学术注册官员,都要对其负责;而在有些大学,这些官员直接对大学最高负责人负责。②

在1992年后大学中,大学治理条例对高级职位做了安排。这些职位包括作为非执行角色、参与重大仪式的校长,治理机构从其独立成员中选举产生的治理机构主席,作为首席执行官的大学最高负责人及其副手,以及治理机构秘书等。大学最高负责人的主要职责包括:就大学的教育特征和使命对治理机构提出建议,实施治理机构的决定;组织、指导、管理大学,领导大学教师;任命、指派、评价、通告、解雇、决定职员服务的状况和报酬,在与学术委员会协商后决定

---

① The Manchester Metropolitan University. Appendix A Committee Structure Chart 2016/17 [EB/OL]. [2017-07-24]. http://www.mmu.ac.uk/sas/govandsec/committee_handbook.php.

② Bahram Bekhradnia. The governance of higher education in England[R]// RIHE. Comparison of University Governance USA, UK, France and Japan. Nishiki Print Inc., 2013:29.

大学的学术活动和其他行为;为治理机构准备年度收支评估,管理预算和资源;在治理条款提供的规则和程序范围内,基于学科基础决定学生延迟毕业,实施因学术原因开除学生的决定等。大学最高负责人副手的职责主要涉及学术和相关事务。[①]

第二节 英国大学内部治理组织

大学内部治理组织变革是英国大学组织改革的重要内容。治理是指在学校基金会以及现行法律、宪法地位规定的框架之内对学校的总体管理,因此,治理也指为大学管理者设定一些条件并使其承担责任,主要指向如何掌舵大学发展。本节主要考察英国大学内部治理组织的变革,分析 20 世纪以来英国大学内部治理组织基础的变化。由于校外力量的干预和大学主动适应变化的环境,英国大学自治的组织基础发生了深刻的变革,构建了以校级主要治理机构及其相互关系为主要架构的横向治理体系,校院两级治理机构组成的纵向治理体系,并辅之以外围治理服务机构,从而形成了英国大学内部治理组织的综合架构,为英国大学内部治理体系建设奠定了组织基础。

一、英国大学自治传统的组织基础

"大学"的拉丁文来源是"universitas",可将其译作社团、行会、公会或法团等,它有着独特的含义,从内涵和外延上与今日我们对大学组织的理解都相差甚远,不过在现代大学中,由这一古老的起源所带来的传统仍然在发挥着作用。

在大学产生的早期,它作为组织存在的意义更为鲜明,而不仅仅是学术的存在。早期大学是教师和学生的聚集场所,这种组织性催生了大学的一系列特征。著名的大学史专家海斯汀·拉斯达尔认为,11 世纪、12 世纪的所谓中世纪"大学",仅仅意味着一定数量的、身份多元的人们所聚集的地方。[②] 大学在当

---

① Bahram Bekhradnia. The governance of higher education in England[R]// RIHE. Comparison of University Governance USA, UK, France and Japan. Nishiki Print Inc. , 2013:30 - 31.

② [英]海斯汀·拉斯达尔. 中世纪的欧洲大学:第一卷[M]. 崔延强,邓磊,译. 重庆:重庆大学出版社,2011:2.

时的称谓是"公会群落",在技术范畴内,"公会"意指一个合法的社团或法人;在罗马法中它基本上与合议制社团(collegium)的含义一般无二,意味着大学最早不仅仅要处理一些课程和学术方面的事务,更重要的是,它要处理与社会的关系,并在这种关系中生存和获得更好的发展。这种组织性对大学的活动产生了巨大的影响,这意味着大学与外部的联系一直是大学面临的重要课题,也意味着大学为处理与社会的关系必然在组织方面进行一定的建构。

行会的组织权力源自人们发展经济的需求和商业往来的需要,行会是为了保护本行业利益而相互帮助、限制内外竞争、规定业务范围、解决同行困难而成立的一种组织。行会组织是各行业自发形成的,因此也是民主自治的。与基于誓约之上的现代社团组织不同,中世纪社团组织法律效力的基础是内部成员的誓约,违反誓约是一种极其严重的犯罪行为,不仅会在公众面前声名狼藉,同时还会被移交教会法庭接受进一步的肉体惩罚。① 其时构成大学内核的是学者行会组织,与其他行会一样,大学于中世纪初期涌现是一种自然行为,是出于维护学者利益的需要,同时大学内部也设定了一套行为规范。早期的学者行会也常常交替使用社群(community)和社团(college)这两个称呼。学者行会对外联系、对内规范,进行教学和学术活动,成为大学组织构建和变革的重要出发点。

以学者行会为核心的大学,其首要的组织特征是自治性。与基督教"源自上帝的权力"不同,行会组织体现了一种自下而上的权力。根据罗马法精神,至少是在中世纪时代理解的罗马法精神,任何一个行业或职业都自然拥有组建合议制社团并自主选举裁判官的权力,并且这些裁判官对组织内部事务的治理权可以天然获得市政当局的认可,因此不需要后者再颁布任何形式的宪章,更不需要以法律任命的方式对前者进行认证。② 从大学与学院的关系角度看,其自治的特征也是非常鲜明的。早期巴黎大学包括四个系科(或教师团)——神学、法学与医学三大高阶系科,以及人文博艺这一低阶系科。其中,人文博艺系科又可划分为四大"同乡会"——法兰西、皮卡第、诺曼和英格兰,四大系科皆由自己的院长主持工作,四大同乡会各有一位代理人负责管理日常事务。最迟在 14 世纪中叶,人文博艺系科的主事已成为整个大学不可辩驳的首领人物。巴黎大

---

① 邓磊.中世纪大学组织权力研究[M].北京:人民出版社,2014:67-68.
② 邓磊.中世纪大学组织权力研究[M].北京:人民出版社,2014:70.

学上述部门自身都是一个组织法团,拥有各自的负责人、接收人、持标人、法团印玺、集体会议和组织章程。①

　　建立于中世纪的两所英国古典大学鲜明呈现了大学组织的自治特征,传承了中世纪大学的行会精神。此外,大学自治地位还建立在法人基础上。著名的法学家和律师、剑桥大学三一学院前任院长亨利·梅因爵士发展和细化了"法人"说来解释剑桥大学的组织特征,"法人"是指由一簇财产权和一群人建构而成的一个永不亡故的团体。剑桥大学获得国家颁发的特许状,从而赋予它一系列代理权力和一个"虚拟人"的多种属性,它可以持有共同财产,具有有限责任;它将一群人联合和结合成一体,它可以永存。它的成员以共有或共享形式持有财产,就像身体的每个组成部分一样相互依赖、不可或缺。它可以被视为一个拥有法人式的统一性和共同身份的氏族。②

　　除了法人制度,"牛桥"模式的组织根基的重要基础还扎根于"信托"。信托是中世纪英格兰人采用的一种法律谋略,它是一种"虚拟人",即由一群受托人组成一个信托会,众位受托人以"托管"的名义,对委托人的财产持有一定的权利,以保障委托人亡故之后其继承人的用益权。这种模式为英国多种机构提供了模板,包括伦敦四大法学院、伊顿和哈罗等公学、各行各业的工会、伦敦各类俱乐部。牛津、剑桥两所大学跨在法人团体和信托会的界线上,而诸学院却是皇家或其他捐赠人无条件赠予的财产,因此在实质上是独立于国家机器的。各学院成为半自治的非政府机构,院长和众位院士受托维护和管理这些学院。信托会不仅给剑桥大学及诸学院提供了永葆独立自由的法律框架,而且有利于大学治理的信任和忠诚。③

　　除了以法人和信托作为法律基础,在组织上,剑桥大学诸学院还具有修道院模式的特征,三者相结合,形成了剑桥大学混合型的整体建制。它的原初宗旨是反对将亲属关系作为征募基础,它的根基不是与生俱来的血缘,甚至也不是其成员入院时永远效忠的誓言,而是自愿的选择和应有的美德,在很大程度上,剑桥是一个情感和身份意义上的"共同体"——地域团结和身份认同。在 15

---

① 邓磊.中世纪大学组织权力研究[M].北京:人民出版社,2014:96-97.
② [英]艾伦·麦克法兰.启蒙之所　智识之源:一位剑桥教授看剑桥[M].管可秾,译.北京:商务印书馆,2011:152-154.
③ [英]艾伦·麦克法兰.启蒙之所　智识之源:一位剑桥教授看剑桥[M].管可秾,译.北京:商务印书馆,2011:156.

第六章 英国大学内部治理论

世纪后期,学院已经发展成社交—知识—宗教综合体,就功能的多样性而论,简直像是家庭,然而其远远大于家庭。因而,昔日的剑桥大学只能算是一种学院联盟,举足轻重者乃是诸学院。在大学内部治理中,"16世纪中叶之前,诸学院已开始在剑桥大学的生活中发挥决定性作用,并已开始从本院成员中提名学监"。众院长常与剑桥大学校长及若干名资深博士一起,组成咨议班子,不久即得名"参议会"。从16世纪起直到将近20世纪末,"校长职务均由一位学院院长兼任"。从某种意义上说,至少在19世纪以前,尚无一个统一的、中央化的剑桥大学。[①] 剑桥大学是一个复杂的古老体系,自治学院有31所,而其他机构,从大型的科系,到小型的委员会和辛迪加却不下300个之多,学院、科系等团体形成群雄逐鹿之势,任何一个派系或集团都不可能独立施行全盘的控制。[②] 学院拥有一批几乎全职的文员和管理官员,大学麾下的大多数系却相反,规模小得多,职能也有限得多,因此仅能设立一名系主任和一名教务秘书,系主任和教务秘书都有一定的任职期限。系里也像学院一样设有很多委员会,但是委员人数较少并且流动性较大。系里仅有的常设办公室是一些教辅部门,包括行政、财务和技术部门。系会议一般是周会,主要是一种职能型和务实性的会议,而学院的会议则冗长得多。学院的院长是该学院全体院士选举出来的,选举程序漫长而复杂,新院长当选之际,依职权自动成为本院各大委员会主席,任期可长达十年或十年以上。系是大学一级的产物,系主任是大学官方任命的职位,候选人的任命权最终由大学行使。[③] 因而,剑桥大学内部治理实际上存在两种模式,后一种模式反映了当代大学内部治理的趋势,展现了其治理的复杂性。

此外,英国大学的自治倾向还扎根于其文化传统之中。据最早的记录显示,无论在英国大学之内还是在英国大学之外,甚至在英国大学产生之前,纯粹的无私利性的学术和科学活动亦已在英国得到赞助和鼓励。不管什么样的英

[①] [英]艾伦·麦克法兰. 启蒙之所 智识之源:一位剑桥教授看剑桥[M]. 管可秾,译. 北京:商务印书馆,2011:19-24.
[②] [英]艾伦·麦克法兰. 启蒙之所 智识之源:一位剑桥教授看剑桥[M]. 管可秾,译. 北京:商务印书馆,2011:169.
[③] [英]艾伦·麦克法兰. 启蒙之所 智识之源:一位剑桥教授看剑桥[M]. 管可秾,译. 北京:商务印书馆,2011:173.

国人,都首先是一个有显著的独立倾向的人。① 这种独立自由之风也为英国大学带来了自治传统。

剑桥大学的自治传统深深地扎根在古典大学的特许状法人地位上。剑桥大学特许状规定教师和学生为受托人,由人而不是机构作为大学的自治主体。剑桥大学的全名是"校长、学生和学者的剑桥大学",而达尔文学院的全名则为"剑桥大学中院长和院士的达尔文学院"。20世纪早期之前,主要由资深教授组成的学术参议会是剑桥大学的主要法律权威,在大学内部治理中扮演着活跃和重要的角色,直到1926年它才被摄政院取代,②剑桥大学的自治基础由此发生了明显的变化。《剑桥大学章程》明确指出,剑桥大学是学者自治的社区,但需根据其核心价值与使命做出治理安排。剑桥大学的受托方也在发生变化,作为大学政策制定和执行机构的理事会及其成员成为对内对外负有责任的受托人。剑桥大学内部治理体系的构建,因此建立在规则和原则基础上,并对治理机构评议会和其他校内外利益相关者负有责任,其治理呈现出透明性。③

作为大学自治典型代表的古典大学剑桥大学受托人的悄然转换和肩负的治理责任的增加,是英国大学生存条件和外部环境压力变化的典型反映。在英国大学内部,为应对不断增加的复杂性和外部的问责,大学管理机构不断催生,管理岗位不断新设,形成了新的领导阶层,由学者社区主导的大学自治的组织基础被削弱,执行机构和管理机构成为引领大学发展的主导组织。

二、英国大学内部治理组织体系

大学内部治理的实质是引领大学事业发展的机制。莱斯特大学对于大学内部治理的理解典型地反映了这一理念。莱斯特大学认为,治理是一般的、广泛的事项,涉及大学决定其事务的体系、结构、过程和规则,也涵盖记录其决策并负责解释说明决策的正式方式。因此,良好治理的基本原则是不允许其自身牵涉进日复一日的日常运行与管理过程当中,如决定大学战略目标、掌舵和比

---

① [美]亚伯拉罕·弗莱克斯纳.现代大学论:美英德大学研究[M].徐晖,陈晓菲,译.杭州:浙江教育出版社,2001:194.

② University of Cambridge. The Senate[EB/OL]. [2017-11-20]. https://www.governance.cam.ac.uk/governance/key-bodies/RH-Senate/Pages/default.aspx.

③ University of Cambridge. The University as a charity[EB/OL]. [2017-11-20]. http://www.cam.ac.uk/about-the-university/how-the-university-and-colleges-work/the-university-as-a-charity.

第六章 英国大学内部治理论

对目标衡量绩效、决定大学年度预算和进行长期财务预测、确保问责和大学事务的有效审查、任命和确保学院院长的有效性等事务。[①] 这一理解明确了大学内部治理的核心特征以及它与日常管理和运行的区别。

大学内部治理体系的运行是否能够实现领导大学事业发展的目的，有赖于大学内部治理体系的构建，尤其依赖大学内部治理组织及其职能的设计。大学内部治理组织及其职能以及大学内部治理组织之间的相互关系，为内部治理权力运作构建了通路，是形成大学内部治理机制的关键环节。

英国大学内部治理组织体系一般包含以下几个组成部分：校级主要治理机构、高级管理层、委员会体系和院系治理层。其中，常见的校级主要治理机构有大学法庭、理事会、大学执行委员会、学术参议会，在1992年前大学和1992年后大学中相应的名称有所区别。此外，有的大学还设有其他一些重要的治理组织。

表6-1 英国大学校级主要治理机构

大学	校级主要治理机构			校级其他治理机构
	最高治理机构	政策制定和执行机构	学术治理机构	
剑桥大学	摄政院 (the Regent House)	理事会 (the Council)	教师总委员会 (the General Board of the Faculties)	学术参议会 (the Senate) 审查委员会 (the Board of Scrutiny)
爱丁堡大学	大学法庭 (University Court)	总理事会 (General Council)	学术参议会 (Senatus Academicus)	—
杜伦大学	大学理事会 (University Council)	大学执行委员会 (University Executive Group)	学术参议会 (Senate)	—
莱斯特大学	大学法庭 (Court)	理事会 (Council)	学术参议会 (Senate)	—

---

① University of Leicester. Introduction to Governance [EB/OL]. [2017-09-23]. http://www2.le.ac.uk/offices/governance.

247

续表

大学	校级主要治理机构			校级其他治理机构
^	最高治理机构	政策制定和执行机构	学术治理机构	^
伯明翰城市大学	理事会（Board of Governors）	—	学术委员会（Academic Board）	—
曼彻斯特城市大学	理事会（Board of Governors）	大学执行委员会（University Executive Group）	学术委员会（Academic Board）	

资料来源：剑桥大学，https://www.governance.cam.ac.uk/Pages/default.aspx；
爱丁堡大学，http://www.ed.ac.uk/governance-strategic-planning/governance；
杜伦大学，https://www.dur.ac.uk/about/governance/charter/；
莱斯特大学，http://www2.le.ac.uk/offices/governance；
伯明翰城市大学，http://www.bcu.ac.uk/about-us/corporate-information/governance-of-the-university；
曼彻斯特城市大学，http://www2.mmu.ac.uk/legal/constitutional-legal-matters/。

由表6-1可见，虽然各大学校级主要治理机构名称不一，差异较大，但基本上可以分为三类，分别是最高治理机构、政策制定和执行机构、学术治理机构，在治理体系中这三类机构分别担有不同的职责，共同掌舵大学发展。一般而言，这三类治理机构的职能相对明确，但紧密合作非常必要。此外，在1992年前大学中还存在其他一些治理机构，如审查委员会和学术参议会，这些组织的存在源于各校的历史和传统，如剑桥大学学术参议会在20世纪前一直是剑桥大学最高治理机构，在今天依然发挥着作用。

高级管理团队是英国大学治理体系的重要组成部分，承担着重要的管理职能。由于大学内部治理的环境变得日益复杂，校内事务不断扩张，专业化的高级管理队伍建设日益迫切，各校普遍成立了以副校长为首的高级管理团队。高级管理团队成员主要包括副校长、教务长、大学重要事务主管等。根据大学特许状，大学副校长是"首席学术和行政官员"，总体负责大学学术和行政事务；除了副校长，有的大学如剑桥大学还设立了助理副校长、教务长等岗位；在副校长、助理副校长岗位之下，按照高等教育基金委员会的要求并依据学校职能设立了一些专门的行政职位，如运行主管、财务主管、审计主管等，体现了外部规制的要求，也反映了大学对筹集管理外部资金的重视和依赖；此外，还存在一类秘书职位,如理事会秘书,往往由高级管理人员如教务长担任,在大学内部治理中担负着相当重要的责任。

在大学内部治理组织体系中,委员会体系至为重要,担负着行使具体职能的重任。各校校级治理机构一般都下设委员会,并向所属委员会进行授权,使其具有相应的权力、权威和功能,完成相应的治理任务。如曼彻斯特城市大学理事会对其下属委员会予以明确授权,理事会对代表其行事的委员会及个人的行动负有最终责任。

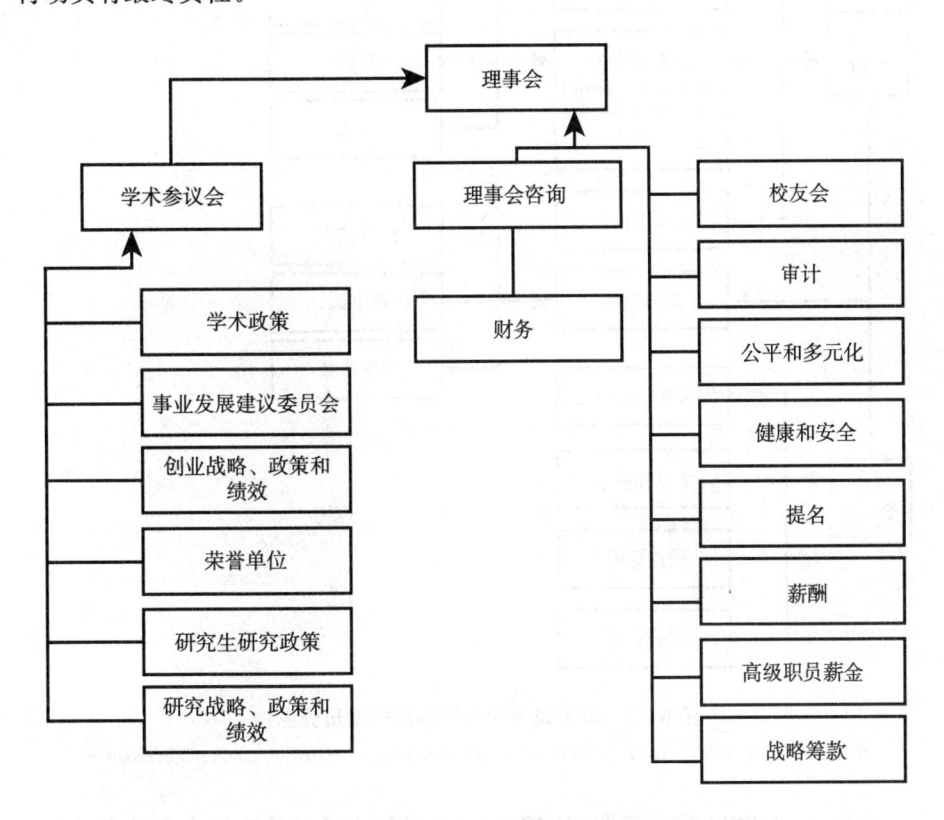

图 6-1　莱斯特大学内部治理的委员会结构

资料来源:莱斯特大学,http://www2.le.ac.uk/offices/governance。

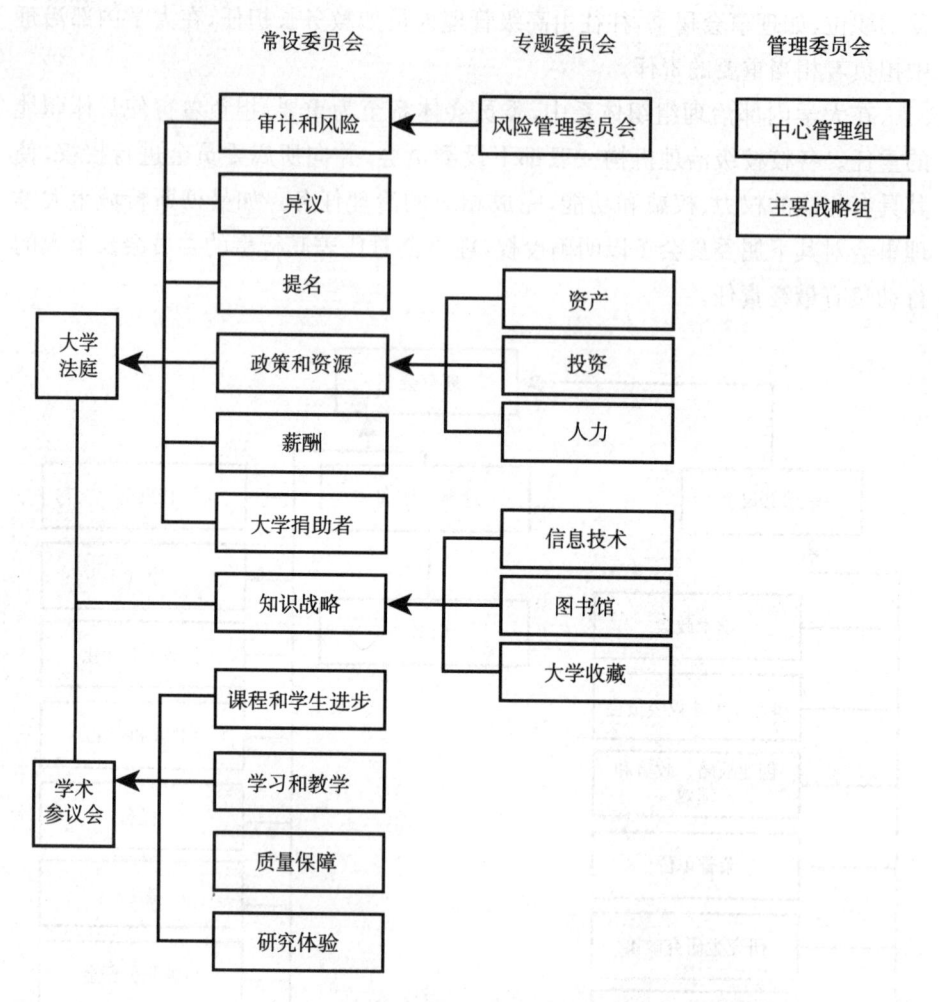

图 6-2 爱丁堡大学内部治理的委员会结构

资料来源:爱丁堡大学,http://www.ed.ac.uk/governance-strategic-planning/governance。

由图 6-1 和图 6-2 可见,比较而言,莱斯特大学和爱丁堡大学的委员会体系存在一定的相似性,尤其是理事会下属的委员会高度相似,都设立了审计(和风险)委员会、薪酬委员会,这反映了各大学对内部治理中一些重要议题的关注高度相似。曼彻斯特城市大学理事会下设审计委员会、资金和人力资源委员会、提名和治理委员会、薪酬委员会,而它认为财务委员会、人力资源委员会、领

第六章 英国大学内部治理论

导和管理委员会、战略和协作委员会最为重要。① 曼彻斯特城市大学的委员会体系也说明,在英国大学内部治理中存在一些重要课题,这些课题普遍受到重视。从委员会体系结构看,莱斯特大学的内部治理委员会体系简单明了,有两个分支,理事会和学术参议会分别下设多个委员会,处理其所辖职责范围内的事务。爱丁堡大学的内部治理委员会结构则相对复杂,在两个分支之外,大学法庭和学术参议会联合成立了作为高层次联合委员会的知识战略委员会,不仅有利于在战略层面上达成共识,还有利于各主要治理机构之间的协同合作;同时,爱丁堡大学内部治理委员会体系对责任和职能的划分更为细致,有多个委员会还建立了分委员会,共同组成了庞大的内部治理委员会体系。此外,在委员会结构中存在联合委员会机制,联合委员会的成立使不同类型的权力在特定事务治理中能够取得一致的共识和合适的审查。

有一类特殊的治理结构是剑桥大学理事会及其委员会机制。在剑桥大学校级治理委员会结构之外,31 所高度自治的学院也设有一套自己的治理机构,所以在剑桥大学各自治学院也有一套委员会体系。这些学院拥有自己的特许状并具有法人地位,是高度自治的治理体系,如达尔文学院章程规定学院应有治理机构、理事会、入学委员会、财务委员会、教师委员会、达尔文学院学生会;② 三一学院理事会成立了一系列委员会,其中一些是常设的,另一些是为处理特别事务而由理事会特别指定的,委员会成员由理事会任命,常设委员会成员每年都要变动。委员会向理事会建议,理事会则负责决策。③ 剑桥大学还建有 6 个直属学院,这些学院也成立了各类委员会,如艺术与人文学院成立了学校委员会、教师和管理委员会、研究生教育委员会、联合空间规划组、研究委员会、艺术和人文研究战略论坛、资源和规划组、研究委员会等。④ 两类学院在治理的委员会类型上与大学的各委员会存在很大程度的相似性,实际上对接了大学内部治理的委员会机制。

---

① The Manchester Metropolitan University. The Committee Handbook[EB/OL]. [2017-08-20]. http://www.mmu.ac.uk/sas/govandsec/committee_handbook.php.

② Darwin College. The Governing Body of the College[EB/OL]. [2017-11-26]. http://www.darwin.cam.ac.uk.

③ Trinity College. College Notices.[EB/OL]. [2017-11-26]. http://trin.cam.ac.uk/.

④ School of Arts and Humanities. School of Arts and Humanities Committees[EB/OL]. [2017-11-26]. http://www.csah.cam.ac.uk/Committees.

大学内部治理不仅仅是校级层面的事,在治理机制中,一项重要的内容是治理大学与院系关系。因而,在校级主要内部治理机构、高级管理团队和各类委员会组织以外,院系的治理组织安排也很重要。在院系一级,首先是与校级治理部门进行沟通的学院首脑,根据各大院系建制的不同而分为院长、系主任、研究所长等等,他们多是校级主要治理机构的重要成员,在上情下达和下情上传过程中建立了一条通路;然而,有的大学系主任作为非执行系主任,其治理职能相对有限,于是这些大学设置了副系主任;学院往往还有专职秘书,作为行使基层治理职能的一类人员,辅助院系领导开展工作。由于基层事务不断增多,管理任务不断增加,身兼双职的院系领导职务变成领薪水的专职人员职位,从而促进了基层治理组织的发展。杜伦大学则采用平缓的线性治理结构,大学执行委员会提供了第一层领导,院、系、研究所和专业支持机构的首脑、院系副手、非执行系主任是第二层领导,直接向大学执行委员会的相应人员负责。[1]

此外,大学院系一般都成立了相应的治理机构尤其是院务会和教授会,负责处理本院系的各类事务。剑桥大学两类学院都成立了理事会和教师委员会治理组织。在直属学院,至少有1名理事会成员兼任教师委员会成员。[2] 在自治学院,理事会(Governing Body/Council)作为受托机构负责内部控制,与各类委员会、财务主管、行政官员一起建立内部治理框架。[3] 学院还有自己的行政人员,如三一学院的主要官员有皇室任命的院长、教师选举的副院长、高级导师,以及全部由理事会任命的3名高级和初级财务官员,他们都是理事会的当然成员。[4] 达尔文学院的最高治理机构主要是由院长和院士组成的理事会(Governing Body);作为大学事务管理者的理事会(Council),由院长、副院长、财务主管、达尔文学院学生会主席、6名选举代表组成。[5] 在处理大学与院系治理关系方面,剑桥大学在理事会和学院间成立了发展联合委员会,副校长和学院院长

---

[1] Durham University. Ways of Working: Roles and Responsibilities[EB/OL]. [2017-11-20]. https://www.dur.ac.uk/committees/uec/ways_working/.

[2] University of Cambridge. Schools and Councils of Schools[EB/OL]. [2017-11-20]. http://www.admin.cam.ac.uk/univ/so/.

[3] University of Cambridge. College [EB/OL]. [2017-11-20]. http://www.admin.cam.ac.uk/univ/so/.

[4] Trinity College. College Notices. [EB/OL]. [2017-11-20]. http://trin.cam.ac.uk/.

[5] Darwin College. The Governing Body of the College[EB/OL]. [2017-11-21]. http://www.darwin.cam.ac.uk.

作为当然成员,其职责是促进大学和学院及其成员在各方面的理解、支持与合作。①

三、英国大学内部治理辅助组织

按照莱斯特大学对内部治理的定义,治理是一般的、广泛的事项,涉及大学决定其事务的体系、结构、过程和规则,将大学的日常管理与具体的事务运作排除出大学治理的范围。然而,大学存在一套辅助组织,这些架构为大学的良好治理提供了支持和框架,从这一角度看,大学内部治理的组织应该涵盖为大学内部治理提供支持和服务的相关组织,而不仅仅局限于决策机构和高级管理人员本身。因此,除了较为严格意义上的治理机构、高级管理团队、委员会体系和院系治理组织之外,在大学内部治理组织中,还存在其他类型的治理组织,主要包括为行使决策的核心治理机构服务的组织以及治理框架组织。有鉴于此,从职能上看,英国大学内部治理组织包括三类:核心治理组织、治理支持服务组织和治理框架组织。在核心治理机构之外的这些貌似外围的组织实际上反映了英国大学内部治理的重要维度,即大学内部治理绝不仅仅是规范大学的发展,还要着眼于支持和引领大学的发展。

在后两类组织中,治理支持服务组织主要是决策咨询和服务组织,是直接为大学核心治理机构和院系治理机构提供治理专业化服务的组织,有的组织本身也在行使治理职能,比如监控和检视大学治理过程;而治理框架组织是反映外部规制的要求而建立的组织,主要涉及审计部门和治理信息公开部门,以响应外部规制要求和对内进行相关规范。

治理支持服务组织的代表有剑桥大学的审查委员会,杜伦大学的大学咨询和掌舵组织、治理和执行支持部门,莱斯特大学的治理办公室,曼彻斯特城市大学的治理和秘书组等。剑桥大学的审查委员会代表摄政院审查理事会的年度报告和账目,审查文件是否符合大学的章程、条例和规则精神或个人是否按照大学的章程、条例和规则行事。② 杜伦大学成立的大学咨询和掌舵组织(UEC

---

① University of Cambridge. The Chancellor and The government of the University[EB/OL]. [2017-11-21]. http://www.admin.cam.ac.uk/univ/so/.

② University of Cambridge. Statute A[EB/OL]. [2017-11-22]. http://www.admin.cam.ac.uk/univ/so/.

Advisory Groups)由8个委员会组成,分别是多样化和公平咨询组,环境可持续战略规划组,全球参与掌舵组,黄金掌舵组,健康和安全政策战略委员会,规划和资金掌舵组,图书馆掌舵委员会,学者、学费和学位咨询组,均向大学执行委员会负责,为其管理关键责任领域的决策提供支持。杜伦大学还成立了治理和执行支持部门(Governance and Executive Support),其使命是建议、实施、评估和检视治理过程,以确保与专门的法律、大学章程、治理相关实践准则相适应,并提供该领域的专业引导;通过支持学术参议会、理事会和执行委员会以及其他委员会,为委员会体系提供专业的治理和执行支持,确保委员会合于目的,以及为委员会秘书提供训练,传播委员会服务良好实践案例和提供专家建议。[1] 莱斯特大学也设立了专门治理办公室,治理办公室有3人,隶属于学生和学术服务部门,为理事会、大学法庭以及理事会下设的委员会提供秘书功能,监督大学程序,确保大学事务运行的公平公开,为学院系所决策过程提供建议和指导;它也密切参与理事会成员的任命、培训,并为他们提供持续性的支持。治理办公室面向委员会主席、秘书和报告撰写人发布指导性说明和模板,为其提供日程、备忘录和报告标准格式。委员会秘书可以随时获取个性化服务和支持,治理办公室可应邀为个人或群体举行委员会服务支持会议。[2] 曼彻斯特城市大学的治理和秘书组有责任确保有效的治理安排就位,领导和指导组织事务、支持理事会工作,为大学执行机构、学术委员会和其他决策机构提供专业支持服务等。[3] 这些辅助机构及其工作,推动了大学治理的专业化水平,是大学内部治理组织的重要组成部分。

治理框架组织是指构成内部治理体系重要组成部分、规范相关治理事项的组织,这类组织的建立完善了英国大学内部治理的框架,主要涉及财务审计和信息公开两项治理。在财务审计方面,英国大学治理机构普遍成立审计委员会,引入外部审计员,在校内设立审计主管职位,指定内部审计员,建立了一套财务审计制度,每年12月31日前大学必须向高等教育基金委员会提交年度财

---

[1] Durham University. Governance and Executive Support Mission Statement[EB/OL]. [2017-07-16]. https://www.dur.ac.uk/ges/mission/.

[2] The University of Leicester. About the Governance Office[EB/OL]. [2017-08-12]. http://www2.le.ac.uk/offices/governance/about.

[3] The Manchester Metropolitan University. Governance and Secretariat Team[EB/OL]. [2017-08-26]. http://www.mmu.ac.uk/sas/govandsec/.

务报表。作为资金问责制度的年度财务报表制度要求大学作为一个主体对资金负责,客观上加强了大学内部治理机制的建设。对大学来说,内部治理机构的正式化,管理团队的加强,更多的战略规划和风险管理技术的运用以及与大学核心职能更为密切的结合,促进了内部治理专业化水平的不断提高。

此外,还有一类专门公开大学治理信息的组织,如爱丁堡大学的记录管理部门和曼彻斯特城市大学的相关部门。根据苏格兰信息自由法案(2002年)要求,所有的苏格兰公共机构都要常规地公布特定的信息,并为公众提供如何获取这些信息的指导。为此,爱丁堡大学成立了记录管理部门(Records Management Section),依据法案要求制定信息公开政策并负责校内信息的搜集、处理与公开工作。如今爱丁堡大学公布的信息达18类,而且非常详尽。此外,爱丁堡大学网站公布的信息还对如何通过信息公开计划获取相关治理信息进行了解释说明。[①]

英国各大学内部治理组织的变革,是外部规制不断增加的结果,从而削弱了原有传统大学自治的组织基础,推动了大学内部治理的专业化。英国大学内部治理组织的变革,不仅体现在生成了新的内部治理组织,还体现在改变了学术治理组织与其他治理组织的关系;不仅体现了大学内部治理内涵的变化和治理外延的扩大,还体现在为多维内部治理、双层治理等治理机制的建立奠定了组织基础。由此,英国大学构建了以校级主要治理机构及其相互关系为主要架构的横向治理体系,校院两级治理机构组成的纵向治理体系,并辅之以治理支持服务组织和治理框架组织等外围治理服务机构,形成了英国大学内部治理组织的综合架构。

第三节 英国大学内部治理权力

治理的核心是权力的运作。大学内部治理的核心是大学内部权力运作机制,涉及大学内部权力的层级、类型及相互关系。从权力角度看,大学内部治理与公司治理有着很强的相似性,其核心都是围绕组织的目标从所有权层次上进行的授权和监督。大学内部治理机制的关键过程是专业管理人员被授权、不同

---

① The University of Edinburgh. The University of Edinburgh Guide to Information[EB/OL]. [2017-10-16]. http://www.pubs.recordsmanagement.ed.ac.uk/.

权力之间分化与合作的过程。不过,大学作为学问和人的养成机构,无论是目标、职能还是过程的治理,都远比公司治理要复杂许多,罗宾斯报告对校长职责的说明印证了这一点,"没有任何一个企业会要求自己的董事长像现代大学要求大学校长那样给予其多样而沉重的工作"①。英国大学内部治理在权力的层次上和不同类型权力的力量对比方面发生了巨大的变化,其趋势是在不同的权力之间构建合作伙伴关系。

一、英国大学内部治理权力变革的特征

英国大学内部治理权力变革的第一个特征表现为一个权力转移的过程。从权力分类角度进行观察,权力可以分为不同的类型,比如,从国家政治的角度可分为行政权力、司法权力和立法权力,从经济运行的角度可分为生产权力、流通销售权力和消费权力,从组织结构的角度可分为人事任免权、工作安排权、责权利分配权,从经营控制的角度可分为所有权、经营权、分配权,等等。分析英国大学内部治理权力,不适于采用行政、司法和立法权力的区分方法,英国大学内部不存在严格意义上的立法权,因为大学治理的根本依据是法律,尤其是1988年《教育改革法》和1992年颁布的《继续教育与高等教育法》;此外,英国大学内部治理主要依据的是大学特许状和大学章程,其中大学特许状一般由皇室或枢密院颁布,其修订也需经过枢密院审核批准,大学治理机构的权力是依据高等教育法律、特许状制定校内的章程、条例和各种政策,行使立法权的是外部群体而不是大学内部群体。因此,从这一点来看,不适用于以三权分立的思路对英国大学内部治理权力进行划分,而更适合从行为活动的角度进行分析,将权力分为目标选择权力、方案决策权力、结果评价权力,或者从执行流程的角度将大学内部权力分为目标制定、决策、行为执行、监督评价等权力。目前英国大学内部治理机构的职责主要是依据事权划分的,是一个权力不断分化和向专业管理人员授权的过程,也是在主要内部治理机构之间分享权力的过程。

英国大学内部治理变革权力的第二个特征是半强制性和非强制性。权力一般具有强制的色彩,但不排除半强制和非强制的权力形式。就大学而言,行政权力扩张得太快,使学术权力受到干预,以前行政人员少,学术人员也兼行使

---

① [英]迈克尔·夏托克.高等院校宏观调控管理[M].丁安宁,译.南京:江苏教育出版社,2009:33-35.

管理权力,学术权力是影响大学发展的主要权力;而现在行政部门越来越庞大,行政事务越来越多,于是将学术事务进行细分,一种是纯粹的或核心的学术事务,另一种是涉及财务和外部规制的学术事务,如将质量与评价、拨款捆绑在一起的学术事务,后一类学术事务需要行政权力的参与,因而,行政事务事实上涵盖了纯粹的行政事务和涉及学术议题的行政事务,行政权力成为影响大学发展的主要权力。不过,行政权力的行使主要还是指向大学发展这一目标,而大学发展则必须以学术发展为依托,学术发展是大学的终极价值。因此,在大学中,行政权力的行使不仅仅依靠强制力,尽管大学在内部治理的组织变革和制度安排上发生了巨大的变化,但这种变化多数是在一种半强制和非强制力的影响下发生的。比如,英国高等教育政策是大学内部治理的依据,然而英国高等教育政策体系的强制色彩并不是很浓厚。其一是与政策出台相应的财政拨款机制的构建和引入有关,资源的诱导成为主要手段。其二是大学间的组织如大学主席委员会等内化了政策要求并引导大学社区主动应对,将之转化为大学内部治理变革的动力。因此,英国大学内部治理并不完全是外部强制力作用的直接结果,还体现了英国大学主动变革的能量;在大学内部治理中,存在着将大学视为学者自治的社区这一传统观念,大学内部治理机构和制度体系的构建则部分地依靠大学管理层对学术社区的资源诱导、支持或限制,同时,对学术自由的一贯承诺也使行政权力受到一定的限制,它不能毫无顾忌地侵入学术领地,学术核心领域只能留给学术权力。总体而言,英国大学内部治理权力的行使方式主要体现了权力的半强制性或非强制性。

  英国大学内部治理权力变革的第三个特征是构建了一套权力的监督与制约机制。权力的特性之一是它天然具有扩张性,需要规制,因而在赋权和动力之外,它还应包括一种权力的监督和制约机制。从这一角度理解,治理的权力维度应包含两项内容和功能,一是赋权或分权,二是制权或相互制约。在英国大学内部治理中,组织和制度方面的建设一方面明确了各种机构、个人、群体的权责关系,另一方面还形成了一套权力监督与制约机制。总体来说,在英国大学内部治理中,存在三类权力制约机制。第一类提供最基础的制约,大学有一套由特许状、大学章程、规章、条例组成的治理文件体系,对校内各主要治理机构、高级官员、行政人员、学术组织、附属机构等内部组织和个人,对资金、财务、招生、教师、学位、质量、学术支持、学术自由、后勤服务等事务,有着一系列权责明确的规定,甚至对大学内部治理本身也都有公开的说明,使大学内部治理有据可依,也为内部权力行使和运作构建了平台和规范。第二类是主要治理机构设置了一些行使监督机制的委员会,比如审查委员会、审计委员会、治理工作组等,尤其是审计委员会被期待超越狭隘的责任概念,承担更宽泛的责任,它们承担对大学内部治理过程、财务情况进行监督和审计的职能,对规范内部权力运作有着重要价值。此外,担任重要岗位的高级管理人员,比如大学理事会秘书、外部审计员和内部审计员等,在大学内部治理中扮演着重要的监督和"喊停"角色,以期对抗不明智的行政决策,确保理事会、大学执行委员会等主要治理机构正确和有效行使决策与执行等行政权力。第三类是学术权力对行政权力的制约构筑了最后一道防线,也即学术权力成为对大学整体事务和事业成败的监督力量,旨在审视行政权力所做出的决策是否伤害了大学的学术基础和作为整体事业的大学发展。过去的二十年来,评议会已经变成了"庄严"的调控装置,成为一个安全阀门,①在行政权力不断扩张、学术权力不断缩小至核心领域的治理背景下,这道防线既顺理成章又稍显苍白,成为大学事务扩张—行政权力扩张这条权力轨道上最后的看门人,它出于学术人员将大学视为精神家园的一种忠诚和自觉。

二、英国大学内部治理权力的层级

20世纪70年代,英国公共部门开展了新公共管理运动,开启了英国高等教育治理改革之路,可以认为,英国大学内部治理体系建设的初始动力来自外部。广义上讲,英国大学内部治理权力不应局限于校内人员行使的权力,还应该涵盖那些影响校内治理的外部权力,这些权力形成了不同的层次,对应大学内部治理的不同层次。英国大学内部治理权力实际上包含着超校级层级和校内层级两个大层级:超校级层级包括两层,一层是高等教育基金委员会、国家审计署、质量保障办公室等,另一层是大学主席委员会等大学间的联合组织;校内层级由校级、院系级两个层次组成。

英国大学内部治理权力体系的超校级层级代表了外部规制的力量,近年来的高等教育改革充分体现了这一点。在第一层,国家一级的影响不断增强,1988年《教育改革法》和1992年《继续教育与高等教育法》颁布之后,原来的多科技术学院升格为大学,其地位被人为地提升,从而降低了大学原有的突出地

---

① [英]迈克尔·夏托克.高等院校宏观调控管理[M].丁安宁,译.南京:江苏教育出版社,2009:84.

位,深刻影响了大学作为自治系统的传统地位;改变了教师的职业地位,大学与教师在普通的劳工法框架之内签订合同,大学雇佣合同的终身制被取消。国家一级的权力是在政府教育部门与高等教育基金委员会之间进行分享的,高等教育基金委员会在政府与大学之间扮演着中介角色,其主要工作是将政府对大学的要求进行体制和制度方面的设计并转化为大学内部治理的行动,主要运用拨款这一治理工具影响大学内部治理,与其前身大学拨款委员会相比,它作为政府进行高等教育治理的得力工具的色彩更加鲜明。高等教育基金委员会与大学副校长的联系很密切,这是因为该委员会中的学者都是大学中的精英。此外,其他规制机构如国家审计署、质量保障办公室、公共生活标准委员会等,通过审计、质量保障、信息公布计划等方式,也对大学内部治理产生了一定的影响。

第二层是大学间的组织,尤其是大学主席委员会与高等教育基金委员会和政府争夺对大学影响的倾向越来越明显,这对大学内部治理产生了重要的影响,成为分析高等教育改革的政治影响、推动大学内部治理体系构建的重要力量。在《迪尔英报告》《兰伯特报告》的影响下,大学主席委员会的前身全国大学正副校长委员会(Committee for Chancellors and Principals)发布了《大学效率研究管理委员会报告》,指出公立高等教育部门中改革的政治影响是要求更高的效率和钱花得值得,要求大学更负责任地使用公共资金和服务设施,在获得资金及参与市场时增加创业精神,以及增进在个人、学校绩效和质量方面的效益。《迪尔英报告》要求大学的治理统一到一种通用模式,而《兰伯特报告》反对大学的参与式管理,要求由专业人员管理大学。大学主席委员会1995年发布的《高等教育治理准则》(以下简称《准则》),体现了诺兰原则;2004年的修订版大部分参照了《兰伯特报告》,该《准则》肯定大学具有学术特征,建议大学依据外部要求改造其内部治理。大学主席委员会明确指出,"好的治理是英国高等教育部门的核心,并将持续成为最重要的事情",其目的是为支持治理机构的成员,在咨询大学主席委员会成员和高等教育利益相关者基础上发展了这一治理准则。《准则》认为,大学应遵守公共生活的七项标准,这些原则为治理者个体行为提供了伦理框架。《高等教育治理准则》为大学提供了内部治理改革的依据,大学是否执行治理准则虽然是自愿的,但它为大学提供了一种有价值的保障机制,有助于增强利益相关者对治理制度的信心。大学主席委员会虽属于大学间组织,但在高等教育政策转化为实践环节上具有重要作用,这是大学界有意应对外部压力的表现,在构建大学内部治理体系过程中带有一种变被动为主动的含义。①

超校级层级权力已渗透至大学内部治理微观领域,在大学内建立审计委员会是保护国家资金的一个主要直接手段。高等教育基金委员会和国家审计署负责监督大学审计制度并在必要情况下进行干预。国家还通过将质量问题上升为政治、学术议题,开发研究评估工具等对大学运行机制和生存环境产生直接的影响,几乎所有英国高等教育领域的传统习惯和做法在多数院校里正经历着往往是痛苦的再审查。②

校内权力由校级和院系级两个层次组成。英国大学校级权力的构成是复杂的,最高治理机构、政策制定和实施机构、学术治理机构,分别负责制定和修改章程、规章、条例,选举校长,接收理事会报告等;通过制定政策、负责实施,对大学治理事务负全面责任;同时,负责校内学术事务的政策和决策等。在此基础上,它们对大学内部治理负全面责任。

在校级主要治理事务中,除了传统的人事、薪酬外,财务治理发生了深刻的转变,审计治理成为新的治理核心领域之一。预算和财务治理的兴起改变了大学的权力结构,那些享有行政管理权的大学成员——教授系主任、学部主任、副校长和其他大学高级官员——在财务方面所起的作用比在一般学术事务方面所起的作用更大。③ 审计治理的兴起也使大学建立了新型治理组织,英国各大学都设立了审计委员会和内外部审计员制度等。曼彻斯特城市大学理事会下设的审计委员会的职责如下:为理事会提供外部审计师建议,提供外部审计师不涉及的非审计服务,负责质询和开除外部审计者;审计开始前与外部审计者商议审计的特点和范围;与外部审计者讨论中期和最终审计中的问题,以及任何外部审计者要求讨论的事情,召集管理者回应检视信件;就内部审计服务的预定条款及内部审计官员的任命、审计费用、非审计服务的提供、内部审计者的辞职和离职等疑问,向理事会提出建议;检视内部审计者的审计风险评估和战略,促进内外部审计者的配合,确保内部审计资源充分到位;监督风险管理的有效性,尤其是审读外部审计员管理建议书,负责内部审计员年度报告以及管理

---

① [英]克尔·夏托克.高等院校宏观调控管理[M].丁安宁,译.南京:江苏教育出版社,2009:60.
② [荷]弗兰斯·范富格特.国际高等教育政策比较研究[M].王承绪,译.杭州:浙江教育出版社,2001:392.
③ [加]约翰·范德格拉夫,等.学术权力:七国高等教育管理体制比较[M].王承绪,等译.杭州:浙江教育出版社,1989:99.

第六章 英国大学内部治理论

层的回应;确保重大的损失被认真检视,并通知高等教育基金委员会财务官员;监督机构的现金流和不规则流向,使任何重大的行动符合政策;接收内部审计、外部审计或要提交给高等教育统计局、高等教育基金委员会、学生贷款公司等机构与管理、质量保障相关的数据;接收国家审计署、高等教育基金委员会等机构的相关通知;监督内外部审计者的年度绩效,包括影响他们目标的事务,向理事会推荐他们的连任等;审读年度会计报表,如外部审计者的正式观点、内部控制情况;在大学合并或解体时,确保最终的财务报表完整并签字等。[1]

校内权力的第二层是院系。从组织来看,院决策机构是院务委员会,它通常包括全体教授,非教授系主任,有时也包括全体副教授和高级讲师。学院院长由委员会选举产生,他是该委员会的执行人员兼主席,通常由教授担任;下面设1—2名副院长协助主任工作,他们一般由非教授人员担任。[2] 在系里,系主任享有正式的最高权力,一般是教授;也有些系是由非教授人员担任系主任。从传统来说,英国大学的系的权力等级不如德国或意大利森严,决策比较民主,绝大多数系都设系务委员会,它由全体教学人员组成,有时也有学生代表参加。[3] 院系治理削弱了学术委员会和院务委员会的权力,强化了它们的学术性;问责压力以及资源管理下移的压力造成了系主任职务远离其他学术人员的趋势;系务会更多的是向系主任提供咨询,系主任个人必须负最终责任。[4]

此外,决策——包括财政的控制——更多地移交给院系和基层单位,这符合当前的管理思想,即提倡操作管理责任制,更多地委托给与有关工作和任务的领域最有密切联系的那些人。这一移交的结果使更多的学术人员——大多数是各系的主任,对经营任务投入了更多的时间。[5] 现今,大学院长是院财务预算者,在这个治理结构内,系主任向院长汇报,而不是像1992年后大学那样向校长报告,非专业人士担任系主任越来越普遍,同时依靠院长获取资源以完成目标。[6]

---

[1] The Manchester Metropolitan University. Board of Governors[EB/OL]. [2017-07-28]. http://www.mmu.ac.uk/sas/govandsec/.

[2][3] [加]约翰·范德格拉夫,等.学术权力:七国高等教育管理体制比较[M].王承绪,等译.杭州:浙江教育出版社,1989:96.

[4] [英]迈克尔·夏托克.高等院校宏观调控管理[M].丁安宁,译.南京:江苏教育出版社,2009:35.

[5] [荷]弗兰斯·范富格特.国际高等教育政策比较研究[M].王承绪,译.杭州:浙江教育出版社,2001:387.

[6] [英]迈克尔·夏托克.高等院校宏观调控管理[M].丁安宁,译.南京:江苏教育出版社,2009:34.

三、英国大学内部治理权力的类型

传统上,英国大学是自治的学术社区,管理任务主要是由高级教师和(副)校长执行的,到了20世纪,出现了治理权力由理事会和校务会向代表性的学术机构转移的趋势。在1900年伯明翰大学的特许状和法律条例中,校务会有权"审核和控制或不同意评议会的任何决定,并向评议会下达指令令其执行",1937年,达勒姆大学新特许状和条例首次声称评议会对学术事务拥有"最高"权力,该形式成为20世纪60年代大学特许状和条例的常规样本。1936年,在大学拨款委员会干预下,确立了校务会与评议会的内部自治伙伴关系;1963年,枢密院发布了特许状范本,指导后罗宾斯新大学在评议会增加权力,对主要政策事务提出动议和咨询。[①] 这是大学内部权力分化在不同治理机构之间进行转移的进化过程,开启了英国大学内部治理权力变革的序幕。

在今日英国大学内部治理框架内,除了纵向上存在不同层次的权力之外,还存在不同类型的权力。从权力来源看,可分为校内权力和校外权力,校外权力主要体现在治理机构、政策制定和执行机构中有占较大比例的外部成员,校友的权力也有一席之地,校内权力在学术治理机构中占有绝对力量。从行使权力人员角度看,大学内部治理权利可分为行政官的权力、教师的权力和学生的权力三种。

表6-2 英国大学校级主要治理机构成员构成情况

大学	最高治理机构	政策制定和执行机构	学术治理机构
剑桥大学	大约5 000人组成: 校长、学监、副学监、董事会成员、大学其他官员和个人; 学院院长; 学院院士	副校长1名; 摄政院选举的成员:学院院长3名、教授4名、摄政院成员8名、摄政院指定的校外成员4名; 学生成员3名	副校长、直属学院的院长6名、直属学院副院长2名、大学理事会任命的成员4名、学生成员2名、大学秘书1名; 参会成员:注册官、规划官、非委员会成员的副校长,其他依据特别条款被邀请参会的人

---

① [英]迈克尔·夏托克.高等院校宏观调控管理[M].丁安宁,译.南京:江苏教育出版社,2009:11-13.

续表

大学	最高治理机构	政策制定和执行机构	学术治理机构
杜伦大学	指定的教师成员7名；独立任命的外部成员11名；学生联合会主席1名	当然成员：副校长和学监、首席副校长、助理副校长5名、助理副校长兼副学监、注册官、财务官；参会成员：大学其他官员、教师和学生代表	当然成员：校长、首席副校长、助理副校长、学院院长、系主任、图书馆馆长、副学监、研究生院院长、大学信息部门主任，超过25名学生住宿的宿舍负责人；选举成员：相当于当然成员三分之一数量的成员由学术选举大会选举；共同成员不多于6名；学生代表3名
莱斯特大学	校内成员17名，校长、副校长、理事会主席、教务长、财务官、注册官、校友会主席、学生会主席，理事会成员9名；当然成员8名，包括议员2名、高级行政长官2名、郡长1名、市长1名、郡理事会主席1名、区主席1名；其他成员63名：神学院和伊丽莎白女王一世学院各1名、英国医学会1名、莱斯特城信仰理事会1名、伊迪丝·墨菲基金会1名、东米德兰研究所董事1名、校长会议1名、莱斯特多信仰论坛1名、莱斯特亚洲商业联合会1名、莱斯特文学和哲学会1名、莱斯特法学会1名、莱斯特考古和历史学会1名、莱斯特工商会1名、莱斯特医学会1名、其他贡献个人能力的成员32名、终身成员17名	助理校长兼理事会主席、副校长、财务官、注册官、理事会指定6名，学术参议会指定2名，大学法庭指定3名，学生会主席，校友会指定1名，秘书、助理秘书	主席兼副校长、教务长、助理副校长3名、学院院长助理兼副校长3名、研究生主任、图书馆馆长、IT服务主管、学生体验主管、系主任26名、各学院指定成员4名、学生成员2名、秘书

续表

大学	最高治理机构	政策制定和执行机构	学术治理机构
伯明翰城市大学	主席1名,副主席2名; 当然成员1名(副校长); 独立成员10名; 共同成员7名(其中教师代表4名); 学术委员会指定的教师代表1名; 学生2名	—	校长、助理校长2名(由校长提名)、注册官、学院院长、图书馆计算机服务主管、教师委员会选举成员1名、全时学生2名、半时学生2名
曼彻斯特城市大学	副校长1名; 独立成员12名; 共同成员5名; 学术委员会提名1名; 学生提名2名	副校长、首席副校长、助理副校长3名(分别负责教育、国际化、研究和知识转移),注册官、财务官、人力资源主任、服务主任、7名学院院长兼助理副校长、教务长兼助理副校长	副校长、首席副校长、注册官、助理副校长、研究学位委员会主席、每个系选举的1名系主任、每个学院选举的1名教师代表,学院以外的每个系或教学单位选举1名代表、学生联合会的主席与副主席

资料来源：剑桥大学,https://www.governance.cam.ac.uk/Pages/default.aspx；
杜伦大学,https://www.dur.ac.uk/about/governance/charter/；
莱斯特大学,http://www2.le.ac.uk/offices/governance；
伯明翰城市大学,http://www.bcu.ac.uk/about-us/corporate-information/governance-of-the-university；
曼彻斯特城市大学,http://www2.mmu.ac.uk/legal/constitutional-legal-matters/。

由表6-2英国大学校级主要治理机构的成员构成来看,在校级主要治理机构中,尤其是前两类机构中,市政官员、各种协会和组织的代表、校友等大学外部成员,或作为董事会代表,或作为独立成员参与大学治理。这些成员的主要职责是促使大学与社会的协调发展,并为大学提供智力和资源支持。大学也主动寻求外部成员参与内部治理,来满足大学内部治理对外部经验和支持的需要。如曼彻斯特城市大学要求理事会半数理事是独立成员,在主要治理文件"治理方法"中明确提出,独立成员必须拥有工业、商业、专业或雇佣事务方面的经验;选任新的理事会成员时,主要考虑能够补充卸任理事的专业技能、经验和责任,新的活动的需要以及经济、市场和规制变化对高等教育部门发展的影响。新理事应在如下至少一个领域有专业技能：会计、银行业、商贸业、消费者事务、环境可持续、继续教育、高等教育、人力资源管理、国际化、法律、营销、制造业、知识产权、公共部门、可再生、战略运输事务、学生事务。① 曼彻斯特城市大学对外部成员及其专业技能的要求进行明确规定,反映了复杂环境中大学事务的多样性、综合性以及大学的综合治理对技能的多维需要,并生成了外部来源和内部权力相配合的大学内部治理权力结构。不过,在大学一级,外部人员的权力在缩小,虽然校外人士在理事会中仍占多数,但作为一个整体,他们明显失去了权力。但是,由于大学非学术事务的日益复杂化,在许多方面单个的校外人士还能起很大影响,以便为大学提供校外专家咨询。②

对表6-2英国大学校级主要治理机构的成员构成情况进行分析还可以发现,从人员角度看,校内权力分为行政官员的权力、教师的权力和学生的权力三种。一般而言,政策制定和执行机构主要由校级领导、各关键事务部门官员组成,学术治理机构主要由校级领导、院系领导、教师代表、学生代表、教务长、招生主管、学位主管、服务主管等构成。副校长、首席副校长等高级行政官员参与了所有主要治理机构并作为各主要机构的高层领导,是沟通行政事务和学术事务的力量。此外,学院领导处于比较微妙的位置,有时身兼助理副校长和学院院长两职,往往是沟通行政权力与学术权力的通路。学生权力广泛参与大学内部治理,在主要治理机构中都能够发出自己的声音,能参与人事和财务事务以外大多数事务的治理。主要治理机构之间还互派成员,称之为共同成员、指定成员,尤其是学术治理机构向最高治理机构、政策制定和执行机构派出教师代表,作为维护学术权力、学术人员参与学校治理的重要途径,也体现了大学内部治理权力相互之间的配合和协调,有利于在政策方面取得共识,推动相关事务的顺利实施。剑桥大学理事会和教师总委员会成立了12个联合委员会,允许理事会成员在不同委员会之间互任,不管内部成员还是外部成员,只要他们的技能和经验适合于大学,均可服务于委员会和其他机构。③

就行政权力和学术权力的对比而言,一方面行政权力在不断扩张,在大学

---

① The Manchester Metropolitan University. The Selection of New Governance[EB/OL]. [2017-07-26]. http://www2.mmu.ac.uk/legal/constitutional-legal-matters/.
② [加]约翰·范德格拉夫,等.学术权力:七国高等教育管理体制比较[M].王承绪,等译.杭州:浙江教育出版社,1989:102-103.
③ University of Cambridge. Joint Committees of the Council and the General Board[EB/OL]. [2017-11-21]. https://www.governance.cam.ac.uk/committees/Pages/joint-committees.aspx.

内部治理中发挥作用的范围和力度越来越大,许多新的大学特许状取消了教授在评议会中当然成员的位置,缩小了评议会的规模,在绝大多数系中,集体决策的做法也已消失,取而代之的是一种等级制的系结构。由高级管理团队、辅助治理组织的行政人员组成的专职大学行政队伍的影响不断扩大,他们在英国大学中所起的作用比欧洲大陆大学同样人员所起的作用重要得多。不过在英国,对行政人员作用的怀疑很普遍,几乎没有人愿意把它们所起的作用扩大到美国大学行政人员所起的作用那么大,总的来看,传统的在业余的教授寡头集团辅助下由副校长负责管理的体制仍然存在,虽然这些大学精英必须越来越多地对校内其他集团的愿望加以考虑。①

另一方面,从学术权力的分享群体来看,出现了民主化和分散化的趋向。无论在老大学还是在新大学中,学术权力存在着在更大程度上实现民主化的趋势,大学教师成员中非教授教学人员越来越占大多数,他们在院系层次治理中发挥了重要的作用。伴随着非教授教学人员和学生权力的明显提升,教授的权力有所下降。此外,人员构成的复杂性带来了学术分散化趋势,基层学术单位首脑负责制的实施把学术个人的作用降低至普通一员,特别是在较大的系,缺乏个人参与,会使学术人员对广泛参与学校管理事务失去信心。②

不过,在行政权力与学术权力的相互关系中,至为关键的一点是对学术自由的保护,它直接关系着教师的工作状态和职业体验,更与大学学术水平密切相关,因此英国大学普遍重视出台保护教师的政策。曼彻斯特城市大学对教师的工作协议、行为准则、言论自由、停职、开除、申诉程序等方面进行了规定,教师在法律许可的范围内有质询和成长聪明才智的自由,有提出新观念或发展矛盾的、不受欢迎的观点的自由,且不受丢掉工作岗位的威胁。剑桥大学对教师的构成、申请、任职、裁员、离职、不公平待遇等事项也进行了规定。剑桥大学基督学院对学术自由做出了非常详细的规定,代表了英国大学对于学术自由的承诺、规定和保护:强烈认可言论和表达自由。例如,为所有成员充分参与学院生活培育良好环境,使他们感受自信,能够以建设性的方式进行研究、质询和检验

---

① [加]约翰·范德格拉夫,等.学术权力:七国高等教育管理体制比较[M].王承绪,等译.杭州:浙江教育出版社,1989:102-103.

② [英]迈克尔·夏托克.高等院校宏观调控管理[M].丁安宁,译.南京:江苏教育出版社,2009:35.

公认的智慧,表达新思想、冲突的或不受欢迎的观点,而不怕被孤立、边缘化或受到歧视;相应地,学院也期望能够以建设性的方式接受和回应智力与理念的挑战,学院有责任承诺保护其成员不受激进主义的干扰。学院会考虑其对于言论自由的义务,管理其成员和一般公众的健康和安全,推动机会公平,保护其成员免受恐怖主义的伤害。为此,学院制定了相关政策,包括对学生和学生联合会行为的期望,学院事件管理,主办会议时进行演讲者行为管理等。①

英国大学内部治理的变革是大学在按照自己的个性独立发展与依据政策引导将其转化为学术和管理政策等方面不断斗争并试图平衡两种思路的过程,反映了大学内部力量以及内外部权力之间的博弈。这典型地说明了英国大学的高度自治地位,学术权力能够对大学事务产生相当大的影响,各权力主体之间呈现了良好的合作关系。正如大学主席委员会在《高等教育治理准则》中提出的那样,治理规则的主要受众是高等教育机构的治理机构,其目的是分辨影响高等教育机构有效治理的重要价值和实践基础,促使其以更好的形式完成使命和获得成功,但达成好的治理并不能仅仅依靠采纳准则本身,而需要一套建立在多方面基础上的强大关系,以及治理机构、职员、副校长和高级管理团队的信任和忠诚。②

大学从根本上说是一个学术机构,坚持自由的理想、对于学问的承诺决定了大学内部治理的特质。数个世纪以来牛津大学、剑桥大学史与英国高等教育史的事实以及它们塑造的"大学自治的传统模式和大学事务的学者统治",成为英国大学内部治理的基因。校外力量的干预和校内力量的相互作用,共同完成了英国大学内部治理的改革,治理机构作为受托方,对外担负维护高等教育质量的重任,对内作为学术事务的管理者和共同事业的一员,服务于教育事业。

英国大学享有的自治程度在世界上首屈一指,除了英国特有的自由主义传统、法人和信托制度的发展为其奠定了文化底蕴,英国大学内部治理的作用也不言而喻,英国大学内部治理深深扎根于英国文化的土壤之中,为英国大学卓越的人才培养模式做出了重要的贡献。英国大学自治和学术自由的理念嵌入治理结构之中,从不同维度、不同层次,在不同类型的权力之间构建了良好的合

---

① Christ's Cambridge. Statement on Freedom of Speech [EB/OL]. [2017-11-20]. https://www.christs.cam.ac.uk/college-life/statement-freedom-speech.

② Committee of University Chairs. The Higher Education Code of Governance[EB/OL]. [2017-11-22]. http://www.universitychairs.ac.uk.

作伙伴关系,其组织变革、制度建设和权力架构等为实现学术自由和学者自治的承诺提供了系统的支持。

第四节　英国大学内部治理与高等教育治理之间的关系

"治理"一词来源于拉丁文,意味着"掌舵",无论是在国家的背景下还是在公司的背景下它都是适用的:在公司领域,形成了公司治理模式;在公共领域,形成了政府治理模式。20 世纪 70 年代中期起,英国开始改造福利国家模式,在新自由主义思潮指导下,英国政府在公共部门中开展了新公共管理运动,随后波及高等教育领域,形成了高等教育治理模式。新公共管理模式重新定义了高等教育机构与外部社会的关系,重新定义了大学和学术人员的社会角色,改变了大学的领导与管理模式,形成了新的大学内部治理模式,并且,通过管理的软实力概念的引入,以绩效为中心以及"谁工作谁负责"的实践在学术领域逐渐合法化,大学内部治理模式越来越趋于公司治理模式。可见,当代英国大学内部治理模式改革与高等教育治理模式改革有着密切的联系,它们有着相似的背景和共同的指导理念,是英国公共领域改革的重要组成部分。同时,英国大学内部治理不同于高等教育治理,高等教育治理是一种国家行为,它面向高等教育体系和所有高等教育机构,旨在重塑高等教育机构与外部的关系;而大学内部治理指向具体的和个体的大学,它是面向大学内部的治理,旨在为大学内外部事务的处理过程确立规范和准则。因而,高等教育治理与大学内部治理具有密不可分的关系,二者相互关联,又相互区别。

一、英国高等教育治理与大学内部治理的密切联系

（一）二者的核心都是权力与责任

分析治理定义的内涵可以发现,治理的核心是权力,或是权力重构,或是战略决策,总之是"谁工作、谁负责"[①],决定由谁涉入治理过程,由谁负责解释后

---

① Terri Kim. Changing University Governance and Management in UK and Elsewhere Under Market Conditions: Issues of Quality Assurance and Accountability[J]. Intellectual Economics, 2008, 2(4):35-42.

果。从这一角度出发,高等教育治理改革与大学内部治理改革实际上都是权力关系的重塑过程,都是重新建立"游戏"规则的过程,是重新定义"游戏者"角色、权力和职责的过程。在英国构建高等教育治理模式的过程中,国家对大学的社会角色进行了重新解读和认定,由政府主导的一系列改革举措,重构大学与外部社会的关系;通过不断减少公共资金比例,建立一揽子竞争性拨款机制,以质量评价为基础进行拨款,促使资金分配方式发生巨大的变化;要求大学增加其"产品"供应的多样化,加强与产业的联系、服务于经济社会发展;对何种知识最有价值进行了重新定义;认为大学应成为一个工作场所而不是知识的探究场所;学术人员的工作也应从纯粹的知识探究转变为生产在学术市场上可以售卖的知识,其学术共同体被不断解构分化成更细小的部分,教师成为一个个"资源单位"。

构建现代大学内部治理模式的过程,也是在政府的指导下完成的。大学内部治理模式改革是依据外部要求在大学内部形成治理规则和治理条款的过程,政府就如何使大学对外负责提出了最佳实践准则,鼓励在大学部门中形成良好治理的标准模式。1997年,《迪尔英报告》提出需要一个关于大学部门良好治理的标准,并建议设定大学治理机构人数的上限。2003年,《兰伯特大学与产业合作检视》提出,大学部门治理和管理有缺陷。随即出台的《兰伯特报告》批评大学部门没有采纳《迪尔英报告》提出的建议,督促大学副校长委员会形成一个代表本部门最佳实践的简明治理准则。《兰伯特报告》还为大学副校长委员会草拟了准则,这一准则成为大学副校长委员会制定大学内部治理准则的起点。该准则尤其对1992年后大学治理机构成员的数量和来源、治理机构的权力和责任进行了明确的规定,这一改革带来的后果是,大学内部治理的一致性显著增强。可见,权力和责任不仅是高等教育治理的核心,也是大学内部治理模式改革的核心。

(二) 二者是同一个过程的两个部分

高等教育治理模式的建立,使原有的国家与作为整体的大学体系的关系转变为国家与单个大学的关系,因而,大学内部治理模式的构建对于单个大学来说,是一种必然的趋势,对单个大学的发展是非常必要的。而且,在英国国家与大学的关系中,并不依靠政府的职能部门直接发号施令或开展具体活动,而是依靠中介组织和大学界,英国有大学自治的传统,它对变化有一种保守的倾向,因而，一方面国家要采用政策、拨款等手段予以引导；另一方面，如果没有大学的参与和支持，宏观的高等教育治理就是一句空谈，无法对大学形成实质性影响。高等教育治理与大学内部治理是双向的互动过程，是现代英国高等教育系统运行机制的两个重要组成部分。

英国在减少高等教育公共投资的同时引导高等教育市场化，进而引发了大学内部治理模式的变革并使之成为市场化的组织基础。从投资角度看，英国政府对高等教育的公共投资从1973年的90%减少到2000年公共资金和私人资金的比例各占一半。① 目前，英国高等教育对公共资金的依赖少于50%，英国在高等教育上的财政支出占国内生产总值（GDP）的1.1%，少于美国的2.6%和斯堪的纳维亚国家的1.8%。尽管在政策层面并没有公开认可高等教育市场化理念，但事实上英国高等教育的市场化程度很高，被称为"市场框定的体系"②，其市场化程度仅次于美国高等教育部门。大学成为市场竞争的主体，大学内部治理模式成为支撑大学参与市场竞争的重要组织基础。

新自由主义和新公共管理理念也在改造大学内部治理。为应对学生人数不断增加，政府财政投入减少以及拨款方式变革，英国大学对资金刺激和质量要求做出了应激性反应，它们主动参与公共性经费竞争，响应政府扩大大学与社会联系的号召，向"创业型大学"转型，其"学术外围"不断扩大，而大学内部治理机构成为"坚强的领导核心"。这种应激性反应是国家在政治上对大学进行重新定位的结果，也是大学主动应对问责和重建活动边界的产物。大学内部治理模式和大学自治地位的深刻变化反映了高等教育治理改革的影响。大学内部治理改革引入公司管理理念并使之合法化，提倡创新、以绩效为中心、以消费者为中心，要求治理过程透明、强调回应外部责任，要求大学接受市场检验、依据结果定向，这些体现了实用主义的战略管理价值，极大地改变了大学传统的专业自治地位。③

---

① Carpentier, V. Higher education and the UK socio-economic system: Full Research Report [EB/OL]. http://discovery.ucl.ac.uk/id/eprint/10001461.

② Cowen, R. Effectivity, Performativity, Competition: Examples from Europe and Elsewhere [M]// E. Buk-Berger, S. Holm-Larsen, and S. Wiborg (Eds.). Education Across Borders: Comparative Studies. Oslo: Didakta Norsk Forlag AS, 2004.

③ Henkel, M. Academic Identities and Policy Change in Higher Education [M]. London and Philadelphia: Jessica Kingsley Publishers, 2000:118.

作为英国公共领域改革的一部分,高等教育治理模式改革从外部引发现代大学内部治理模式改革,大学内部治理模式的改革则是对高等教育治理模式改革的回应,大学管理层成为政府政策的执行者和代理人。没有高等教育治理模式改革,就不会诱发大学内部治理模式改革,而没有大学内部治理模式的构建,高等教育治理就无法落到实践当中,因而,高等教育治理模式改革和大学内部治理模式改革是一个过程的两个组成部分,也是一个双向过程。

(三) 二者都基于合作伙伴关系

高等教育治理模式的构建过程,是一个多主体参与的过程。高等教育治理模式改革源于 20 世纪 70 年代末 80 年代初的政治改革和公共领域改革,以新自由主义理念为指导,以撒切尔夫人为首的保守党政府开始了对福利国家和公共领域的改造,进行了资助模式改革、市场化改革、中介组织改造,从而塑造了学生消费者群体;成立了高等教育基金委员会、高等教育质量保障署、高等教育统计局等新型高等教育中介组织;大学为了保护其切身利益,相关的大学校际组织也获得了发展,比如罗素大学集团(Russell Group)和 1994 大学集团(1994 Group),其他一些大学间组织比如大学副校长委员会等也持续发挥作用,在高等教育政策变革的过程中进行协商并维护大学利益。工党执政后,依然沿袭了原来的高等教育政策方向,并出台了入学公平相关政策,成立了公平入学办公室,成为高等教育治理的重要中介组织。这些中介组织、大学校际组织处于政府与大学之间,扮演了缓冲的角色,建立了平衡大学与政府关系、各社会力量参与高等教育治理的平台,也为大学利益和要求的表达提供了空间和通道。尤其是高等教育基金委员会,不仅行使拨款职能,还协调了行政权力与学术权力;不仅实现国家意图,还维护了大学自治地位。因此,英国高等教育治理以合作关系为基础,依靠多主体参与合作完成治理过程。

英国大学依靠广泛的利益相关者群体共同参与大学内部治理。包括社会名流、地方政府、产业部门等利益相关者均关注大学发展,大学也对利益相关者需求予以回应。英国大学往往选举杰出的公众人物作为名誉校长,校长是具有象征意义的仪式上的大学领导。英国大学内部治理机构基本上可以分为三类,即最高治理机构、政策制定和执行机构、学术治理机构。在作为核心之一的最高治理机构中,一般都包括外部成员或独立成员,校外人员是重要组成部分。大学内部治理体系中的三类机构分别承担不同的职责,职能相对明确,作为大学事务的主要参与力量,外部利益相关者、高级管理团队、学术人员通过紧密合作,共同掌舵大学发展。可见,大学内部治理也是多主体参与合作、紧密配合的互动过程。

二、英国高等教育治理与大学内部治理的区别

(一) 面向的对象不同

高等教育治理与大学内部治理面向的对象不同。高等教育治理面向高等教育系统,主要指向系统的治理,属于宏观层面的高等教育行为;大学内部治理面向一校范围,主要针对个体的大学,属于微观层面的高等教育行为。在时间先后顺序上,治理理念兴起于先,它诱发国家对高等教育进行重新定位,调整国家与大学关系,形成了高等教育治理理念,进而引导大学构建内部治理模式。

高等教育治理改革面向整个高等教育体系,属于系统层面的治理,它是公共部门改革的一部分。在高等教育治理模式构建过程中,国家对高等教育的影响显著增加,掌握了高等教育事务的发言权,改变了大学与国家关系;建立了高等教育中介组织体系,高等教育市场化水平不断提高,在大学与国家关系中增加了新的维度;国家重构拨款机制,建立招生和财务监督机制,更新质量评价机制,使高等教育部门作为整体的运行模式发生了深刻的改变。上述改革均面向整个高等教育部门,是关于高等教育体系的治理。而大学内部治理是高等教育治理过程的一部分,国家通过树立良好治理实践的方式,为大学内部治理模式树立标杆,指引大学向着政府期待的方向重组大学内部治理机构,确立内部治理规范和准则。它有自己的任务和对象,面向个体的大学,面向大学内部的治理事务,强调在大学中建立治理规范和治理准则以及应对问责的机制,构建"强有力的领导核心",从而提升大学运行绩效。

(二) 治理活动的主体不同

教育是一项国家事业,高等教育是一个重要的公共部门。20 世纪 70 年代开始,英国运用新自由主义理念和新公共管理原则,对福利国家进行改造,在公共部门中开展新公共管理改革,并逐渐延伸至所有公共部门。高等教育对国家发展具有重要作用,也是塑造国家竞争力的关键。20 世纪 80 年代起,英国开始了对高等教育部门的改造,并成为高等教育治理的"良好实践"、高等教育治理

模式发源地和输出国,影响了英联邦国家、欧洲国家乃至亚洲国家的高等教育改革。由此可见,高等教育治理与广泛的公共领域改革有着非常密切的联系,高等教育治理模式改革由政府发动,执行的是政府的意图。英国新建的高等教育中介组织体系颇具特色,它们都执行高等教育治理职能,但核心的治理机制和治理原则都是由政府确定的,高等教育治理框架也是在政府指导下确立的,这使得高等教育治理带有强制性特征。

大学内部治理的主体是大学治理机构和利益相关者。虽然各大学校级主要治理机构名称不一,差异较大,但基本上可以分为最高治理机构、政策制定和执行机构、学术治理机构三类,并在治理体系中分别承担不同的职责,共同掌舵大学发展。英国大学内部治理机构的职责主要依据事权划分,是一个权力不断分化和向专业管理人员授权的过程,也是在主要内部治理机构之间分享权力的过程。尽管最高治理机构是政府政策的执行者和代言人,但涉及学术事务的治理,学术人员依然具有极大的发言权。因而,英国大学内部治理权力运作是半强制性和非强制性的,治理活动的主体是校内主要治理机构,实行共同治理和协商治理。

(三) 二者的功能不同

英国高等教育治理源于公共领域的新公共管理运动,是国家公共部门改革的组成部分,体现的是国家意志。在这一过程中,将最重要的中介组织大学拨款委员会改造为高等教育基金委员会,新增公平入学办公室、高等教育质量保障署、高等教育统计局等中介组织,开展研究评估、高等教育质量评估、绩效拨款、财务审计等活动,为高等教育部门构建了治理框架,为大学提供了统一的行动框架和内部治理的实践准则,由外而内在大学中形成了质量文化、审计文化、消费者文化、共同治理文化、竞争文化等等。与此同时,政府要求大学内部治理信息公开,实行透明化治理。高等教育治理模式的功能是由政府掌舵高等教育,创造一个新公共管理风格的高等教育运行机制。

大学内部治理的主要任务是领导和管理大学,其基本功能是为大学构建顺畅的运行机制,实现大学的学术目标和社会目标。在高等教育治理改革的引导下,英国大学改造内部治理机构和治理模式,形成了一套应对外部需要和要求的反应机制。大学内部治理的核心机制是分权、合作以及问责,其任务是建立一种自我负责、共同参与的管理文化和机制,这种机制的建立,既受到政府政策、高等教育中介组织及其开展的一系列活动的影响，也深受大学学术自由和学术自治观念的影响。大学内部治理的根基之一是学术文化和学术自治，因此，在大学内部治理中，不仅应重视治理效率的提升和回应政府的问责，还要重视发挥学术权力的作用，尊重学术规律，维护大学的自治地位。

第七章 日本大学内部治理论

日本是近代高等教育的后发国家,1877年日本的第一所近代大学——东京大学成立,1886年日本的第一个大学法令——《帝国大学令》颁布,《帝国大学令》的颁布不仅标志着日本国立大学的正式产生,而且确立了以国立大学为主干的发展高等教育的指导思想。1918年又一部大学法令——《大学令》的公布,使日本近代高等教育制度得到进一步完善,这一制度体现了德国模式的综合大学原则与学部中心主义思想,特别是学部中心主义思想一直影响到当代日本大学的教育与管理实践。第二次世界大战结束之后,在美国的影响下,日本大学实施了具有深远影响意义的制度改革,建立了以新制大学为主体的新的大学制度。经过战后几十年特别是高速经济成长期的发展,到20世纪80年代末90年代初,日本成为世界上为数不多的高等教育大国。进入90年代之后,伴随着经济不景气、高等教育适龄人口逐渐减少以及高等教育国际化,日本高等教育开始了新一轮改革,其主要领域与内容包括建立大学评价制度、国立大学法人化、实施大学治理改革等。

百余年的发展使得日本大学在世界高等教育之林中占有了一席地位,形成了自己的特色,有学者甚至总结出了"日本模式"。例如,伯顿·R.克拉克在《学术权力:七国高等教育管理体制比较》一书中提到"日本模式"时认为:"日本模式就成了各种组织模式和权力类型的强烈地吸引人的混合体。这个混合体允许多样化,适应性很强。但它本身又是冲突和矛盾的结构根源。"[1]在"日本模式"中,大学内部治理正是其主要的构成内容之一。

---

[1] [加]约翰·范德格拉夫,等.学术权力:七国高等教育管理体制比较[M].王承绪,等译.杭州:浙江教育出版社,1989:192.

第一节　日本大学内部治理基础

一个国家的大学内部治理与这个国家大学的历史发展、大学传统、大学理念等都有着重要的联系。日本大学的内部治理同样形成于大学的历史发展过程中,并随着大学的改革、变迁而发生着变化。

一、日本大学内部治理的基本理念

理念之于大学发展的重要作用,是为许多历史事实所证明也是为人们所共识的。例如,在我们研究19世纪初期德国大学改革产生的原因、改革的背景及过程时,可以看到当时的一些德国思想家阐述的大学理念对大学改革的重要影响。欧洲的有关大学史论著是这样评价思想家们的作用的:哲学家们将他们的理论触角伸进了大学领域,在德国形成了不同以往的"高等教育的哲学基础"[1]。特别是在19世纪初期,"出现了为数众多的要求大学改革的论著,这些论著对大学的改革以及新大学的设立产生了强有力的影响。其中,施莱尔马赫、费希特、谢林、洪堡的大学构想成为19世纪初期以后大学改革的基础"[2]。

就日本大学内部治理的改革与发展来说,理念同样发挥了重要的基础性作用。什么是对日本大学内部治理的实践产生重要影响作用的基本理念呢?这一基本理念就是中世纪大学产生以来作为西方大学办学基础的"学术自由"与"大学自治"。

日本的近代大学虽然是在学习德国大学的基础上产生的,但是在二战结束之前,由于国家主义居于支配地位,国家的法令规定大学必须为国家服务,以满足国家需要为第一职责,因此西方大学的学术自由、大学自治理念并没有随着大学这种机构的植入而成为日本近代大学办学的指导思想。二战结束之后,在清算军国主义教育思想与体制的过程中,学术自由、大学自治的理念开始受到日本学界和社会的重视。

---

[1]　[法]Stephen d'Irsay. 大学史(下)[M]. 池端次郎,译. 东京:东洋馆出版社,1988:279.
[2]　[德]Hans W. Prahl. 大学制度の社会史[M]. 山本尤,译. 东京:法政大学出版局,1988:180.

第七章　日本大学内部治理论

　　由于日本在二战之后经历了近七年的美国占领时期,因此美国的民主思想、治国理念等对战后日本国家重建和社会改革产生了直接、深刻的影响。教育领域也不例外。1946年2月,美国政府向日本派遣了由27位教育专家组成的教育使节团,教育使节团在全面考察了日本教育的现状之后,提出了一份对战后日本教育改革具有指导意义的报告书。该报告书的第六章"高等教育"深入阐述了日本高等教育的改革问题,强调确立学术自由的原则是改革日本高等教育的第一要义。报告书认为:"在所有改革高等教育的方案中,大学教师是最重要的因素。他们的影响作用之发挥依赖于社会赋予的学术自由与经济保障。所谓学术自由,它存在于所有大学教师为了研究新知识而进行的物质或思想的实验中。无论在什么国家,对大学教师的活动加以限制、设置障碍都是比较容易的事,这在战争状况下则是非常有害的。因此,对于日本高等教育机构来说,当务之急是恢复学术自由的精神,负起教育与研究的责任。"①

　　关于学术自由问题,当时日本大学里的一些著名学者也相继发表了有影响的观点与见解。例如,曾经担任过东京大学校长的矢内原忠雄在1946年的一次题为"学术精神与大学使命"的演讲中,批判了国家主义的大学观,强调了学术自由对于大学的重要性,认为:"大学是探求真理的最高学府,因此大学必须具有绝对的学术自由,因为真理是绝对自由的。在探求真理这一点上,大学的自由不应受到其他力量的限制。不过,我们从政治的角度考虑自由问题时,由于大学是社会的一个组成部分,因此它的政治意义上的自由是受到限制的,这种自由不能超出法律之规定范围。但是如果混淆政治意义上的自由与探究学术的自由之间的区别,限制学术自由,我们将不能振兴学术精神,完成国家复兴之大业。"② 1952年3月3日,矢内原忠雄在日本国会众议院发言,就基于学术自由的大学自由问题进行了清晰的阐述与说明。大学为什么需要自由呢?矢内原忠雄认为是基于以下几个重要的理由。"第一,大学是学术研究与教育之府。学术研究即探究真理,如果受到一些政治权力或宗教权力的阻碍,学术的发展就无可能。大学自由的发展史正是避免政治权力与宗教权力的干涉、守护

---

①　米国教育使節団報告書[M]//[日]细谷俊夫,等.新教育学大事典(7).东京:第一法规出版株式会社,1990:147-148.

②　[日]矢内原忠雄.学問の精神と大学の使命[M]//[日]寺崎昌男.戦後の大学論.东京:评论社,1970:104.

学术研究的历史。""第二,大学是教育的场所。大学教育的任务不仅是传授学术的专门知识,而且要培养学术的精神。学术研究者必须有学术精神。而学术精神就是自由的精神。""第三,教育学生不能用命令的方式,而应让学生自主训练,实施学生自治,这是近代教育的基本理念。……同时也是大学教育的重要任务。"①

有关学术自由的理念不仅在当时的日本学界得到广泛的认同,而且反映在法律条文中,使得学术自由有了法律的保障。1946年制定的战后日本宪法列出了关于学术自由的专项条款:"第23条,保障学术自由。"②1947年出台的教育基本法也在"教育方针"条款中进一步明确了宪法的基本精神,"在任何场合、任何情况下都必须贯彻教育目的。为了实现教育目的,必须努力做到尊重学术自由,切合生活实际养成自发精神,相互敬爱,相互合作,为文化的创造与发展作贡献"③。

大学中学术自由的实现不仅有赖于法律的保障,而且需要必要的制度建设,这就是建立以大学自治为基本理念的大学内部治理制度。战后的日本大学界与法律界普遍认为,学术自由与大学自治有着密不可分的联系。在大学的场域中,学术自由实际上就意味着大学自由、大学自治。因此,保障学术自由就必须保障大学自治,或者说保障学术自由要以承认大学自治为前提。实现大学自治是宪法保障学术自由条款对大学管理制度提出的基本要求。

实现大学自治对于战后的日本来说,首先要做的是如何限制政府管理大学的权力,即限制政府教育行政机构——文部省的权限。如美国教育使节团的报告书中所说:"文部省是支配日本精神领域的权力中心。从过去的情况来看,滥用权力的现象不是没有。因此,为了防止权力的滥用,我们建议削弱文部省的行政管理权力。这意味着课程、教学方法、教材以及有关人事的许多现有的管理权力必须移交给都道府县及地方学校管理部门。必须废除以往的对学校实施强制管理的督导制度,改统治、行政的权力为指导、商谈,建立专门的商谈员

---

① [日]矢内原忠雄.国会と大学:1952年3月3日衆議院法務委員会における陳述[M]//[日]寺崎昌男.戦後の大学論.東京:評論社,1970:246-248.
② 日本国憲法[M]//[日]新井隆一,等.解説教育六法.東京:三省堂,1992:19.
③ 教育基本法[M]//[日]新井隆一,等.解説教育六法.東京:三省堂,1992:33.

制度。"①美国教育使节团报告书中的这些观点为1949年制定的《文部省设置法》提供了重要的理念基础。《文部省设置法》将文部省对大学的行政管理权力主要限制在宏观的三个方面：① 审批大学的设立、停办等，从数量上把握高等教育规模的发展；② 制订国立大学的财政预算方案，为大学教育提供经费支持；③ 制定有关大学教育发展、学术振兴事业等的计划。而大学的内部组织管理、教育教学活动等则由各大学在法律规定的范围内自行决定。这样，大学自治的理念转化成了法律的条文，对实践起着规范的作用。

学术自由、大学自治的理念不仅需要大学的呼吁、法律的规定、公众的认知，而且对于实践中究竟落实得如何，还需要舆论关注、社会监督。1946年12月成立的日本全国大学教授联合会就是一个以促进学术自由与大学自治为目的的社会组织。东京帝国大学、庆应义塾大学、早稻田大学、东京工业大学、东京文理科大学、东京商科大学这六所大学的校长发起成立全国大学教授联合会，时任东京帝国大学校长的南原繁担任首届会长。全国大学教授联合会将其宗旨规定为："通过会员之间的相互合作提高大学的研究与教育水准，确保大学自治，并促进大学教授的生活与理想水平的提高。"②该联合会的主要任务有五项：① 相互合作，发展学术与文化；② 提高大学教授的社会、经济地位；③ 确保大学自治；④ 拥护学术自由；⑤ 通过开展学术研究与教育活动，促进世界和平与人类幸福。据统计，在1946年到1958年的十余年间，该联合会通过的决议和向有关机构提交的意见书以及公开发表的声明等共27项，其中关于学术自由、大学教授的身份保障和大学自治的占三分之一以上。这些意见书、声明不仅影响了政府政策的制定，而且产生了重大的社会影响。

二战之后，在美国的影响和日本大学自身的努力下，学术自由、大学自治的理念成为一种社会共识，并被固定在法律的条文中，形成了日本大学办学的重要基础。当然，日本大学的内部治理也遵循着学术自由、大学自治的基本理念。换句话说，学术自由、大学自治的基本理念体现在了日本大学内部治理的实践中。

---

① 米国教育使節団報告書[M]//[日]细谷俊夫，等. 新教育学大事典(7). 东京：第一法规出版株式会社，1990：138.
② [日]海后宗臣，等. 大学教育：戦後日本の教育改革9[M]. 东京：东京大学出版会，1969：25.

二、日本大学内部治理的法制基础

教育法制一直伴随着日本近代教育制度的发展。二战结束之前的教育法制以"敕令主义"为主要特征。所谓"敕令主义"是指教育法规中虽然包括少数由议会制定的法律,但大多数法规特别是其中对国家教育事业的运行和发展具有根本性作用的部分则是以天皇的敕令形式表现出来的法令。1890年,作为教育基本指导方针的《教育敕语》正式公布。这一《教育敕语》虽然很短,全文仅315个字,且不是法令,只作为天皇个人的意见,但是它却起着规定战前日本教育性质的作用,并成为后来制定教育法规、建立教育法制的根本依据。纵观1945年前日本的教育法规,多数都以敕令的形式出现,因此教育法制从根本意义上讲也就很少具有"法治"的含义。尤其是第一次世界大战后《战时教育令》等一些法令的相继公布与实施,促使这一时期的日本教育成为为军国主义服务的工具。

二战之后,在建设民主国家教育法制的过程中,"法律主义"取代了"敕令主义"。所谓"法律主义"是指战后日本的教育法规中虽然包括由政府教育行政部门规定的一些法令,但其主要部分则是由议会制定并通过的法律。以法律为依据是战后日本大学改革的一个鲜明特色。教育法律不仅是改革的依据,而且教育立法本身也是战后日本教育改革的重要组成部分。在战后的教育立法中,《教育基本法》与《学校教育法》是指导日本教育改革、规定战后日本新教育制度的最为基本的法律。《教育基本法》规定了指导战后日本教育改革与发展的基本理念与思想,《学校教育法》就战后教育制度做出了法律上的明确规定。如《学校教育法》在第一章中对学校的设立与国立、公立和私立学校的性质的规定是:"只有政府、地方政府以及私立学校法第三条规定的学校法人才能设立学校。国立学校为政府设立的学校,公立学校为地方政府设立的学校,私立学校为学校法人设立的学校。"①《学校教育法》第五章详细规定了大学的目的、大学组织、学习年限、大学招生、大学教师、研究生教育、学位、短期大学等有关事项。这些有关事项的规定成为大学改革及改革后成立的新的大学制度的基本依据。

在二战后形成的日本教育法律体系中,自然包括了关于大学内部与外部治

---

① [日]田畑茂二郎.大学問題総資料集1:戦後の歴史と基本法規[M].东京:有信堂,1970:185.

理的法律规定。2014年,日本中央教育审议会大学分科会在其《推进大学治理改革》的咨询报告中,就现行日本法律法规中有关大学治理的规定体系化地做了概括与归纳,如图7-1所示。

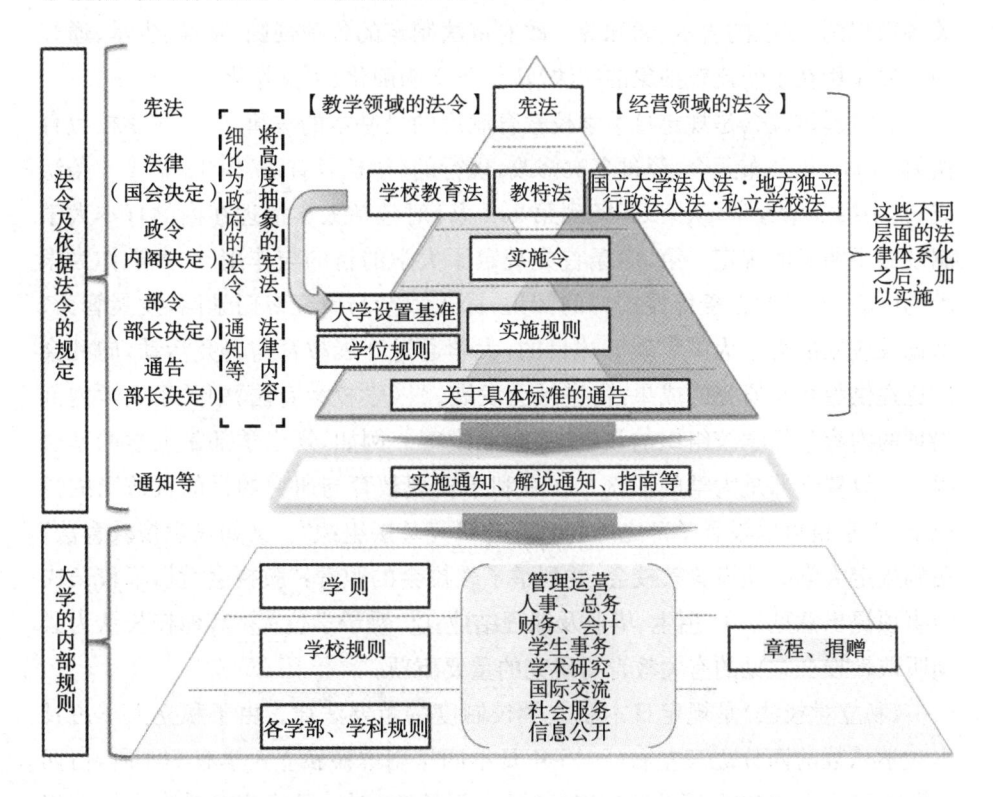

图7-1 日本关于大学治理的法律法规及其相互关系①

从图7-1可以看出,日本有关大学治理的法律法规制度体系主要由两个部分构成,一是国家、政府的相关法律、法令,二是大学内部的规则、制度。在国家、政府的法律、法令层面,毫无疑问宪法是具有最高权威的,日本宪法中关于保障学术自由的规定是政府制定大学治理相关法律、法令的基本指导原则。处于国家法律第二层的是《学校教育法》《私立学校法》《国立大学法人法》等涉及大学治理的法律体系。法律若要在大学治理过程中得到体现与落实,离不开政

---

① 中央教育审议会大学分科会.大学のガバナンス改革の推進について[EB/OL].[2017-01-04]. http://www.mext.go.jp/b_menu/shingi/chukyo/chukyo4/houkoku/1344348.htm.

府制定的相关政令、规则。因此,政府关于实施法律的政令构成了国家法规体系的第三层。第四层则是政府的教育行政部门——文部科学省依法制定的具体规则,如《大学设置基准》《学位规则》等。第五层是更加具体的文部科学省有关各项规则、基准的告示、通知等。政府依法制定的各项规则、基准、告示、通知的主要作用在于使比较抽象的宪法、法律条文明确化、可操作化。

《学校教育法》是规定日本学校教育制度的最基本的法律之一。《学校教育法》自1947年公布至今,经过多次修改,现行的《学校教育法》由13章146条组成,其中第9章大学(从第83条到第114条)对包括大学治理在内的日本大学制度做了明确的规定。第83条首先规定了大学的目的与作用。"大学作为学术的中心,其目的在于传授广博的知识,深入教授与研究专门学问,发展智力、道德及应用能力。为了实现上述目的,大学通过开展教育与研究活动,向社会广泛提供教育与研究的成果,促进社会发展。"①《学校教育法》中关于大学内部治理的内容包括学校组织的设置、人事制度等。例如,规定学部是大学的基层组织,"设置学部是大学的惯例。在有利于实现教育与研究的目的且适当的情况下,大学也可以设置学部之外的教育与研究基层组织"。又如,《学校教育法》明确规定大学必须设置教授会,并列举了教授会的职责:"教授会就以下校长决定事项提出意见。① 招生、毕业及课程结业;② 授予学位;③ 其他校长认为必须听取教授会意见的有关教育与研究的重要事项。"②

《私立学校法》是规定日本私立学校制度的重要法律。由于私立大学占日本大学总数的四分之三左右(2015年日本四年制本科私立大学有604所,占四年制本科大学总数的77.5%),因此《私立学校法》对于日本高等教育发展的规范作用是不容忽视的。《私立学校法》于1949年制定,至今也经过多次修改,由5章67条组成,其中有关私立大学内部治理的内容包括理事会、监事、评议员会等具体条款。

除了国家、政府的法律、法令之外,大学内部的规则、制度也是日本大学治理法制体系中的重要组成部分。大学内部的规则、制度不仅是国家法律的具体落实与体现,也源于各大学长期形成的学术文化与传统。如图7-1所示,大学内部有关治理的规则、制度主要包括学校整体的规则与各学部、学科的规则这

---

①② 学校教育法[EB/OL].[2017-01-04]. http://law.e-gov.go.jp/htmldata/S22/S22HO026.html.

两个层面,具体内容包括大学的管理运营、人事、财务、学生、学术研究、国际交流、社会合作、校舍管理、信息公开等方方面面。下面以东京大学为例,概述日本大学内部治理的规则与制度。

东京大学是日本最早建立的国立大学,也是现今进入世界一流大学行列的亚洲顶尖大学之一。在长期的办学过程中,东京大学建立了一套完整的内部治理规则体系。处于这一体系最高层、具有纲领性意义的是《东京大学宪章》。《东京大学宪章》由序言和学术、组织、运营、宪章的意义、宪章修订五章组成。第二章"组织"规定了东京大学内部治理的理念、组织机构等。

"10.(作为基本理念的大学自治)东京大学的大学自治在于,为了摆脱一切利害关系,通过自由的知识发展与创造为人类社会做出广泛的贡献,充分认识大学乃国民的付托,不断自我检查,自主履行职责。

11.(校长的统领与职责)东京大学在校长的统领与责任之下,充分考虑在教育、研究及经营、办学方面达成大学成员协调、综合的一致意见,努力实现有效、灵活的办学,并在办学中广泛听取社会多方面的意见。

12.(大学成员的职责)东京大学的教职员及学生,在享有与其各自作用及活动领域相应的参与大学运营机会的同时,需充分认识各自的职责,努力实现东京大学的目标。

13.(基本组织的自治与职责)东京大学的学部、研究科、研究所等,作为自主运行的基本组织,在享有公平地参与大学运营机会的同时,也负有为了学校整体教育、研究体制发展进行根本性的改革、立于综合大学的视野积极参与大学运营的职责。

14.(人事的自主性)鉴于大学自治的根本是人事的自主性,校长、副校长、学部长、研究科长、研究所长、教师以及职员的人事事务,由东京大学自身基于公正的评价自主进行。基本组织的负责人及教师的人事事务,经由各基本组织商议进行。"[1]

在宪章的统领下,东京大学的内部治理规则体系包括了七编的详细内容。即第一编,组织及运营;第二编,总务及人事;第三编,学务;第四编,研究与交流;第五编,厚生辅导;第六编,设备及附属设施的管理与使用;第七编,财务及

---

[1] 東京大学憲章[EB/OL].[2017-01-04]. http://www.u-tokyo.ac.jp/gen01/reiki_int/reiki_honbun/au07405851.html.

诸项收费。这一规则体系规范了东京大学的内部治理结构,保障了大学治理的合法、合理、有序。

三、日本大学内部治理的基本结构

日本现代高等教育经过一百余年的发展,形成了国立、公立、私立三种类型的高等教育机构。以四年制本科大学为例,如表7-1所示,2015年有779所本科大学,其中国立大学86所,占总数的11.0%,公立大学89所,占总数的11.4%,私立大学604所,占总数的77.5%;在校本科生总数为255.6万人,其中国立大学在校44.6万人,占总数的17.4%,公立大学在校12.9万人,占总数的5.0%,私立大学在校198.1万人,占总数的77.5%;在校研究生总数为24.9万人,其中国立大学在校15.0万人,占总数的60.2%,公立大学在校1.6万人,占总数的6.4%,私立大学在校8.3万人,占总数的33.3%。这些数字说明,日本现代高等教育是以私立大学为多数的结构。一般来说,日本高等教育体系的特点是私立大学数量为多,国立大学水平占优。不仅如此,由于国立大学与私立大学的办学主体、所属性质不同,内部治理结构也各有差异。

表7-1 2015年日本四年制本科大学统计

	国立大学	公立大学	私立大学	合 计
学校数	86所 11.0%	89所 11.4%	604所 77.5%	779所
本科生数	44.6万人 17.4%	12.9万人 5.0%	198.1万人 77.5%	255.6万人
研究生数	15.0万人 60.2%	1.6万人 6.4%	8.3万人 33.3%	24.9万人

注:各类别比例之和不等于100%,是由于"四舍五入"的误差所致。

(一)国立大学内部治理结构

国立大学是在日本最早出现的近代大学,日本第一所国立大学——东京大学建校于1877年。国立大学产生之后,在日本高等教育的发展历史上一直发挥着重要的作用。二战之后,国立大学随着日本高等教育体系的重建也发生了许多重大乃至根本性的改革。就大学内部治理而言,21世纪初的"国立大学法人化"改革在一定意义上改变了长期以来形成的国立大学内部治理结构。下面以京都大学为例,简要概括分析日本国立大学内部治理结构的现状。

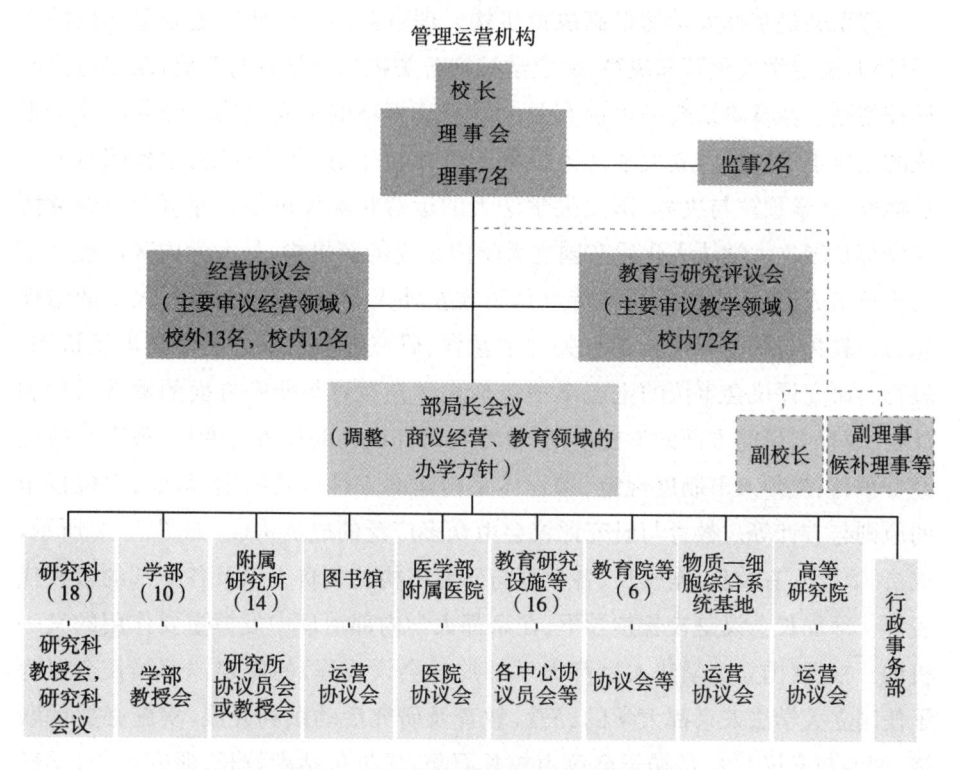

图 7-2 京都大学内部治理结构图①

京都大学是日本近代高等教育史上出现的第二所国立大学,建校于1897年。经过百余年的发展,京都大学已成为与东京大学齐名的日本顶尖大学,进入了世界一流大学的前列。如图 7-2 所示,京都大学的内部治理结构在学校层面主要包括四个机构,即理事会、经营协议会、教育与研究评议会以及部局长会议。校长是学校的最高责任人,根据京都大学规则,校长担任理事会的理事长、经营协议会以及教育与研究评议会的议长,并主持部局长会议。《国立大学法人京都大学组织规程》规定,校长是国立大学法人的代表,全面掌管学校事

---

① 大学の機構[EB/OL]. [2017-01-04]. http://www.kyoto-u.ac.jp/ja/about/organization/head/admin.

务。校长任期 6 年,不得连任。校长的选任,根据《国立大学法人京都大学校长选任会议规程》的规定,由校长选任会议实施。[①]

理事会是京都大学的最高决策机构。理事会的主要职责是制定学校的发展计划,决定学校预算和决算,决定学校内各类机构的设置与变更,制定与修改学校规则。经营协议会是审议有关大学经营事项的主要机构。经营协议会审议的主要事项包括国立大学法人经营的目标和计划、会计规则、学校职员的工资标准、大学预算与决算、国立大学法人的运营状况评价等。理事会与经营协议会都是国立大学法人化后在国立大学内设立的新机构,是大学内部治理体系的重要组成部分,它们的共同特点是吸收校外人士参加,旨在提升大学的治理能力。教育与研究评议会是有关大学教育、研究等学术事务的最高审议机构。教育与研究评议会审议的主要事项包括大学在教育与研究方面的发展目标和计划、教育与研究方面的学校规则、教育与研究机构的设置与变更、教育与研究经费预算、教师人事制度规定、课程体系构建的方针以及招生、就业、学位授予的原则与方针等。教育与研究评议会由众多广泛的成员构成(如图 7-2 所示,成员 72 人),有校长、副校长、各教育与研究机构的负责人以及各学部的教授代表等。部局长会议是校长领导下、在京都大学内部治理中发挥重要作用的又一机构。根据《国立大学法人京都大学部局长会议规程》的规定,"部局长会议为了使国立大学法人京都大学的经营、教育及研究活动顺利开展,实施必要的联络、调整与商议"[②]。部局长会议由校长召集,成员包括副校长、研究科长(学部长)、研究所长、研究中心主任、图书馆馆长、附属医院院长、事务本部部长(学校行政机构负责人)等。

除了上述学校层面的理事会、经营协议会、教育与研究评议会以及部局长会议外,在京都大学的内部治理体系中,二级机构也是重要的组成部分。而且,在"学部自治"传统的影响作用下,二级机构拥有比较多的自治治理权。如图 7-2 所示,京都大学的二级机构包括 18 个研究科(研究生教育机构)、10 个学部(本科生教育机构,研究科与学部有重合)、14 个附属研究所、16 个教育研

[①] 国立大学法人京都大学の組織に関する規程[EB/OL]. [2017-01-04]. http://www.kyoto-u.ac.jp/uni_int/kitei/reiki_honbun/w002RG00000834.html.

[②] 国立大学法人京都大学部局長会議規程[EB/OL]. [2017-01-04]. http://www.kyoto-u.ac.jp/uni_int/kitei/reiki_honbun/w002RG00000838.html.

究设施以及图书馆、医学部附属医院、高等研究院、行政事务部等。二级机构（除行政事务部外）中均设有教授会、运营协议会等治理机构。教授会是依据《学校教育法》设立于研究科（学部）的主要决策、审议机构。根据《国立大学法人京都大学组织规程》的规定,教授会审议的主要事项包括课程设置、招生、学位授予、研究科长（学部长）的选任与解任、教师的招聘与升任等。教授会的会议由研究科长（学部长）主持,研究科长（学部长）经教授会审议之后,由校长任命。

　　从京都大学的内部治理体系中可以看出,国立大学法人化之后,日本国立大学的内部治理在延续"学部自治"的传统的同时,加强了学校层面的治理组织构成和治理权限,试图在保守传统与适应社会变化之间、在引入社会经验与遵循大学办学理念之间、在法人治理的权力扩大与基层学术组织的独立自治之间保持一种张力。

（二）私立大学内部治理结构

　　依照法律法规发展高等教育、实施大学管理是日本高等教育制度的基本特征之一,这在私立大学治理上体现得尤为明显。早在百年前的1899年,日本政府就颁布了《私立学校令》,对私立学校的设置、办学、管理等做出了明确的规定。二战之后,日本政府制定了新的《私立学校法》(1949年)。《私立学校法》成为战后包括私立大学在内的日本私立学校办学、发展的基本法律根据。

　　《私立学校法》规定了尊重私立学校的自主性、实现私立学校的公共性和政府资助私立学校这三条私立学校发展的基本原则。《私立学校法》的第一章第一条即为:"本法律考虑到私立学校的特性,以尊重私立学校的自主性、提高私立学校的公共性、使私立学校得以健康发展为目的。"[1]尊重私立学校的自主性在法律上的具体体现就是对政府教育行政部门监督、管理私立学校的权限做出明确的限定。《私立学校法》第二章关于私立学校的教育行政条文中,将政府教育行政部门对私立学校的主要监督、管理权限定在私立学校的设立与废止这一点上,而且规定文部大臣在批准新设私立大学和下达关闭私立大学的命令时必须事先听取咨询机构如大学设置、学校法人审议会的意见。承认私立学校的公共性并确保其得以实现是《私立学校法》要解决的关系到私立学校的性质与发展的另一个重要问题。私立学校具有公共性的根据从理论上讲是私立学校也

---

[1] ［日］新井隆一,等.解説教育六法[M].东京:三省堂,1992:246.

属于国民教育体系的组成部分,与公立学校同样担负着为全体国民提供教育服务的任务。由于私立学校的个人(这里的个人应包括单个人和若干"个人"的组合)所有性质与公共性之间存在着现实的矛盾,因此法律必须对私立学校公共性的实现做出相应的规定。例如,为了保证私立学校办学的民主性,《私立学校法》对私立学校的管理机构做出了许多具体而明确的规定。私立学校的管理机构包括理事会、评议员会与监察员,理事会成员为5人以上,监察员为2人以上,所有理事会成员与监察员之间不得具有包括配偶在内的亲属关系。此外,私立学校必须设立人数为理事会2倍以上的评议员会。《私立学校法》还规定了理事、监察员与评议员的产生方法。对私立学校管理机构的这些规定是为了保证私立学校的办学民主化,而私立学校办学的民主化则是实现私立学校公共性的制度基础。

《私立学校法》用较多的篇幅规定了学校法人的设立、管理、解散等问题。根据《学校教育法》的规定,日本的学校依据设置者的不同分为国立、公立、私立三类,国立学校的设置者为中央政府,公立学校的设置者为地方政府,私立学校的设置者为学校法人。所谓学校法人,即"以设置私立学校为目的,根据《私立学校法》的规定成立的法人"[①]。因此,无论是什么民间组织或个人,若要办一所私立学校,必须先申请成立学校法人。《私立学校法》规定,申请成立学校法人首先须具有一定数量的资金(该资金是成立学校法人者无偿捐赠专门用来设置私立学校的);其次须根据文部省规定的手续,将成立学校法人的目的、学校法人的名称、准备设置的私立学校的名称、有关理事会、评议员会、资产财务、解散等规则一并上报文部省。文部省在听取私立学校审议会或大学设置、学校法人审议会的审议结果之基础上,做出是否准予成立学校法人的决定。这种关于学校法人特别是成立学校法人所需资金的规定保证了设置私立学校的必要条件,可以避免私立学校仓促上马、运营困难、质量低下等问题的发生。《私立学校法》还规定,当学校法人(包括所设私立学校)由于法律所定的理由而不得不解散时,其剩余财产中除了依据成立之初的资金捐赠规则返还有关人员的部分之外,其余划归国库,用于发展教育。这一规定的实质含义是经过若干年发展之后的私立学校的全部财产并不完全归创办者及理事个人所有,这从另一个侧面说明了私立学校的公共性。

---

① [日]新井隆一,等.解説教育六法[M].東京:三省堂,1992:247.

第七章 日本大学内部治理论

《私立学校法》是私立大学内部治理体系构建的主要法律依据,各私立大学在法律规定的原则与框架内,各自制定规则,成立内部治理组织,实施内部治理。下面以庆应义塾大学为例,具体分析日本私立大学内部治理体系的现状。

庆应义塾大学是日本最早成立的私立大学之一。1858 年,福泽谕吉在江户(现为东京)创办兰学塾,这是庆应义塾大学的起源。1868 年,伴随着明治维新的开启,兰学塾更名为庆应义塾,这标志着其作为近代私立学校的新的开端。1890 年,庆应义塾开设了文学、理财、法律三个学科,学制三年,成为日本最早的私立综合性大学。1920 年,依据日本政府颁布的《大学令》,庆应义塾大学成为第一批被政府正式认可的私立综合大学,下设文学、经济学、法学、医学四个学部以及预科部和研究生院。[1] 经过百余年的发展,庆应义塾大学已经成为日本国内水平最高的两所私立大学之一,与早稻田大学一起被称为"私立双雄",同时也是日本顶尖的研究型大学,进入了世界一流大学的行列。

如果将大学内部治理分为学校与学校下属的二级机构(学院)两个层面,那么日本私立大学与国立大学在内部治理结构上的不同主要表现在学校层面。庆应义塾大学在学校层面的治理结构主要包括理事会、常任理事会、评议员会、校长(塾长)和监事。理事会是庆应义塾大学的最高权力机构,根据《庆应义塾规约》的规定,理事会对学校的全部事务拥有决定权。[2] 理事会成员包括校长、常任理事、由评议员会选出的理事(不超过 13 人)、各学部长、附属医院院长等,现任理事有 36 人,校长担任理事长。常任理事和校长组成常任理事会,常任理事会是学校最高行政机构,常任理事的职责是协助校长工作(相当于大学副校长),现有常任理事 10 人,他们都是庆应义塾大学教授,在就任常任理事前大多担任学部、研究机构等的负责人。评议员会是一个人数比较多的重要决策机构。《庆应义塾规约》规定评议员会的成员人数为 95—101 人,主要从学校的教职员、校友中选举产生,庆应义塾大学现任评议员有 99 人。评议员会讨论决策的主要事项包括学校计划、经费预算、重要资产的处理,学部、图书馆、研究所等重要机构的设置与更动,学生事务和教师人事的规则制定,以

---

[1] 慶應義塾年表[EB/OL]. [2017-01-10]. https://www.keio.ac.jp/ja/about/history/index.html.

[2] 慶應義塾規約[EB/OL]. [2017-01-10]. https://www.keio.ac.jp/ja/about/assets/data/kiyaku.pdf.

及影响学校收支的重大事项等。而且评议员会关于上述事项的决议,理事会必须遵照执行。评议员会的议长在评议员中选举产生。校友参与学校治理、充分发挥校友在大学治理及办学中的作用,这或许是庆应义塾大学内部治理结构的重要特点。

第二节　日本国立大学内部治理改革

国立大学在日本高等教育体系中占有重要的地位。据日本文部科学省2015年的统计,在四年制本科大学中,国立大学86所,占总数779所的11.0%;国立大学在校本科生44.6万人,占在校本科生总数255.6万人的17.4%;国立大学在校研究生15.0万人,占在校研究生总数24.9万人的60.2%。虽然国立大学的学校数与本科学生数都不足日本大学学校数与本科学生数的五分之一,但国立大学在日本高等教育中的重要地位和所发挥的重要作用是显而易见的。例如,迄今为止诺贝尔自然科学奖的22位日本获奖学者本科均毕业于日本国立大学,其中京都大学6人,东京大学5人,名古屋大学3人。又如,在2014年日本开始实施的以建设世界一流大学为直接目标的新计划——"全球顶尖大学项目"(Top Global University Project)中,11所国立大学入选A类项目,而入选A类项目的大学总共只有13所。因此,国立大学的发展与改革历来都对日本高等教育整体的发展起着重要的影响作用。发生于21世纪初的国立大学内部治理改革,就是20世纪90年代以来日本战后第三次大学改革进程中的一场重头戏。

一、日本国立大学内部治理改革的起因与目的

21世纪初的日本国立大学内部治理改革是"国立大学法人化"改革的主要组成部分。因此,讨论国立大学内部治理改革,就不得不从国立大学法人化说起。

1999年,国立大学"独立行政法人化"问题在日本学术界、大学界开始引起广泛的关注,经过四年多的议论与准备,2003年7月9日,日本国会参议院通过了"国立大学法人法案",《国立大学法人法》于2003年7月16日公布(法律第112号),当年10月1日开始实施。根据这一法律的规定,日本的国立大学从

2004年4月起建立国立大学法人制度。

　　这一被称作自1886年东京帝国大学成立110余年以来"第一次改变国立大学设置形态"①，并有可能导引国立大学改革走上改变学校基本性质道路的重大变革，其直接起因源于20世纪90年代后期日本政府为摆脱"泡沫经济"破灭之后的社会经济困境、应对国内外状况的变化所推行的行政改革。1996年11月，第二次出任日本首相的桥本龙太郎在其于国会发表的施政演说中，将行政改革、经济结构改革、金融体制改革、社会保障结构改革和财政结构改革（1997年1月加进了教育改革）等"五大改革"作为当届政府的重要工作任务，并提出了行政改革的初步设想。随后成立的政府咨询机构行政改革会议经过一年的研究讨论，于1997年12月提出了关于中央政府机构改革的最终报告。以行政改革会议最终报告为基础制定的《中央省厅等改革基本法》于1998年6月在国会获得通过。《中央省厅等改革基本法》所规定的中央政府机构改革的内容主要有两大部分：一是精简机构，二是精减人员、提高效率。精简政府机构人员所采取的主要途径包括削减政府各机构的人员编制，通过缩小政府所管事业或事务的范围使一部分政府所属机构民营化，以及让一些政府所属机构成为独立行政法人。

　　何为"独立行政法人"？1999年7月国会通过的《独立行政法人通则法》下了这样的定义："从国民生活及社会经济的安定等公共角度看有一些确实需要进行的事业或事务，而这些事业或事务不必以国家为实施主体且如果以民间组织为主体又不一定能得以实施，因此这些事业或事务需要专门机构去有成效地进行，所谓'独立行政法人'即指按照本法律及个别法的有关规定成立的专门实施这些事业或事务的法人机构。"②具体来说，可以将"独立行政法人"看作是介于政府机构与民间组织之间的一种"准"政府机构。根据法律的规定，独立行政法人与民间组织的区别主要在于独立行政法人机构的经费仍由政府支付，机构的责任者等仍由政府任免；独立行政法人与政府机构的主要区别则在于独立行政法人从法律上讲已不是政府的下属机构，它们在人事、经费等方面享有法律所规定的充分的自主权，且政府向独立行政法人机构支付经费是有条件的，即

---

①　[日]早川信夫．あすを読む：国立大学が変わる[EB/OL]．[2000-08-31]．http://ha5.seikyou.ne.jp．

②　独立行政法人通则法[EB/OL]．[2003-10-09]．http://www.kantei.go.jp．

独立行政法人机构必须有成效地完成根据政府所提目标制订的中期计划,一旦计划不能如期完成或成效较差,政府就可以依据法律减少或停止下一期经费的支付。

1999年4月,国立大学的独立行政法人化问题被正式纳入政府政策的考虑范围,政府在制定的《关于国家行政组织削减、效率化的基本计划》中明确提出:"关于国立大学的独立行政法人化,在尊重大学自主性的同时作为大学改革的一环加以讨论研究,到2003年做出结论。"[①]政府的正式决定一出,国立大学独立行政法人化的议论遂进入白热化阶段。文部省于1999年9月、2000年5月先后两次召开国立大学校长会议,会上文部大臣就国立大学独立行政法人化的具体内容、组织、时间进程等阐述了文部省的意见。2000年7月,文部省设立了"国立大学独立行政法人化调查研究会议",作为政府的咨询机构专事研究讨论国立大学独立行政法人化制度问题。经过近两年的工作,这一咨询机构于2002年3月提交了一份题为"关于新'国立大学法人'"的咨询报告,该报告成为后来文部科学省(2001年文部省改为文部科学省)制定"国立大学法人法案"的基本依据。

"关于新'国立大学法人'"的咨询报告不仅就国立大学法人制度成立之后国立大学的组织、人事、评价、财务会计等有关大学运营的具体事项做了详细的探讨,而且还阐述了国立大学法人化改革的基本前提和国立大学法人化之后所应达到的目的。

咨询报告认为国立大学法人化的改革必须以下列三点为基本前提。第一,有利于推进大学改革。国立大学法人化"不是一种仅赋予国立大学法人资格,使其成为现存的法人制度的一部分的消极想法,而是以最大限度地将法人化的利点(如大幅度放宽在预算、组织、人事等方面的限制、扩大大学的自主权)用于大学改革这样一种积极的思路,探讨新国立大学的形象"。第二,有利于实现国立大学的使命。"国立大学与公私立大学一道在我国的学术研究和培养研究者等人才,支持所在地区教育、文化、产业的发展,为各类学生(不论经济状况如何)提供接受高等教育的机会等方面发挥着重要的作用","国立大学必须完成这些使命的重要性,并不因法人化而产生任何改变"。第三,有利于发挥大学的

---

① 国の行政機関等の減量、効率化等に関する基本的の計画[EB/OL]. [2003-10-09]. http://www.kantei.go.jp.

自主性与自律性。"一般说来,无论大学的设置形态如何,大学的教育、研究活动只有在教育者、研究者的自由思想、自主计划得到尊重的情况下,才能获得真正的具有成果的发展。因此,在设计法人化之后的新国立大学时,建立一种大学的自主性、自律性受到充分尊重的制度就成为必然的前提。"[1]

关于国立大学法人化改革所要达到的目的,归结起来,咨询报告认为:"各国立大学必须在充分认识自己的使命与职能以及所处状况和所具备的条件之基础上,明确各自的办学理念与目标,认清国立大学的存在意义,为实现办学理念与目标开展多样化的教育和研究活动,办成个性丰富的大学。"

二、日本国立大学内部治理改革的具体内容

《国立大学法人法》所规定的新国立大学制度及国立大学治理改革的具体内容主要体现在以下几个方面。

第一,毋庸赘言,"在国立大学法人法的规定之下,国立大学从迄今为止的国家行政组织的一部分转变为一种具有独立法人资格的机构"[2]。《国立大学法人法》将当年全部89所国立大学的国立大学法人的名称列表做了详细的规定(如东京大学的法人名称为"国立大学法人东京大学",京都大学的法人名称为"国立大学法人京都大学"等[3])。这种机构性质的改变必然给大学运营、管理等方面带来深刻的影响。

第二,国立大学机构性质改变首先影响到的是大学的办学运营方式,即作为独立的国立大学法人在学校办学、运营方面获得了许多超出作为政府下属机构的国立大学所拥有的自主权。而大学办学、运营自主权的充分发挥需要一个与以往国立大学不同的制度化的运营机构,《国立大学法人法》正是着重在这一方面做出了明确的规定。按照《国立大学法人法》,实施法人化改革后的国立大学的运营体制是校长负责,法人组织"理事会"为学校法人的最高权力机构,"经营协议会"和"教育与研究评议会"分别为学校经营事项和教育、研究事项的决策机构。

---

[1] 新しい"国立大学法人"像について[EB/OL]. [2003-10-09]. http://www.mext.go.jp.
[2] 国立大学协会.国立大学法人化についての国立大学协会见解[EB/OL]. (2003-07-14) [2003-10-09]. http://www.kokudaikyo.gr.jp.
[3] 国立大学法人法[EB/OL]. [2003-10-09]. http://www.ron.gr.jp.

《国立大学法人法》规定各国立大学法人设理事若干名,包括校长1人、监事2人,理事2—8人(《国立大学法人法》中对全部89所国立大学的理事人数根据学校的规模等做了具体的规定,如东京大学、京都大学、名古屋大学等的理事人数为7人,综合研究研究生院大学、政策研究研究生院大学等的理事人数为2人,等等),由校长与理事构成理事会。"校长在履行学校教育法(1947年法律第26号)第58条第3款所规定的职务的同时,代表国立大学法人,全权负责其业务。"[1]不过,校长在对学校的重大事项做出决定之前,必须经过理事会的讨论。这些重大事项包括:"1.关于中期目标的意见及年度计划;2.根据本法律规定必须经文部科学大臣认可或承认的有关事项;3.预算的编制、执行及决算;4.该国立大学、学部、学科等重要组织的设置、撤销;5.其他理事会规定的重要事项。"[2]理事的职责是辅助校长掌管国立大学法人的事务,校长因故不在或暂缺时理事可行代理校长之责。监事负责监察国立大学法人的业务,并在必要时根据检查结果向校长或文部科学大臣提出意见与建议。

经营协议会是专事审议有关国立大学法人经营的重要事项的机构。经营协议会由校长、校长指定的理事和教职员以及对大学具有广博认识的校外人士组成,校长任协议会主席。经营协议会的审议事项为:"1.在对中期目标的意见中有关国立大学法人经营的内容;2.中期计划及年度计划中有关国立大学法人经营的内容;3.学校规则(只限于与国立大学法人经营相关的部分)、会计规程、理事的报酬及退职金的标准、教职员的工资及退职金的标准以及与经营有关的重要规则的制定与撤销;4.预算的编制、执行及决算;5.与机构及其运营状况的自我评价相关的事项;6.其他有关国立大学法人经营的重要事项。"[3]

教育与研究评议会是专事审议有关国立大学的教育、研究的重要事项的机构。教育与研究评议会由校长、校长指定的理事,部分学部、研究科、附属研究所以及其他教育与研究组织的负责人,还有根据评议会的规定由校长指定的教职员组成,校长任评议会主席。教育与研究评议会的审议事项是:"1.有关中期目标的意见(除去与国立大学法人经营相关的内容);2.中期计划与年度计划(除去与国立大学法人经营相关的内容);3.学校规则(除去与国立大学法人经营相关的部分)以及其他与教育、研究有关的重要规则的制定与撤销;4.有关教

---

[1][2][3] 国立大学法人法[EB/OL]. [2003-10-09]. http://www.ron.gr.jp.

师人事的事项;5. 课程编制的方针;6. 与帮助学生顺利学习而必需的指导、援助有关的事项;7. 有关学生的入学、毕业、学籍以及授予学位的事项;8. 与教育、研究状况的自我评价相关的事项;9. 其他有关国立大学教育、研究的重要事项。"①

上述《国立大学法人法》所规定的国立大学运营体制与原有国立大学制度的主要区别在于,大学的运营机构(可以简称为"三会",即理事会、协议会、评议会)变得庞大了。在原有国立大学制度中,大学只设有评议会(虽然近几年国立大学设立了由校外人士组成的"运营咨询会议",但这只是个咨询机构),按照《国立学校设置法》的规定,评议会的成员包括校长,学部、研究科、附属研究所的负责人及教师代表;评议会的职责是审议学校办学各方面的重要事项。法人化后国立大学运营机构的庞大,反映了国立大学作为独立的法人机构必须加强学校层面的管理和领导这样一种思虑。学校层面权力的加强,势必削弱学部的权限,这将与日本国立大学长期以来形成的"学部自治"的理念及实践产生冲突。

第三,法人化后国立大学运营体制的另一个重要特点是校外人士加入大学的管理组织。《国立大学法人法》第 14 条规定:"校长在任命理事及文部科学大臣在任命监事时,所任命的理事与监事中必须包含非该国立大学法人理事或职员的人员。"②此外,如前所述,在经营协议会的组成人员中也必须包括由校长在征求教育与研究评议会意见之基础上任命的校外人士,且《国立大学法人法》规定,这些校外人士必须占经营协议会委员人数的二分之一以上。如东京大学 2016 年经营协议会委员共 23 人,其中校外委员 12 人。"关于新'国立大学法人'"的咨询报告在解释这一改革措施时认为,让校外人士加入国立大学的管理组织并在国立大学的运营中发挥作用,这将有利于把社会的看法及智慧反映在大学的运营、管理中,建立起一种面向社会的大学运营体制。

其实,早在 20 世纪 40 年代末的战后日本大学改革中,文部省就有过让校外人士参与大学管理的设想。在 1948 年 7 月提出的《大学法试案要纲》中,文部省设计了由三个层次的管理机构(中央审议会、管理委员会、教授会)构成的大学管理制度。其中,管理委员会为设于各大学的最高管理机构。"管理委员会委员 13 名,其中国家代表 3 名,由文部大臣任命、经国会认可;都道府县代表

---

①② 国立大学法人法[EB/OL]. [2003-10-09]. http://www.ron.gr.jp.

3名,由县知事任命、经县议会认可;大学同窗会代表3名,由同窗会选举产生;教授代表3名,由大学教授会选出;加上大学校长。"[1]管理委员会负责审议并决定有关大学运营、管理的一切重要事项。但是,《大学法试案要纲》一出台,立刻遭到国立大学的强烈反对,人们认为设立由校外人士参与的管理委员会,不仅破坏了日本大学的传统,而且会产生阻碍大学自治原则落实的危险。正是由于国立大学、学术界等的坚决反对,文部省制定有关国立大学管理法律的努力最终没有获得结果。可以这样认为,在日本的大学理念中,大学自治的基本原则之一是校外人士不得介入大学内部的管理、运营,这也是日本近代大学百余年来的一大传统。因此,如何处理校外人士参与大学决策、管理和大学自治的原则、理念之间的矛盾,这是法人化后的日本国立大学必须面对的一个重要课题。

第四,法人化后的日本国立大学在运营上与以往不同的另一个主要方面是由中期目标、中期计划、中期评价组成的目标管理与评价制度。具体来说,文部科学省对各国立大学法人提出中期目标(中期的时间为六年),各国立大学法人根据中期目标制订中期计划,期满时由专门评价机构对目标是否实现、计划完成情况如何做出评价,评价的结果将成为下一个中期目标制定(包括财政预算)的基本依据。《国立大学法人法》对中期目标与中期计划的具体内容做了详细的规定。由于评价的结果将对各国立大学今后的发展产生影响,因此在这一目标管理与评价体系中,如何进行评价是一个关键之处。为此,《国立大学法人法》规定在文部科学省内设立"国立大学法人评价委员会",该评价委员会的主要任务就是对各国立大学法人的办学状况实施评价。

三、日本国立大学内部治理改革的影响

建立一个基于国立大学法人的新的大学内部治理体系是国立大学法人化改革给日本国立大学带来的最大变化之一。国立大学法人化之后,由于大学办学决定权限的大幅扩大,为了保证大学决策的透明度、合理性,在有关大学办学重要事项的议决上引入了合议制的体制。具体来说,就是设立了议决重要事项的理事会,主要审议经营方面的重要事项与方针;由理事和校外有识之士等组成的经营协议会,主要审议教学方面的重要事项与方针;由理事和学部长、研究

---

[1] 胡建华.战后日本大学史[M].南京:南京大学出版社,2001:120.

科长等组成的教育与研究评议会。此外,还设有监察国立大学法人办学情况的监事。①理事会、经营协议会、教育与研究评议会这三者构成了法人化后日本国立大学内部治理体系的主要部分,其中以校长为首的理事会成为大学的最高决策机构。《国立大学法人法》关于这三个机构的产生、构成、职能等都有明确的规定。那么,法人化以来,理事会、经营协议会、教育与研究评议会在大学办学过程中是否发挥了应有的作用呢?

表7-2 关于理事会等机构作用情况的调查②

(单位:%)

机 构	充分发挥了作用	发挥了一定的作用	发挥作用不大	基本上没有发挥作用
理事会	77.9	20.9	1.2	0.0
经营协议会	57.0	38.4	4.6	0.0
教育与研究评议会	67.4	29.1	3.5	0.0

表7-2的数据来自于日本国立大学财务·经营中心2010年的《国立大学法人化后经营·财务状况的研究报告》,是对国立大学校长回答有关问题的统计。可以看出,理事会、经营协议会、教育与研究评议会这三个机构所发挥的作用都得到了国立大学校长比较高的认可。认为这三个机构充分发挥了作用的校长占一半以上,认为这三个机构发挥了作用的比例高达95%以上。

理事会、经营协议会、教育与研究评议会的成立及其作用的发挥,反映了国立大学法人化改革加强校一级决策权的基本指向。加强校一级决策权的另一个重要方面就是充分发挥校长的领导作用。"国立大学法人化的实施,在加强各大学在组织、人事、经费等方面的自主性、自律性的同时,要求校长作为大学办学的最高责任人充分发挥强有力的领导作用和管理才能,因此校长的权限和责任大大增加。"③这与国立大学法人化之前国立大学校长在很多情况下只是扮

---

① 文部科学省.国立大学法人化後の現状と課題について[EB/OL].[2007-01-20]. http://www.mext.go.jp/a_menu/koutou/houjin/__icsFiles/afieldfile/2010/07/21/1295896_2.pdf.
② 国立大学财务·经营中心.国立大学法人化後の経営·财务の実態に関する研究[R].2010: 167-168.
③ 文部科学省.国立大学法人化後の現状と課題について[EB/OL].[2007-01-20]. http://www.mext.go.jp/a_menu/koutou/houjin/__icsFiles/afieldfile/2010/07/21/1295896_2.pdf.

演"协调者"①的角色(即协调学校各项事务、各个部门以及学校与校外有关机构之间的关系)形成了鲜明的对照。在日本国立大学财务·经营中心2010年对国立大学校长的调查中,95%以上的校长认为法人化后校长在学校决策、经费预算、校内经费分配方案制订等方面的作用增大了;在给学校决策过程中校长、理事、理事会、经营协议会、教育与研究评议会、全校委员会、部局长会议、学部教授会等人员、机构的影响作用排序时,有60%以上的校长将校长的影响力排在第一位,其比例远远高于其他机构或人员。②

国立大学法人化后理事会、经营协议会、教育与研究评议会的成立尤其是校长权限和影响力的增大,对国立大学的内部治理机制产生了深刻的影响,决策权限由学部向学校上移,决策流程由长期形成的"自下而上"向"自上而下"转变。"法人化前的国立大学以自下而上的决策机制为特征,学部、研究所等二级机构有着很大的自治权限,人事权、财权实际上控制在各学部的教授会(教授会自治)手上。"③所以,法人化之前的日本国立大学的"大学自治",准确地说应是"学部自治"。这种"学部自治"一方面形成于百余年的大学传统,另一方面以政府的拨款方式为基础。"法人化之前国立大学的经费是由文部科学省依照规定的标准向各大学下拨。教师组织形态(讲座制、学科目制)、教师职称(教授、副教授、助教)、学生类别(本科生、研究生、文科、理科)、学科性质(有实验、没有实验、临床)、经费使用类别(教育与研究经费、管理费、出差费)等,这些是制定经费标准的依据。……文部科学省下拨经费是以作为教师组织的讲座或学科以及由它们构成的学部等为单位,对于政府下拨的经费大学及学部的领导层基本上无权进行再分配,也不能挪作他用。"④也就是说,每个讲座(实际上是每位教授)及由讲座组成的每个学部的经费由文部科学省直接定额下拨,学校除按规定比例从中划出比较小的一部分作为管理经费外,不能重新分配。这样的经费

---

① [日]天野郁夫.国立大学·法人化の行方:自立と格差のはざまで[M].东京:东信堂,2008:139.
② 国立大学财务·经营中心.国立大学法人化後の経営·財務の実態に関する研究[R].2010:171-173.
③ [日]天野郁夫.国立大学·法人化の行方:自立と格差のはざまで[M].东京:东信堂,2008:138.
④ [日]天野郁夫.国立大学·法人化の行方:自立と格差のはざまで[M].东京:东信堂,2008:144.

划拨方式加上自治的传统使得各学部教授会成为实际上的决策机构,它们通过决定各学部的人事、经费等重要办学事项而影响大学的整体办学,大学在一定意义上成为"学部的联合体"。但是,法人化之后文部科学省下拨各国立大学经费的方式发生了很大的变化,不再按照过去讲座、学部的定额标准下拨经费,而是根据一定的测算将每所国立大学的经费以整体方式划拨,由各大学自己决定如何划分经费。尽管法人化之前的经费分配标准仍然是各大学划分经费的基本依据,但具有重要意义的是经费分配权实实在在地掌握在了以校长为首的学校决策层手上。大学内部自上而下的决策方式因此有了必要的基础。在日本国立大学财务·经营中心 2010 年对国立大学学部长的调查中,有 82.1% 的被调查的学部长认为法人化后校长在学部事务决策上的影响力增大了。[①]

当然也应该看到,大学内部治理的改革通过一些机构的改组和新机构的设立也许比较容易实施,而新的治理机制的建立并非一蹴而就的。日本国立大学的"学部自治"有着百余年的历史传统,深深扎根于教师的思想意识之中。可以这么认为,经过了十多年法人化改革的日本国立大学内部治理体系的现状是:一方面,以校长为首的学校决策层的权限较之过去扩大了许多;另一方面,"学部自治""教授会自治"的传统仍然健在。

第三节 日本大学内外部治理关系

在现代社会中,大学的生存、发展与政府的政策、行为息息相关,这已成为人们的共识,尤其是在政府具有指导高等教育发展的职能、高等教育的发展具有较强的计划性、政府的财政预算成为(国立)大学经费来源的重要渠道的高等教育体制内。因此,如何认识现代社会中大学与政府的关系,如何在大学治理过程中调整大学与政府的关系,就成为许多国家高等教育实践和理论研究经常面对、不可回避的一大课题。作为西方大学立校之本的"大学自治"在现代社会所面临的主要挑战,也就是大学界如何在来自政府的压力不断增大的情况下恰当地处理大学(内部治理)与政府(外部治理)的关系。

---

① 国立大学财务·经営中心. 国立大学法人化後の経営·財務の実態に関する研究[R]. 2010: 199.

恰当地处理大学与政府关系的前提是人们对大学与政府之间的关系必须有一个相对接近、比较一致的认识。处于这一关系两极的大学与政府,在许多情况下站在各自的立场上对彼此之间的关系持有不同的看法,这也是可以理解的。一般来说,政府总是以大学应更多地担负起社会责任、为国家的发展做出更大的贡献为由,不断地以行政、立法、财政支持等手段试图增加对大学办学的影响力度;而大学则容易从学术传统、大学理念出发,强调在担负社会责任、为社会做贡献过程中的办学独立性,以此减少来自政府的、被认为有可能损害"大学自治"的干预与影响。无论人们的认识如何,有一点似乎是比较明确的,即政府对大学的影响虽然比过去大有增加,但是政府不能无视大学作为一种学术、教育机构的独立存在;大学虽然有其自身的运行规则,但是它已不能像中世纪大学那样完全游离于社会与政府的监督之外。因此,恰当地处理大学(内部治理)与政府(外部治理)的关系实际上就是在大学与政府之间保持一种必要的张力,以维持两者关系的动态平衡。

一、日本大学内外部治理关系的变化发展

第二次世界大战战败之后,日本在以美国为主的占领军总司令部的指导下建立了民主主义的国家体制。教育领域也不例外,日本根据占领军总司令部的下属机构民间情报教育局及美国教育使节团的建议所实施的教育改革形成了以美国模式为蓝本的教育制度。1946年国会通过的新宪法第23条"保障学术自由"的规定成为战后日本大学自治以及大学与政府在认识与处理两者关系时的基础。在战后七十余年日本大学与政府关系的演变过程中,特别是围绕大学管理(治理)问题,大学与政府间的矛盾不断,其中20世纪40年代末、50年代初关于大学管理法案的争论,60年代末"校园纷争"时《关于大学运营的临时措施法》的出台,70年代初期筑波大学的成立,90年代后期开始的国立大学法人化改革这四件事最能反映出大学与政府在关于大学自治、大学治理等大学与政府关系的重要问题上的不同看法和大学内外部治理关系的基本性质。

第一,1947年规定战后日本教育性质和基本制度的《教育基本法》《学校教育法》制定之后,教育改革遂逐步展开。在新的大学制度的建立过程中,文部省根据民间情报教育局的意见,开始着手制定大学法的工作,并于1948年7月草拟完成了主要以国立大学为对象的《大学法试案要纲》(以下简称《要纲》)。《要

纲》的主要内容是对大学管理制度做出了详细的规定,设计出由中央审议会、管理委员会和教授会组成的新的大学管理体制。中央审议会是设于大学之外的全国性管理机构,管理委员会是各国立大学的最高决策机构,管理委员会拥有制定有关大学的组织、行政、学术、经济一般方针的权限。[1] 管理委员会的构成是委员13人,"其中国家代表3名,由文部大臣任命、经国会认可;都道府县代表3名,由县知事任命、经县议会认可;大学同窗会代表3名,由同窗会选举产生;教授代表3名,由大学教授会选出,加上大学校长"[2]。这一模仿美国州立大学理事会模式,集大学的决策权于管理委员会的方案一出台,立刻遭到大学界、学术界的一致反对。包括东京大学、京都大学在内的国立综合大学校长会议认为,在大学中设立由国家代表、地方政府代表参加的管理委员会,不仅破坏了日本大学的传统,而且校外人士参与大学管理会产生妨碍大学自治原则落实的危险。一些民间组织、大学还提出了与《要纲》针锋相对的大学法案。由于反对的声音过于强烈,文部省只好暂时放弃了将法案提交国会讨论的计划。

1949年下半年,文部省组织了一个具有较为广泛代表性的国立大学管理法案起草委员会,再次着手制定大学法案的工作,并于1951年2月在起草委员会第三稿草案的基础上整理出国立大学管理法案和公立大学管理法案,正式提交国会讨论。法案提出了在政府设立国立大学审议会,在各国立大学设立商议会、评议会和教授会,评议会为大学的最高决策机构的管理制度的设想。两个法案虽然先后在第10次(1951年3月)、第11次(1951年8月)、第12次(1951年10月)国会会议上审议讨论,但终因分歧较大、意见不一而未能获得通过,成为废案。20世纪40年代末、50年代初的这场围绕大学法案的争论及其结果表明大学在政府制定有关大学法律时的影响作用,同时反映了在大学与政府间存在的某种张力。

第二,20世纪60年代被认为是战后世界高等教育发展的"黄金时期"。但是,60年代后期席卷西方各国的学生运动给大学、社会带来了巨大的冲击。日本是当时学生运动较为激烈的国家之一,日本的学生运动以校园为主要场所,因此学生运动被称为"校园纷争""大学纷争"。"校园纷争"自60年代中期开始,到60年代末蔓延全国,1968年、1969年这两年发生"校园纷争"的大学(本

---

[1] 文部省.大学法試案要綱[M]//[日]山本德荣.大学問題資料要覧.东京:文久书林,1969:70.
[2] 胡建华.战后日本大学史[M].南京:南京大学出版社,2001:120.

科)有165所,占当时日本大学(本科)总数的80%。罢课、占领校舍、封锁校园是学生采取行动的主要手段,因此学校的正常教学秩序受到很大的影响,最为严重的东京大学、东京教育大学等校1969年停止招生一年,"校园纷争"的影响波及整个社会。为了尽早结束"校园纷争",恢复校园秩序,日本政府开始采取积极的措施。首先是文部省的咨询机构中央教育审议会于1969年4月完成了《关于处理当前大学教育问题的政策方法》的咨询报告,咨询报告在分析"校园纷争"产生的原因及大学管理中存在的问题基础上,就大学与政府在处理"校园纷争"中的责任问题提出了具体的建议。在这一咨询报告的基础上,文部省制定了关于大学运营的临时措施法案,法案于当年5月提交国会讨论,8月国会正式通过,《关于大学运营的临时措施法》(以下简称《临时措施法》)在国会通过10天后生效。《临时措施法》是一部关于解决校园纷争的法律,条文中以大量篇幅规定了解决校园纷争的具体措施与方法,并明确了学校的责任,而且规定如果出现学校丧失自治机能、无法解决纷争的情况,文部大臣将在征询临时大学问题审议会意见的基础上采取暂时关闭学校的措施。

无论是中央审议会的咨询报告还是国会通过的《临时措施法》,毫无疑问都引起了强烈的反响,遭到了大学界、学术界的反对。例如,日本学术会议在其发表的《关于大学运营临时措施法案的意见》中认为:"法案第7条、第8条包含了许多涉及宪法的重要问题。毫无疑问,教育和研究是大学的核心机能,应由各学部负责自主决定。这意味着有关教育、研究事项的学部自主性和人事上的自主性一道构成了大学自治的核心内容。可是法案第7条、第8条完全无视有关教育、研究事项的学部自主性,规定可以由外来的权力单方面决定停止教育和研究活动。这样的规定怎么能说是不侵害大学自治呢?"[①]又如,东京大学在发表的意见中明确表示了对《临时措施法》的批判态度。"我们相信为了建设新时代的大学,大学与政府间的正确的合作是必要的,政府也应该支持大学为自主改革所做的努力。可是政府与执政党却无视大学界的反对与警告,强行制定了违反大学与政府应有关系的法律。因此,东京大学无法对这一法律的实施给予

---

① 日本学术会议.大学の運営に関する臨時措置法案に対する見解[M]//[日]田畑茂二郎,等.政府機関および各団体の見解.东京:有信堂,1970:105.

合作。"①大学界、学术界的态度对《临时措施法》的实施产生了很大的影响。《临时措施法》生效之后，尽管校园纷争还时有发生，但没有一所大学运用《临时措施法》的有关规定来解决纷争问题。不过，《临时措施法》并非毫无意义，它的存在使得各大学开始自主采取有力的措施来解决纷争问题，校园纷争也因此趋于平息。

第三，20世纪70年代初期筑波大学的成立是战后日本大学发展史上具有一定影响意义的事件。这主要是因为筑波大学的成立完全是在文部省的指导下进行的，筑波大学的内部组织及管理运营体制体现了文部省的意图（因而有人称之为"文部省大学"），且与其他国立大学有着重大的区别。筑波大学与其他国立大学的区别不仅在于人们所熟知的教育与研究组织的不同，即筑波大学以学群为教育组织、以学系为研究组织，取代传统的学部—讲座体制；而且，区别还体现在大学的管理运营制度上。筑波大学通过设副校长（当时其他国立大学是没有副校长职位的）等制度措施加强了校一级的决策与行政权力，改大学管理运营的分权制（如教师人事权在学部教授会）为集权制，突破了"学部自治"这一日本国立大学长期形成的传统。正因为如此，筑波大学的改革遭到了国立大学协会和其他国立大学的冷淡与反对。当有关成立筑波大学的法案提交国会讨论之际，国立大学协会会长就发表了怀疑与批判筑波大学改革的意见，并要求政府不要以提供预算支持的手段诱导其他国立大学进行与筑波大学相同的改革，政府也应该在制度上、预算上、人员上支持其他形式的改革。1973年筑波大学成立至今，采取筑波大学改革方式的仍然只有筑波大学自身，没有出现第二个、第三个"筑波大学"。其中原因，一方面是日本政府对这种大学内部管理运营体制的根本改革采取了较为谨慎的态度，没有轻易地将其推而广之。另一方面是国立大学协会和其他国立大学对筑波大学改革所持的冷淡与批判的态度，这是政府在制定政策时不得不考虑的制约因素。②

第四，20世纪90年代后期开始的国立大学法人化改革也许是战后新大学体制成立以来所进行的大学改革中影响最为广泛、深刻的一次。这次改革的发起者依然是政府。1996年11月，第二次出任日本首相的桥本龙太郎提出了实

---

① 东京大学.大学の運営に関する臨時措置法に対する見解[M]//[日]田畑茂二郎,等.政府機関および各団体の見解.东京:有信堂,1970:219.
② 胡建华.战后日本大学史[M].南京:南京大学出版社,2001:208.

施行政改革、经济结构改革、金融体制改革、社会保障结构改革和财政结构改革（1997年1月加进了教育改革）的政府工作任务，其中行政改革的主要内容是精简政府机构，削减政府工作人员（国家公务员），而让一部分隶属于政府的机构成为独立行政法人是削减政府工作人员的主要途径之一。"引起国立大学独立行政法人化的直接原因正是公务员的编制缩减问题。桥本内阁时的编制缩减比例是10%，小渊内阁时的编制缩减比例是20%，自民党与自由党联合执政时比例则上升到了25%。除去自卫队，在人数上仅次于邮政人员的国立大学的独立行政法人化就比较引人注目了。"[1]1999年，在《独立行政法人通则法》的制定过程中，国立大学的独立行政法人化问题被正式纳入政府的工作计划。经过四年的诸多准备，2003年7月《国立大学法人法》在国会获得通过，根据这一法律的规定，国立大学从2004年4月起建立国立大学法人制度。

实施国立大学法人化后的国立大学的内部治理体系与之前相比发生了很大的变化。因此，国立大学法人化的改革从一开始就引起大学界、学术界的强烈反响，其中不乏反对的声音。《国立大学法人法》通过之后，引来众多的议论。日本全国大学高专教职员工会中央执行委员会（以下简称"中央执行委员会"）与国立大学协会分别于2003年7月9日、7月14日发表了对于《国立大学法人法》通过之后国立大学法人化的看法。中央执行委员会在关于参议院通过《国立大学法人法案》的声明中强烈表达了对国立大学法人化后由于政府干预的加强可能严重影响大学自治与学问自由的担心。"文部科学大臣决定国立大学法人的中期目标、认可国立大学法人的中期计划这样一种方式再次表明文部科学省的统制、干预被加强，由此可能发生大学的自主性、自律性被严重损害的危险。"[2]中央执行委员会在声明中还指出了国立大学法人制度中存在的问题。例如，在评价制度方面，有关国立大学法人评价委员会的组织构成、评价标准、评价方法，还有评价的公正、透明度以及如何在考虑到大学的教育和研究的特殊性的基础上实施评价，这些都没有在法律中体现，反映了制度设计的缺陷。又如，在大学的运营组织方面，法律规定有关学校法人的重要事项经"理事会"的讨论后由校长最终决定，这就可能产生无视作为教育、研究活动主体的教师的

---

① ［日］永井宪一.日本の学術行政と大学[M].东京：东京教学社，2002：150.
② 全国大学高专教职员工会中央执行委员会."国立大学法人法案"等関係6法案の参议院可决、成立に对する声明[EB/OL].[2003-10-09]. http://zendaikyo.or.jp.

意见,由校长和少数理事专断大学运营的危险。

国立大学协会在 7 月 14 日发表的意见中,着重向文部科学省提出了在实施国立大学法人制度时政府应该做或者说应该保障的一些事项。这其中包括:① 充实政府对高等教育的财政支出;② 提高国立大学法人在财政预算、经费使用等方面的自律性;③ 完善文部科学省在国立大学法人制度下的行政体制,即"尊重法人化后国立大学的自由度的文部科学省新的责任体制"[①];④ 在制订中期目标、中期计划方面最大可能地尊重大学的自主性、自律性,如在中期计划中要充分考虑大学教育与研究的特殊性,避免规定详细的内容,中期计划要具有弹性,可以修改等;⑤ 国立大学法人评价委员会的评价及其评价结果的运用要具有充分的灵活性,如在考虑大学教育与研究的特殊性的基础上采取软性及多方面的评价,评价不应给大学带来过重的负担,建立大学对评价结果表达意见的制度,在将评价结果用于预算分配时应采取十分慎重的态度等。

在国立大学法人化改革的过程中,国立大学协会、日本全国大学高专教职员工会中央执行委员会等团体以及大学界不断发表的意见、看法和各种努力,对国立大学法人化法律的制定产生了不可低估的影响。这不仅表现在《国立大学法人法》的许多规定比《独立行政法人通则法》更多地考虑到国立大学的特殊性,而且日本国会众议院、参议院在通过《国立大学法人法》的同时还通过了一项对政府具有法的制约作用、在一定程度上反映了大学界意见的"附带决议"。参议院通过的"附带决议"一共有 23 条,其重要内容包括:

"(1) 在实施国立大学法人化时,应基于被宪法所保障的学术自由、大学自治的理念,充分考虑国立大学教育与研究活动的特殊性,为使教育与研究活动更加具有活力而确保大学自主、自律的运营。

(2) 在国立大学法人的运营过程中,在充分发挥校长、理事会、经营协议会、教育与研究评议会各自作用的同时,有关全校性的事项,应在各机构讨论之基础上形成一致意见。此外,还应充分考虑教授会的重要作用。

(3) 关于理事,应选任那些对大学的教育、研究、经营等方面具有高深见识,且会对大学的发展有所贡献的人,选任的理由等应公开明示。……在任命监事时也应反映大学的意向。

---

① 国立大学协会. 国立大学法人化についての国立大学协会见解[EB/OL]. (2003-07-14) [2003-10-09]. http://www.kokudaikyo.gr.jp.

(4) 应确保校长选任考察会议组成的公正性与透明性。

(5) 考虑到中期目标的实际制定者为各国立大学法人,因此应通过公开文部科学大臣修改中期目标、中期计划的理由以及国立大学法人评价委员会的评价意见等方式,确保决定过程的透明性,而且文部科学大臣对中期目标、中期计划的修改应只限于在因财政上的理由等不得不改的情况下。

(6) 要求国立大学法人提交的有关中期目标、中期计划的资料应尽量从简,应采取特别的措施做到不给教职员增加太多与评价有关的工作负担。"[1]

从上述国立大学协会等发表的意见以及国会参议院通过的"附带决议"中,我们可以清楚地看到在制定有关大学的法律、实施大学改革时,日本政府、国会、大学界三者之间的相互制约关系。正是由于有了这种相互制约的体制,存在着具有影响作用的制约力量,改革政策、法律的制定才能做到公开、透明,才能避免草率,才能充分考虑到大学的特殊性。

二、日本大学治理中的大学自治

在中世纪大学产生以来的大学历史发展过程中,"学术自由"与"大学自治"作为两条基本原则在大学办学中发挥着重要的作用。"学术自由"是大学的精神所在,"大学自治"是实现"学术自由"的制度保障。诚如一些学者所认为的那样,"自治是高深学问的最悠久的传统之一","失去了自治,高等教育就失去了精华"。[2] 在学习德国大学模式基础上建立起来的近代日本大学,经历了二战之后的制度重建,同样将自治作为大学办学的基本信条。自治在现代日本大学的办学实践中具体体现为大学具有如下的权力:"① 推荐及任免教师的权力;② 选举校长、院长等管理者的权力;③ 编制学科课程、制定学校规则的权力;④ 审查、认定、授予学位的权力;⑤ 管理大学校舍设备的权力;⑥ 财政自主权;⑦ 选拔、录取学生的权力等。"[3]

大学自治这样一种传统,在现代社会当大学所赖以生存的社会环境发生巨

───────────

[1] 国立大学法人法案、独立行政法人国立高等専門学校機構法案、独立行政法人大学評価・学位授予機構法案、独立行政法人国立大学財務・経営センター法案、独立行政法人メディア教育開発センター法案及び国立大学法人法等の施行に伴う関係法律の整備等に関する法律案に対する附带け決議[EB/OL].[2003-10-09]. http://zendaikyo.or.jp.

[2] [美]约翰·S.布鲁贝克.高等教育哲学[M].王承绪,等译.杭州:浙江教育出版社.1987:31.

[3] [日]细谷俊夫,等.新教育学大事典(5)[M].东京:第一法规出版株式会社,1990:47.

大变化时,面临着来自政府、公众、社会舆论等多方面的挑战,尤其是在高等教育变革的过程中更是如此。众所周知,自20世纪90年代初以来,日本高等教育的改革与发展始终面临着经济增长乏力、适龄人口减少等不利的社会环境。90年代高等教育改革开始之初,恰逢日本经济经过长期的发展之后出现了"泡沫破灭"的状况,从此日本经济步入了漫长的不景气通道,造成日本经济"失去的二十年"。经济增长乏力对于日本高等教育的直接影响就是大学的办学经费短缺。例如,国立大学来自政府的经常性经费2004年为11 654亿日元,之后年年减少,2009年为11 061亿日元,比2004年减少了5.1%。相应地,政府经常性经费占国立大学总经费的比例也是逐年下降,2004年为47.7%,2009年降到了40.4%。① 又如,占日本大学数量四分之三左右的私立大学中有相当数量的大学入不敷出,赤字运行,而且这种状况呈不断增加的趋势。据调查,1998年636所私立大学(包括本科大学与短期大学)中,入不敷出的大学有97所,占总数的15.3%;而2007年663所私立大学中入不敷出的大学数量增加到246所,占总数的比例达37%。② 高等教育适龄人口减少是另一个长期影响日本高等教育的不利因素。据统计,日本的高等教育适龄人口——18岁人口恰好是在第三次高等教育改革开始的90年代初达到了一个高峰,1992年为205万人。自那以后,18岁人口呈逐年减少的态势,2011年降到了120万,而且这一趋势随着日本人口生育率的持续低迷还将继续下去。③ 适龄人口减少对高等教育的直接影响就是大学生源不足,尤其是私立大学。根据日本私立学校振兴・互助事业团2011年的调查,在被调查的572所私立本科大学中,当年招生人数不足的大学有223所,占被调查总数的39.0%,其中有16所大学实际招生数不足计划数的一半;在被调查的338所私立短期大学中,当年招生人数不足的学校达225所,占被调查总数的66.6%,其中有16所学校实际招生数不足计划数的一半,私立短期大学的整体招生人数充足率(实际招生数占计划数的比例)只有

---

① 文部科学省.国立大学法人化後の現状と課題について(資料)[EB/OL].[2017-01-25]. http://www.mext.go.jp/a_menu/koutou/houjin/__icsFiles/afieldfile/2010/07/21/1295896_3.pdf.
② 文部科学省.帰属収入で消費支出を賄えない学校法人の推移[EB/OL].[2017-01-25]. http://www.mext.go.jp/a_menu/koutou/shinkou/07021403/005/001.htm.
③ 文部科学省.文部科学白書:東日本大震災からの復旧・復興(平成23年度)[M].东京:佐伯印刷株式会社,2011:167.

89.6%。①

正是在上述经济增长乏力、适龄人口减少等日本社会内部因素的影响下，加上高等教育国际化、全球化等外部因素的作用，日本高等教育自20世纪90年代初开始了延续至今的全面而深刻的变革。变革的范围涉及高等教育的诸多领域，从外部的制度环境到内部的管理运营，从国家的政策、法律到学校的规章、规定，从大学内部管理到教育教学实践，从本科教育到研究生教育，从教师人事制度到教师能力发展等。在这场变革中，大学、政府、社会带着各自不同的利益诉求与期待目标，使得变革的过程充满了矛盾。其中，如何在适应社会变化、实施变革的过程中坚守大学自治的底线，这不仅关乎大学的基本原则，也是政府在推动高等教育变革时所必须加以顾及的重要方面。

从二十多年来日本高等教育变革的过程中，我们可以看到大学自治这一基本原则在政府制定高等教育政策、推动高等教育改革时发挥着重要的影响作用。1991年文部省（2001年改为文部科学省）修订《大学设置基准》，开启了第三次高等教育改革的大幕。《大学设置基准》是规定大学设立条件、规范大学办学行为的基本文件。《大学设置基准》修订的内容虽然很多，但主要特征可以归结为"大纲化"。所谓"大纲化"就是将设置基准的条文删繁就简，将有关大学办学的规定改细为粗。例如，修订前的设置基准规定，大学课程由通识教育课程、外语课程、保健体育课程、专业教育课程四部分组成。通识教育课程又包括人文科学、社会科学、自然科学三个系列。学生必须修满124个学分方可毕业，其中通识教育课程36学分，外语课程8学分，保健体育课程4学分，专业教育课程76学分。修订后的设置基准则将这些关于课程种类及其学分的具体规定全部取消，代之以有关大学课程设置方针的阐述，即"各大学为了实现大学、学部及专业、课程的教育目的开设必要的课程，并使之体系化。在编制课程时，必须考虑到在向学生传授所在学部的专业知识的同时，培养他们具有广泛的教养、综合的判断能力和丰富的个性"②。那么，为什么要将《大学设置基准》"大纲化"呢？《大学设置基准》"大纲化"的目的是什么？在日本第三次高等教育改革中发挥重要作用的大学审议会在《改善大学教育》的咨询报告中做出了如下的解

---

① ［日］永井宪一，等．宪法から大学の现在を问う[M]．东京：劲草书房，2011：110．
② 文部科学省．大学设置基准の一部を改正する省令の施行等について[EB/OL]．[2017-01-25]．http://www.mext.go.jp/b_menu/hakusho/nc/t19910624001/t19910624001.html．

释:"为了促进改善大学教育,有必要尽可能地使规定我国大学教育框架体系的大学设置基准大纲化,让各个大学依据各自的理念、目的,实施自由且多样化的教育。"①不难看出,以《大学设置基准》大纲化为开端的日本第三次高等教育改革从一开始就是以缓和行政规制、让大学具有更充分的自治权为主要内容的。

任免教师的权力被认为是中世纪大学产生之初大学人经过斗争而获取的三项基本自治权之一(其他两项权力是选举校长和制定学校规则)②,在现代大学,包括任免教师在内的大学教师人事制度的确立同样仍然是大学自治的一项主要内容。日本大学教师人事制度,尤其是国立、公立大学教师人事制度的主要特征与内容在法律上有明确的规定。例如,《教育公务员特例法》第4条规定:"校长、部局长的选任和教师的录用及职务晋升由大学管理机构运用选举、考核的方法实施。"③这里所说的大学管理机构,在选任校长时主要指大学的评议会,在录用教师时则主要指学部的教授会。"有关大学教师录用的审查权限属于教授会,审查必须基于教授会的自主性,必须排除其他机构的干涉或影响。"④《教育公务员特例法》这一关于校长选任和教师录用的规定被日本学界认为是确立了自治的教师人事制度,成为大学自治的根基。由于长期以来存在着大学教师流动不足、"近亲繁殖"等问题,日本政府1997年4月提出法案,6月由国会通过了《关于大学教师等的任期的法律》,试图推动大学教师人事制度的改革。该法律第1条规定:"鉴于创设一种使大学中具有多样知识与经验背景的教师能不断相互交流学术的环境是大学教育与研究活动富有活性的重要条件,本法律特以导入任期制、制定有关教师任期的重要事项,使大学能够吸收多种人才,推动大学教育与研究进展为目的。"⑤不过,基于教师人事制度为大学自治的根基这一理念,法律所规定的大学教师任期制的基本性质是所谓的"选择任期制"。即法律将实行教师任期制的决定权授予了各大学,各大学自主决定是否实行教师任期制,哪些部门、哪些岗位实行任期制以及任期的时间长短。而

---

① 大学审议会.大学教育の改善について[M]//大学審議会答申・報告総覧.东京:行政株式会社,1998:77.
② Jacques Verger.中世の大学[M].大高順雄,译.东京:みすず书房,1979:31-32.
③ [日]新井隆一,等.解说教育六法[M].东京:三省堂,1986:503.
④ [日]新井隆一,等.解说教育六法[M].东京:三省堂,1986:504.
⑤ 高等教育研究会.大学の教員等の任期に関する法律[M]//大学の多様な発展を目指して(Ⅵ).东京:行政株式会社,1997:15.

且,为了保障大学实施教师任期制的自主权,国会在通过法律时还通过了一项"附带决议"。其中规定:"鉴于学术自由及大学自治的制度保障是大学开展教育、研究的根本基础,政府在实施这一法律时,必须特别注意下列事项。在导入任期制时,必须充分注意不损害保障教师身份的精神,这种精神是学术自由及大学自治得以尊重的基本保证。同时,杜绝一切诸如以导入任期制为对大学教育、研究活动提供支持的条件这样的干涉大学自主办学的行为。"①实际上,日本政府推动的这场以导入教师任期制为主要内容的大学教师人事制度改革,是给了大学在录用教师方面更多的灵活性,而大学教师人事制度的自治性质没有发生任何改变。

三、日本大学治理中的政府作用

大学与政府,这是自中世纪大学产生以来人们在大学办学实践中经常遇到的一对矛盾关系。"从大约800年前的波隆那大学和巴黎大学起,欧洲的高等教育就面临着受国家和教会控制的问题。随着民族国家在过去几个世纪中的逐渐强大,它已成了占统治地位的机构,在今天世界上的大部分地区,高等教育都已成为国家政府中的一个重要组成部分,受到了立法、行政和司法三个部门性质的制约,并且受到了各国政府实施其政治权力的影响。"②尤其是在现代,当大学的发展由于其规模的巨大愈来愈需要政府的更多投入、大学在社会和经济的发展中发挥愈来愈重要的作用、大学已经成为现代社会的"轴心机构"之时,政府愈来愈趋于运用政策、经费等手段影响大学的发展。当然,由于高等教育管理体制的不同,大学与政府的关系、政府对大学的影响作用存在着差异。国外有学者提出了国家政府影响大学的两种模式,即"国家控制的模式"和"国家监督的模式"。前者是指,"政府试图控制高等教育系统的动力的一切方面:入学机会、课程学位要求、考试制度、教学人员的聘任和报酬,等等"。后者则指,"国家所施加的影响是微弱的,很多有关诸如课程、学位、人员的吸收和财政的基本决策都留给院校自己。国家提出高等教育运作的宽阔的参数,但是有关使

---

① 高等教育研究会.附带决議[M]//大学の多様な発展を目指して(Ⅵ).东京:行政株式会社,1997:17.

② [加]约翰·范德格拉夫,等.学术权力:七国高等教育管理体制比较[M].王承绪,等译.杭州:浙江教育出版社,1989:183.

命和目标的基本决策乃是系统及其各院校的职权"[①]。

　　日本在近代大学产生之后，建立了中央集权的高等教育管理体制。这一体制在战后美国民主教育管理理念的影响下得到了根本的改造，政府的高等教育管理职能被严格限制在1949年颁布的《文部省设置法》的相关规定中。在20世纪90年代以来的高等教育变革中，日本政府如何在法律规定的框架内发挥作用呢？归纳起来，或许可以概括为如下三个方面：启动改革，推动立法，制订计划。

　　纵观大学改革的历史，可以发现改革的启动者主要有两个，或大学或政府。由大学启动的改革多发生在高等教育的精英时代，大学规模小，且改革基本上是局部的，内容较为单一。当高等教育进入大众化时代之后，由于高等教育及大学规模的庞大，大学所面临的环境与问题的复杂性使得大学改革趋于综合性、全面化，政府往往成为改革的启动者。我们从20世纪下半叶以来发生在许多国家的大学改革中都可以看到这一点。90年代以来的日本大学改革同样如此。如上所述，人们普遍认为1991年文部省修订《大学设置基准》启动了日本近代大学产生以来的第三次改革。不仅如此，在改革的发展过程中，许多具体的改革也是由政府推动的。这其中，大学审议会作为政府的重要咨询机构在政府改革政策的制定过程中发挥了不可或缺的作用。大学审议会成立于1988年，在成立之后的十年间围绕着政府所提出的"大学教育与研究的高度化、个性化、活性化"目标开展咨询活动，提出了21份咨询报告，范围涉及大学本专科教育改革、研究生教育改革、大学管理改革、教师人事制度改革、大学入学考试改革等，几乎覆盖了高等教育的各个领域。正是在大学审议会咨询报告的基础上，政府制定了具体的改革政策，推动大学改革的全面展开。

　　立法制定重要的大学改革政策是许多国家政府经常采用的方式。立法的程序具有公开、透明、民主的特征，可以比较好地降低政策失误的风险。在20世纪90年代以来的日本大学改革中，我们同样可以看到日本政府推动立法实施改革的举动。如前所述，日本政府通过制定有关大学教师任期制的法律，为大学教师人事制度改革提供了重要的法律依据。而在被称作"使日本国立大学

---

① [荷兰]弗兰斯·F.范富格特.国际高等教育政策比较研究[M].王承绪，译.杭州:浙江教育出版社，2001:414.

迎来了其130余年历史发展上最大变革期"①的国立大学法人化改革过程中,政府推动立法这一作用则显得更加清楚。国立大学法人化改革缘起于1996年日本政府推动的包括行政改革、经济结构改革、金融体制改革、社会保障结构改革和财政结构改革等在内的"五大改革"。1999年9月、2000年5月,文部省先后两次召开国立大学校长会议,就国立大学独立行政法人化的具体内容、组织、时间进程等阐述政府的意见。2000年7月,文部省设立了咨询机构"国立大学独立行政法人化调查研究会议",专事研究讨论国立大学独立行政法人化制度问题。该咨询机构经过近两年的工作,于2002年3月提交了"关于新'国立大学法人'"的咨询报告。依据这一咨询报告,文部科学省制定了"国立大学法人法案",2003年7月该法案在国会通过为《国立大学法人法》。依据《国立大学法人法》,2004年4月国立大学法人制度开始正式实施,国立大学全部法人化。在国立大学法人化改革的过程中,国立大学协会、日本全国大学高专教职员工会中央执行委员会等团体以及大学界不断发表意见、看法,对《国立大学法人法》的制定产生了不可低估的影响。日本国会在通过《国立大学法人法》的同时,还通过了一项对政府具有法的制约作用、在一定程度上反映大学界意见的"附带决议"。

在现代高等教育的改革与发展过程中,计划成为许多国家政府调控的一个手段。这是因为现代高等教育规模庞大,耗资巨多,与经济、社会发展息息相关。制订计划同样成为20世纪90年代以来日本政府影响大学改革与发展的重要手段。1991年5月,大学审议会就向政府提出了一份有关1993年到2000年高等教育发展与改革计划的咨询报告,就高等教育质量、规模、结构、经费等问题提出了改革与发展的方向和具体措施。② 1997年1月,大学审议会又向政府提交了一份关于2000年之后高等教育发展与改革设想的咨询报告,提出"加强培养适应创新型社会变化的能力之教育"和"推进能为世界做出积极贡献的具有国际水平的教育与研究"为提高高等教育质量的两个重点发展方向。③ 当

---

① [日]天野郁夫.国立大学·法人化の行方:自立と格差のはざまで[M].东京:东信堂,2008:127.
② 大学审议会.平成5年度以降の高等教育の計画的整備について(答申)[R]//大学審議会答申·報告総覧.东京:行政株式会社,1998:182-199.
③ 大学审议会.平成12年度以降の高等教育の将来構想について(答申)[R]//大学審議会答申·報告総覧.东京:行政株式会社,1998:201.

改革经过了二十年之后,面对新的形势与环境,2012年6月,文部科学省出台了新的《大学改革实施计划》(以下简称《实施计划》),试图以"打造成为社会变革发动机的大学"作为改革与发展的重要目标。该《实施计划》提出了今后日本大学改革的两个重点方向:一是面对急剧变化的社会重新调整大学的功能,二是为了调整大学的功能必须充实和加强大学管理。在调整大学的功能方面,《实施计划》列出了四个要点:① 大学教育质的转变与高考改革;② 适应全球化的人才培养;③ 打造能成为地区中心(Center of Community)的大学;④ 强化研究能力,创造具有世界水平的研究成果。在充实和加强大学管理方面,《实施计划》同样给出了四个要点:① 国立大学改革;② 完善促进大学改革的系统与基础;③ 确立财政基础和实施有效的经费划拨;④ 完善大学质量保障体系。《实施计划》在列举上述改革要点的同时,还提出了一些可测量的具体目标,如完善学生主体性学习的环境,使学生的学习时间能够达到欧美国家大学的水平;培养全球化时代的人才,使有海外留学经验的比例在20岁至25岁的年龄组中达到10%;具有国际竞争力的研究型大学的数量十年内翻一番等。[1] 这一计划的制订将对日本大学改革的走向产生深远的影响。

---

[1] 胡建华.日本大学改革的新走向:《大学改革实施计划》的出台[J].江苏高教,2013(3):1-4.

结 语

改革开放四十年来,管理体制改革一直是我国高等教育改革的主要领域。1985年的《中共中央关于教育体制改革的决定》就提出"当前高等教育体制改革的关键,就是改变政府对高等学校统得过多的管理体制,在国家统一的教育方针和计划的指导下,扩大高等学校的办学自主权"。世纪之交,在"进一步简政放权,加大省级人民政府发展和管理本地区教育的权力以及统筹力度"[①]的方针指导下,有400余所高等学校由中央部委所属改变为地方政府所属,形成了中央和地方政府两级管理、以地方政府为主的新高等教育管理体制,地方政府在高等教育管理中的统筹权不断得到扩大。进入新世纪之后,随着治理理论与实践的发展,高等教育治理、大学治理逐渐成为高等教育管理领域关注的热点。这里,在本书前面各章有关大学内部治理的理论研究、比较分析的基础之上,就我国大学内部治理的实践发展做进一步的对策性分析,以作为全书的结语。

一、协调两种组织的关系

组织是大学内部治理结构中的基本要素。人们通常将大学作为一个有机的组织整体,从组织学、社会学、高等教育学等角度去探讨大学组织与社会上的其他组织,如政府组织、企业组织等的异同,分析大学的组织文化、组织特性等。从外部看,大学组织虽然是个整体,但是在大学内部,还存在着一些具有不同特性的"亚组织",其中最为主要的即是学术组织与管理组织。

大学在中世纪是作为学术组织而产生的。"大学是一个学者团体,具有严

---

① 中共中央国务院关于深化教育改革,全面推进素质教育的决定[EB/OL].[2018-02-08]. http://old.moe.gov.cn/publicfiles/business/htmlfiles/moe/moe_177/200407/2478.html.

结　语

谨的组织、法人的性质、自己的章程和共同的印记。"①中世纪大学独特的形成方式、学术团体的性质、功能的单一性等决定了其内部组织管理与现代大学有着许多不同,其中最突出的一点就是中世纪大学没有现代大学那样的管理组织。"一个法人团体、一所大学,其真正有代表性的、合法的行政权力,属于'全体集会'(general assembly)。基于大学的基本结构,全体集会由教师、教师和学生或者只有学生这三种形式构成,由校长主持(或者如牛津和剑桥那样,由教长主持)。"②校长通常是由大学这一学术团体的成员选举产生的。"根据学馆的组织类型的不同,校长或是在学生当中选举产生(如博洛尼亚大学那样),或是在教师中选举产生(如巴黎大学那样)。在有着混合的组织类型的大学之中,校长是一位由学生和教师一起选出的教师。"③也就是说,在中世纪,大学内部的管理、运行是由学术组织及其选举出来的校长负责的,即使有诸如处理财务事务等的专职管理人员存在,他们也只是作为学术组织的"附属"。

　　这种没有管理组织的大学管理状况直到现在在一些小规模的学院中仍然可以看见。在这些学院中,"管理人员通常都是教学人员,他们同意花一定的时间从事管理工作,其余时间仍然从事课堂教学工作。所以管理人员大都是'非专业性人员',而不是专门从事管理工作的专职人员"④。

　　不过,这种没有管理组织的大学管理状况在现代高等教育中已非主流。20世纪五六十年代以来,世界高等教育规模的不断扩大和高等教育人口数量的持续增长,不仅促使人们的高等教育观念、高等教育在社会发展中的地位与作用及高等教育的系统结构等发生了根本性的改变,而且也使大学内部的组织构成、运行方式与管理制度发生了深刻的变化。"当学校规模不断扩大,且越来越复杂之后,需要很多专业人员如具有惯例法的知识、了解联邦法规、掌握管理信

---

①　[美]伯顿·克拉克.高等教育新论:多学科的研究[M].王承绪,等译.杭州:浙江教育出版社,1988:25.
②　[瑞士]瓦尔特·吕埃格.欧洲大学史:第一卷 [M].张斌贤,等译.保定:河北大学出版社,2008:137.
③　[瑞士]瓦尔特·吕埃格.欧洲大学史:第一卷 [M].张斌贤,等译.保定:河北大学出版社,2008:132.
④　[美]罗伯特·伯恩鲍姆.大学运行模式:大学组织与领导的控制系统[M].别敦荣,等译.青岛:中国海洋大学出版社,2003:85.

息系统技术的专家来完成许多管理任务。"①因此,由众多管理人员(在一些大学,甚至管理人员的数量与教师不相上下)构成的管理组织就成为大学组织结构中的一个重要的"亚组织"。

管理组织对于现代大学正常运行的重要性是不言而喻的。其重要性主要来源于现代大学管理的日趋复杂和高度专业化。众所周知,现代大学已经发展成为一种具有多种功能、多个目标、多层结构、多样文化的复杂组织。尤其是那些"巨型大学",人数上万,校区多个,面向社会的各个领域,承担着教学、科研、服务等多重任务,俨然就是一个复杂的组织系统。面对这样一个复杂的组织系统,显然像中世纪大学那样由教师兼做管理工作是不可想象的。现代大学教师不能兼做管理工作,不仅是因为他们自身的任务繁重,无暇顾及其他;更重要的是,现代大学管理已经成为一个专业领域,需要具有专门知识与技能的专职人员。20世纪60年代之后,美国大学的高等教育管理方向研究生教育的兴起及其不断发展正是大学管理人员专业化成长的一种真实反映。管理人员的专业化促进了管理组织的发展与完善,使其在现代大学组织运行中发挥着不可或缺的作用。

管理组织的形成与发展改变了大学的内部结构,形成了"组织结构上的一种奇特的二重性"。"在大学里同时存在着两种结构:一种是传统的管理科层结构;另一种是教师在其权力范围内对学校有关事务作出决策的结构。""管理权力的基础是上级对活动的控制与协调;专业权力的基础是自主性和个人的知识。两种权力的来源非但不同,而且相互对立。"②因此,如何认识与处理学术组织与管理组织之间的矛盾就成为现代大学管理和运行必须面对的一大课题。矛盾产生于差异,若要认识学术组织与管理组织之间的矛盾,必先理清两者之间的差异。关于大学学术组织与管理组织的差异,学界有过不少研究。归纳起来,两者间的主要差异也许就在于各组织成员的不同行为方式以及由具有不同行为方式的成员构成的不同组织结构与组织文化。

大学中的学术组织是由一群具有不同学术目标的学术人员(教师)组成的。

---

① [美]罗伯特·伯恩鲍姆.大学运行模式:大学组织与领导的控制系统[M].别敦荣,等译.青岛:中国海洋大学出版社,2003:8.
② [美]罗伯特·伯恩鲍姆.大学运行模式:大学组织与领导的控制系统[M].别敦荣,等译.青岛:中国海洋大学出版社,2003:11.

结 语

人们常常用"有组织的无政府"来描述学术组织的内部状况。何谓"有组织的无政府",美国研究者科恩和马奇认为,当一个系统中的任何人都可以按照自己的意愿自由行事时,就可以把这个系统称为有组织的无政府。具体来说,在这样的学术组织中,"教师决定是否教,什么时候教和教什么。学生决定是否学,什么时候学和学什么。立法者和捐赠者决定是否资助,什么时候资助和资助什么。在大学中,既没有协调,也没有控制,出现什么样的过程就采用什么样的过程分配资源,不明确地照顾和参照上一级的目标。系统的'决策'是系统产生的结果,但是,它不是任何一个人的意图,也不是任何一个人能够控制得了的"[①]。"有组织的无政府"理论虽然只是有关大学学术组织研究的一家之言,但是对于我们深入认识学术组织的性质具有重要的启迪意义。学术组织不同于其他组织(包括管理组织)的特征,至少可以归纳为以下几个方面。第一,多重的目标。学术组织作为一个共同体,既有组织成员共有的组织目标,同时还有组织成员各自的目标。譬如,传授知识、培养人才即是大学学术组织成员的共有目标,而身在不同学术领域的成员还有着各自不同的学术目标。第二,多样的行为方式。无论什么样的组织,组织成员的自主性都是促使组织具有活力的重要因素。对于大学学术组织来说,成员的自主性显得尤为必要,因为学术组织的正常运转是建立在作为组织成员的学术人员个体有效行动基础上的。换句话说,虽然小组的、联合的方式也是学术组织开展活动所必不可少的,但成员个体的自主独立始终是学术组织存在、运行的前提。这是由大学学术组织的主要任务——教学、研究的性质所决定的。第三,多元的文化。这主要是指学术组织的内部构成是扁平的,成员之间的关系是平等的,没有复杂的层级。在大学的学术组织中,"由于教授们都受过专业教育,他们比其他工作人员更能根据专业判断行事,而不是接受上层下达的命令……对教授的行为影响更大的不是管理人员的指令,而是学校的惯例和文化,以及参与人员的背景和社会化程度"[②]。

与学术组织不同,大学中的管理组织是由一群具有同一管理目标的管理人员组成的。人们常说的"科层制",可以概括大学管理组织的基本性质。一般认

---

① 阎凤桥.大学组织与治理[M].北京:同心出版社,2006:53.
② [美]罗伯特·伯恩鲍姆.大学运行模式:大学组织与领导的控制系统[M].别敦荣,等译.青岛:中国海洋大学出版社,2003:中译版序 2.

为,"科层制"是德国社会学家马克斯·韦伯提出的"完全按照理性建立起来的理想化高效率的组织模式的概念"①。根据韦伯的理论,"科层制"的主要特征如下:大规模的组织,科层制是大规模组织的必然归宿;履行一定的社会功能,科层组织负有社会责任,受到公众舆论的监督;专业人员的分工,专业人员各司其职;最大限度地为员工及其家庭提供安全保障;一系列的规章制度,科层组织的活动由一些抽象的规则指引,这些规则塑造出组织的基本原则、氛围、价值观念与使命;权威的等级关系,上级有权命令下属,让其遵循指令行动,但权威不是绝对的,权威与问责不可分离;非人格化管理,领导对员工应一视同仁,如果一个领导对某位员工宽大仁慈,那么,可能意味着对另外的员工苛刻。②体现"科层制"的理念,大学管理组织的特点至少可以做以下几个方面的描述。第一,同一的目标。具有明确且同一的目标是科层制组织的典型特征之一,大学管理组织也不例外。大学管理组织的目标即通过管理手段保障教学、研究等各项活动的正常开展,以完成人才培养、科学研究、社会服务等任务,促进学校事业的不断发展。可以说,管理组织的每一位成员的工作都指向这一共同目标。第二,有权威的等级结构。大学管理组织与其他科层制组织一样,内部呈现出金字塔状的结构样态。从上到下至少可以看到最高指挥层(校长)、中间执行层(处长)、底边操作层(科员)这样几个等级层次。层级之间的关系原则上是下级服从上级。只有这样,才能保证组织有效的运行,才能实现共同的组织目标。第三,追求效率的文化。科层制组织的出现和为实现共同目标而形成的权威等级结构,都是人们追求更高效率的动机使然。美国学者斯特鲁普在分析大学中的科层制的优势时,首先指出的也是其有效率这一点。"美国大型的工业企业都是科层组织。大学虽不是公司,但也有相似性。规模巨大的大学拥有大量的师资、院系、课程、服务。通过科层制的组织方式,可以做到既有效率,又节约成本。"③

学术组织与管理组织在组织成员、组织结构、组织文化等方面的差异决定了两者之间产生矛盾是不可避免的。正如伯恩鲍姆在他的著作中所说,"教师

---

① 周进.由冲突到协调:学术自治与科层制[J].江苏高教,2010(1):18-21.
② 林杰.美国院校组织理论中的科层制模型:以斯特鲁普的理论为原型[J].北京大学教育评论,2009(2):143-161.
③ 林杰.美国院校组织理论中的科层制模型:以斯特鲁普的理论为原型[J].北京大学教育评论,2009(2):153.

和管理人员的职责不同,面对的是环境的不同方面,并受其影响,他们的经历也不相同。由于各个层次的管理人员不断增加,管理人员的作用越来越突出,导致大学都成了'被控制的大学'。在这种被控制的大学中,管理人员与大学的其他组成人员是相互分离的。其结果是,大学管理人员与教师互不往来,各自为政,只是在一些没有非同类人员参加的会议上,同事之间才进行一些沟通。某些复杂管理技术的运用可能会使事情变得更加糟糕"[1]。大学学术组织与管理组织之间由差异而生矛盾虽说是现代大学办学中普遍面临的一大问题,但在不同组织结构、组织文化的大学中,学术组织与管理组织之间矛盾的性质、内容是不一样的,由此而产生出的解决矛盾的方法、协调学术组织与管理组织两者关系的方式也就各异了。

我国大学现行组织结构的形成可以追溯到20世纪50年代初以"院系调整"而著称的大学制度改革。众所周知,在当时的社会政治、经济制度背景下,改革后形成的大学制度主要包括两个方面:一是中央政府统一领导下的高等教育管理及大学管理制度;二是以专业为核心、适应计划经济需要、在统一的教学计划指导下的大学教学制度。这样的大学制度所具有的突出特征是,无论是高等教育的宏观管理、大学内部的微观管理,还是大学的教学活动,都体现着政府强有力的领导。这种政府强有力领导的方式还进一步影响着大学内部的组织构成,决定了管理组织在大学中的主导地位。1985年《中共中央关于教育体制改革的决定》颁布之后,我国高等教育的发展进入了一个新的改革时期。随着改革的不断深入,大学内部的组织结构问题逐渐引起人们的关注,其焦点之一是如何构建适应现代大学制度的学术组织,并充分发挥学术组织在大学内部治理中的作用。关于这一点,《国家中长期教育改革和发展规划纲要(2010—2020年)》中也有如下的表述:"充分发挥学术委员会在学科建设、学术评价、学术发展中的重要作用。探索教授治学的有效途径,充分发挥教授在教学、学术研究和学校管理中的作用。"那么,如果从学术组织与管理组织的关系视角出发,如何认识我国大学学术组织与管理组织之间的矛盾与协调呢?

第一,学术组织的科层化问题。什么是学术组织的科层化?顾名思义,就是学术组织的内部结构呈现出科层制的特征。如前所述,学术组织的内部构成

---

[1] [美]罗伯特·伯恩鲍姆.大学运行模式:大学组织与领导的控制系统[M].别敦荣,等译.青岛:中国海洋大学出版社,2003:8-9.

应是扁平的,组织成员之间的关系建立在平等的基础上。"每个人都应该有平等的权力去检验自己不同于专业同行的观点。结果形成了强烈的社团意识,即不论年龄和地位差别,学者必须尊重各自的独立地位。用制度的术语说,它要求有一种结构,其中的成员有平等的权力参与决策,而每个人有权按自己的方式处理问题,只在最低的限度上受学校的支配。"[1]如一些国家大学的学院设立教授会,教授会成为学院的决策机构,所有教授在学院事务决策中享有平等的权力,院长由教授选举产生。而我国大学的学术组织却不是这样的。从学院一级来看,院长、系主任、教师之间似乎存在着一种等级结构,在学院事务的决策过程中,没有一种保证所有教师享有平等权利的制度环境。从学校层面看,许多有关学术事务的决策,要么是由管理组织做出的,要么是由科层化的学术机构做出的。此外,学术组织的运行也染上了科层制的色彩,譬如,过分强调对学术研究的目标管理,过分追求学术组织的效率(甚至是短期效益、经济效益)等。学术组织的科层化所产生的负面影响是深刻的,它不仅影响学术组织的健全发展,而且还会影响学术研究的顺利进行,难以形成良好的学术文化。我国大学学术组织产生科层化问题的原因是多方面的,有观念方面的因素,如学术自由的理念没有真正被人们所理解,并体现在制度、组织与规则中;也有历史方面的因素,大学的学术组织建设在很长一段时间内没有受到应有的对待;还有社会环境方面的因素,如"官本位"、大学行政化的社会倾向等。

第二,学术组织与管理组织的不平衡问题。从前面有关大学组织形成的简单历史回溯中我们可以看到,学术组织是大学与生俱来的。经过几百年发展的大学,就其整体来说,不仅是教育组织,同时仍然是一个学术组织。也可以这么认为,学术组织是现代大学组织结构中最为核心的部分。在以"大学自治"为基础的西方大学中,有一种模式就是"以教授(学术)组织为中心的大学自治"。在这种模式中,教授(学术)组织是决定和管理大学事务的核心机构,如学校层面的由教授代表组成的评议会和学院层面的由全体教授组成的教授会分别是学校与学院的主要决策机构。不过,我国的大学由于历史的和社会的原因,学术组织的发展很不健全,管理组织在学校决策中始终处于主导地位,这就造成了学术组织与管理组织在大学组织结构中的不平衡现象。过于强势的管理组织往往会从管理主义的角度,用管理的思维去指挥与影响学术活动的开展。尤其

---

[1] 张德祥.高等学校的学术权力与行政权力[M].南京:南京师范大学出版社,2002:71-72.

是在"企业化"的变革趋势中,"过去 40 年中主要的管理运动之一就是高等学校实施了原本为政府机构和企业所创立并被其采用的一系列新的管理制度。……数以百计的专著和文章鼓吹推行各种管理项目,如目标管理、基标管理、全面质量管理等,……这些项目都只是流行一时,并没有能够产生预期的结果,而且与学术组织的价值是不相容的"①。

理解学术组织与管理组织之间的矛盾,并在实践中寻找协调两者关系的正确方式是完善大学内部治理结构必须解决的一个主要课题。如何改变学术组织的科层化现状,如何实现学术组织与管理组织在大学组织结构中的平衡,需要从观念、制度、组织等多方面去思考与对待。当前,在一些大学实施的学院层面建立教授委员会的改革,可以看作学术组织建设的一种尝试。但这还远远不够。就学术组织与管理组织的关系协调这一点来看,首先需要改变的是现有的学校与学院之间的关系,应进一步降低管理重心,扩大学院在教学、研究等学术事务中的自主权;其次需要改变的是学院内部的组织结构,充分发挥教授在学院学术事务中的作用,使学院褪去科层制的色彩,真正成为一种学术组织。只有学术组织完善并且在大学办学中发挥出应有的作用,现代大学制度的建设才有必要的基础。

二、构建两个权力的平衡

大学内部治理改革与高等教育管理体制改革有着密切的关系。在计划经济时代政府主导、高度集中的高等教育管理体制内,政府机构对于大学的领导与管理渗透进教学、管理的各个领域,大学是政府的下属机构,其内部管理的主要职能在于执行政府的指令,大学内部的管理结构如何似乎对大学办学影响不大。改革开放之后,市场经济取代了计划经济,政府简政放权、扩大高校办学自主权、高校面向社会需要自主办学成为时代的要求,高校内部的治理结构与治理能力如何就成为一所高校是否办得有特色、有成效的关键影响因素。《国家中长期教育改革和发展规划纲要(2010—2020 年)》也将"完善治理结构"作为"完善中国特色现代大学制度"的重要内容之一。大学内部治理改革涉及的要素很多,从我国现阶段大学内部治理的实际状况来看,如何平衡行政权力与学

---

① [美]罗伯特·伯恩鲍姆.大学运行模式:大学组织与领导的控制系统[M].别敦荣,等译.青岛:中国海洋大学出版社,2003:中译版序 4.

术权力之间的关系或许是完善大学内部治理结构的关键与难点所在。

学术权力是大学这一学术组织所特有的一种权力。从发生学的角度来看，大学的学术权力最初就是关于学术事务的权力。而且，大学学术权力的确立与大学自治有着密切的关系。自中世纪大学产生之日起，大学自治就成为大学人所争取的基本权利（在西方大学发展史上，可以说大学自治是大学学术权力的基本内核），或者说中世纪大学就是在争取大学自治权的过程中产生的。被人们称为"大学之母"的巴黎大学的成立过程正是如此。12世纪七八十年代，巴黎开始出现由学校教师与学生结成的"团体"——巴黎大学的雏形。教师与学生"团体"（或曰大学"团体"）的形成遭到了地方大法官和主教的强烈反对。因为大学"团体"提出了三项基本权利要求，即录用新教师的权利，制定规范大学内部活动规则的权利，推选"团体"与外部权力机构交涉、出庭诉讼等的代表的权利（这些权利正是大学学术权力的主要内容）。而在大学"团体"形成之前，学校教师的任免等权利是掌握在地方大法官和主教手中的。1231年，教皇"特许状"的下达，宣告了在大学"团体"与巴黎地方大法官和主教之间的这场争论中大学"团体"的胜利，从此，巴黎大学成为教皇特许的自治机构。[①] 在中世纪大学，大学自治权的获得过程即是大学学术权力的确立过程，学术权力的内涵则主要指向大学内部的学术事务（由于大学是一个学术机构，大学内部的事务皆与学术相关，因此大学内部的学术事务实际上基本涵盖了大学内部事务的全部）。

在西方大学的长期发展过程中，由于在大学内部学术人员始终处于主导地位，因此大学学术权力的主体即是由学术人员组成的学术组织，尤其是在"以教授组织为中心的大学自治模式"中。在这种模式中，教授组织是决定和管理大学事务的核心机构，大学的学术权力主要由教授组织行使。以这种模式的代表——德国大学为例，德国大学的校长由大学内的评议会或总选举会选举产生，评议会与总选举会由教授或他们的代表组成。评议会还负责讨论有关大学办学的重要事项和制定学校章程及规则（如学位授予规定、教授资格评定规定等）。在德国，一般认为大学的章程是规定大学性质及办学原则的重要文件，甚至有人将其称为"大学宪法"。大学下属的各学部成立教授会，学部长由教授会选举产生。通常教授会的成员为教师，也有将学生代表包括在内的情况。教授会是德国大学自治的核心机构之一，它负责处理学部内的一切事项。如在大学

---

① [法]Jacques Verger. 中世の大学[M]. 大高順雄，译. 东京：みすず書房，1979：31-32.

的人事制度方面,大学拥有教师招聘、教授资格评定等权力,且这些权力基本上归于各学部教授会。德国大学的教师属于国家公务员,其最终任命权虽在国家,但是推荐权则在各大学的学部,而且在没有正当理由的情况下,政府不能否定大学的推荐。总之,在"以教授组织为中心的大学自治模式"中,包括选举校长、制定章程、聘任教师等在内的学术权力是由教授组织来行使的,这就是所谓的"教授治校"。

在大学长期的发展与演进过程中,学术权力已经渗透进大学的日常生活,成为大学文化的主要组成部分。譬如,长期任教于英国剑桥大学国王学院的艾伦·麦克法兰在描述剑桥大学内部的权力状况时这样写道:"剑桥几乎不存在正式的制度性权力,院长或系主任不但无权实施武力,就连聘任权和解雇权也极其有限。这个古老的体系只能靠几分个人魅力和内部成员的尊敬去绵延。""我学到的最重要的一课是,唱主角的玩家其实是在剑桥的最基层,那就是具有高度的独立性和主观能动性的广大学术人员。任何改革非取得他们的赞同不可。尽管近年来情况在急速变化,但是剑桥的权力体系基本上还是一种倒金字塔结构。"[1]

由美国学者伯顿·R. 克拉克领导的研究小组所发表的研究成果——《学术权力:七国高等教育管理体制比较》是一本对我们讨论学术权力问题影响较大的著作。虽然这本著作所讨论的学术权力超出了大学内部的范围,涉及高等教育管理体制,但是在有关学术权力的内涵方面,我们仍然可以看出该著作所论学术权力主要是就学术事务而言的。例如,该著作的最后一章归纳出了包括个人统治、集团统治(教授统治)、行会权力、专业权力、董事权力(院校权力)等在内的十种学术权力,和欧洲模式、英国模式、美国模式、日本模式等四种学术权力的模式。[2] 虽然在讨论各种不同的学术权力时,该著作采取了层次分析的方法,但是并没有提出行政权力的概念,没有将大学内部的权力做学术权力与行政权力两分。

随着大学在现代社会的不断发展,特别是大学规模的逐步扩大(如师生人

---

[1] [英]艾伦·麦克法兰. 启蒙之所 智识之源:一位剑桥教授看剑桥[M]. 管可秾,译. 北京:商务印书馆,2011:84-86.

[2] [加]约翰·范德格拉夫,等. 学术权力:七国高等教育管理体制比较[M]. 王承绪,等译. 杭州:浙江教育出版社,1989:173-193.

数的增加、学科专业数量的增长以及大学目标、任务的多样化和服务范围的拓展等),大学的管理日益复杂,大学的管理机构日益行政化,大学的行政权力在一些国家的大学中逐渐成为构成大学权力的组成部分。这样,就形成了将学术权力作为学术人员的权力、行政权力作为行政人员的权力的认识。张德祥在《高等学校的学术权力与行政权力》一书中认为:"从学理和实践上看,简单地说学术权力就是学术人员所拥有和控制的权力。""高等学校作为一种社会组织,存在履行管理职责的行政机构和行政人员,并拥有行政权力。"[①]

这种将学术权力主要看作是学术人员的权力的观点在我国成为一种普遍认识,与我国大学管理的特殊状况有着密切的关系,或者说,正是我国大学管理的特殊状况使人们易于将学术权力主要看作是学术人员的权力。众所周知,20世纪50年代的高等教育改革之后,我国大学内部的权力构成实际上只有行政权力,而无学术权力,也就是只有行政人员的行政权力,而无学术人员的学术权力。例如,1956年下发的《中华人民共和国高等学校章程草案》在第七章"高等学校的领导和机构"中规定:"高等学校设校、院长一人,由高等教育部提请国务院任命。""在校、院长负责制的基础上,高等学校的校、院长领导学校的全部工作,代表学校处理一切问题,高等学校校、院长对他领导的全部工作,包括国家的政策和法令的贯彻执行,学生的招收和毕业,教学过程的组织和教学过程的思想指导,政治思想教育工作的组织,学生的体育活动,师资和学校其他工作人员的遴选、正确使用和培养,研究生的培养,科学研究工作的组织,师生员工文化生活的设施,学校总务和财务的掌管,表报制度的执行等工作都对高等教育部负责;业务部和省(市)人民委员会管理的高等学校,同时对主管机关负责。"[②]又如,1961年下发的《中华人民共和国教育部直属高等学校暂行工作条例(草案)》第九章"领导制度和行政组织"中规定:"高等学校的领导制度,是党委领导下的以校长为首的校务委员会负责制。""高等学校的校长,是国家任命的学校行政负责人,对外代表学校,对内主持校务委员会和学校的经常工作。""高等学校设立校务委员会,作为学校行政工作的集体领导组织。学校工作中的重大问

---

① 张德祥.高等学校的学术权力与行政权力.南京:南京师范大学出版社,2002:21-22.
② 中华人民共和国高等学校章程草案[A]//高等教育部档案(永久卷).1956,卷65.

题,应该由校长提交校务委员会讨论,作出决定,由校长负责组织执行。"①这两个文件在高等学校领导体制的规定上虽有所不同,但是在高等学校校长由政府任命,在学校行使最高行政权力这一点上是共同的。在国家文件的规定下,高等学校形成了由上至下,从校长到处长、院长、系主任的行政权力系统。

20世纪80年代之后,随着高等教育改革的深入发展,大学办学自主权的不断扩大,人们逐渐意识到依据大学办学规律、发挥学术人员在大学办学中作用的重要性。由此,学术权力的概念开始从研究者的论文著作进入大学管理的改革实践。在行政权力体系仍然健全的状态下,增加学术人员的学术权力成为大学管理改革的主要内容之一,同时构建学术权力与行政权力的平衡也成为完善大学内部治理结构的重要一环。2014年1月29日,教育部公布的《高等学校学术委员会规程》(以下简称《规程》)规定:"为促进高等学校规范和加强学术委员会建设,完善内部治理结构,保障学术委员会在教学、科研等学术事务中有效发挥作用,根据《中华人民共和国高等教育法》及相关规定,制定本规程。""高等学校应当依法设立学术委员会,健全以学术委员会为核心的学术管理体系与组织架构;并以学术委员会作为校内最高学术机构,统筹行使学术事务的决策、审议、评定和咨询等职权。"②毫无疑问,学术委员会是我国高校中体现学术权力的主要机构,教育部的这一《规程》强调了学术委员会是高校学术管理体系的核心机构和校内最高学术机构,具有学术事务的决策、审议、评定、咨询等职权,建立并健全学术委员会对完善高校内部治理结构具有重要意义。为了保障学术委员会的学术性(而非行政性),《规程》还对学术委员会的组成、权责、运行等做了明确的规定。

虽然学术权力在大学内部治理结构中的地位、在大学办学中的作用正在为人们所重视,一些大学的章程中也做了明确的表述,如《北京大学章程》的第六条写道:"学校坚持学术自由、大学自主、师生治学、民主管理、社会参与、依法治校,实行现代大学制度。"③无疑,这些与过去相比都是很大的进步。但是,大学

---

① 中华人民共和国教育部直属高等学校暂行工作条例(草案)[G]//上海市高等教育局研究室,等.中华人民共和国建国以来高等教育重要文献选编(上).280.
② 教育部.高等学校学术委员会规程[EB/OL].[2018-02-10]. http://www.moe.gov.cn/publicfiles/business/htmlfiles/moe/moe_621/201402/xxgk_163994.html.
③ 北京大学章程[EB/OL].[2018-02-10]. http://pkunews.pku.edu.cn/20152t/2015-04/28/content_288465.htm.

内部治理的实际状况并不像文本中所说的那样。一方面,由于长期形成的制度具有巨大的惯性,结实的行政权力系统仍然处于强势的主导地位,学术权力仍然是从属于行政权力,许多学术事务仍然是由行政权力系统做出决定;另一方面,在强大的行政权力系统影响下产生的学术机构染上了科层组织的色彩,行政性成为学术机构的特征,即所谓学术机构的科层化。一些高校的学术机构缺少平等、民主这一学术机构的基本特征,而失去了平等、民主,学术机构的行政化就不足为奇了。由此可见,在完善大学内部治理结构的过程中,如何健全学术机构的组织与功能,如何真正发挥学术权力在大学内部治理中的作用,如何平衡学术权力与行政权力之间的关系,还有很长的路要走。

20世纪70年代末80年代初开始,我国的高等教育发展进入了一个新的历史时期,这一时期发展的主要特征就是"改革""开放"。从1985年《中共中央关于教育体制改革的决定》颁布以来,高等教育管理体制改革始终是高等教育改革的主要领域。而高等教育管理体制改革的关键词则是"扩大高等学校的办学自主权"。正如《中共中央关于教育体制改革的决定》中所说,"当前高等教育体制改革的关键,就是改变政府对高等学校统得过多的管理体制,在国家统一的教育方针和计划的指导下,扩大高等学校的办学自主权,加强高等学校同生产、科研和社会其他各方面的联系,使高等学校具有主动适应经济和社会发展需要的积极性和能力"。1998年第九届全国人民代表大会常务委员会第四次会议通过的第一部《中华人民共和国高等教育法》明文规定:"高等学校应当面向社会,依法自主办学,实行民主管理。"同时,高等教育法还具体规定了高等学校在制订招生方案,设置和调整学科专业,制订教学计划、选编教材、组织实施教学活动,开展科学研究、技术开发和社会服务,开展与境外高等学校之间的科学技术文化交流与合作,确定教学、科学研究、行政职能部门等内部组织机构的设置和人员配备,以及管理和使用由举办者提供的财产、国家财政性资助、受捐赠财产等方面拥有自主权。2010年颁布的《国家中长期教育改革和发展规划纲要(2010—2020年)》也明确提出:"落实和扩大学校办学自主权。""高等学校按照国家法律法规和宏观政策,自主开展教学活动、科学研究、技术开发和社会服务,自主设置和调整学科、专业,自主制定学校规划并组织实施,自主设置教学、科研、行政管理机构,自主确定内部收入分配,自主管理和使用人才,自主管理和使用学校财产和经费。"上述三份不同时期的重要法律与政策文件对扩大高校办学自主权的意义与具体内容做了明确的规定。如若从治理的角度来看,扩大高校办学自主权的实质就是调整大学治理权与大学内外部治理的关系结构,将20世纪五六十年代体制下政府大学治理权的一部分下放给大学,使大学拥有相应的治理权,以从一定程度上改变原有的大学内部治理与外部治理的直接控制结构。

当然,我们应该清楚地看到,在推行高等教育治理体系现代化的过程中,尽管完善大学内部治理结构也是重要课题之一,但我国高等教育治理体系现代化的关键仍是"改变政府对高等学校统得过多的管理体制""扩大高等学校的办学自主权",即调整大学内外部治理的关系,进一步改变大学内部治理与外部治理的直接控制结构。这一大学治理的改革毫无疑问是艰巨的、深刻的,是所谓"深水区"的改革。其艰巨性与深刻性主要体现在改革将触及长期以来形成的"过分依赖政府"的治理观念、"权力过于集中"的治理体制、"民主决策不足"的治理行为和"法制不够健全"的治理习惯。我们需要在大学治理的理论和实践上进一步深入探讨符合我国大学发展的"大学自治"理念、大学内外部治理的关系结构和高等教育治理体系现代化的实现路径。

主要参考文献

一、中文文献

1. [英]阿什比. 科技发达时代的大学教育[M]. 滕大春,滕大生,译. 北京:人民教育出版社,1983.

2. [美]埃莉诺·奥斯特罗姆. 公共事物的治理之道:集体行动制度的演进[M]. 余逊达,陈旭东,译. 上海:上海三联书店,2000.

3. [英]艾伦·麦克法兰. 启蒙之所　智识之源:一位剑桥教授看剑桥[M]. 管可秾,译. 北京:商务印书馆,2011.

4. [美]彼得·德鲁克. 非营利组织的管理[M]. 吴振阳,等译. 北京:机械工业出版社,2007.

5. [加]约翰·范德格拉夫,等. 学术权力:七国高等教育管理体制比较[M]. 王承绪,等译. 杭州:浙江教育出版社,1989.

6. [美]伯顿·R. 克拉克. 高等教育系统:学术组织的跨国研究[M]. 王承绪,等译. 杭州:杭州大学出版社,1994.

7. [美]伯顿·克拉克. 建立创业型大学:组织上转型的途径[M]. 王承绪,译. 北京:人民教育出版社,2003.

8. [美]波奇. 国家:本质、发展与前景[M]. 陈尧,译. 上海:上海人民出版社,2007.

9. [英]伯特兰·罗素. 权力论[M]. 吴友三,译. 北京:商务印书馆,2012.

10. 陈桂生. 回望教育基础理论:教育的再认识[M]. 北京:北京师范大学出版社,2008.

11. 陈洪捷. 德国古典大学观及其对中国的影响[M]. 修订版. 北京:北京大

学出版社,2006.

12. 陈平原. 大学何为[M]. 北京:北京大学出版社,2006.

13. 陈学飞. 美国、日本、德国、法国高等教育管理体制改革研究[M]. 北京:教育科学出版社,1995.

14. 程北南. 美国大学治理结构的经济学分析[M]. 北京:中国财政经济出版社,2009.

15. [英]戴维·赫尔德,安东尼·麦克格鲁. 治理全球化——权力、权威与全球治理[M]. 曹荣湘,龙虎,等译. 北京:社会科学文献出版社,2004.

16. [美]德里克·博克. 美国高等教育[M]. 乔佳义,编译. 北京:北京师范学院出版社,1991.

17. 丁学良. 什么是世界一流大学[M]. 北京:北京大学出版社,2004.

18. 邓磊. 中世纪大学组织权力研究[M]. 北京:人民出版社,2014.

19. [法]费埃德伯格. 权力与规则:组织行动的动力[M]. 张月,等译. 上海:上海人民出版社,2005.

20. [美]菲利普·G. 阿特巴赫. 比较高等教育[M]. 符娟明,陈树清,译. 北京:文化教育出版社,1985.

21. [美]弗兰克·H. T. 罗德斯. 创造未来:美国大学的作用[M]. 王晓阳,蓝劲松,等译. 北京:清华大学出版社,2007.

22. [英]弗兰克·帕金. 马克斯·韦伯[M]. 刘东,谢维和,译. 成都:四川人民出版社,1987.

23. [荷兰]弗兰斯·F. 范富格特. 国际高等教育政策比较研究[M]. 王承绪,等译. 杭州:浙江教育出版社,2001.

24. [美]弗雷德·鲁森斯. 组织行为学[M]. 王垒,等译. 北京:人民邮电出版社,2003.

25. [美]弗雷德里克·E. 博德斯顿. 管理今日大学:为了活力、变革与卓越之战略[M]. 王春春,赵炬明,译. 桂林:广西师范大学出版社,2006.

26. 谷贤林. 美国研究型大学管理:国家、市场和学术权力的平衡与制约[M]. 北京:教育科学出版社,2008.

27. [英]海斯汀·拉斯达尔. 中世纪的欧洲大学——大学的起源:第一卷[M]. 崔延强,邓磊,译. 重庆:重庆大学出版社,2011.

28. 韩水法. 大学与学术[M]. 北京:北京大学出版社,2008.
29. [比利时]亨利·皮郎. 中世纪欧洲经济社会史[M]. 乐文,译. 上海:上海人民出版社,2001.
30. 胡赤弟. 教育产权与现代大学制度构建[M]. 广州:广东高等教育出版社,2008.
31. 胡建华,等. 高等教育学新论(新世纪版)[M]. 南京:江苏教育出版社,2006.
32. 胡建华,王建华,等. 大学制度改革论[M]. 南京:南京师范大学出版社,2006.
33. 胡建华. 战后日本大学史[M]. 南京:南京大学出版社,2001.
34. 黄福涛. 外国高等教育史[M]. 上海:上海教育出版社,2003.
35. [美]詹姆斯·杜德斯达. 21世纪的大学[M]. 刘彤,屈书杰,刘向荣,译. 北京:北京大学出版社,2005.
36. [加]詹姆斯·G. 马奇,约翰·P. 奥尔森. 重新发现制度:政治的组织基础[M]. 张伟,译. 北京:生活·读书·新知三联书店,2011.
37. [美]詹姆斯·N. 罗西瑙. 没有政府的治理:世界政治中的秩序与变革[M]. 张胜军,刘小林,译. 南昌:江西人民出版社,2001.
38. 季诚钧. 大学属性与结构的组织学分析[M]. 北京:人民教育出版社,2006.
39. 江平. 法人制度论[M]. 北京:中国政法大学出版社,1994.
40. 金锦萍. 非营利法人治理结构研究[M]. 北京:北京大学出版社,2005.
41. [德]卡尔·雅斯贝尔斯. 大学之理念[M]. 邱立波,译. 上海:上海世纪出版集团,2007.
42. [美]科恩,马奇. 大学校长及其领导艺术:美国大学校长研究[M]. 郝瑜,译. 青岛:中国海洋大学出版社,2006.
43. [美]克拉克·克尔. 大学之用:第五版[M]. 高铦,等译. 北京:北京大学出版社,2008.
44. [美]克拉克·科尔,玛丽安·盖德. 大学校长的多重生活:时间、地点与性格[M]. 赵炬明,译. 桂林:广西师范大学出版社,2008.
45. [法]克罗戴特·拉法耶. 组织社会学[M]. 安延,译. 北京:社会科学文献出版社,2000.

46. [英]柯尼古拉斯·柯瑞思.剑桥:大学与小镇800年[M].陶然,译.北京:生活·读书·新知三联书店,2015.

47. 孔繁斌.公共性的再生产:多中心治理的合作机制建构[M].南京:江苏人民出版社,2012.

48. 劳凯声.变革社会中的教育权与受教育权[M].北京:教育科学出版社,2003.

49. [法]雷蒙·阿隆.社会学主要思潮[M].葛智强,胡秉诚,王沪宁,译.上海:上海译文出版社,2013.

50. [美]罗伯特·伯恩鲍姆.大学运行模式:大学组织与领导的控制系统[M].别敦荣,等译.青岛:中国海洋大学出版社,2003.

51. [美]罗伯特·波恩鲍姆.高等教育的管理时尚[M].毛亚庆,译.北京:北京师范大学出版社,2008.

52. [美]罗伯特·G.欧文斯.教育组织行为学[M].窦卫霖,等,译.上海:华东师范大学出版社,2001.

53. [美]罗纳德·G.埃伦伯格.美国的大学治理[M].沈文钦,张婷姝,杨晓芳,译.北京:北京大学出版社,2010.

54. [德]马克斯·韦伯.社会科学方法论[M].韩水法,莫茜,译.北京:中央编译出版社,2008.

55. [德]马克斯·韦伯.支配社会学[M].康乐,简惠美,译.桂林:广西师范大学出版社,2010.

56. [英]迈克尔·夏托克.高等教育的结构和管理[M].王义端,译.上海:华东师范大学出版社,1987.

57. [英]迈克尔·夏托克.高等院校宏观调控管理[M].丁安宁,等译.南京:江苏教育出版社,2009.

58. [美]曼瑟·奥尔森.权力与繁荣[M].苏长和,嵇飞,译.上海:上海人民出版社,2005.

59. [法]莫里斯·迪韦尔热.政治社会学:政治学要素[M].杨祖功,王大东,译.北京:华夏出版社,1987.

60. 欧阳光华.董事、校长与教授:美国大学治理结构研究[M].北京:高等教育出版社,2011.

61. [法]皮埃尔·卡蓝默. 破碎的民主:试论治理的革命[M]. 高峻瀚,译. 北京:生活·读书·新知三联书店,2005.

62. 朴雪涛. 现代性与大学:社会转型期中国大学制度的变迁[M]. 北京:人民出版社,2012.

63. [英]齐格蒙特·鲍曼,蒂姆·梅. 社会学之思[M]. 李康,译. 北京:社会科学文献出版社,2010.

64. 祁占勇. 现代大学制度的法律重构[M]. 北京:中国社会科学出版社,2009.

65. [美]乔纳森·R.科尔. 大学之道[M]. 冯国平,郝文磊,译. 北京:人民文学出版社,2014.

66. [法]让-皮埃尔·戈丹. 何谓治理[M]. 钟震宇,译. 北京:社会科学文献出版社,2010.

67. 单中惠. 外国大学教育问题史[M]. 济南:山东教育出版社,2006.

68. 眭依凡. 大学校长的教育理念与治校[M]. 北京:人民教育出版社,2001.

69. [美]塔尔伯特·帕森斯. 现代社会的结构与过程[M]. 梁向阳,译. 北京:光明日报出版社,1988.

70. 田爱丽. 现代大学法人制度研究:日本国立大学法人化改革的实践和启示[M]. 上海:上海教育出版社,2009.

71. [日]天野郁夫. 高等教育的日本模式[M]. 陈武元,译. 北京:教育科学出版社,2006.

72. 田正平,商丽浩. 中国高等教育百年史论:制度变迁、财政运作与教师流动[M]. 北京:人民教育出版社,2006.

73. [美]W.理查德·斯科特,杰拉尔德·F.戴维斯. 组织理论:理性、自然与开放系统的视角[M]. 高俊山,译. 北京:中国人民大学出版社,2011.

74. 王晓祥. 全球教育治理:国际教育改革文献汇编[C]. 北京:教育科学出版社,2008.

75. 吴敬琏. 现代公司与企业改革[M]. 天津:天津人民出版社,1994.

76. [瑞士]瓦尔特·吕埃格. 欧洲大学史:第三卷[M]. 张斌贤,杨克瑞,译.

保定:河北大学出版社,2014.

77. [德]乌尔里希·泰希勒. 迈向教育高度发达的社会:国际比较视野下的高等教育体系[M]. 肖念,王淀蕊,主译. 北京:科学出版社,2014.

78. [美]希拉·斯劳特,拉里·莱斯利. 学术资本主义:政治、政策和创业型大学[M]. 梁骁,黎丽,译. 北京:北京大学出版社,2008.

79. [瑞士]瓦尔特·吕埃格. 欧洲大学史:第一卷[M]. 张斌贤,等译. 保定:河北大学出版社,2008.

80. [美]谢尔顿·罗斯布莱特. 现代大学及其图新:纽曼遗产在英国和美国的命运[M]. 别敦荣,译. 北京:北京大学出版社,2013.

81. [加]许美德. 中国大学 1895—1995:一个文化冲突的世纪[M]. 许洁英,主译. 北京:教育科学出版社,2000.

82. 孙益. 西欧的知识论传统与中世纪大学的起源[M]. 北京:北京师范大学出版社,2012.

83. [美]亚伯拉罕·弗莱克斯纳. 现代大学论:美英德大学研究[M]. 徐辉,陈晓菲,译. 杭州:浙江教育出版社,2001.

84. [法]雅克·韦尔热. 中世纪大学[M]. 王晓辉,译. 上海:上海人民出版社,2007.

85. [美]亚瑟·M.科恩,卡丽·B.基斯克. 美国高等教育的历程[M]. 梁燕玲,译. 北京:教育科学出版社,2012.

86. 尹晓敏. 利益相关者参与逻辑下的大学治理研究[M]. 杭州:浙江大学出版社,2010.

87. 俞可平. 权利政治与公益政治:当代西方政治哲学评析[M]. 北京:社会科学文献出版社,2001.

88. [美]约翰·S.布鲁贝克. 高等教育哲学[M]. 王承绪,等译. 杭州:浙江教育出版社,1987.

89. [加]约翰·范德格拉夫,等. 学术权力:七国高等教育管理体制比较[M]. 2版. 王承绪,等译. 杭州:浙江教育出版社,2001.

90. [美]詹姆斯·杜德斯达. 21世纪的大学[M]. 刘彤,等译. 北京:北京大学出版社,2005.

91. 张德祥. 高等学校的学术权力与行政权力[M]. 南京:南京师范大学出

版社,2002.

92. 张国庆.行政管理学概论[M].北京:北京大学出版社,2000.

93. 张维迎.大学的逻辑[M].北京:北京大学出版社,2004.

94. 张维迎.博弈与社会[M].北京:北京大学出版社,2013.

95. 郑文.英国大学权力协调与制衡[M].北京:北京大学出版社,2011.

96. 钟秉林.大学的走向[M].北京:商务印书馆,2015.

97. 周常明.牛津大学史[M].上海:上海交通大学出版社,2012.

二、外文文献

1. Berdahl, Robert O. British Universities and the State[M]. Berkeley: University of California Press,1959.

2. Pusser, Brian. Burning Down the House: Politics, Governance, and Affirmative Action at the University of California (Frontiers in Education)[M]. Albany: State University of New York Press,2004.

3. Clark, Burdon R. ,& Neave, Guy R. The Encyclopedia of Higher Education[M]. Oxford: Pergamon Press,1992.

4. Cohen, M. D. & March, J. G. Leadership and Ambiguity: The American College President[M]. Boston: Harvard Business School Press, 1986.

5. Corson, John J. Governance of College and University: Modernizing Structure and Processes[M]. New York: McGraw-Hill Book Company,1996.

6. Derek Bok. University and the Future of American[M]. Durham: Duke University Press,1982.

7. Fitzgibbon, R. The Academic Senate of the University of California [M]. Berkeley: Office of the President, UC,1970.

8. Hans W. Prahl.大学制度の社会史[M].山本尤,译.东京:法政大学出版局,1988.

9. Henkel, M. Academic Identities and Policy Change in Higher Education[M]. London and Philadelphia: Jessica Kingsley Publishers, 2000.

10. Jacques Verger.中世の大学[M].大高順雄,译.东京:みすず書房,1979.

11. Douglass, J. A. The conditions for admission——Access, Equity, and the Social Contract of Public Universities[M]. Stanford: Stanford University Press. Stanford, California, 2007.

12. Kerr, Clark. The Uses of the University[M]. Cambridge: Harvard University Press, 1995.

13. Minor, James T. Understanding Faculty Senates: Moving from Mystery to Models[M]. Baltimore: The Johns Hopkins University Press, 2004.

14. Rhodes F H T. The Creation of the Future: The Role of the American University[M]. Ithaca, New York: Cornell University Press, 2001.

15. Stephen d'Irsay. 大学史(下)[M]. 池端次郎,译. 东京:东洋馆出版社,1988.

16. 大学審議会答申・報告総覧[M]. 东京:行政株式会社,1998.

17. 高等教育研究会. 大学の多様な発展を目指して(Ⅵ)[M]. 东京:行政株式会社,1997.

18. 国立大学财务・经营中心. 国立大学法人化後の経営・財務の実態に関する研究[R]. 2010.

19. 海后宗臣,等. 大学教育:戦後日本の教育改革 9[M]. 东京:东京大学出版会,1969.

20. 山本德荣. 大学問題資料要覧[M]. 东京:文久书林,1969.

21. 寺崎昌男. 戦後の大学論[M]. 东京:评论社,1970.

22. 天野郁夫. 国立大学・法人化の行方:自立と格差のはざまで[M]. 东京:东信堂,2008.

23. 田畑茂二郎,等. 政府機関および各団体の見解[M]. 东京:有信堂,1970.

24. 田畑茂二郎. 大学問題総資料集 1:戦後の歴史と基本法規[M]. 东京:有信堂,1970.

25. 细谷俊夫,等. 新教育学大事典(5)[M]. 东京:第一法规出版株式会社,1990.

26. 细谷俊夫,等. 新教育学大事典(7)[M]. 东京:第一法规出版株式会社,1990.

27. 新井隆一,等. 解説教育六法[M]. 东京：三省堂,1992.
28. 文部科学省. 文部科学白書：東日本大震災からの復旧・復興(平成23年度)[M]. 东京：佐伯印刷株式会社,2011.
29. 永井憲一. 日本の学術行政と大学[M]. 东京：东京教学社,2002.
30. 永井憲一,等. 憲法から大学の現在を問う[M]. 东京：勁草書房,2011.

后 记

大学治理问题近年来成为学术界研究的热点。根据中国知网刊载中文期刊论文的统计,在以"大学治理"为主题的搜索下,最早出现有关大学治理论文的时间是 2002 年,当年仅有 1 篇论文;之后论文数量逐年增长,2011 年达到 99 篇,2017 年则达到了 301 篇。如果以"大学内部治理"为主题进行搜索,开始出现相关论文的时间为 2004 年,2017 年刊载的论文数为 130 篇。正是在大学治理问题受到广泛关注的学术氛围中,我们在 2013 年就申请了国家社会科学基金"十二五"规划 2013 年度教育学一般课题"大学内部治理的理论与实践研究",并获得批准。本书即是在课题组成员的共同努力下,经过多年研究形成的该课题最终研究成果。

在此,首先要感谢全国教育科学规划领导小组办公室及参与课题评审的各位专家,由于他们的信任,我们有机会获得课题、开展研究工作并顺利结题。同时也要感谢在课题研究过程中给予指导与帮助的有关专家和在本书出版过程中付出辛勤劳动的南京师范大学出版社张春主任。

参与本课题研究与本书写作的人员如下:胡建华(第七章、结语及全书统稿),王建华(第一章),何淑通(第二章),李海龙(第三章),曹叔亮(第四章),陈何芳(第五章),崔艳丽(第六章)。

大学内部治理问题十分复杂,非一本书所能穷尽,加之我们对大学内部治理实践的认识深度和研究的理论水平有限,书中难免存在一些不当之处,敬请批评指正。

胡建华

2019 年 8 月